Themis

Revista de Direito

Director
José Lebre de Freitas

Redacção
*Ana Prata, António Manuel Hespanha, Armando Marques Guedes,
Carlos Ferreira de Almeida, Miguel Poiares Maduro, Rui Pinto Duarte,
Teresa Pizarro Beleza*

Secretária da Redacção
Isabel Falcão

EDIÇÃO ESPECIAL

(2008)

CÓDIGO CIVIL PORTUGUÊS
Evolução e Perspectivas Actuais

THEMIS
REVISTA DE DIREITO

EDITOR
EDIÇÕES ALMEDINA, SA
Av. Fernão Magalhães, n.º 584, 5.º Andar
3000-174 Coimbra
Tel.: 239 851 904
Fax: 239 851 901
www.almedina.net
editora@almedina.net

PRÉ-IMPRESSÃO | IMPRESSÃO | ACABAMENTO
G.C. – GRÁFICA DE COIMBRA, LDA.
Palheira – Assafarge
3001-453 Coimbra
producao@graficadecoimbra.pt

Maio, 2008

DEPÓSITO LEGAL
149844/00

Apesar do cuidado e rigor colocados na elaboração da presente obra,
devem os diplomas legais dela constantes ser sempre objecto
de confirmação com as publicações oficiais.

Toda a reprodução desta obra, por fotocópia ou outro qualquer processo,
sem prévia autorização escrita do Editor,
é ilícita e passível de procedimento judicial contra o infractor.

Código Civil Português
Evolução e Perspectivas Actuais

Comunicações apresentadas no Colóquio realizado nos dias 17, 18 e 19 de Maio de 2007, no âmbito das comemorações dos 10 Anos da Faculdade de Direito da Universidade Nova de Lisboa.

João Pires da Rosa

Paulo Mota Pinto

Manuel Carneiro da Frada

Maria Sinyavskaya

Stephan J. Geibel

Rémy Cabrillac

Judith Martins-Costa

Helena Leitão

José de Oliveira Ascensão

António Pinto Monteiro

Nuno Pinto Oliveira

Pedro Pais de Vasconcelos

Jorge Duarte Pinheiro

Maria Helena Brito

Assunção Cristas

Vítor Pereira Neves

Ana Prata

Cláudia Trabuco

Mariana França Gouveia

Comissão Organizadora: Ana Prata, Assunção Cristas, José João Abrantes e José Lebre de Freitas.

Nota de abertura

NOTA DE ABERTURA

JOSÉ LEBRE DE FREITAS[*]

Estamos reunidos para um breve balanço sobre os 40 anos de vigência do Código Civil Português. Publicado em 1966, o código entrou em vigor em 1.6.67, em tempos de ditadura instaurada em 1926, que estava destinada a durar ainda quase mais 7 anos. Salazar era vivo, embora uma cadeira traiçoeira, procurando iludir as teias da PIDE, preparasse já, no Forte do Catalazete, a queda subversiva de Setembro de 1968. A greve estudantil de 1962 fora há 5 anos; Humberto Delgado pagara já com a vida a ousadia de desafiar o regime; Marcelo Caetano esperava ainda a sua hora de oportunidades, que rapidamente perderia; a guerra colonial, em 3 frentes africanas, eternizava-se. Tudo era, aliás, eternidade nesses tempos idos.

O Código Civil de 1966, tal como o Código Civil italiano de 1942, foi obra da eternidade dum regime que não se sujeitava a votos. Em 1945, acabada a guerra, grandes manifestações de rua (Avenida da Liberdade abaixo) prenunciaram, por um momento, o fim da ditadura; mas, quando elas estavam a um ponto de impor a sua vontade, a promessa de eleições e da decidida democratização do regime fê-las hesitar. A velha raposa retomou a condução do país. Não se fizeram eleições. Mas foi ordenado que se fizesse um novo Código Civil. Com a estabilidade política de novo assegurada, 21 anos se seguiram, durante os quais um grupo notável de professores civilistas pôde calmamente elaborar a nova lei.

Fora de Portugal (e da vizinha Espanha) – repetiam todos os dias o Diário de Notícias e o inefável Diário da Manhã – era o desassossego, a queda dos valores, a indisciplina, a intranquilidade. É certo que fora de Portugal os acontecimentos se sucediam: com os 2 KK (Kennedy e Krutschev) e o Papa João XXIII (e a sua encíclica de paz), a guerra fria conhecera alguma trégua, mas o assassinato de Lumumba (1961), o de Kennedy (1963), o de Ben Barka (1965), o afastamento de Krutschev, a proliferação das ditaduras na América do Sul (em 1964, o Brasil), a intensificação da guerra do Vietname, os assassinatos de Luther King e Robert Kennedy (1968) foram boas razões para o romântico Che boliviano (até Outubro de 1967) e para as esperanças do Maio francês de 1968 e da Primavera da Checoslováquia (tragicamente terminada em Agosto

---

[*] Professor Catedrático da Faculdade de Direito da Universidade Nova de Lisboa.

do mesmo ano). A década de 1960 foi, fora de Portugal, tempo de esperança e de frustração, de vontade de abraçar o universo e de portas sucessivamente fechadas em sufocos que, apesar de tudo, de novo se trasmudavam em energia e em procura. Ao contrário, em Portugal, salvo esporádicas tentativas, foi o silêncio.

Para o vencer, tomava-se em Lisboa um combóio que parava uma hora na fronteira de Vilar Formoso, outra hora em Fuentes de Oñoro e ainda uma hora em Irun e, finalmente, comprava-se em França o jornal *Le Monde* do dia e o último livro proibido em Portugal, que no regresso se procurava que não fosse apreendido. Espanha era-nos semelhante: no início da década de 60, ainda se respirou um pouco e a oposição começou a organizar-se (como cá nunca fez); mas, a seguir, Franco enforcou 6 bascos e tudo normalizou outra vez.

No silêncio havia tempo para fazer o Código Civil. E fazê-lo bem.

Uma brilhante equipa de professores das universidades de Coimbra e de Lisboa foi encarregada da elaboração do projecto das várias partes do código. Estudos e notas justificativas explicaram as soluções preconizadas. Particularmente notável foi o contributo de Adriano Vaz Serra para a análise e o confronto das normas, interpretações e posições doutrinárias referentes ao Direito das Obrigações, ainda hoje de grande valia e actualidade. Mas outros nomes há igualmente que registar: Pires de Lima, em todas as partes do Código; Ferrer Correia, na Parte Geral e no Direito das Obrigações; Manuel de Andrade, Batista Machado e Rui Alarcão, na Parte Geral; Galvão Teles e Vasco Lobo Xavier, no Direito das Obrigações; Pinto Coelho, nos Direitos Reais; Braga da Cruz, Gomes da Silva e Pessoa Jorge, no Direito da Família e no Direito das Sucessões. Uma revisão cuidada do Ministro da Justiça, Antunes Varela, e de Paulo Mereia, acabou por dar ao código uma unidade sistemática e conceitual notáveis. Código da 3ª geração (após a época napoleónica e a época do BGB alemão), o Código Civil Português de 1966 é um produto legislativo de alta qualidade científica e doutrinária, obra adaptada ao seu tempo mas que não descura a experiência da tradição civilística nacional e estrangeira.

Não é que o Código Civil de 1966 não tenha sofrido algumas influências nefastas do ambiente sócio-político em que nasceu. Elas são sobretudo notórias no campo do Direito da Família e, em parte, no das Sucessões. Logo a definição de casamento é inegável manifestação da ideologia dominante: o contrato de casamento, que no Código de Seabra, de 1867, aparecia tratado ao lado dos outros contratos, é agora "o contrato celebrado entre duas pessoas de sexo diferente que pretendem constituir legitimamente a família mediante uma comunhão plena de vida" (art. 1577). Mas – mais grave – é quando da definição se passa aos deveres conjugais que a desigualdade surge: a mulher deve adoptar, em princípio, a residência do marido (art. 1672); o marido é o chefe de família (art. 1674); a mulher é livre de contratar com terceiro, mas o marido pode denunciar a todo o tempo o contrato se nele não tiver consentido (art. 1676); a administração dos bens do casal é, em princípio, do marido (art. 1678), embora a mulher possa movimentar livremente depósitos bancários no exercício do governo doméstico (art. 1680-1); por dívidas próprias de um cônjuge só responde, em regra, o direito dele à meação nos bens comuns e o direito do credor não pode concretizar-se sobre bens determinados senão depois da dissolução do casamento ou da separação de bens (art. 1696-1). O divórcio é negado aos casados catolicamente (tão longe as leis da família de 1911, que a Concordata com a Santa Sé atirou para o lixo!); os filhos ilegítimos, bem identificados como tais, concorrem à herança com os filhos legítimos, mas a sua quota é metade da de estes (art. 2139-2); o poder paternal cabe fundamentalmente ao pai (art. 1881), embora a mãe deva ser por ele ouvida (art. 1882). A comunhão plena de vida da família legítima é assim uma unidade que o homem aferrolha para que a mulher e os filhos não a possam estilhaçar.

Tirando a norma sobre a exequibilidade do direito à meação, que só viria a desaparecer em 1995, as restantes foram abolidas em 1977, na sequência do projecto elaborado por uma comissão presidida por Isabel Magalhães Collaço, depois de o 25 de Abril ter instaurado a igualdade entre os cônjuges e o respeito pela igualdade da pessoa, e sem prejuízo de logo em 1974 ter sido conseguido o direito dos casados canonicamente ao divórcio.

Outra área em que o clima da época se fez notar foi a das associações, que ficaram sujeitas ao reconhecimento por uma entidade administrativa, sem o que não adquiriam personalidade jurídica (art. 158), do consentimento da mesma entidade dependendo a alteração dos seus estatutos (art. 169) e a sua extinção (art. 182-2). Também o regime das associações foi alterado logo após a instauração da democracia e hoje só as fundações estão sujeitas a reconhecimento (aliás, agora concedido, em outro extremo, com facilidade demasiada).

A influência da época foi também bem visível no campo do direito do arrendamento, que, aliás, por muitos anos continuaria a arrastar a marca, aqui pseudo-caritativa e populista, do regime fascista (marca que porém trazia já, em embrião, desde 1919). Em nome da protecção da parte mais fraca, não é permitido de todo aos senhorios aumentar a renda em Lisboa e no Porto, nem lhes é permitido em todo o país rescindir o contrato, que é automaticamente renovado, durante duas gerações, por imposição da lei. Fazendo assim política social à custa alheia, mesmo quando o arrendatário é economicamente mais forte do que o senhorio, a legislação do arrendamento é responsável pela deterioração das casas, pela perda do património histórico, por abismais diferenças de valor e tratamento entre os prédios antigos e os prédios novos.

Estas são manifestações do ferrete da época. Mas, depois, há, acima da ideologia, o tratamento adequado dos institutos do negócio jurídico, das obrigações e dos direitos reais, com excepções retrógradas, como a da enfiteuse (desmembramento perpétuo do direito de propriedade, que só se torna inadmissível após o 25 de Abril), mas também com avanços significativos, harmoniosos com as mais modernas concepções, como os registados nos campos da execução específica, da hipoteca judicial, dos meios de conservação da garantia patrimonial, da boa fé, do fraccionamento e emparcelamento dos prédios rústicos, das restrições ao direito (outrora ilimitadamente disponível) de propriedade. Dum código liberal centrado no indivíduo evolui-se para um código centrado na relação jurídica, que desenvolve e actualiza o esquema dos códigos da 2ª geração e que, assumindo *à outrance* a função de direito subsidiário dos outros ramos jurídicos, quase adquire, nesses tempos recuados de autoritarismo, a função de direito fundamental, contendo os princípios gerais que presidem à hierarquização das fontes de direito, à interpretação e aplicação da lei, aos conflitos de leis e ao elenco dos direitos de personalidade.

Depois, os anos foram passando e no Código Civil de 1966 foram introduzidas alterações. Algumas foram já referidas, entre as quais as que, após o 25 de Abril, introduziram a igualdade entre os sexos. Mas outras houve, importantes, embora algumas marcando retrocessos.

Em 1980, com requintes de aperfeiçoamento em 1986, atribuiu-se ao promitente comprador de prédio ou fracção, confrontado com o incumprimento do promitente vendedor, o direito real de retenção da coisa prometida que lhe tenha sido traditada, com prevalência sobre a hipoteca. A breve trecho, a inovação fomentou fraudes de todo o género e hoje, à sua luz, passeiam-se *off-shores* por andares prometidos vender, na ânsia de iludir a hipoteca à sombra da qual o prédio foi construído. E deu também lugar a dúvidas interpretativas graves, como as fomentadas pela enigmática excepção de cumprimento do contrato que – diz o art. 442-3 – o promitente vendedor pode invocar, aparentemente já depois de o contrato ter sido resolvido.

Ao longo dos anos, foram sendo introduzidos privilégios imobiliários gerais, que tal como o direito de retenção, traiçoeiramente agridem os credores com garantia real contratual, em violação da regra que o Código Civil procurara impor.

Recentemente, ao trazer de novo ao Código Civil a regulação do contrato de arrendamento, introduziram-se expressões e conceitos em completa rotura com as que, com o maior dos cuidados científicos, o Código Civil originário sistematicamente utiliza. Cite-se como exemplo a oposição do senhorio à renovação do contrato de arrendamento, não mais designada por denúncia, em dessintonia com o termo utilizado para os outros contratos de execução continuada. Diga-se ainda da tristeza gramatical do vocábulo "locado" por "local arrendado" ou "coisa objecto da locação".

Finalmente, pesa sobre o esquema do Código Civil a ameaça do projecto do Código do Consumidor, que subverte conceitos e regimes, em sobreposição de previsões que não primam pela nitidez. Um só exemplo: o tratamento da garantia no contrato de compra e venda.

Estas involuções fazem-me recear uma possível revisão geral do código.

De qualquer modo, visto que dela se fala, há que sobre ela meditar.

É sabido como foi opção alemã incluir no Código Civil o regime das cláusulas contratuais gerais. É – a meu ver – melhor opção do que as incluir num Código do Consumidor, de fronteiras necessariamente vastas e ambíguas. Por outro lado, há novos contratos, que, se não tivessem surgido posteriormente ao código, certamente nele estariam incluídos. No campo da prova, temos o documento electrónico. No campo das relações interpessoais, há a realidade crescente da união de facto. Se, em vez de rever os grandes quadros de referência da lei civil, que não me parece que devam ter alteração, se pensar em algumas alterações pontuais de mera adequação a estas novas realidades, este será talvez o caminho correcto. Com condições, porém: a de não maltratar mais o Código Civil; a de respeitar os seus conceitos e a sua terminologia; a de redigir com todo o cuidado os novos preceitos, esquecendo, ao menos esta vez, os *timings* políticos dos governos democráticos, que não coincidem – nem podem coincidir – com os *timings* da ciência do direito. O Código Civil, com 40 anos, está na sua maturidade e tem muito ainda para dar.

O presente colóquio, realizado em tempo de globalização, de União Europeia e, paradoxalmente, de simultâneas exaltação do liberalismo e esmagamento do indivíduo, tem 6 módulos. Dois deles (o 1.º e 4.º) versarão sobre o que entre nós se passa. Dois outros (o 2.º e o 3.º) sobre o que se passa lá fora. Finalmente, dois ainda (o 5.º e o 6.º) versarão sobre as perspectivas que se abrem.

Ouçamos e reflictamos, pois.

Comunicações

Primeira Sessão

*O Código Civil Português:
de uma possível tendência
para o esvaziamento a uma também
possível necessidade de reforma*

Mudam-se os Tempos, Mudem-se as Vontades!

João Pires da Rosa*

Nem de propósito.

Há poucos dias, quando *pensava* já esta minha intervenção nos "40 Anos de Vigência do Código Civil Português", tive de volta um acórdão que relatei no STJ em 26 de Fevereiro de 2006, acórdão que o n.º 17 dos *Cadernos de Direito Privado*, do Centro de Estudos Jurídicos do Minho (CEJUR) chamava à anotação de José Carlos Brandão Proença sob o tema "*Balizas perigosas e responsabilidade civil*".

Do que se tratava era de uma acção de indemnização intentada pelos pais de um menor de 12 anos contra um determinado clube desportivo, em cujo campo de futebol o menor fora vítima da queda de uma baliza não *devidamente* (*devidamente* num sentido puramente fáctico de "adequadamente", "com a segurança necessária") fixada.

Tudo acontecera em 1 de Novembro de 2000, antes portanto da entrada em vigor do Dec.-Lei n.º 100/2003, de 23 de Maio que cria o chamado "*Regulamento das Condições Técnicas e de Segurança a Observar na Concepção, Instalação e Manutenção das Balizas de Futebol*" afirmando expressamente, no seu texto preambular, a urgência da adopção de um tal acto regulamentador com fundamento "*na gravidade dos acidentes que, de modo reiterado, têm vitimado crianças e jovens do nosso país*".

E todavia foi possível *pensar* a questão, *dentro* das normas do CCivil, concretamente *dentro* do que dispõe o art. 493.º quanto a "*danos causados por coisas, animais ou actividades*", por forma coincidente com as preocupações expressas em 2003 no diploma legal citado. Porque o CCivil (e o seu art. 493.º) permitiu *pensar* que o(s) dever (es) de vigilância (ou de cuidado ou de diligência) têm que ter em conta o universo concreto das pessoas em nome de cuja defesa funcionam e não podia o *vigilante* ignorar ou "desconsiderar" que crianças não são adultos e que o universo dos seus utilizadores se situava na faixa etária dos 12 anos.

---

* Juiz Conselheiro do Supremo Tribunal de Justiça.

Dir-se-á então que este CCivil, *nascido* num tempo em que o Relator deste acórdão e os seus Adjuntos eram alunos, na cadeira de Teoria Geral, do saudoso Professor Mota Pinto – a quem presto aqui a minha mais sentida homenagem – e em que pela primeira vez a Faculdade de Direito da *velha* Universidade de Coimbra ensinava o direito civil pelo que viria a ser o *novo* Código, responde ainda hoje às exigências da Justiça para respeito das quais, como gosto de dizer, *o direito deve estar ao serviço da vida*.

Ponto é que o *aplicador* do direito queira e saiba caminhar esse caminho. Ponto é que os *pensadores* e os *doutrinadores* do direito saibam abrir caminhos novos onde o *aplicador* não teve ainda o engenho e a arte (ou a ousadia) do descobrimento.

Ouvi um dia o Professor Guilherme de Oliveira dizer, de um outro Professor da *nossa* Universidade de Coimbra, que costumava afirmar que a diferença fundamental entre os professores de direito e os magistrados é que os primeiros estavam permanentemente em manobras e os segundos é que enfrentavam o teatro da guerra.

Pois que seja:
– que os especialistas que aqui hoje se encontram a *manobrar* sobre o CCivil de 1966 possam e saibam abrir os horizontes de pensamento que permitam aos *aplicadores* do CCivil encontrarem nele, *em todos os momentos e a cada momento*, os caminhos da Justiça na *guerra* que todos os dias têm que vencer;
– que os especialistas possam trabalhar as *veredas* que os *aplicadores*, empurrados pelas necessidades do campo de batalha, vão abrindo de quando em quando, fechando em definitivo (se é que, no direito, há o definitivo!) aquelas que estão erradas e abrindo em *avenidas largas* aquelas que porventura se revelarem acertadas.

O que importa é que se entenda que esta capacidade (e necessidade) de (re)pensar o direito em cada momento à luz da vida – isto, que é uma exigência da interpretação e da aplicação do direito – não prescinde da necessidade absoluta de dominar o *ambiente* em que esse pensamento é exercitado. E domínio do *ambiente*, no direito como na informática, não se consegue sem uma determinada estabilidade.

Por isso é que ainda hoje, quando no dia a dia alguma questão me surge (seguramente, *nos* surge, a todos nós), eu (nós) vou (vamos) buscar a Teoria Geral do *meu* Professor Mota Pinto, ou a *sebenta* de Direito das Sucessões do Professor Pereira Coelho ou o seu Direito de Família ou as suas Obrigações, ou os apontamentos de Direitos Reais do Professor Henrique Mesquita.

E se acaso não começo por aí – porque tantas pistas novas e de qualidade se abriram entretanto na doutrina e na jurisprudência e há que consultá-las

– não deixo de voltar aí, e aí encontro – sempre – as linhas de pensamento que me permitem pensar hoje o CCivil de 1996 em termos de procurar obter a Justiça justa de 2007. Ou que me ajudam a entender e enquadrar os novos quadros legais cujo nascimento a velocidade e a volatilidade dos tempos tornaram imperioso.

40 anos, quem diria! Já passaram 40 anos! O tempo da reforma de um magistrado que *nasceu* com o CCivil, mas não seguramente o tempo da "*reforma*" de um CCivil que tem **apenas** 40 anos.

Nem reforma nem esvaziamento.

É certo que a velocidade a que caminhámos de 1966 até aos dias de hoje – porque pouco depois *o tempo deixou de estar parado e pôs-se andar* – conduziu já, como todos sabemos, ao tratamento específico, *fora* do CCivil, de múltiplas realidades que, por si mesmas, ganharam força e vida próprias e impuseram uma resposta do direito mais pormenorizada ou rigorosa – veja-se, por exemplo, o instituto da adopção, ou o regime geral das cláusulas contratuais gerais, ou a lei quadro da união de facto, ou a legislação do condomínio ou as leis do arrendamento ou as leis de defesa do consumidor.

Ou que, em múltiplos casos, a nossa abertura ao mundo, designadamente aquela que foi imposta pela ordem constitucional aberta pelo 25 de Abril e a *importação* pela Constituição de 1976 das *normas e princípios do direito internacional geral ou comum e das convenções internacionais ratificadas e aprovadas pelo Estado Português* e, sobretudo, a nossa entrada na União Europeia, fez (faz) recair sobre nós próprios, directamente ou por obrigações que recaem sobre o Estado, soluções legislativas que, de outro modo, muito mais tempo demorariam a adoptar, se é que alguma vez chegariam a enformar o nosso universo jurídico.

É certo também que o caminhar rápido da vida impôs, frequentemente, caso a caso, pequenas/grandes reformas no tecido interno do próprio CCivil, por vezes tacteando ao longo do tempo a bondade da decisão escolhida por esta ou aquela pressão mais pressionante num determinado momento, as mais das vezes em áreas que têm a ver mais directamente com a *vida vivida*, com a afirmação dos direitos fundamentais individuais ou colectivos.

Mas quantas vezes as soluções não foram descobertas dentro do próprio CCivil **ou** quantas vezes as soluções adequadas não podem ainda ser (ou vir a ser) descobertas dentro dele **ou** quantas vezes as soluções se não imporiam dentro dele, mesmo na ausência de qualquer reforma!

Veja-se, por exemplo, *a forma* como o Dec.-Lei n.º 262/83, de 16 de Junho, alterou o n.º 3 do art. 805.º do código, fixando na data da citação o início da mora do devedor, de modo a reagir à depreciação do valor das indemnizações resultante da excessiva delonga das acções judiciais *e a ideia* – que é possível sustentar e se vem sustentando – de que a harmonização *deste novo* n.º 3 do art. 805.º com o *velho* art. 566.º, n.º 2 passa por considerar como *data mais recente a que o tribunal pode atender* precisamente a data da citação, se acaso os juros de mora vêm pedidos pelo credor a essa data.

O que se quer dizer, então, é o seguinte:

reconhecendo a necessidade de tratar *fora* do CCivil determinadas realidades que, pela sua força, induziram ou venham a induzir um tratamento específico e autonomizado, e reconhecendo por outro lado a necessidade e a vantagem de fazer modificações *pontuais e cirúrgicas* no texto interno do Código,

é preciso aceitar também que isso não traduz um **esvaziamento** do CCivil, nem substancial nem formal (veja-se até como, por vezes, o andar dos tempos faz regressar à *casa-mãe* o que dela os tempos fizeram sair, como aconteceu com o arrendamento urbano agora regressado ao código com a Lei n.º 6/2006, de 27 de Fevereiro) nem impõe a necessidade de uma **reforma** de fundo, embora possa fazer aceitar a ideia de uma **revisão.**

A vida demonstra que, seja a que título for, seja a pretexto dos 35 ou dos 40 anos do seu nascimento, seja a pretexto das Comemorações do Centenário da Republica, é preciso de quando em quando *reler* o Código e *afiná-lo,* se necessário for, reconduzi-lo às novas necessidades ou aos novos valores aos quais tem que dar resposta.

O que se pede ao legislador, tanto quanto possível, é fazer essa *afinação* ou **revisão** de uma forma global, *num tempo só e num só acto legislativo,* e não de uma forma multidispersa por dispersos diplomas legais. Muito menos casuisticamente enxertada em diplomas legais primariamente direccionados a outros domínios do direito.

Esse é o medo do julgador, o pavor de ver aparecer sabe-se lá *donde* ou de ser necessário rebuscar sabe-se lá *onde* um comando legal com que se não contava ou de que se sabia mas que se não sabia *de onde.* Às vezes construído de forma desnecessária ou imprecisa ou contraproducente, criando mais problemas do que aqueles que pretendia resolver.

Estou a lembrar-me – porque é coisa que sempre me preocupou – da alteração introduzida no n.º 3 do art. 735.º e no art. 749.º do código através do Dec.-Lei n.º 38/2003, de 8 de Março (diploma directamente *virado* para a reforma processual) que conduziu imediatamente à *desprotecção* dos trabalhadores pela *desconsideração* jurisprudencial do privilégio imobiliário geral que lhe era garantido pela chamada Lei dos Salários em Atraso (Lei n.º 17/86, de 14 de Junho), posteriormente *reforçada* pela Lei n.º 96/2001, de 20 de Agosto, como se o privilégio concedido por essas leis fosse *geral* no sentido definido pelo art. 735.º, ou seja, como incidindo sobre o valor de todos os bens móveis existentes no património do devedor, sobre o montante global do valor dos bens, e não pudesse ser entendido como *geral* por, sem deixar de ser de sua natureza *especial* sobre cada um dos imóveis, incidir um a um sobre todos os imóveis do devedor. E por isso *geral*.

E isto contra a consideração preambular expressa do Dec.-Lei n.º 38/2003, redigida textualmente no seguintes termos: "A limitação dos privilégios creditórios, nunca afectando direitos dos trabalhadores". Aliás em consonância com o preâmbulo da Lei n.º 96/2001, de 20 de Agosto onde se escreve que se reforça essa garantia, o privilégio, "para abranger aqueles | créditos | que, emergentes do contrato de trabalho, fosse acaso entendido não estarem abrangidos pela Lei n.º 17/86".

Era melhor – em meu entender, já se vê – não ter mexido. Ao menos para que o novo CTrabalho, aprovado pela Lei n.º 99/2003, de 27 de Agosto, não aparecesse agora como o criador de um *novo* privilégio dos trabalhadores, o imobiliário, embora apenas dirigido no seu art. 377.º, n.º 1, al.b) aos *imóveis do empregador nos quais o trabalhador preste a sua actividade* quando manifestamente ele não significa mais do que uma restrição dos direitos dos trabalhadores tal como as Leis n.º 17/86 e 96/2001 os quiseram definir.

~~~

Se esta alteração, no meu modesto ponto de vista, *em vez de afinar desafinou* – não, naturalmente, por não ter consagrado a solução que reputo mais justa, mas porque se o queria fazer devia fazê-lo de uma forma absolutamente tão precisa e clara que fechasse todos os outros caminhos – outras há, igualmente pontuais e cirúrgicas, que caminharam no caminho certo.

Às vezes impostas por práticas jurisprudenciais cuja afirmação determinou a intervenção do legislador.

É o caso, se bem penso, da *pequena* Lei n.º 21/98, de 12 de Maio que acrescentou ao n.º 1 do art. 1871.º uma nova alínea, a alínea e), para dizer que *a paternidade | se | presume quando se prove que o pretenso pai teve relações sexuais com a mãe durante o período legal de concepção.*

É que, perante o Assento n.º 4/83, de 21 de Junho de 1983, segundo o qual *na falta de uma presunção legal de paternidade cabe ao autor, em acção de investigação, fazer a prova de que a mãe, no período legal de concepção, só com o investigante manteve relações sexuais,* e mesmo quando apenas razões da estatística impediam a afirmação de uma probabilidade/certeza da paternidade biológica pelo apuro científico dos nossos capacíssimos Institutos de Medicina Legal, alguma jurisprudência persistiu em valorizar *testemunhalmente* essa brecha estatística em detrimento do exame pericial.

A tornar verosímil a estória – a que assisti – numa certa acção de investigação de paternidade, de ao perguntar ao que vinha ele, o ilustríssimo Advogado, se o exame dava uma probabilidade de 99,999% de o seu cliente ser o pai da criança, ter o Exmo Corregedor, entre o espanto e a incredulidade, ouvido a seguinte resposta textual – *vim à procura do 0,001%, Senhor Corregedor!*

Talvez porque este Corregedor, com quem tanto aprendi, o Senhor Conselheiro Matos Fernandes, tenha sido algum tempo mais tarde Secretário de Estado da Justiça, o legislador tenha tido a sensibilidade para introduzir no CCivil a alteração de que vimos falando e que, nesta perspectiva que é a minha, uma prática jurisprudencial ao *arrepio da vida* tornava imprescindível.

Noutros casos, ao contrário, foi *a descoberta* pela jurisprudência (e pela doutrina) do correcto caminho *ao encontro da vida* que impôs ao legislador a solução que se impunha.

Veja-se o que aconteceu ao art. 508.º e aos limites da indemnização pelo risco: primeiro a alteração dos célebres e desactualizadíssimos 200 contos para o dobro da alçada da Relação em 1985, através do Dec.-Lei n.º 190/85, de 24 de Junho; depois, e com o Dec.-Lei n.º 59/2004, de 19 de Março o texto actual do n.º 1 do artigo, definindo como *limite máximo | da indemnização | o capital mínimo do seguro obrigatório de responsabilidade civil automóvel*.

É curioso verificar que já em 1985, no preâmbulo do Dec.-Lei n.º 190/85, se dizia – "é hoje um dado adquirido a cada vez mais premente contiguidade entre a responsabilidade e o seguro".

Mas foram precisos quase 20 anos.

20 anos **e** ... uma corrente jurisprudencial (e doutrinal) que abria caminho e que desaguou no acórdão PUJ n.º 3/2004, publicado no DR, Iª série em 13 de Maio de 2004, mas datado de 25 de Março de 2004 e naturalmente em preparação desde tempos antes, que considerou *tacitamente revogado pelo art. 6.º do Dec.-Lei n.º 522/85, de 31 de Dezembro, na redacção dada pelo Dec.-Lei n.º 3/96, de 25 de Janeiro*.

E – diga-se – a Directiva n.º 84/5/CEE, do Conselho, de 30 de Dezembro de 1983. **E** – seguramente – as acções que começavam a cair nos tribunais portugueses em que se pedia a condenação do Estado Português na diferença entre a indemnização calculada *à moda antiga* e aquela que deveria resultar da transposição da directiva comunitária até 31 de Dezembro de 1995.

Bom seria, em meu entender, que o Dec.-Lei tivesse chegado à solução expressa da sua aplicação retroactiva, se bem que essa me pareça ainda solução jurisprudencialmente sustentável como me parece sustentável a aplicação imediata de qualquer diploma que aproxime a indemnização a arbitrar da **diferença** que é o princípio matricial de qualquer indemnização.

Mais uma vez o CCivil a funcionar *dentro* de si próprio, *dentro* da sua matriz original, no caso o n.º 2 do art. 566.º.

Como acontece também, por exemplo, com a chamada *representação aparente*.

A sua consagração expressa no art. 23.º do Dec.-Lei n.º 178/86, de 3 de Julho, que regula o contrato de agência, nem por isso **esvaziou** dessa noção o CCivil, *dentro* do qual, desde o início, o meu Professor de Teoria Geral me ensinou da sua figuração como forma de proteger o contratante de boa fé que, por exemplo, confia na pessoa colectiva que beneficia do trabalho do seu empregado e, por si própria, nele confia e faz confiar.

Claro que, como se diz atrás, é preciso estar *dentro* do tempo e pensar *dentro* do tempo.

É preciso enfrentar com cuidado e rigor os novos tempos e, certamente, por vezes, esperar que os tempos se acalmem e tornem definitivos os seus novos sentires, para introduzir as mudanças que os tempos impõem ou para assumir as rupturas que se tenham por adequadas.

Pensando-as com segurança e conhecimento porque os novos tempos exigem novas reflexões. E nem tudo é linear em tempo de mudança.

Veja-se, por exemplo, o que acontece quanto ao disposto no art. 496.º, n.º 2 e ao universo de pessoas em quem radica a titularidade do *direito à indemnização por danos não patrimoniais por morte da vítima*.

Ao *cônjuge não separado judicialmente de pessoas e bens*, como diz a lei, só?

Ou também àquele que com a vítima vivia em situação de união de facto ao tempo da morte, como também e divergentemente tem vindo a ser entendido, sobretudo depois da publicação da Lei n.º 7/2001, de 11 de Maio?

O Tribunal Constitucional pronunciou-se já por diversas vezes sobre a questão, as mais recentes das quais são do passado dia 15, de anteontem, nos acórdãos n.ᵒˢ 86/2007 e 87/2007, em ambos decidindo não julgar inconstitucional a norma do artigo 496.º, n.º 2, do Código Civil, na parte em que exclui o direito a indemnização por danos não patrimoniais da pessoa que vivia em união de facto com a vítima mortal de acidente de viação resultante de culpa exclusiva de outrem.

Já decidira antes de forma diversa e em ambos estes últimos arestos estão expressos votos de vencido que dão que pensar.

Propondo, por mim, a aceitar a solução dos acórdãos citados, mas isso não resolve em definitivo a questão da leitura a fazer, hoje, daquela disposição legal.

Na verdade, no plano da legalidade estrita, como pode ler-se hoje, um tempo em que coabitam os *ambientes* do CCivil e da Lei n.º 7/2001, esse comando?

O que é hoje a união de facto? Onde deve *viver* a união de facto? Deve permanecer *fora* do CCivil, ou deve mudar-se para *dentro* dele?

É uma das questões que estão no horizonte de qualquer **revisão**. Para o seu tratamento *fora* do CCivil ou para a sua inclusão *dentro* do código, "reformando-o".

Provavelmente, *divorciando* do casamento a génese da família e abrindo-a às novas realidades sociais.

Em que termos? Com que características o seu nascimento? Com que consequências a sua permanência e estabilidade? Com que consequências também o seu fim, a sua cessação?

Mais talvez, até, do que a *união de facto* em si mesma (com excepção dos vários problemas que se têm levantado, sobretudo no que à pensão de sobrevivência e às mais prestações sociais por morte diz respeito e que têm suscitado caminhos jurisprudenciais diversos quer no Tribunal Constitucional quer nos tribunais comuns, maxime o STJ) este, o do *terminus* da *união de facto*, pelas consequências patrimoniais que comporta, é um problema presente, cada vez mais presente nos nossos tribunais, e que é preciso enfrentar, *fora ou dentro* do CCivil, porque na angustiada procura de soluções que introduzam Justiça numa situação que é nova, se estão a correr caminhos diversos e certamente não todos os mais ajustados.

Por mim, por exemplo, não consigo aceitar soluções que na eventualidade, comum, de todos os bens adquiridos em vigência da *união* ficarem registados em nome do cônjuge "mais forte", normalmente o homem, passem pela compensação do cônjuge "mais fraco", habitualmente a mulher, *dentro* do instituto do enriquecimento sem causa, cuja medida se encontre na normal (ou majorada) remuneração do trabalho doméstico. Como se uma organização familiar, qualquer que ela seja, que deixe a mulher em casa, faça dela uma empregada doméstica ... ao serviço do seu senhor!

~~~

A terminar, penso que posso cometer uma inconfidência.

Num das Relações aonde trabalhei, e num tempo em que a acção de divórcio por mútuo consentimento comportava uma 1.ª e uma 2.ª conferências (veja-se, por curiosidade, como a 2.ª conferência desapareceu com a eliminação do art. 1777.º pelo Dec.-Lei n.º 272/2001, de 13 de Outubro e como agora o BE pretende (re)instituí-la no seu projecto de reformulação do divórcio), deparei-me com um recurso cujo objecto consistia em decidir se a inicial tentativa de conciliação na acção de divórcio litigioso, na qual os cônjuges haviam decidido a conversão em mútuo consentimento, deveria ou não ser considerada como a primeira daquelas duas conferências, faltando apenas realizar a segunda delas.

A mim, sempre pressionado pela ideia do *direito ao serviço da vida* – da vida como a possa entender o comum dos destinatários da Justiça – parecia-me que sim, que ninguém compreenderia a necessidade de uma ... terceira conferência.

Troquei impressões com os colegas meus Adjuntos mas não me pareceu convencê-los. O seu caminho era outro.

Repensei o problema e resolvi manter o meu projecto.

Aprofundei-o, reformulei a escrita, reconstruí alguns argumentos. De caminho ajuntei-lhe a citação de um artigo do professor Guilherme de Oliveira, que providencialmente redescobri, e o projecto tornou-se acórdão, e transitado!, sem grande controvérsia.

Não me custou perceber das razões da unanimidade.

É com a certeza da profundidade e da qualidade e interesse do estudo de todos vós, meus caros companheiros neste colóquio, que vos deixo com as despretensiosas considerações de quem, habituado à guerra, por uma vez, quase no tempo da reforma, aceitou participar em manobras de **revisão**.

Concluo o verso com que, parafraseando, *baptizei* estas minhas palavras:

> **Mudam-se os tempos, mudem-se as vontades**
> **Guarde-se o ser, crie-se a confiança!**

O CÓDIGO CIVIL PORTUGUÊS:
"DE UMA POSSÍVEL TENDÊNCIA PARA O ESVAZIAMENTO A UMA TAMBÉM POSSÍVEL NECESSIDADE DE REFORMA"?
ALGUMAS REFLEXÕES[*]

PAULO MOTA PINTO[**]

O tema que me foi proposto situa-se no plano da política legislativa, embora, partindo de uma "possível tendência para o esvaziamento" do Código Civil para "uma também possível necessidade de reforma" desse Código, assente num diagnóstico sobre a fuga da matéria civilística do Código Civil. Tratando-se do diploma mais importante do nosso direito privado, e mesmo, sem dúvida, do diploma legal em vigor cuja elaboração foi mais profundamente estudada, impõe-se abordar a questão da sua eventual reforma com natural cautela e ponderação, mesmo tendo já decorrido 40 anos sobre a sua entrada em vigor.

Optei por, depois de um enquadramento geral da problemática (I), onde serão vistos alguns argumentos trocados na questão da necessidade ou conveniência de uma reforma do Código Civil, seguir o tema que me foi dado, tratando mais de perto da "possível tendência para o esvaziamento" (II), passando depois à mencionada "também possível necessidade de reforma" (III), para tomar posição sobre tais possibilidades, abordando ainda o problema da relação do Código Civil com a legislação de defesa do consumidor (IV), para terminar com algumas considerações conclusivas (V).

---

[*] Texto que serviu de base à comunicação apresentada, em 17 de Maio de 2007, no colóquio "Código Civil Português – 40 anos de vigência", que decorreu na Faculdade de Direito da Universidade Nova de Lisboa. Para a presente publicação foram mantidos a forma e o estilo coloquiais, apenas se tendo acrescentado algumas notas de rodapé.

[**] Professor da Faculdade de Direito da Universidade de Coimbra.

I. Enquadramento

Como é sabido, o Código Civil de 1966 teve um processo *longo* de elaboração, que espraiou por mais de duas décadas. O primeiro passo para elaboração de um novo Código Civil foi dado com o Decreto-Lei n.º 33 908, de 4 de Setembro de 1944, tendo sido, no ano seguinte, nomeada uma comissão formada por vários professores de Direito Civil das duas Faculdades de Direito portuguesas, com a missão de preparar o respectivo projecto, Comissão, esta, a que presidiu o Prof. Vaz Serra, da Faculdade de Direito de Coimbra[1]. Os trabalhos para elaboração do Código Civil estenderam-se por cerca de 22 anos, tendo incluído numerosos e profundos trabalhos preparatórios[2]. Em resultado desses trabalhos, foram elaborados vários anteprojectos parcelares, por vezes remetendo para a respectiva justificação noutros trabalhos ou acompanhados de tal justificação[3].

Coordenados e revistos os trabalhos preparatórios pelo Ministro da Justiça[4], à data igualmente um ilustre Civilista (Antunes Varela), foi publicado

---

[1] Sobre o início dos trabalhos para o novo Código Civil, v. Adriano Paes da Silva Vaz Serra, "A revisão geral do código civil: alguns factos e comentários", *Boletim da Faculdade de Direito*, Coimbra, vol. 22, 1946, *passim*.

A presidência da Comissão referida no texto e a predominância dos trabalhos preparatórios de Vaz Serra na elaboração do Código Civil, sobretudo no domínio do direito das obrigações, já levou mesmo a que se designasse esse diploma por "Código Vaz Serra" – assim, António Menezes Cordeiro, por ex. em "Da colisão de direitos", in *Estudos Jurídicos e Económicos em Homenagem ao Prof. Doutor António de Sousa Franco*, I, Coimbra, Coimbra Editora, 2006, pp. 289-306 (III).

Mas, considerando que a intervenção do ilustre Civilista se centrou sobretudo no direito civil patrimonial (e neste sobretudo no direito das obrigações), parece-nos que tal designação é redutora.

[2] Pense-se só, por ex., nos trabalhos preparatórios, de índole comparatística, elaborados ao longo de quase duas décadas por Adriano Vaz Serra, sobretudo no domínio do direito das obrigações (e cuja lista pode encontrar-se, por ex., em Mário Alberto Reis Faria, "Notas Biográficas e Bibliográficas do Doutor Adriano da Silva Vaz Serra", Coimbra, Almedina, 1986).

[3] V., por ex., no domínio do direito das obrigações, Adriano Vaz Serra, "Direito das obrigações – Anteprojecto (parte resumida)", *BMJ*, vol. 98.º (Julho de 1960), pp. 13-128, vol. 99.º (Outubro de 1960), pp. 27-265, vol. 100.º (Novembro de 1960), pp. 17-159, e vol. 101.º (Dezembro de 1960), pp. 15-161 – tb. publ. como "Direito das obrigações (com excepção dos contratos em especial) / Anteprojecto", separata do *BMJ*, Lisboa, 1960, e id., "Direito das obrigações – Anteprojecto (parte extensa)", *BMJ*, vol. 98.º (Julho de 1960), pp. 129-316, vol. 99.º (Outubro de 1960), pp. 267-526, vol. 100.º (Novembro de 1960), pp. 161-413, e vol. 101.º (Dezembro de 1960), pp. 163-408.

[4] Não existem, porém, como é sabido, exposições de motivos ou sequer actas relativas às duas revisões ministeriais efectuadas, as quais, por vezes, alteraram profundamente o sentido dos preceitos propostos no projecto.

o *Projecto de Código Civil* em Maio de 1966, vindo o Código a ser aprovado e publicado através do Decreto-Lei n.º 47 344, de 25 de Novembro de 1966.

O Código Civil pode, a meu ver, ser considerado, numa apreciação global, uma obra *bem conseguida*, que constitui o produto legislativo mais acabado e perfeito da civilística portuguesa, e que tem *cumprido bem* a sua função de diploma central do nosso direito privado.

É certo que o Código Civil não passou isento de *críticas*. Descontando aquelas, de ordem geral, que se centravam na adopção da sistematização germânica, e em particular da Parte Geral[5], pode dizer-se que as críticas efectuadas foram sobretudo *"pontuais"*, isto é, incidentes sobre pontos específicos das soluções contidas no Código – como é o caso, por exemplo, das críticas que mereceram algumas soluções em matéria de falta ou vícios da vontade (e em particular quanto ao erro[6]).

Deve, porém, distinguir-se entre tais críticas *parcelares*, efectuadas na doutrina, e o juízo global sobre o diploma fundamental do nosso direito privado. O juízo *global*, esse é, a meu ver, francamente *positivo*, sendo o Código Civil de 1966 uma obra de que a civilística portuguesa pode orgulhar-se (também pela síntese entre diversas influências estrangeiras e a tradição nacional que consubstancia), mesmo no confronto com codificações civis mais recentes, algumas influenciadas já pelo Código Civil (como é o caso da brasileira[7]). Neste

---

[5] V. Konrad Zweigert/Hein Kötz, *Einführung in die Rechtsvergleichung: auf dem Gebiete des Privatrechts*, 3.ª ed., Tübingen, J.C.B. Mohr Siebeck, 1996, p. 107, para quem o Código Civil seria "uma obra conservadora, mais virada para o passado", sobretudo porque, dizem, "para surpresa justamente do comparatista alemão, foi recebida a sistematização pandectística do *Bürgerliches Gesetzbuch*, e também, em grande medida, o seu instrumentário conceitual". Noutro sentido quanto à Parte Geral, v., todavia, também de uma perspectiva alemã, Claus-Wilhelm Canaris, "Funções da Parte Geral de um Código Civil e limites da sua prestabilidade", in *Comemorações dos 35 anos do código civil e dos 25 anos da reforma de 1977*, Faculdade de Direito da Universidade de Coimbra, Coimbra Editora, 2004-2006. pp. 23-42 (n.º II).

[6] V., logo em face do *Projecto*, Carlos Mota Pinto, "Observações ao regime do Projecto de Código Civil sobre o erro nos negócios jurídicos", in *RDES*, ano XIII, 1966, n.ᵒˢ 1-2, pp. 1 e ss.

[7] Para comparações entre o Código Civil Português e o novo Código Civil brasileiro, de 2002, em matéria de direitos de personalidade e de falta e vícios da vontade, v. Paulo Mota Pinto, "Direitos de Personalidade no Código Civil Português e no Novo Código Civil Brasileiro", in Alfredo Calderale (org.), *Il nuovo Codice Civile brasiliano*, Milano, 2003, pp. 17-61 (também in *Revista Jurídica*, São Paulo, vol. 51, n.º 314, 2003, pp. 7-34, e in *Revista da Ajuris*, Porto Alegre, vol. 31, n.º 96, 2004, pp. 407-437), e id., "Falta e vícios da vontade: o Código Civil e os regimes mais recentes", in *Comemorações dos 35 anos do Código Civil – A Parte Geral do Código e a Teoria Geral do Direito Civil*, Coimbra, Coimbra Editora, 2006, pp. 459-500. No domínio da responsabilidade civil, v. Jorge Sinde Monteiro, "Responsabilidade civil: o novo Código Civil do Brasil face ao direito português, às reformas recentes e às actuais discussões de reforma na Europa", *RBDC*, 23 (2002), pp. 153-166 (tb. in *Il nuovo Codice Civile brasiliano*, cit., pp. 305-318).

plano da influência no estrangeiro, e em particular nos movimentos de harmonização ou unificação do direito privado europeu (ou mesmo de elaboração de um "Código Civil Europeu"), se alguma coisa pode lamentar-se será, não tanto o atraso numa reforma global do Código Civil, mas antes, por exemplo, que ele não seja mais conhecido (e não tenha alcançado maior repercussão) no exterior por não ter sido ainda realizada uma *tradução integral* do Código Civil numa língua que potenciasse ainda mais esse conhecimento[8].

Se o Código Civil Português é uma obra bem conseguida, que tem cumprido a sua missão, não pode ignorar-se, porém, que leva já *quatro décadas* de vigência, que grande parte das soluções que contém foi, portanto, aprovada há mais de quarenta anos, e que entretanto muita coisa se alterou, quer na realidade e no "modelo" social e económico sobre que incide o Código Civil, quer na ordem jurídica portuguesa, tanto no direito público como no direito privado. Um dos argumentos imediatamente avançados quando se suscita a questão da necessidade ou conveniência de uma reforma do Código Civil é o do alegado *"envelhecimento"* do Código Civil.

Se, passados mais de quarenta anos sobre a publicação do Código Civil, tem de reconhecer-se que não é descabido suscitar-se esse problema, não existem, porém, a meu ver, razões para sustentar na "erosão do tempo" – num pretenso "envelhecimento" do Código – a conveniência de uma reforma a curto ou médio prazo, sendo, desde logo, duvidoso que tal diagnóstico de "envelhecimento" seja procedente.

Pode, desde logo, duvidar-se de que quatro décadas de vigência constituam um período longo, no tempo de "vida" normal dos códigos civis – mesmo deixando de lado Códigos como o francês ou o alemão, que já levam, respectivamente, *mais de dois e de um século* de vigência, também entre nós o Código de Seabra esteve em vigor quase cem anos[9]. Deve, a este propósito, recordar-se que os códigos civis constituem os diplomas com maior permanência temporal em muitas ordens jurídicas, arvorando-se em verdadeiros *pilares* da ordem jurídico-privada, sendo, designadamente, mais estáveis no tempo do que as constituições[10]. A verdade é que, se olharmos para os países europeus

---

[8] Referimo-nos à tradução do Código Civil Português para alemão, francês ou inglês, que continua a fazer sentido, quer para divulgação do Código, quer até para efeitos económicos, mesmo passados 40 anos sobre a sua entrada em vigor.

[9] O seu período de vigência foi, com efeito, ligeiramente inferior a 100 anos, pois foi aprovado por Carta de Lei de 1 de Julho de 1867 mas para apenas entrar em vigor seis meses após a sua publicação, enquanto o Código de 1966 entrou em vigor no continente e ilhas adjacentes em 1 de Julho de 1967, nos termos do artigo 2.º do referido Decreto-Lei n.º 47 344.

[10] Assim, por ex., só o Código de Seabra conheceu a vigência de três Constituições, uma monárquica e duas republicanas, enquanto no âmbito da vigência do actual Código Civil também já se verificou uma alteração constitucional, em 1974-1976.

que nos são mais próximos, em média os códigos civis vivem tanto ou mais que os seus autores e que os seus destinatários – o seu período de vigência médio ultrapassa a esperança de vida média das pessoas – e vigoram, também, mais tempo do que as próprias constituições, as quais são mais "sensíveis" a alterações de ordem política e social, que por vezes se limitam a acarretar reformas, mais ou menos amplas, dos códigos civis.

No tempo de vigência médio de uma codificação civil, não pode, assim, dizer-se que 40 anos seja um período de tempo longo, que implique necessária ou provavelmente o seu "envelhecimento". Isto, tanto mais quanto, como se sabe, a principal alteração verificada na ordem jurídica (e política) portuguesa desde a entrada em vigor do Código – com o advento da democracia e a Constituição da República de 1976 –, implicou, ainda não havia decorrido uma década de vigência do Código Civil, uma *ampla reforma*, levada a cabo pelo Decreto-Lei n.º Decreto-Lei n.º 496/77, de 25 de Novembro, que visou justamente adaptar o Código às *exigências constitucionais*, e em particular ao regime de direitos, liberdades e garantias consagrado na Constituição (designadamente, em matéria familiar e sucessória, ou, por exemplo, de liberdade de associação).

É certo que o diagnóstico de "envelhecimento" de um diploma legal não é meramente quantitativo ou temporal, mas *qualitativo*. O que está em causa é a *adequação* do diploma ao seu "domínio normativo", isto é, à realidade social e económica à qual se aplica. No extremo, um diploma legal pode, mesmo, "nascer" – entrar em vigor – logo obsoleto, o que é absolutamente independente de qualquer decurso do tempo. E, por outro lado, não pode ignorar-se que as últimas quatro décadas assistiram a *mudanças profundas* da realidade portuguesa, com modernização das estruturas sociais[11] e desenvolvimento económico, e, designadamente, com a integração europeia. Não parecerá, assim, exagerado dizer que a realidade a que deve dirigir-se um código civil em Portugal em 2007 é, forçosamente, *diversa*, em muitos e relevantes aspectos daquela a que se dirigia um Código elaborado nos anos 50 e 60 do século XX: de uma sociedade ainda em muitas zonas agrária, economicamente pouco desenvolvida e sem grande mobilidade social, passou-se a uma economia em que predominam os serviços, com cada vez mais população urbana.

Não cremos, porém, que, *sem maior concretização* dos pontos em que são necessárias alterações, estas mudanças *recomendem só por si*, ou *imponham*, uma reforma global do Código Civil, a curto ou médio prazo, designadamente, sem que tais modificações tenham sido acompanhadas de tentativas de

---

[11] Para uma imagem impressiva, pode ver-se o documentário realizado por JOANA PONTES, da autoria de ANTÓNIO BARRETO, *Portugal – um retrato social*, 2007.

"modernização" da dogmática do direito civil[12], e, até, do seu entendimento e aplicação pela jurisprudência. Isto, tanto mais quanto o Código Civil foi já objecto, desde a sua aprovação, de uma reforma global, tendo, por outro lado, vindo a ser aprovados diplomas avulsos que em muitas matérias (pense-se, por exemplo, na assinatura electrónica, no comércio electrónico, nos diplomas de protecção do consumidor no direito privado) permitiram adequar a nossa ordem jurídica à evolução e às exigências europeias.

Aliás, quanto à *integração europeia*, ela manifestou-se consabidamente, numa primeira fase, sobretudo em matérias, de direito económico (ou de direito público) que estavam já fora do Código Civil (e quando, mais recentemente, tem vindo crescentemente a tocar áreas nucleares do direito privado está em causa o dito possível "esvaziamento" do Código Civil, a que nos referiremos a seguir).

Por vezes refere-se, ainda (na esteira do argumento invocado, por exemplo, no contexto dos debates sobre a "modernização do direito das obrigações" alemão), que para a possível elaboração de um "Código Civil Europeu" seria conveniente dispor de um Código Civil tão moderno e actualizado quanto possível, que pudesse influenciar os respectivos trabalhos e servir de modelo a tal elaboração. O argumento não nos parece convincente. Mesmo descontando o facto de se não dever condicionar antecipadamente o tempo e a necessidade de reformas legislativas internas a conveniências de harmonização ou unificação do direito no plano europeu, parece que a perspectiva de um "Código Civil Europeu" é, na melhor das hipóteses, uma perspectiva longínqua, de longo prazo. Não se ignora que, mesmo com todos os "planos de acção" e da tentativa de elaboração de "quadros comuns de referência" para o direito privado europeu, e apesar dos diversos projectos que existem na direcção da elaboração de uma codificação civil na Europa (ou em alguns países da União Europeia), existem dúvidas sérias sobre a sua necessidade e viabilidade (sobretudo no confronto com as diversidades dos sistemas jurídicos europeus e em particular com o *common law*[13]), e, sobretudo, sobre a sua conveniência[14]. Tal

---

[12] Assim, por ex., no que toca à matéria do não cumprimento das obrigações, ou aos direitos reais, em que muitas vezes parece sentir-se ainda, no próprio tratamento doutrinal, o "peso" dos referidos modelos sociais e económicos, em contraste com as necessidades de uma economia moderna e de serviços.

[13] V. já, duvidando da aproximação dos sistemas jurídicos europeus, Pierre Legrand, "European Legal Systems Are Not Converging", *The International and Comparative Law Quarterly*, vol. 45, n.º 1. (1996), pp. 52-81.

[14] V., contra essa "ideia diabólica", as críticas repetidas e veementes de Pierre Legrand, "Against a European Civil Code", *The Modern Law Review*, vol. 60, n.º 1 (Jan., 1997), pp. 44-63, id., "Sens et Non-Sens d'un Code Civil Européen", *Revue International de Droit Comparé*, 48

não contende, de modo algum, com uma "europeização do direito privado", pela via da aproximação doutrinal e por via de alguns instrumentos de harmonização[15]. Independentemente do juízo sobre a conveniência de um "Código Civil Europeu" (e não somos entusiastas de tal projecto, sobretudo se se tratasse de uma codificação vinculativa para os Estados-membros), pode constatar-se que o caminho da União Europeia não parece ser, pelo menos a curto ou médio prazo, o da promoção de uma tal codificação civil.

Aliás, independentemente do maior ou menor voluntarismo político (ou de certos sectores da doutrina) no sentido de um "Código Civil Europeu", sempre ele teria, parece, de ser também uma emanação social e do trabalho da civilística europeia (mesmo se não necessariamente de um qualquer *"Volksgeist"*, de cuja existência talvez se possa ainda duvidar mais intensamente). E se a "vocação do nosso tempo" não é, pelo menos para já, a de um "Código Civil Europeu", também o argumento para a reforma do Código Civil Português que se baseia naquele (ainda que fosse procedente) perde a sua base.

Ampliando a perspectiva, poder-se-ia, aliás, questionar a própria urgência ou conveniência de uma *"recodificação"* de muitas matérias. Trata-se de tema, que, pela sua amplitude, exigiria outras considerações, que não podem aqui ser desenvolvidas. Sempre se dirá, porém, que nem o confronto com ordens jurídicas onde não existem codificações "centrais" de direito privado (designadamente, com o *common law*) é de molde a impor a ideia de uma superioridade do modelo codificatório, nem a própria aceleração actual do tempo histórico e da evolução científica e económica facilitam a resistência das codificações ao tempo. Seja como for, porém, quanto a este último ponto – e não se pretendendo negar as vantagens racionalizadoras e de acesso ao Direito da codificação, ou, sequer, aplaudir a "descodificação" –, há que confrontar o Código Civil Português com a "possível tendência para o esvaziamento" a que começámos por aludir.

(1996), pp. 779-812, ID., "A Diabolical Idea", A. S. HARTKAMP/MARTIJN W. HESSELINK/E. H. HONDIUS/CARLA JOUSTRA/EDGAR DU PERRON/MURIEL VELDMAN (orgs.), *Towards a European Civil Code*, 3.ª ed., Nijmegen, Kluwer, 20004, pp. 254-272. Salientando que se trata de uma questão política, e, por questões de legitimidade, assim mesmo deve ser tratada, v. MARTIJN W. HESSELINK, "The Politics of a European Civil Code", *European Law Journal*, vol. 10, n.º 6 (2004), pp. 675-697. Entre nós, v. a discussão em TERESA SILVA PEREIRA, "Proposta de reflexão sobre um Código Civil Europeu", ROA, 2004, ano 64, vol. I/II, 2004, pp..

[15] V., com cepticismo em relação a um Código Europeu, Peter Schlechtriem, "Europäisierung des Privatrechts – vom Beruf unserer Zeit für ein Europäisches Privatrecht", in *Juridica International*, IX, 2004, pp. 24-31 (acessível em *http://www.juridica.ee/get_doc.php?id=726*).

II. "De uma possível tendência para o esvaziamento..."

O "esvaziamento" de uma codificação civil tanto pode resultar da sua progressiva revogação parcial como da perda de relevância do regime nela previsto, em termos absolutos ou relativos, por comparação com um movimento de aprovação de diplomas avulsos especiais, que retiram parte da disciplina civilística do Código Civil ou retiram significado prático a tal disciplina.

Também já a necessidade de reforma do Código de Seabra foi, aliás, justificada com a proliferação de diplomas avulsos, que o alteraram ou modificaram o regime de algumas matérias nele disciplinadas[16]. Por outro lado, salientava-se a inadequação às concepções sociais e às doutrinas jurídicas de meados do séc. XX dos princípios inspiradores de um diploma elaborado um século antes, inadequação, essa, revelada sobretudo no campo dos contratos e obrigações e no dos direitos reais (pela diferença entre as concepções individualistas subjacentes ao Código de 1867 e *a* tendência social do direito privado moderno).

A apreciação do argumento da "possível tendência para o esvaziamento" do Código Civil de 1966 pressupõe que se confronte o Código e suas alterações, com os diplomas especiais que têm vindo a ser aprovados em matéria de direito civil.

Como já recordámos, o Código Civil Português de 1966 foi objecto de uma revisão geral depois da Constituição de 1976, levada a cabo pelo Decreto-Lei n.º 496/77, de 25 de Novembro – reforma que completa este ano 30 anos. As alterações mais significativas com tal reforma verificaram-se no direito da família (na disciplina do divórcio, da filiação e dos direitos e deveres dos cônjuges), no direito das sucessões (com valorização da posição sucessória do cônjuge sobrevivo, nomeadamente dando-lhe a qualidade de herdeiro forçoso

---

[16] Exemplificativamente: a chamada *Lei do Divórcio* (Decreto de 3 de Novembro de 1910) que instituiu na ordem jurídica portuguesa o divórcio; as chamadas *Leis da Família* (Decretos de 25 de Dezembro 1911) que estabeleceram o casamento civil como único casamento com relevo para a ordem jurídica estadual e estabeleceram disposições mais favoráveis à situação dos filhos ilegítimos; o Decreto de 13 de Fevereiro de 1911 que estabeleceu o *registo civil obrigatório*; a chamada *Lei do Inquilinato* (Decreto n.º 5 411, de 17 de Abril de 1919), estabelecendo providências adequadas a uma tutela mais eficaz dos arrendatários; o Decreto de 16 de Outubro de 1920, instituindo o *casal de família; a Reforma do Código Civil de 1930* (Decreto de 16 de Dezembro de 1930 que alterou numerosas disposições do Código de Seabra); do Decreto n.º 30 615, de 25 de Julho de 1940, que incorporou *Concordata com a Santa Sé* no direito interno português, reconhecendo valor jurídico-civil ao casamento católico e abolindo o divórcio para os casamentos católicos a celebrar após a sua entrada em vigor; a Lei n.º 2 030, de 22 de Junho de 1948, sobre problemas de *arrendamento urbano;* a Lei n.º 2 114, de 15 de Junho de 1962 sobre *arrendamentos* rurais; etc..

ou legitimário), na disciplina das associações, como resultado do princípio da liberdade de associação, na consagração da idade de 18 anos como limite da maioridade (com consequente redução do alcance do instituto da emancipação), e na extinção do regime matrimonial do dote (regime dotal).

Posteriormente, e até hoje, tem, porém, havido *alterações* em determinados pontos do Código Civil. Desde pequenas alterações, até à reformulação ampla de regimes jurídicos (como do arrendamento), foram mais de 30 os diplomas que desde 1977 até hoje alteraram o Código[17].

Naturalmente, todas estas alterações tiveram como objectivo, além do mais, adequar o Código Civil à evolução das condições sociais e económicas (existindo várias alterações de regimes de grande relevância económica e social, como, por exemplo, os regimes do contrato-promessa ou do contrato de arrendamento), inserindo-se também, nalguns casos, em "movimentos" legislativos com um certo sentido (como, mais recentemente, os diplomas que visaram em geral a simplificação de formalidades para os actos jurídicos).

A par destas alterações ao Código Civil – que, porém, evidentemente, não corroboram qualquer diagnóstico de "esvaziamento" (antes pelo contrário) –, tem-se assistido à publicação de alguns diplomas especiais em matérias que tocam aspectos ou pontos nucleares do direito civil (abstraindo, portanto, de regimes específicos de protecção do consumidor, a que nos referiremos mais à frentes). A maioria de tais legislação avulsa tem consistido, aliás, em diplomas de transposição de directivas europeias, que, por este motivos por vezes nem sempre muito claros, se entendeu não deverem integrar o diploma fundamental do nosso direito civil, provocando a sua alteração (numa espécie de "respeito" como que "reverencial" que, porém, pela acumulação de tais diplo-

---

[17] Por ordem cronológica, desde 1977 o Código Civil foi alterado pelos seguintes diplomas: Decretos-Leis n.os 200-C/80, de 24 de Junho, 236/80, de 18 de Julho, 328/81, de 4 de Dezembro, 262/83, de 16 de Junho, 225/84, de 6 de Julho, e 190/85, de 24 de Junho; Lei n.º 46/85, de 20 de Setembro; Decretos-Leis n.os 381-B/85, de 28 de Setembro, e 379/86, de 11 de Novembro; Lei n.º 24/89, de 1 de Agosto; Decretos-Leis n.os 321-B/90, de 15 de Outubro, 257/91, de 18 de Julho, 423/91, de 30 de Outubro, 185/93, de 22 de Maio, 227/94, de 8 de Setembro, 267/94, de 25 de Outubro, e 163/95, de 13 de Julho; Lei n.º 84/95, de 31 de Agosto; Decretos-Leis n.os 329--A/95, de 12 de Dezembro, 14/96, de 6 de Março, 68/96, de 31 de Maio, 35/97, de 31 de Janeiro, e 120/98, de 8 de Maio; Leis n.os 21/98, de 12 de Maio, e 47/98, de 10 de Agosto; Decreto-Lei n.º 343/98, de 6 de Novembro; Lei n.º 16/2001, de 22 de Junho; Decretos-Leis n.os 272/2001, de 13 de Outubro, 273/2001, de 13 de Outubro, 323/2001, de 17 de Dezembro, e 38/2003, de 8 de Março; Lei n.º 31/2003, de 22 de Agosto; Decretos-Leis n.os 199/2003, de 10 de Setembro, e 59/2004, de 19 de Março, Lei n.º 6/2006, de 27 de Fevereiro, Decreto-Lei n.º 263-A/2007, de 23 de Julho, Lei n.º 40/2007, de 24 de Agosto, e Decreto-Lei n.º 324/2007, de 28 de Setembro. Trata-se, como se diz no texto, de diplomas que alteraram as mais diversas disposições, embora nunca procedendo a uma revisão geral do Código.

mas avulsos, teria de redundar, necessariamente, em prejuízo do próprio Código Civil).

É o caso, por exemplo, do regime das cláusulas contratuais gerais (Decreto-Lei n.º 446/85, de 25 de Outubro, alterado pelos Decretos-Leis n.ºs 220/95, de 31 de Agosto e 249/99, de 7 de Julho[18]), ou do regime da responsabilidade civil do produtor (Decreto-Lei n.º 383/89, de 6 de Novembro, alterado pelo Decreto-Lei n.º 131/2001, de 24 de Abril[19]), que trataram, respectivamente, da formação do contrato com cláusulas contratuais gerais, e dos limites ao seu conteúdo, bem como da responsabilidade objectiva, reguladas no Código Civil. É ainda o que aconteceu, por exemplo, com o regime da assinatura digital (Decreto-Lei n.º 290-D/99, de 2 de Agosto, alterado pelo Decreto-Lei n.º 62/2003, de 3 de Abril), ou o regime do "comércio electrónico", isto é, da celebração do contrato por meios electrónicos (Decreto-Lei n.º 7/2004, de 7 de Janeiro[20]), e, ainda (na medida em que não trata apenas de matéria comercial, mas abrange igualmente, por exemplo, transacção efectuadas por profissionais não comerciantes), com o regime do atraso ou mora nos pagamentos nas transacções comerciais (Decreto-Lei n.º 32/2003, de 17 de Fevereiro[21]). É também o caso da Lei da Assembleia da República que estabeleceu um regime especial para a união de facto (Lei n.º 7/2001, de 11 de Maio, e, já antes, a Lei n.º 135/99 de 28 de Agosto), e, designadamente (embora se trate de um diploma que, salvo na parte em que refere ao direito de regresso do vendedor final, é privativo dos consumidores), do regime da compra e venda de bens de consumo (Decreto-Lei n.º 67/2003, de 8 de Abril[22]). E é também o caso dos

---

[18] Estes dois últimos diplomas visaram, como se sabe, adequar integralmente o nosso direito à Directiva 93/13/CEE do Conselho, de 5 de Abril de 1993, relativa às cláusulas abusivas nos contratos celebrados com os consumidores, in *Jornal oficial*, n.º L 095 de 21 de Abril de 1993, pp. 29-34.

[19] V. a Directiva 85/374/CEE do Conselho, de 25 de Julho de 1985, relativa à aproximação das disposições legislativas, regulamentares e administrativas dos Estados-Membros em matéria de responsabilidade decorrente dos produtos defeituosos (in *Jornal oficial*, n.º L 210 de 7 de Agosto de 1985, pp. 29-33), alterada pela Directiva 1999/34/CE do Parlamento Europeu e do Conselho, de 10 de Maio de 1999, *Jornal oficial*, n.º L 141, de 4 de Junho de 1999, pp. 20-21.

[20] V. a Directiva 2000/31/CE do Parlamento Europeu e do Conselho de 8 de Junho de 2000 relativa a certos aspectos legais dos serviços da sociedade de informação, em especial do comércio electrónico, no mercado interno ("Directiva sobre o comércio electrónico"), in *Jornal oficial*, n.º L 178 de 17 de Julho de 2000, pp. 1-16.

[21] V. a Directiva 2000/35/CE, do Parlamento Europeu e do Conselho, de 29 de Junho de 2000, que estabelece medidas de luta contra os atrasos de pagamento nas transacções comerciais (*Jornal oficial*, n.º L-200 de 08 de Agosto de 2000, pp. 35-38).

[22] Directiva 1999/44/CE do Parlamento Europeu e do Conselho, de 25 de Maio de 1999, relativa a certos aspectos da venda de bens de consumo e das garantias a ela relativas (*Jornal*

regimes, recentes, de simplificação de actos como a constituição de associações ou de transmissão, oneração e registo imediato de prédio urbano, em atendimento presencial único, instituídos pela Lei n.º 40/2007, de 24 de Agosto e pelo Decreto-Lei n.º 263-A/2007, de 23 de Julho[23].

A provar, porém, que o movimento não é apenas num sentido (de "esvaziamento" do Código Civil), antes depende também de outras variáveis, já quanto ao contrato de arrendamento urbano se verificou, pelo contrário, em 2006, o retorno ao Código Civil – uma "recodificação" – do seu regime geral, nas partes mais relevantes, com o "Novo Regime do Arrendamento Urbano" (aprovado pela Lei n.º 6/2006, de 27 de Fevereiro). Assim se encerrou, aliás, um ciclo de mais de *três décadas* em que esse regime esteve previsto em diplomas avulsos (designadamente, o Decreto-Lei n.º 67/75, de 19 de Fevereiro, o Decreto-Lei n.º 328/81 de 4 de Dezembro, a Lei n.º 46/85 de 20 de Setembro e o Decreto-Lei n.º 321-B/90, de 15 de Outubro).

Perante estes dados, afigura-se que um diagnóstico de "esvaziamento" no Código Civil é exagerado, pelo menos no momento presente. É certo que alguns dos diplomas referidos poderiam – e talvez devessem – ter sido integrado no Código Civil, tendo-se perdido no momento em que foram aprovados a oportunidade para firmar um princípio ou regra nesse sentido. Mas não

---

oficial, n.º L 171 de 7 de Julho de 1999, pp. 12-16). Para uma proposta de transposição desta directiva mediante alteração ao Código Civil, v. PAULO MOTA PINTO, "Anteprojecto de diploma de transposição da Directiva 1999/44/CE para o Direito português/Exposição de motivos e articulado", *EDC*, 3, 2001, pp. 165-279 (=*Cumprimento defeituoso do contrato de compra e venda – anteprojecto de diploma de transposição da Directiva 1999/44/CE para o direito português (exposição de motivos e articulado)*, Lisboa, Instituto do Consumidor, 2002), e já ID., "Conformidade e garantias na venda de bens de consumo/A Directiva 1999/44/CE e o direito português", *EDC*, 2 (2000), pp. 199-331. Quanto à integração do regime respectiva no Código do Consumidor, v. ID., "O anteprojecto de Código do Consumidor e a venda de bens de consumo", *EDC*, n.º 7, 2005, pp. 263-278. Infelizmente, pode dizer-se que o legislador de 2003 não teve "golpe de asa" suficiente para, pelo menos, promover o início de uma limitada reforma do regime geral da venda de coisas defeituosas.

[23] Às aprovação de diplomas avulsos tem-se somado uma ou outra declaração de inconstitucionalidade, com força obrigatória geral, de normas do Código Civil, se não na sua interpretação literal ou declarativa, pelo menos numa sua certa dimensão interpretativa. V., por ex., em tempos relativamente recentes (e em termos que, aliás, até pelo confronto com a situação de investigantes anteriores a essa decisão, a nosso ver recomendariam uma intervenção do legislador), o Acórdão do Tribunal Constitucional n.º 23/2006 (in *Diário da República*, n.º 28, de 8 de Fev. de 2006), que declarou inconstitucional o n.º 1 do artigo 1817.º do Código Civil, aplicável por força do artigo 1873.º do mesmo Código, na medida em que previa, para a caducidade do direito de investigar a paternidade, um prazo de dois anos a partir da maioridade do investigante, por violação das disposições conjugadas dos artigos 26.º, n.º 1, 36.º, n.º 1, e 18.º, n.º 2, da Constituição da República Portuguesa.

pode, por sua causa, falar-se, a meu ver, de um verdadeiro "esvaziamento" do Código Civil. Mesmo a detecção de uma mera "tendência" real nesse sentido, que passe do domínio das meras possibilidades, se me afigura duvidosa. Para responder a tal questão no plano da análise teórica e abstracta haveria, desde logo, que ponderar se estamos, efectivamente, ainda na "idade da descodificação", e se os Códigos são, portanto, fenómenos em grande medida do passado. Já no plano concreto, o conjunto de diplomas referidos veio, sem dúvida disciplinar importantes matérias, algumas próximas do cerne da "matéria civilística", típica de um Código Civil, podendo alguns deles ter sido integrados neste. Não o tendo sido, não parece, porém, que só por isso possa falar-se num "esvaziamento" do Código, ou de uma tendência para tal (como foi, mais recentemente, aliás, contrariado pelo retorno do regime do arrendamento urbano ao Código Civil, após 30 anos de "ausência").

Aliás, pode dizer-se que parte significativa da legislação avulsa referida teve origem na transposição de *directivas* comunitárias, numa tendência que só se terá começado a registar a partir da segunda metade dos anos 80. Algumas dessas directivas têm a sua origem, directa ou indirectamente, em preocupações de protecção *dos consumidores* (ainda quando não se cinjam, elas próprias ou os seus diplomas de transposição, a relações com estes), suscitando-se, assim, a questão de saber como se confronta a estabilidade e a relevância do Código Civil com o surgimento de normas de defesa dos consumidores, muitas delas limitadas a relações de direito privado.

Antes disso, importa, porém, fazer referência à "também possível necessidade de reforma" do Código, designadamente, tendo em conta algumas posições a tal respeito.

III. "…A UMA TAMBÉM POSSÍVEL NECESSIDADE DE REFORMA"?

A questão da necessidade ou conveniência da reforma do Código Civil é – repetimos – uma questão de política legislativa, que só limitadamente assenta (enquanto relevantes para os seus pressupostos ou objectivos) em conclusões ou análises científicas ou doutrinais. E, afigura-se, deve permanecer como tal – isto é, como questão eminentemente política –, até por razões de legitimidade. Se o legislador entender que não é caso de proceder a uma reforma do Código Civil – ou de a ela proceder –, ainda que contra o parecer da maioria da civilística nacional, tal atitude poderá relevar, primariamente, tão-só enquanto má opção política, a apreciar como tal, apenas sendo objecto de juízos científicos se a ela corresponderem pressupostos científicos criticáveis ou se tiver efeitos indesejáveis (do ponto de vista "técnico-jurídico" ou da aplicação do Direito).

Deve, aliás, louvar-se a preocupação governativa de não fugir ao problema, passando ao lado da questão ou fingindo que ela não existe[24]. Nesta perspectiva, o "questionário" sobre a reforma do direito civil, apresentado pelo Gabinete de Política Legislativa e Planeamento do Ministério da Justiça às Faculdades de Direito da Universidade de Coimbra, da Universidade de Lisboa, da Universidade Católica Portuguesa e da Universidade Nova de Lisboa, corresponde a uma iniciativa louvável – isto é, a uma iniciativa com o intuito de iniciar uma discussão, sem metas ou resultados pré-estabelecidos[25].

Dito isto, a leitura das respostas ao referido questionário – no qual eram sugeridos às Faculdades vários pontos em que poderia talvez justificar-se uma iniciativa de reforma, deixando-se-lhe, porém, a liberdade de acrescentar outras propostas – revela, a meu ver, antes de mais, um panorama diversificado e ainda pouco "maduro" quanto à conveniência de uma reforma da codificação civil e sua potencial extensão. Com efeito, as respostas das referidas Faculdades de Direito foram caracterizadas pela sua diversidade – apesar de dirigidas a um questionário comum –, com algumas de cepticimos ou mesmo rejeição em relação a qualquer reforma a curto prazo, outras mais ou menos abertas, ou, até, veladamente "entusiastas" de tal iniciativa. Além disso, quanto ao âmbito da reforma, houve desde posições muito genéricas, no fundo remetendo o âmbito para posteriores trabalhos, até propostas concretas, de alterações em pontos específicos.

Da análise de um tal conjunto diversificado de respostas retira-se, a meu ver, a conclusão de que falta ainda maturidade para se avançar para uma reforma ampla do Código Civil, existindo ainda larga margem para o trabalho doutrinal e para a evolução jurisprudencial em muitas áreas. Essa conclusão, aliás, não se refere só à própria necessidade ou conveniência da reforma, mas também ao seu potencial âmbito e profundidade da reforma, revelando-se na própria disparidade de âmbitos em que se são propostas alterações. Nos

---

[24] Como terá sido o caso (eventualmente por razões de tempo, já que o prazo para transposição estava já esgotado) com a transposição da Directiva 1999/44/CE, cit., não se tendo verdadeiramente abordado a questão das vantagens de uma "solução grande", ou melhor, de transposição no Código Civil (com reforma do regime da venda de coisas defeituosas), em relação à "solução pequena" que foi a adoptada.

[25] V. a publicação do MINISTÉRIO DA JUSTIÇA (org.), *Reforma do direito civil*, Coimbra, Almedina, 2005, com os relatórios preliminares elaborados ao abrigo do Protocolo celebrado entre o Gabinete de Política Legislativa e Planeamento do Ministério da Justiça e as Faculdades de Direito da Universidade de Coimbra, da Universidade de Lisboa, da Universidade Católica Portuguesa e da Universidade Nova de Lisboa.

moldes resultantes das respostas (ou de algumas respostas), uma reforma do Código Civil teria, na realidade, de conduzir à elaboração de um novo Código, o que, devendo manter-se o nível de profundidade e estudo comparatístico que foi adoptado para a elaboração do Código de 1966, não é realista (nem, a meu ver, desejável) a curto ou médio prazo.

Em todo o caso, sempre se dirá que, a fazer-se tal reforma, ela sempre deveria assentar em alguns pressupostos, nos quais mesmo quem tem apreciações desencontradas sobre a sua conveniência ou maior ou menor urgência poderá porventura convir. Assim, em primeiro lugar, apesar de estarmos perante uma questão que (como dissemos) é em primeira linha de política legislativa, é desejável um *consenso*, não só político mas também jurídico-científico, tão amplo quanto possível, quanto à conveniência e âmbito da reforma. Depois, seria necessário levar a cabo um conjunto de *estudos preparatórios* dessa eventual reforma, que deveriam incluir o confronto comparatístico das soluções disponíveis ou seguidas noutras ordens jurídicas, sua análise e ponderação, que não destoassem, pela qualidade e extensão, dos trabalhos preparatórios efectuados para o actual Código Civil (e que, portanto, dificilmente poderiam ser concluídos num curto prazo). E, evidentemente, seria aconselhável a existência de uma *vontade política* forte e consistente (dir-se-ia mesmo constante, isto é, indo além de uma só legislatura) no sentido dessa reforma, devendo evitar-se, tanto quanto possível, que ela se transformasse (como acabou por acontecer noutros países com reformas recentes) em "arma de arremesso" político-partidária.

IV. O PROBLEMA DA RELAÇÃO COM A LEGISLAÇÃO DE DEFESA DO CONSUMIDOR

A questão da possível reforma do Código Civil, sendo uma questão primariamente de política legislativa, suscita, como já referimos, o problema da relação de tal codificação com a legislação de defesa do consumidor, designadamente, perante os diversos diplomas que, motivados por preocupações de defesa dos consumidores (ainda que por vezes não limitados a relações com estes), incidem sobre relações de direito privado. Isto, designadamente, em face da possibilidade de uma "codificação paralela", específica do domínio dos consumidores – um "Código do Consumidor", como aquele cujo anteprojecto foi apresentado em 2006.

Perante os diversos diplomas de protecção do consumidor, importa ponderar as possibilidades que se abrem ao legislador[26].

---

[26] Retomamos seguidamente, parte das considerações expendidas em "O anteprojecto de Código do Consumidor e a venda de bens de consumo", *EDC*, n.º 7, 2005, cit.

Dir-se-á que a primeira possibilidade é, evidentemente, não legislar, isto é, nada fazer, deixando permanecer a situação actual em que, no direito privado, com a codificação civil coexiste um conjunto de diplomas avulsos destinados à protecção do consumidor. Tal solução será sem dúvida a mais fácil, que menos problemas imediatos levantará, mas é também aquela que menos contribui para resolver o problema da dispersão das fontes do regime da protecção do consumidor (a chamada "Lei de Defesa dos Consumidores", isto é, a Lei n.º 24/96, de 31 de Julho apenas contém um regime geral, como é sabido), com dificuldades de coordenação entre elas – por exemplo, com a adopção de noções não coincidentes de "consumidor" em diversos diplomas. Tal dispersão[27] constitui, sem dúvida, um problema de acesso ao Direito, e, se se entender que deve ser combatida para facilitar este acesso, não se afigura que a melhor solução seja nada fazer. Aliás, perante o grande número de diplomas destinados a proteger o consumidor que foram aprovados em vários países europeus nas últimas décadas, designadamente por influência da União Europeia – e parecendo este movimento ter atingido um estádio de momentânea pausa, pelo menos no núcleo do direito privado, depois da citada Directiva 1999/44/CE, de 25 de Maio de 1999 –, compreende-se a tendência do legislador, e a reclamação da prática, para lhes conferir alguma ordem e unidade sistemática, numa codificação própria ou integrando-os numa codificação geral. Se olharmos para a integração de diplomas que visam proteger o consumidor no Código Civil alemão, em 2001, ou para a aprovação de um *Codice del Consumo* em Itália, em 2005[28], a tendência que se delineia parece ser, na verdade, no sentido de proceder a uma racionalização legislativa daquele material – e o instrumento adoptado para tal, desde os primórdios da modernidade, é, como se sabe, o Código.

A segunda possibilidade poderia ser designada como a tentativa de restauração de uma "unidade legislativa perdida", mediante a integração do regime da defesa dos consumidores na codificação do direito privado comum – o Código Civil.

---

[27] Cf., na nota preambular ao *Anteprojecto do Código do Consumidor*, p. 15, a lista de diplomas revogados total (Decretos-Lei n.º 446/85, de 25-10; Decreto-Lei n.º 253/86, de 25-08; Decreto-Lei n.º 238/86, de 19-8; Decreto-Lei n.º 383/89, de 6-11; Decreto-Lei n.º 138/90, de 26-04; Decreto-Lei n.º 330/90, de 23-10; Decreto-Lei n.º 359/91, de 21-09; Decreto-Lei n.º 195/93, de 24-5; Lei n.º 23/96, de 26-7; Lei n.º 24/96, de 31-7; Decreto-Lei n.º 154/97, de 20-6; Decreto-Lei n.º 234/99, de 25-6; Lei n.º 6/99, de 27-1; Decreto-Lei n.º 143/2001, de 26-4; Decreto-Lei n.º 67/2003, de 8-4; Decreto-Lei n.º 69/2005, de 17-3) ou parcialmente (Decreto-Lei n.º 275/93, 5-8; Decreto-Lei n.º 209/97, de 13-8; Decreto-Lei n.º 370/93, de 29/10; Decreto-Lei n.º 81/2002, de 4-4; Lei n.º 25/2004, de 8-7).

[28] Decreto Legislativo de 6 de Setembro de 2005, n.º 206, na *Gazzetta Ufficiale* n.º 235, de 8 de Outubro de 2005.

Foi esta, em grande medida, a solução seguida pelo legislador alemão[29]: depois de, com a Lei sobre os contratos à distância, de 2000, a figura do consumidor ter feito a sua aparição pela primeira vez no BGB, a "Lei de modernização do direito das obrigações", de 2002, com uma grande reforma do direito geral das obrigações e da compra e venda, veio a integrar também disposições específicas das relações com consumidores – da "venda de bens de consumo" (§§ 474 a 479) –, em transposição da citada Directiva 1999/44/CE. É sem dúvida também uma via possível, mas há que ter consciência de razões específicas que levaram o legislador alemão a essa opção. Estas prendiam-se, antes de mais, com a existência, há duas décadas, de trabalhos para uma reforma do direito das obrigações, apoiada por sectores importantes da doutrina, com a ausência de um diploma geral destinado à protecção dos consumidores (uma *Konsumentenschutzgesetz*, como existe na Áustria, ou a dita "Lei de Defesa dos Consumidores", entre nós), e, também, com a preservação da especial posição do BGB e da ciência jurídica alemã no contexto histórico e comparatístico da codificação do direito civil, mediante a sua actualização, numa tentativa, assumida nos trabalhos preparatórios, de influenciar a unificação do direito privado europeu. Isto, para além de uma outra razão – essa não específica e que deve, a nosso ver, ser considerada também pelo nosso legislador –, consistente na intenção de "generalizar", tanto quanto possível, algumas das soluções que foram sendo adoptadas no regime dos consumidores[30], fazendo-as integrar o regime geral da compra e venda (por exemplo,

---

[29] Para um relato, v., entre nós, ANTÓNIO MENEZES CORDEIRO, "A modernização do direito das obrigações", *ROA*, 2002, pp. 91-110 e 319-345 (III: "A integração da defesa do consumidor").

[30] Recorde-se a conhecida imagem do direito comercial como uma "geleira", de LEVIN GOLDSCHMIDT, agora aplicada ao direito dos consumidores: "O Direito Comercial assume, em face do Direito Civil em geral, a função de um *abrir caminho para reformas*. Desenvolvendo-se, não só sob a preponderante influência das classes da população economicamente mais preparadas e mais avisadas – grandes industriais, armadores, negociantes por grosso, magnates financeiros –, mas ainda prevalentemente de harmonia com os interesses de tais classes, tende a penetrar das suas inclinações todo o Direito Civil e, dissolvendo-se neste, a restringir notavelmente o seu raio de acção – raio que, entretanto, se reamplia de novo com a adjunção de novas normas jurídicas correspondentes a específicas necessidades do comércio. Podemos compará-lo a uma geleira: nas zonas inferiores, o gelo, fundindo-se, une-se à massa geral da água das chuvas, enquanto, nas zonas superiores, continuamente se forma novo gelo" (*Universalgeschichte des Handelsrechts*, Stuttgart, 1891, pp. 11 e s., cit. por ORLANDO DE CARVALHO, *Critério e estrutura do estabelecimento comercial. O problema da empresa como objecto de negócios*, Coimbra, 1967, p. 116, n. 61). Em tempos mais recentes, esta função foi também desempenhada, em vários problemas, pela defesa dos consumidores – pense-se, por ex., nos regimes das cláusulas contratuais gerais, da responsabilidade civil do produtor, ou da compra e venda de bens de consumo, que pela sua intenção arrancam sem dúvida da protecção dos consumidores, mas

quanto à noção de defeito, ou a prazos), com vista a evitar, tanto quanto possível, a existência de "quebras" ou "fracturas" de regime.

Por outro lado, não pode escamotear-se que a integração do regime da defesa dos consumidores no Código Civil depara com dificuldades e insuficiências graves.

A primeira dessas dificuldades, de ordem teórica mas fundamental, resulta simplesmente do facto de não se ter encontrado até hoje uma concepção convincente para integrar o consumidor no direito privado comum, que assenta num "paradigma" bem diverso. O direito civil dirige-se em primeira linha ao cidadão (*cives*), independentemente do seu "papel" numa relação específica, e num plano de igualdade para com a contraparte na relação – o que é, aliás, bem marcado especialmente num sistema como o nosso, onde, por exemplo, o regime do contrato individual de trabalho nunca esteve integrado no Código Civil (e foi até recentemente integrado numa codificação do direito do trabalho). O regime de defesa dos consumidores dirige-se, em grande medida – sobretudo naqueles pontos que não são susceptíveis de ser alargados à generalidade dos cidadãos –, à pessoa apenas enquanto é parte numa relação com um profissional, para a qual não dispõe de uma competência específica, e, pelo menos tipicamente, com menor poder económico e social do que este[31]. A esta diferença corresponde uma distinção no plano da história das fontes e da respectiva metodologia: a oposição entre uma codificação, que é uma regulamentação "centralizada", resultado da segregação de soluções pelo trabalho

---

se tendem a alargar e dissolver, unindo-se "à massa geral da água das chuvas, enquanto, nas zonas superiores, continuamente se forma novo gelo".

[31] Esta diferença reflectiu-se mesmo em dificuldades nos próprios resultados da "Lei de Modernização do Direito das Obrigações" alemã. Assim, o legislador foi obrigado a intervir novamente, em Dezembro de 2004, para esclarecer que a norma do novo § 444 do BGB, na sua imperatividade, apenas se aplicava se e "na medida em que" o vendedor tivesse sido reticente quanto a um defeito ou tivesse assumido uma garantia de qualidades da coisa, pois a pretensa imperatividade geral estava a provocar dúvidas sobre a possibilidade de limitação da garantia, designadamente, na venda de empresas (cf. o artigo 1.º, n.º 6, da "Lei de Alteração de Disposições sobre Contratos à Distância em Serviços Financeiros", de Dezembro de 2004, que introduziu no § 444 do BGB a expressão "na medida em que" – "*soweit*"). V., por ex., FRIEDRICH GRAF VON WESTPHALEN, "Ein Stein des Anstoßes: § 444 BGB n.F.", *ZIP*, 2001, pp. 2107 e ss., JAN THIESSEN, "Garantierte Rechtssicherheit beim Unternehmenskauf? Der Gesetzentwurf zur Änderung des § 444 BGB", in *Zeitschrift f. Rechtspolitik*, 2003, pp. 272-274, WOLFGANG WEITNAUER, "Der Unternehmenskauf nach neuem Kaufrecht", *NJW*, 2002, pp. 2511-2517, HENNING JAQUES, "Haftung des Verkäufers für arglistiges Verhalten beim Unternehmenskauf – zugleich eine Stellungnahme zu § 444 BGB n. F.", *BB*, 2002, pp. 417 e ss., STEPHAN LORENZ, "Schuldrechtsreform 2002 : Problemschwerpunkte drei Jahre danach", *NJW*, 2005), pp. 1889-1896 (1895). Para STEPHAN LORENZ, *Schuldrechtsmodernisierung – Erfahrungen seit dem 1. Januar 2002*, Karlsruher Forum 2005, texto depois da n. 474, tratou-se de uma "tempestade num copo de água".

doutrinal, jurisprudencial e legislativo de mais de dois milénios, e a aprovação de soluções dispersas, consabida e intencionalmente fragmentárias (isto é, sem uma vocação de totalidade), a partir da jurisprudência ou de medidas políticas avulsas, acorrendo a necessidades e problemas específicos. Foi esta última a história do regime da defesa do consumidor, a partir de um claro voluntarismo político, tanto nos Estados Unidos como, depois, na Europa (aqui em certa fase também com o pretexto da criação de um mercado único, e, depois, de um "elevado nível de protecção" do consumidor). Sem o aprofundamento do trabalho teórico de integração das disciplinas e dos regimes, não parece de esperar uma linha de coerência da tentativa de juntar numa única codificação a "matéria civilística" com a "antimatéria" da protecção do consumidor. Esta última qualificação é, aliás, tanto mais apropriada quanto o que tais propostas podem esconder, ou objectivamente implicar, seria entre nós, na realidade, um "ataque" ao Código Civil (muitas vezes em nome de uma preservação da unidade do direito privado) com a introdução nele de "corpos estranhos", como é o caso do consumidor.

Quanto às insuficiências, notar-se-á, apenas, que a tentativa de integração (de partes) do regime da defesa do consumidor no Código Civil implica também abandonar a proposta de unificação legislativa do regime da defesa do consumidor, em todos aqueles aspectos – e são muitos – que não podem integrar o Código Civil: pense-se, por exemplo, nas inúmeras disposições sancionatórias, contra-ordenacionais ou penais, em normas processuais ou organizatórias, que integram hoje a dita "Lei de Defesa dos Consumidores". Cumpre notar, ainda, que a instabilidade dos diplomas que visam proteger o consumidor, por vezes apontada como argumento contra a sua codificação, não deporá, certamente, a favor da integração dessas matérias no Código Civil, onde a rigidificação só poderá ser maior, e que, não estando a decorrer, nem se prevendo a curto prazo, trabalhos de reforma do Código Civil, a remissão de uma intervenção legislativa no regime da defesa dos consumidores para uma tal eventual reforma do Código Civil significa, realisticamente, uma postergação por de vários anos de qualquer intervenção – isto é, a curto ou médio prazo significa a adopção da primeira alternativa referida.

Perante estas dificuldades e insuficiências, apresenta-se uma terceira possibilidade, sem dúvida também não isenta de escolhos, mas que não abdica de tentar pôr a ordem possível nos diplomas destinados à defesa do consumidor, sem, porém, proceder a qualquer incisão profunda no diploma fundamental do nosso direito privado: a tentativa de uma codificação paralela ao Código Civil, das matérias do direito do consumidor, isto é, de elaboração de um Código de Defesa dos Consumidores, ou de um Código do Consumidor. Foi essa a opção que o nosso legislador parece ter seguido, já há anos, ao promover a constituição da "Comissão para a Reforma do Direito do Consumo e do Código do Consumidor"[32]. E é essa a solução que, por ora, parece realmente preferível, sem prejuízo, porém, da possibilidade de, como fez o legislador alemão, se "generalizar", alargando para além das relações com os consumidores, algumas das soluções contidas em diplomas de protecção do consumidor.

Esta última via pode ser a recomendável, por exemplo, para o regime das garantias na venda de bens de consumo (actualmente contido no Decreto-Lei n.º 67/2003, de 8 de Abril), em transposição da Directiva 1999/44/CE. Na verdade, penso que, tal como proposto em 2003[33], se mantém a conveniência em evitar, tanto quanto possível, a fragmentação e a dispersão de regimes da compra e venda. Neste aspecto, é sem dúvida de acompanhar a solução adoptada pelo legislador alemão, de "generalizar" tanto quando possível o regime da compra e venda de bens de consumo (salvo no que concerne à sua imperatividade, e, eventualmente, num ou noutro aspecto). É a conclusão que resulta, desde logo, da incerteza sobre a delimitação dos respectivos campos de aplicação, em muitos casos – pense-se, por exemplo, nas dificuldades de qualificação do comprador como consumidor quando for uma pessoa colectiva, quando adquirir um bem para um "uso misto", profissional e não profissional, ou quando a finalidade exclusivamente não profissional da aquisição não for reconhecível à contraparte, de acordo com os critérios interpretativos gerais. Mas é também o que resulta da manifesta conveniência em evitar as referidas "quebras" ou "fracturas" de regime, que podem levantar problemas complexos (pense-se só, *v. g.*, no direito de regresso do vendedor final de bens de consumo, ou, mesmo fora do domínio da protecção do consumidor, nas consequências, na "cadeia contratual", de diferenças acentuadas de regime para a compra e venda entre comerciantes ou a não comerciantes)[34].

É, pois, de lamentar que, por razões de oportunidade e (reconhecidamente) de urgência na transposição da Directiva 1999/44/CE, o legislador não

---

[32] V. ANTÓNIO PINTO MONTEIRO, "Discurso do Presidente da Comissão do Código do Consumidor", *BFD*, 72, 1996, pp. 403-410, ID., "Do direito do consumidor ao Código do Consumidor", *Estudos de direito do consumidor*, Coimbra Centro de Direito do Consumo, 1999, pp. 201--214, e ID., Preâmbulo ao *Anteprojecto do Código do Consumidor*, cit.

[33] V. PAULO MOTA PINTO, "Conformidade e garantias na venda de bens de consumo/A Directiva 1999/44/CE e o direito português", *Estudos de Direito do Consumidor*, 2, 2000, pp. 247-312, ID., "Anteprojecto de diploma de transposição da Directiva 1999/44/CE para o Direito português/Exposição de motivos e articulado", *Estudos de Direito do Consumidor*, 3, 2001, pp. 165-279, ID., "Reflexões sobre a transposição na Directiva 1999/44/CE para o direito português", *Themis. Revista da Faculdade de Direito da UNL*, 2001, pp. 195-218.

[34] Tentámos explorar alguns destes problemas a propósito do direito de regresso do vendedor final de bens de consumo, em "O direito de regresso do vendedor final de bens de consumo", *ROA*, 2002, pp. 143-199.

tenha então optado por, pelo menos, promover o início de uma limitada reforma do regime geral da venda de coisas defeituosas[35], limitando-se a revogar disposições da "Lei de Defesa dos Consumidores" num diploma (o referido Decreto-Lei n.º 67/2003) que mantém o mesmo campo de aplicação da Directiva e a procurou seguir de perto (embora nalguns casos em o conseguir, como referiremos)[36]. Seja como for, a verdade é que existe hoje um regime da compra e venda de bens de consumo vigente na nossa ordem jurídica – o do Decreto-Lei n.º 67/2003. E seria dificilmente explicável que tal regime não fosse integrado numa codificação do regime da defesa dos consumidores, pelo menos não se prevendo uma reforma do Código Civil a curto prazo[37].

Ora, a ser, como parece, seguida esta via – a da codificação do direito do consumidor – em geral, essa solução contrariaria sem dúvida o – ou, pelo

---

[35] Como aquela a que se procedeu, por ex., no direito austríaco – em 2001 foi publicada a "Lei Federal, pela qual se altera o direito da garantia no *Allgemeinen Bürgerlichen Gesetzbuch* e na *Konsumentenschutzgesetz* e na lei do contrato de seguro" (*Gewährleistungsrechts-Änderungsgesetz*).O estudo que serviu de base ao anteprojecto é RUDOLF WELSER/BRIGITTA JUD, "Zur Reform des Gewährleistungsrechts", *GA 14.ÖJT*, ss. 154-162. Cf. também WOLFGANG SCHUMACHER, "Die Anpassung des österreichischen Rechts an die EU-Vertragsklauselrichtlinie sowie an die Verbrauchsgüterkaufrichtlinie", *Zeitschrift f. Schweizerisches Recht*, 4, I, 1999, pp. 361-383, e WOLFGANG FABER, "Zur Richtlinie bezüglich Verbrauchsgüterkauf und Garantien für Verbrauchsgüter", *Juristische Blätter*, 7, 1999, pp. 413-433.

[36] Isto, tanto mais quando esse regime do Código Civil, traduzindo sem dúvida uma interessante concepção "híbrida" da venda de coisas defeituosas, arrancando da fase formativa do contrato (v. a remissão nos arts. 913.º e 905.º), mas com elementos próximos do não cumprimento (cf. o art. 914.º), foi sujeito a escrutínio doutrinal crítico logo poucos anos depois de entrar em vigor, parecendo defensável a ideia de que corresponde, com a sanção da anulabilidade e uma indemnização em princípio apenas pelo interesse contratual negativo, a um paradigma da compra e venda – o da venda de coisa específica, em que *aquele* objecto é individualizado espácio-temporalmente – que já não é hoje o dominante. Cf. JOÃO BAPTISTA MACHADO, "Acordo negocial e erro na venda de coisas defeituosas", *BMJ*, n.º 215 (1972), *passim*, PEDRO ROMANO MARTINEZ, *Cumprimento defeituoso – em especial na compra e venda e na empreitada*, Coimbra, 1994, pp. 294 e ss., CARLOS FERREIRA DE ALMEIDA, *Texto e enunciado na teoria do negócio jurídico*, vol. I, Coimbra, 1992, pp. 654 e ss. Para tentativas de explicação do regime, v. MANUEL CARNEIRO DA FRADA, "Erro e incumprimento na não-conformidade da coisa com o interesse do comprador", *O Direito*, ano 121.º, 1989, pp. 461-484, ID., "Perturbações típicas do contrato de compra e venda", in ANTÓNIO MENEZES CORDEIRO (coord.), *Direito das Obrigações*, Lisboa, 1991, pp. 72 e ss., JOÃO CALVÃO DA SILVA, *Responsabilidade civil do produtor*, Coimbra, Almedina, 1999, pp. 213 e ss. ("dualismo estrutural e sucessivo").

Mesmo o legislador do BGB veio, aliás, a prever em 2001, no novo § 433, n.º 1, 2.ª frase, que o "vendedor tem de entregar ao comprador uma coisa livre de vícios de facto ou de direito", caso contrário não cumprindo a sua obrigação.

[37] Impõe-se, também, neste contexto, questionar a ausência de ratificação da Convenção de Viena sobre a Venda Internacional de Mercadorias, de 1980, não se sabendo se tal se deve a pura inércia ou a deliberada omissão de ratificação, e, neste caso, com que fundamento.

menos, diminuiria a relevância do – argumento que por vezes se procura retirar do conjunto de diplomas de protecção do consumidor no domínio do direito privado para apoiar uma reforma do Código Civil.

V. Considerações conclusivas

É tempo, porém, de regressar à nossa problemática, que diz respeito à codificação civil, e à eventual reforma – e de o fazer para concluir.

Como resulta das considerações anteriores, não creio que uma reforma do Código Civil seja necessária, ou sequer tão-só recomendável, pelo menos a curto ou médio prazo. De qualquer modo, até à possível decisão de iniciar um procedimento de reforma, pode convir-se numa "estratégia" de manutenção, e porque não de recuperação, da unidade e "completude" codificatória por "pequenos passos", com retorno, na medida do possível, de matérias ao Código Civil, designadamente, pelo aproveitamento de alterações de diplomas avulsos para a sua inclusão no Código Civil[38]. O referido exemplo do retorno do arrendamento urbano ao Código Civil (artigos 1064.º a 1113.º) com a Lei n.º 6/2006, de 27 de Fevereiro, é, a nosso ver, positivo.

Poderia, por outro lado, questionar, como dissemos, que a actualidade (a "vocação do nosso tempo") requer o renovamento codificação civil, ou se o modelo dos códigos "totalizantes" tem perdido atractividade – designadamente, em confronto com o *common law*[39].

De qualquer modo, e independentemente desta questão – que exigiria uma abordagem mais detida –, quanto à matéria de eventuais alterações impõe-se ainda aguardar a existência de estudos mais aprofundados com esse objectivo,

---

[38] Recorde-se o artigo 6.º do diploma que aprovou o Código de Seabra (a lembrar preceitos parecidos que se encontram hoje nalguns preceitos preambulares, cujo valor preceptivo é, aliás, muito duvidoso):"Toda a modificação no direito, que de futuro se fizer sobre matéria contida no Código Civil, será considerada como fazendo parte dele e inserida no lugar próprio, quer seja por meio de substituição de artigos alterados, quer pela supressão de artigos inúteis ou pelo adicionamento dos que forem necessários". O actual Código, ou o seu diploma preambular, não contêm esta norma; o seu valor é duvidoso, logo por razões de hierarquia normativa. Mas julgo que corresponde a um são princípio de política e técnica legislativa.

[39] V., nesta direcção, a crítica à codificação e ao código "totalizante", em P. Legrand, "Antivonbar", cit.: "porque um código civil é uma forma tecnocrática totalizante, uma vez que existe um código civil, há muito pouco 'espaço exterior' para os civilistas [*civilians*]. Adaptando uma frase famosa de um filósofo contemporâneo: *il n'y a pas de hors-code*. Um código civil, então, é muito mais que uma forma de tratar com a cultura: é cultura".

designadamente em pontos nucleares, como o regime geral do negócio jurídico e a parte geral do direito das obrigações. Em geral, aliás, pode dizer-se, a meu ver, que, passados 40 anos sobre a entrada em vigor da nossa codificação civil, é ainda o tempo da (jurisprudência e da) doutrina, e sua elaboração aquele em que estamos[40], com vista a potenciar e a difundir todas as potencialidades do Código Civil de 1966.

---

[40] Se mais não fosse, um indicador seguro disso mesmo seria, por ex., o facto de apenas existir na doutrina portuguesa um comentário a todas disposições do Código Civil (o *Código Civil anotado* de F. PIRES DE LIMA e ANTUNES VARELA), impondo-se fazer mais também nesta vertente.

Nos 40 Anos do Código Civil Português Tutela da Personalidade e Dano Existencial

Manuel A. Carneiro da Frada[*]

> Sumário: 1. Os 40 anos na vida das pessoas e do Código Civil: os danos existenciais na origem de uma crise existencial do Código Civil? 2. Prolegómenos sobre os danos existenciais e a tutela da personalidade. 3. Algumas concretizações dos (heterogéneos) danos existenciais. 4. Dano existencial e indemnizabilidade civil dos danos não patrimoniais. 5. Dano existencial e dano biológico. 6. Dano existencial, vulnerabilidade do sujeito e limites do direito ao desenvolvimento da personalidade. 7. Vítimas secundárias e dimensão relacional da pessoa: um caso de eficácia externa de posições relativas? 8. Danos patrimoniais e danos existenciais: o estatuto real dos bens ao serviço da dimensão existencial? 9. Danos existenciais e danos patrimoniais (cont.): a caminho de uma revolução no entendimento do (comum) critério da patrimonialidade? 10. Conclusão: tutela da pessoa vs. direitos de personalidade.

1. Um Código Civil pode lembrar mais as pessoas do que à primeira vista se poderia supor. Não é só que alguns deles – pensamos, de modo muito especial, no Código português de 1867, comummente conhecido como Código de Seabra – tenham querido acompanhar tão de perto o arco da vida da pessoa comum que fizeram do curso normal da existência humana a fonte de inspiração da sua própria sistematização de matérias: desde o nascimento até à morte natural, recolhendo as principais vicissitudes que a vida de um homem sobre a terra experimenta. Um antropomorfismo deste género fica certamente muito bem, no simbolismo que carrega, a um Código Civil: àquele edifício legislativo que visa disciplinar de modo científico, sintético e sistemático a vida comum da pessoa comum.

Só que as semelhanças com os humanos não se ficam por aqui. Há uma experiência de vida das pessoas que apetece dizer ser também partilhada pelos Códigos. Vem isto a propósito dos 40 anos do Código Civil português. Na vida de um homem, a meia-idade é um tempo propício a balanços.

---

[*] Professor da Faculdade de Direito da Universidade do Porto e da Universidade Católica Portuguesa.

Passaram-se já inexoravelmente os anos de uma juventude irrequieta que pensava ser em larga medida auto-suficiente e pouco ter a aprender com os outros, convencida de possuir uma fonte inesgotável de energia. O tempo, com porfia e paciência, foi-o persuadindo de que não sabia tudo e deu-lhe perspectiva. Proporcionou-lhe porventura uma maior capacidade de entender os demais, mostrou-lhe as limitações que também tem, deu-lhe uma cura de realismo, fá-lo sentir que a vida é muito multifacetada e dificilmente se deixa aprisionar em voluntarismos autistas.

Naturalmente que, aos 40 anos, a pessoa sensata não se impressiona com este estado de coisas. Muito pelo contrário, retira da sua experiência recursos, começa a destrinçar o essencial do acessório, e adquire sabedoria: se aquilo que a norteia é firme e vale a pena, descobre uma inusitada força no essencial e, deixando a vida ensiná-lo, retira daquela descoberta um *élan* renovado de beleza, energia e ideal. Como a sua existência não é eterna, começa a perceber que o que importa é aquilo que ela mostra e torna-se mais desprendido daquilo que é ou foi, conquanto que *isso* que ela ambicionou seja com ela servido. O "ser" torna-se cada vez mais importante, o "modo-de-ser" de cada um secundário.

E é com esta certeza, sem dúvidas superficiais de identidade, que a pessoa se lança a uma nova e fecunda e etapa da sua existência. Talvez a mais importante: aquela que frutos mais maduros e perduráveis pode dar.

Falamos naturalmente do Código Civil. De 1966 até hoje, esse monumento legislativo de primeira grandeza abrigou o civilista – aliás, todo o jurista – português: na determinação da sua juventude, deu-lhe a necessária segurança, foi para ele um porto seguro. Mas desde então, muita água correu por debaixo das pontes. Será, hoje, que o Código é justo? Proporciona-nos ele hoje um direito justo? O que é que a erosão do tempo mostra a esse respeito?

Estas interrogações não têm resposta fácil. A realidade mostra luzes e sombras. Propomo-nos ilustrá-lo com um exemplo apenas.

Como na vida das pessoas, os 40 anos podem também ser – a fazer fé nalguma *vox populi* (que todavia não tivemos oportunidade de confirmar) – tempos propícios a ajustamentos existenciais. Partindo daqui, é só um pequeno passo procurar saber como é que o Código Civil lida com os chamados "danos existenciais", para averiguar se daí lhe pode advir, também a ele, alguma "trepidação existencial" por causa deles.

2. Propomo-nos espreitar um plano de tutela da personalidade aparentemente novo e mais profundo, traduzido naquilo que, sobretudo em Itália[1], se tem chamado o "dano existencial".

---

[1] Cfr. *Trattato Breve dei Nuovi Danni/Il ressarcimento del danno existenziale: aspetti civili, penali, medico legali, processuali* (a cura di Paolo Cendon), Milano 2000.

De facto, um dos primeiros diagnósticos negativos feitos ao novo Código Civil português – que lhe foi, de resto, "atirado" logo à nascença – sublinhou a pouca relevância que nele assumia, pelo menos à primeira vista, o estatuto jurídico da pessoa, relegada a mero elemento da omnipresente categoria da relação jurídica[2].

Claro que mais importante do que a configuração o que poderíamos chamar, com Heck, o sistema externo, é o acerto substancial das soluções e a forma como elas se conexionam: em suma, o relevante é o teor do sistema interno. E aqui não há dúvida que a cláusula geral do art. 70 n.º 1 do Código Civil, ao proclamar que "a lei protege todos os indivíduos contra qualquer ofensa à sua personalidade física ou moral" tem genericamente possibilitado à jurisprudência portuguesa uma adequada resposta às renovadas necessidades de tutela da pessoa. Por vezes, concretizando e densificando o seu alcance regulativo à luz do texto constitucional português de 1976 e do seu extenso catálogo de direitos fundamentais; mesmo com a consciência de que a relação de tais direitos com a tutela civil da personalidade é complexa.

O crescimento da percepção dos multifacetados níveis de protecção que a personalidade humana reclama torna em todo o caso legítimo perguntar se, quatro décadas volvidas, o diploma de 1966 não parece hoje, perante essa evolução no domínio dos direitos de personalidade, demasiado circunspecto e reservado, bastante longe de corresponder ao ideal da codificação. A pergunta só pode ser respondida perante uma certa forma de entender esse ideal. Importa distinguir bem o que se exige de um Código: que ele "ampare" (tão-só) o direito vivo vigente, que ele o espelhe fielmente ou, sendo mais ambicioso, que ele aponte o rumo certo do futuro que temos às portas? E também: reportamo-nos a uma idoneidade técnica ou a identificações de substância?

É que, talvez por se ter instalado um certo cepticismo quanto a um bem-estar económico ilimitadamente crescente e generalizável – de que é sintoma irrecusável a substituição do Estado-Providência ou do Estado Social de Direito por um mais comedido, e espera-se que mais eficaz, Estado-Garantia –, e por se ter percebido já que existem níveis de humanidade a evoluir de forma descontínua e, por vezes, regressiva, tem-se assistido de facto a um renovado impulso de tutela da personalidade. Ao ponto de se pretender mesmo que o século XXI será o século do direito das pessoas.

---

[2] Este um dos pontos que todos recordam do conhecido ensaio de ORLANDO DE CARVALHO, *A Teoria Geral da Relação Jurídica/Seu sentido e limites*, publicada em 1970 e republicada em 1981.

Compartilhe-se ou não desse optimismo, certo é que constitui indeclinável e nobilíssima tarefa do jurista contribuir para que assim seja e possa ser[3]. O que não quer dizer que tenha de se esperar consenso fácil quanto ao sentido desse direito das pessoas e ao modo de o configurar.

Aquilo que por vezes se chama o "dano existencial" exprime, talvez como nenhum outro âmbito, este crescimento da tutela da personalidade.

A expressão é larga e imprecisa, mas inegavelmente sugestiva e cheia de valor simbólico. Pois convoca a dimensão individual da vida, aquilo que a torna feliz e conseguida na sua realidade singular, total, pelo menos no plano do que os meios e os fins do Direito, sempre limitados, podem oferecer e garantir. Querendo mesmo incluir os aspectos da vida de cada um que se diria "comezinhos", mas que cada um sabe como são importantes quando faltam.

Como quer que seja de valorar, o dano existencial manifesta e culmina uma tendência de aplaudir. Numa primeira fase, seguramente necessária, deu-se a progressiva descoberta das exigências da tutela da personalidade através do seu desdobramento na individualização de multifacetados direitos ou bens de personalidade.

Só que não pode ser suficiente que o Direito se contente com a proclamação genérica de um conjunto de exigências que, em abstracto, a tutela da personalidade postula para quem quer que seja, de uma forma igualitária. Importa que ele se decida a descer totalmente à realidade da pessoa concreta, a incarne plenamente naquilo que a identifica e que permite por isso também distingui-la das demais; que, em suma, não deixe de fora nada de decisivo que pertença à sua esfera "existencial" e que é por natureza diferente de pessoa para pessoa.

Este parece ser o sinal do dano existencial.

Diga-se de passagem: a esta preocupação pelo homem concreto não será provavelmente alheia, pelo menos em parte, a falência das ideologias que comandaram o século XX e o sem-sabor de relativismos que o deixam hoje sem norte: de facto, se não temos modelo de pessoa, ou se não nos entendemos quanto a esse modelo, temos pelo menos pessoas concretas e os seus modos singulares de vida.

Claro que, como dissemos, a palavra "dano existencial" é vaga e as fronteiras do conceito questionáveis e fluidas, prestando-se mesmo a severas críticas de correntes mais tradicionalistas. Mas importa não passar ao lado do essencial. Há que ver que realidades se pretendem cobrir, e só depois averiguar

---

[3] Nesse sentido as vigorosas afirmações de PEDRO PAIS DE VASCONCELOS em *Direito de Personalidade*, Coimbra, 2006, 7-8.

até que ponto existe lugar para a afirmação de uma nova dimensão da tutela da pessoa, não compreendida ou não compreensível a partir dos quadros vigentes.

Porque é disto que se trata. O dano existencial exprime, antes de mais, uma pretensão, não tanto de classificar e tipificar um prejuízo no confronto com outros, quanto de identificar um nível de protecção da pessoa. Uma protecção que, se tem na responsabilidade civil um dos seus instrumentos mais eficazes, está muito longe de se esgotar neles, como de resto o art. 70 n.º 2 recorda.

Por outro lado, nada se diz ainda quanto ao âmbito e aos limites de protecção da pessoa nesse plano dito existencial. Por isso, seria totalmente precipitado negar os "danos existenciais" a pretexto de que a protecção cresceria desmesuradamente e sem controlo, como lembra um conhecido argumento contra o desmesurado crescimento da responsabilidade civil. De facto, todo o sistema de ressarcimento de danos tem de equilibrar-se adequadamente com o sistema de protecção da liberdade e autonomia. Porque a tutela de alguém faz-se sempre, em direito civil, à custa de outrem[4].

3. Vamos, portanto, despreconcebidamente, considerar os bens e interesses das pessoas cobertos pelos "danos existenciais", cientes de que os termos da sua protecção não resultam automaticamente da respectiva identificação.

A categoria dos danos existenciais é manifestamente heterogénea[5].

Tem sido vislumbrada e aplicada a situações tão díspares como as seguintes:

a) às restrições que o sujeito tem de suportar na qualidade da sua vida em virtude de lesões no seu substrato biológico, como quando fica a não poder andar mais, não ver mais, não ouvir mais ou não sentir mais;

b) às limitações de vida implicadas por deficiências congénitas, não provenientes de uma lesão de um direito de personalidade que se possa dizer anteriormente existente e ilegitimamente suprimido, como as decorrentes do nascimento com SIDA ou com outra malformação ou doença congénita;

---

[4] Compreendemos portanto muito bem as reservas que podem suscitar-se deste ponto de vista a essa categoria: cfr., entre nós, ALMEIDA COSTA, *Direito das Obrigações*, 10ª. edição, Coimbra, 2006, 594-595 em nota.

Também nós somos sensíveis à necessidade imperiosa de um equilíbrio.

[5] Uma extensa panóplia de hipóteses pode confrontar-se em *Trattato Breve*, cit., *passim*.

[6] Para o nosso entendimento destes conceitos, cfr., por último, *Responsabilidade Civil/O método do caso*, Coimbra, 2006, 63-64.

c) às necessidades das pessoas vulneráveis ou débeis, como os doentes, os moribundos, os velhos, os privados de cuidados assistenciais ou paliativos, às crianças abandonadas ou vítimas da pedofilia;

d) à criação ou indução de dependências que influem no exercício da liberdade pessoal, à cabeça das quais a da droga, mas também a do tabaco ou a do álcool;

e) aos impactos vitais negativos decorrentes da criação (ou indução à criação) de uma dependência financeira desproporcionada do sujeito por parte de entidades poderosas, por exemplo, mediante políticas comerciais ou de crédito ao consumo desajustadas das possibilidades e conveniências da pessoa;

f) a certos prejuízos sofridos pelo sujeito nas suas aptidões familiares ou afectivas, como quando fica lesada a sua capacidade procriativa – de ser pai ou mãe – ou, em todo o caso, a possibilidade de levar uma vida familiar normal sem encargos para terceiros;

g) às alterações de vida que sofrem aqueles que são reflexamente afectados, na sua vida familiar ou social, com lesões ou perturbações na existência de outrem: por exemplo, as dos que ficam a suportar ou a amparar a necessidade de sujeitos atingidos por uma invalidez ou doença, que os obriga a encargos e papéis assistenciais; mas também, por exemplo, as dos que vêm comprometido o relacionamento sexual em consequência de lesão física ou psíquica do cônjuge; as do luto de familiares e amigos do defunto;

h) às disfunções na vida decorrentes de más experiências em instituições como a escola, hospitais, estabelecimentos psiquiátricos, prisões, etc.; mas também às distorções de vida provocadas em crianças pelos *mass media*, em especial pela televisão;

i) aos efeitos nocivos na vida social, familiar ou de trabalho derivados da influenciação do sujeito pela magia, o espiritismo ou outras "ciências ocultas", assim como aos efeitos perturbadores decorrentes da aliciação do sujeito por seitas, por exemplo conducentes a tentativas de suicídio colectivo;

j) em todo o caso, a hipóteses várias que parecem ultrapassar o âmbito que se diria consolidado da tutela conferida pelos direitos de personalidade, como a afectação da existência ou da qualidade de vida 1) pela preclusão, definitiva ou temporária, da possibilidade de prática de um desporto, de *hobbies*, do gozo de férias; 2) pela mutilação sexual de raparigas (particularmente em zonas de influência islâmica); 3) pelos traumas, medos e inadaptações decorrentes da vivência de situações extremas ou da assistência, ocasional ou não, em situações de guerra, campos de extermínio, "soluções finais", *goulags*, e de outras catástrofes causadas pelo homem; mas também 4) pela experiência de um diagnóstico médico errado, a respeito de si próprio ou de terceiro, como quando se dá falsamente como inviável ou como sã uma criança no ventre materno; 5) pelo *stress* da experiência do perigo ou da exposição ao perigo, entre os quais, por exemplo, pelo medo de contágio de uma doença incurável; 6) pela supressão da auto-estima em consequência de uma desfiguração estética da cara ou do corpo; 7) na vida de relação, pela denúncia penal infundada; 8) pelos menosprezos, discriminações ou compressões da liberdade religiosa ou derivados do exercício da objecção de consciência; 9) por discriminações ou menosprezos sofridos por estrangeiros e emigrantes, legais ou clandestinos; 10) por abusos do poder paternal; 11) na prostituição, pela exploração de mulheres por clientes e cabecilhas de redes de negócio;

k) às perturbações na vida das pessoas causadas por emissões várias – fumos, ruídos, trepidações, mas também derivadas da instalação de campos electromagnéticos (redes eléctricas ou de telecomunicações);

l) aos impactos negativos pela morte ou lesão provocadas num animal de estimação;

m) de modo geral, às consequências na vida das pessoas, da destruição ou deterioração de coisas, móveis ou imóveis, dotadas de valor afectivo.

O elenco não é exaustivo. Representa aqui um agrupamento instrumental e provisório. Algumas hipóteses sobrepõem-se.

Na verdade, não pretendemos constituir uma tipologia apurada. Para ser consistente, esta terá, em Direito, de orientar-se por estruturas jurídico-dogmáticas, que todavia se encontram, em larga medida, por identificar e precisar entre nós. De resto, mas de qualquer forma, intui-se facilmente que, apuradas essas estruturas, a resposta do Direito deverá organizar-se segundo um "sistema móvel" dos vectores normativos relevantes.

Com esta prevenção, sejam-nos consentidas, em todo o caso, algumas reflexões preliminares e exploratórias sobre uma problemática que se antecipa muito rica.

4. Em primeiro lugar, importa frisar que a temática dos danos existenciais está muito para além da simples identificação ou caracterização de um prejuízo: ela convoca o problema da determinação daquilo que é objecto da tutela da personalidade. No Código Civil português, joga-se o conteúdo e o alcance do art. 70 n.º 1.

Muitas das perturbações descritas conduzem certamente a danos não patrimoniais. Mas não há nenhuma cláusula geral que proíba a causação de danos não patrimoniais, ordenando o seu ressarcimento pelo simples facto de terem sido provocados por outrem. De acordo com a estrutura geral de toda a nossa responsabilidade civil, a situação de responsabilidade e a imputação são distintas do nexo causal e do dano[6].

Assim, a aplicação do n.º 1 do art. 496 do Código Civil – que prevê a indemnizabilidade dos danos não patrimoniais que, pela sua gravidade, mereçam a tutela do Direito – não dispensa a fixação do fundamento da responsabilidade. Ou seja, requer-se a determinação da situação que conduz à obrigação de indemnizar, assim como da razão ou do nexo de imputação ao sujeito que fica vinculado a essa obrigação. O fundamento é distinto do dano não patrimonial a ressarcir. O art. 496 não dispensa a sua análise. Não proporciona autonomamente uma resposta à questão sobre "se" deve haver responsabilidade ("de alguém") ou "quando" há-de existir uma obrigação de indemnizar (a cargo de outrem).

Dado que, no nosso sistema, a regra é a da responsabilidade por factos ilícitos e culposos, conclui-se que nas situações ditas de dano existencial se torna, portanto, imperioso identificar a ilicitude, ponto de referência, também, da culpa.

O que redunda, sobretudo, em demarcar o raio de tutela conferido pelo aludido art. 70 n.º 1 do Código Civil. Permitindo também, por essa via, estabelecer o âmbito das providências conferidas ao sujeito pelo n.º 2 desse preceito.

5. Neste ponto, há que reconhecer que algumas perturbações de vida por vezes reconduzidas a danos existenciais se prestam a serem entendidas enquanto meras consequências da violação de direitos de personalidade comummente aceites e sedimentados. Assim, se alguém perde os seus sentidos externos (visão, audição, tacto) ou internos (como a memória ou a imaginação), tal perda pode compreender-se largamente como causalmente derivada de uma lesão à sua integridade física (um acidente, uma agressão corporal, etc.).

Não obstante, há ainda aqui uma relação difícil de estabelecer entre a perturbação de vida daí adveniente e o dano biológico ou o dano da saúde em sentido próprio. Pois está em causa o impacto da lesão que a pessoa sofreu na sua integridade física na sua realidade mais global. Parece que se transcende um nível meramente biológico, o nível daquilo que é passível de uma averiguação ou testificação médica, para nos situarmos no plano *dinâmico* da vida da pessoa e das suas condições concretas (atingida que foi por uma lesão de saúde).

O que concita a determinação mais exacta do âmbito protegido pela violação de um direito de personalidade tão elementar como o direito à integridade física. A unidade da pessoa nos seus aspectos biológicos e não biológicos torna árdua essa tarefa. Juridicamente, porém, não parece satisfatória a recondução do problema levantado a mera questão de extensão do dano a indemnizar em consequência de um evento desencadeador da respectiva obrigação ou a um problema de causalidade entre eles.

Este aspecto torna-se claro na hipótese de uma desfiguração corporal ou estética, por exemplo em virtude de uma ofensa corporal. É que, se o impacto causado pela acção se dá mecanicamente no mundo físico – desfeiando o rosto ou provocando um aleijão, irreversivelmente –, a verdade é que a causa de sofrimento do sujeito (passado o momento inicial da dor e dos incómodos do tratamento) supera o plano do dano biológico, e mesmo o de uma eventual patologia psíquica. Na verdade, está em jogo a sua auto-estima e as representações e imagens que cada um tem de si próprio e do papel que considerava poder desempenhar ou ser chamado a desempenhar no mundo. Estes aspectos, mesmo que consequenciais da lesão, suplantam o lastro físico determinado por essa lesão. O que os danos existenciais cobrem são, afinal, perturbações de vida, derivadas embora de uma lesão à saúde, mas que ultrapassam o âmbito estrito ou o alcance próprio de um diagnóstico médico.

6. Por outro lado, a temática dos danos existenciais ocupa-se com a criação ou a exploração de debilidades em sujeitos vulneráveis. Esta dimensão sugere a afirmação de um direito ao livre desenvolvimento da personalidade, de sabor germânico, efectivamente proposto já entre nós como um importante direito de personalidade a acrescentar aos direitos fragmentariamente previstos nos arts. 70 e seguintes[7].

Importa porém ter consciência dos seus limites, sob pena de total descaracterização: não corresponde ao sentido comum do que possa ser o direito ao livre desenvolvimento da personalidade aplicá-lo, por exemplo, à tutela de anciãos ou doentes terminais. Campo privilegiado desse direito será, sobretudo, o do combate à criação de dependências ou à propiciação de disfunções de crescimento em crianças e jovens, por exemplo por via da droga ou da televisão.

De facto, a pessoa não pode nunca ser tutelada pela sua dimensão prospectiva, que, sendo sem dúvida importante, não pode arvorar-se em única. A pessoa tem de ser protegida por aquilo que actualmente é. Os danos existenciais levam longe esta dimensão da sua tutela.

---

[7] Por exemplo, por RABINDRANATH CAPELO DE SOUSA, PAULO MOTA PINTO e PEDRO PAIS DE VASCONCELOS: cfr., a apreciação recente deste último autor (com referência aos demais), em *Direito de Personalidade*, cit., 74 ss.

Eles têm menos a ver com a perturbação do livre desenvolvimento da personalidade do que se poderia pensar. Não se trata neles tanto de proteger a liberdade de realização futura ou hipotética do sujeito, mas de compreender adequadamente o constrangimento e a perda de qualidade da sua existência presente. A situação actual não é deplorada pelo sujeito apenas porque desprovida de liberdade (futura) de orientar a vida num certo sentido. Ela é sentida pelo sujeito como lesão de condições da sua vida, reflectida no presente.

Na temática dos danos existenciais, o que se torna portanto relevante é a circunstância concreta e actual da vida da pessoa. Não está em jogo a mera restrição da autonomia de determinação de vida (entendida embora em termos materiais). A eliminação da liberdade de conformação futura da vida não é valorada *qua tale*. O que integra o dano existencial é a ablação da liberdade de "continuar o passado feliz e tranquilo". Em suma: nos danos existenciais, está tipicamente em jogo um *status quo*, não a preclusão de um *status ad quem*.

7. Os danos existenciais significam, portanto, um alargamento da tutela da pessoa no campo daquilo que constitui as suas circunstâncias presentes e concretas de vida. Alguns deles manifestam todavia uma dimensão muito especial quando mostram não se tomar a pessoa apenas na sua individualidade única, irrepetível e, por isso, distinta e isolada da de todos os outros.

De facto, os danos existenciais não se limitam a aprofundar a protecção do sujeito tomado *de per si* mediante a incorporação da realidade concreta da sua vida. Eles convocam também a pessoa como ser social cuja identidade se afirma e constrói de forma relevante no concerto da convivência humana[8].

É o caso, por exemplo, da perturbação causada à mulher compelida a deixar o negócio que havia montado para assistir o marido que, vítima de uma agressão, se tornou inválido; do filho que sofre a deterioração ou degenerescência física irreversível causada à mãe; do pai que tem de suportar a caída na droga de um filho por influência de um traficante; do cônjuge que é confrontado com a preclusão de uma vida afectiva saudável em consequência de uma depressão profunda sofrida pelo outro (vítima, por exemplo, de um despedimento ilícito, de um tratamento hospitalar inadequado, etc.).

Em todas estas hipóteses estamos perante vítimas secundárias de uma lesão a um direito de personalidade que atingiu (directamente) outros. Contudo, o reconhecimento, a essa vítima secundária, de uma pretensão autónoma de tutela – nomeadamente ressarcitória – contra o infractor implica uma decidida

---

[8] Para PAIS DE VASCONCELOS, *Direito de Personalidade*, cit., 9, a fundamentação ética da personalidade poria em confronto duas grandes concepções: a platónico-aristotélica, que perspectiva a pessoa a partir da comunidade, e a estóica, que faz o inverso.

superação de concepções individualistas da pessoa. Esta passa a ter de ser assumida na sua dimensão relacional: como família, como amor, como amizade, em suma, enquanto cume de uma teia de relações que a co-constituem enquanto pessoa e sem a qual ela não pode ser pensada na sua autêntica realidade.

A ideia não é, em si mesma, nova, sequer em Direito. Entre nós, por exemplo, uma importante colectânea de estudos sobre direito das pessoas foi, há pouco tempo, intitulada inspiradamente de "Nós" pelo seu autor[9]. O dano existencial mostra uma clara dimensão jurídico-normativa desta perspectiva.

Se o ser da pessoa é um "ser com os outros" ou um "ser com outros", aquilo que afecta estes afecta-a também a ela, e pode ser entendido como dano existencial. O que é curioso é que, afinal, a tutela autónoma desta dimensão relacional da pessoa perante terceiros significa a admissão de uma posição de personalidade dotada de protecção *erga omnes*, mas fundada numa relação. Ou, para dizer de outra forma, representa o reconhecimento de uma tutela contra terceiros – do carácter absoluto – de certas relações (da pessoa). O jusprivatista, sobretudo se habituado a negar eficácia externa às obrigações – e a encontrar para isso fundamento –, encontra aqui um campo de reflexão muito promissor do ponto de vista da integração sistemática.

Transcendemos largamente o espaço coberto pelo arbitramento da indemnização a terceiros pelo "dano morte" ao abrigo do art. 496 n.º 2 do Código Civil. E também a tutela patrimonial de terceiros em caso de morte ou de lesão corporal prevista no art. 495.

Tome-se a sentença pioneira da Relação de Lisboa de 28 de Janeiro de 1977 (aliás precursora no plano também do reconhecimento de uma ampla tutela pré-natal)[10]. O tribunal concedeu a um jovem – Fernando – que nascera 6 dias depois da morte do pai num acidente de viação, uma indemnização com justificações que se podem dizer típicas do reconhecimento de um dano existencial: "O menor ficou privado do amparo moral e protecção, orientação e carinho que o pai prodigalizaria até à maioridade e muito especialmente enquanto criança ou jovem". Ora, se assim é, parece que não se pode excluir também o direito a uma indemnização, por idênticos ou similares motivos, caso de um acidente não sobreveio a morte do pai, mas a sua invalidez física ou um trauma ou perturbação psicológica graves e duradoiros.

8. Vamos concluir com uma breve reflexão sobre a questão de saber se as lesões em coisas que constituem o património do sujeito podem configurar danos existenciais.

---

[9] Referimo-nos a DIOGO LEITE DE CAMPOS, *Nós/Estudos sobre o Direito das Pessoas*, Coimbra, 2004 (*passim*).

[10] Cfr. Colectânea de Jurisprudência, II (1977), 1, 191 ss.

Comummente tem-se por verificado um dano patrimonial quando se atingem bens que integram o património do sujeito. O dano não patrimonial, pelo contrário, derivaria essencialmente da violação de bens não patrimoniais. Com isso, parece restringir-se a possibilidade de um dano existencial decorrente da lesão de elementos do património do sujeito, pois este dano apresenta uma natureza não patrimonial. Aceita-se certamente que a lesão de um bem não patrimonial possa implicar prejuízos patrimoniais (*v.g.*, partir uma perna implica despesas). Mas intui-se erguer-se um obstáculo a que o dano numa coisa implique um prejuízo existencial e atinja o nível da tutela da personalidade: isso muito raramente se releva.

Afinal de contas, o dano patrimonial é, como repete com grande unanimismo a doutrina, aquele que é avaliável em dinheiro[11]. Se, portanto, há susceptibilidade de avaliação em dinheiro, o dano é patrimonial.

Dir-se-ia, a partir daqui, que esse prejuízo não pode ser existencial: uma relação biunívoca entre dano patrimonial e susceptibilidade de avaliação em dinheiro fecha de facto (no seu *circulus inextricabilis*) essa possibilidade.

Só que esta perspectiva é redutora. Mostra-o o dano de afeição constituído pela morte de um animal de companhia ou de estimação. Não se trata apenas do cão que guia o cego ou daquele que é parceiro fiel das jornadas do caçador. É também o coelho com que brinca e se entretém a criança, o gato companhia da anciã, o papagaio que saúda estridentemente o dono quando ele entra em casa e lhe levanta o humor depois de um dia de trabalho.

O dano de afeição não existe porém apenas em relação a animais. Há muitos objectos de estimação: livros, antiguidades, jogos, papéis, automóveis. Imóveis também, naturalmente: casas de praia ou de férias, quintas e herdades, propriedades com recordação, "bens ao luar" que acrisolaram identidades e tradições familiares. Todos os bens são susceptíveis de estima pelo titular. Com todos eles o sujeito pode ter estabelecido uma relação existencial de hábitos, representações, interesse, conforto, deleite, prazer, sentido de vida, etc..

---

[11] Cfr. ANTUNES VARELA, *Das Obrigações em Geral*, I, 10ª. edição, Coimbra, 2003, 600-601; ALMEIDA COSTA, *Direito das Obrigações*, cit., 592. PESSOA JORGE, *Direito das Obrigações* (polic.), I, Lisboa 1975/76, 469. Perspectiva análoga em MENEZES LEITÃO, *Direito das Obrigações*, I, 4ª. edição, Coimbra, 2006, 316-317 (mas admitindo, acertadamente, a indemnização de danos derivados de elevado valor estimativo). Já MENEZES CORDEIRO acentua – a nosso ver bem – que a destrinça se faz pela natureza da situação vantajosa suprimida. Não obstante, o dano não patrimonial continua confinado essencialmente às hipóteses de violação de direitos de personalidade consagrados, o que contribui para induzir a consideração de que os danos em coisas não podem ser não patrimoniais (cfr., por exemplo, *Tratado de Direito Civil Português*, I/1, 3ª. edição, Coimbra, 2005, 388-389, e I/III, Coimbra, 2004, 109 ss, e já *Direito das Obrigações*, II, Lisboa, 1988, 285 ss).

Com muitos deles o titular estabelece de facto uma relação que não é meramente económica e venal.

Isso mesmo é o comum da pessoa comum: o que corresponde, portanto, ao plano em que se coloca, precisamente, o direito civil. Outro é o mundo do comércio. Os bens perdem aqui a dimensão existencial que ali têm para o seu titular. Tendem aí cingir-se ao valor económico de mercado e são queridos apenas por isso. Fora do mundo comercial, poucos são porém os que depositam nos bens um interesse que se esgota no valor económico de troca dos bens em mercado. No plano civil, os bens raramente valem apenas pelo valor comercial; poucas vezes se deixam "comercializar" integralmente.

Insinua-se uma diferença de abordagem entre o direito civil e o direito comercial. Constata-se, também por aqui, a pobreza da análise económica do direito para compreender a vida humana, nas suas motivações e interesses, fora do mundo comercial onde tudo se reduz ao valor venal dos bens e a ponderações de custos-benefícios. Como se a pessoa pudesse ser reduzida ao *homo oeconomicus* e como se a sua racionalidade, o seu comportamento e os seus interesses não fossem orientados, talvez até primordialmente, *v.g.*, por factores afectivos, culturais, emocionais ou éticos[12]. O Tio Patinhas, que entusiasma ainda tantos de nós, recorda-se com gosto porque é cómico, engraçado e lúdico-ideal. Se fosse real, humano, o mais provável é que não tivesse graça.

Mas será que a lesão de tais bens dotados de valor existencial é, *qua tale*, relevante?

Cremos que a resposta plena só pode vir da tutela da personalidade e do reconhecimento de que a protecção da pessoa está omnipresente no direito civil. Os bens apenas são tutelados porque são de pessoas e servem as pessoas.

Há, por certo, disposições singulares que podem contribuir. Mas o seu alcance é sempre limitado ao âmbito da respectiva previsão.

Tomemos um exemplo: quando uma torre de energia eólica vem quebrar, com o seu ruído incessante, o silêncio ancestral de um certo ambiente, o proprietário do imóvel atingido poderá certamente reagir ao abrigo do art. 1346[13]. Teremos o estatuto real dos bens ao serviço da personalidade.

---

[12] Mas o argumento, claro está, só se dirige a absolutizações da análise económica do Direito na explicação da juridicidade. Não se nega nem pode negar o importante contributo que essa perspectiva dá e pode dar para a compreensão dos critérios jurídicos (cfr., recentemente entre nós, por exemplo, FERNANDO ARAÚJO, *Teoria Económica do Contrato*, Coimbra, 2007). A crítica dirige-se apenas a quando se toma a parte pelo todo.

[13] A tutela contra o ruído tem de ser entendida como relativa. Os níveis de ruído que cada um tem de suportar são diferentes no caso do exemplo e na hipótese do escritório que dá para a rotunda do Marquês de Pombal. A vida da aldeia e da cidade são diferentes e requerem respostas adequadas a cada uma delas.

Em todo o caso, mesmo que se possa dizer que há dimensões da existência do titular do imóvel que são (co)defendidas pelo estatuto real de vizinhança, que dizer no que toca à protecção seguramente também merecida dos familiares do titular? Não se trata só de saber se lhes está consentido fazerem valer por si meios (autónomos) de tutela, mas desde logo de apurar em que medida o proprietário pode ou não liquidar do vizinho o dano desses terceiros (familiares)[14].

Indo mais além com o exemplo: não haverá dano existencial provocado pela intrusão visual ou estética forte e directa que sofre o proprietário de um refúgio de montanha ou de uma casa de praia ao ver-se certo dia confrontado com o erguer-se, a curta distância da janela, de um desses aerogeradores de 150 metros de altura? As intrusões visuais ou estéticas podem de facto ser importantes e perturbadoras para os sujeitos. Imaginem-se também as provocadas por sucatas, lixeiras ou aterros sanitários.

Não temos por seguro que estas situações não caibam, verificadas certas circunstâncias, dentro do critério do art. 1346. Mas admita-se que escapavam a essa disposição. Daí não decorreria que o proprietário (ou os familiares) atingido na sua qualidade de vida não pudesse em certos casos, mesmo não estando em causa uma indemnização pela constituição de uma servidão aérea, obter o ressarcimento de um dano existencial ao qual se viu subitamente exposto ou que tem de sofrer no quadro de uma relação de vizinhança.

O direito de vizinhança orienta-se pelo princípio da preservação do equilíbrio entre os prédios[15]. A instalação em prédios vizinhos de aerogeradores eólicos, lixeiras ou sucatas representa uma alteração da relação entre prédios e uma perturbação do *status quo* dessa relação imobiliária (poucas vezes corresponderá a uma utilização generalizada, comum ou razoavelmente expectável de imóveis na área respectiva)[16]. Mesmo que se entenda que a interferência visual ultrapassa os limites das restrições legais de vizinhança, a perda de qualidade de vida carece de ser ressarcida ou compensada. A perturbação do equilíbrio que desencadeia a tutela (legal) nas relações de vizinhança contribui para compreender a necessidade de proteger os danos existenciais que possam provocar-se.

---

[14] Teríamos aparentemente um caso de liquidação (legal) do dano de terceiro, enquanto na outra hipótese nos surgem relações reais com eficácia de protecção para terceiros (num símil do contrato com eficácia de protecção para terceiros). Sobre o alcance que damos a estas figuras, cfr. o nosso *Responsabilidade Civil*, cit., 97 ss.

[15] Cfr. OLIVEIRA ASCENSÃO, *A preservação do equilíbrio imobiliário como princípio orientador da relação de vizinhança*, inédito (a aguardar publicação), *passim*.

[16] O licenciamento administrativo de tais empreendimentos nada pode contra isso.

9. Talvez o modo comum de conceber os danos patrimoniais esteja maduro para uma revolução copernicana[17]: rompendo o "círculo de aço" que se diria estabelecido em torno, por um lado, da separação radical entre danos patrimoniais e não patrimoniais, e, por outro lado, de uma co-implicação recíproca entre dano patrimonial e susceptibilidade de avaliação em dinheiro.

O que sugerimos é o seguinte: a lesão de qualquer bem integrante do património de um sujeito pode afectar a sua esfera existencial e interferir em dimensões pessoais, em si mesmas de natureza não patrimonial. Ora, em vez de, como até aqui, admitir que os danos não patrimoniais por lesão de bens patrimoniais são inexistentes ou pouco mais do que excepcionais ou retóricos – aceitando, no fundo, que, de uma perspectiva jurídica, há uma "patrimonialização" dos interesses humanos na sua ligação aos bens –, porque não partir de um princípio oposto, segundo o qual, em regra, na lesão de um bem patrimonial se atingem, em maior ou menor medida, dimensões existenciais, não patrimoniais, da pessoa? Não será este princípio mais realista e próximo da característica humana?

Ocorrida uma lesão no património, é certamente difícil determinar com rigor o alcance ou a intensidade da vertente pessoal (não patrimonial) atingida e a sua relação com a afectação de um interesse meramente venal do sujeito. De resto, essa relação pode variar de época para época: uma casa de férias pode num dado momento da vida do sujeito ter para ele um valor essencialmente não patrimonial, mas noutro momento – por exemplo de aperto económico – preponderar o seu valor de mercado.

Mas tal não obsta. Para a pessoa comum, tendencialmente talvez no direito civil, os bens interessam com independência da consideração do seu valor venal (muito embora o possam compreender). As utilidades ou benefícios (existenciais) que o sujeito retira de coisas tão banais como um fato ou vestido, um automóvel, um computador, não se reduzem a um valor no mercado.

Qual, então, o interesse da susceptibilidade de avaliação em dinheiro ou do valor do mercado que, para a doutrina comum, identifica o dano patrimonial? A resposta constrói-se de forma simples: essa susceptibilidade constitui apenas um critério destinado (além de outros) à determinação da indemnização de um prejuízo sofrido por alguém – patrimonial ou não patrimonial –, quando uma coisa de que é titular foi atingida.

Faz aliás sentido que seja assim. Se há planos e utilidades existenciais das pessoas ligados aos bens que elas utilizam, o critério da avaliação em dinheiro ou do preço de mercado comumment tido como identificador de um dano

---

[17] A expressão quer apenas ser sugestiva, dado que a perspectiva que vamos apresentar não tem sido, que saibamos, oferecida pela doutrina portuguesa.

patrimonial, aponta na realidade, apenas e justamente, para o custo de substituição do bem por outro susceptível de satisfazer a mesma necessidade existencial, em si de natureza não patrimonial.

Por isso, a identificação do dano não patrimonial com aquele que não pode ser avaliado em dinheiro, como quer a doutrina comum, deve ser correctamente entendido. A natureza do dano não pode ser confundida com a susceptibilidade da sua avaliação em dinheiro. A avaliação em dinheiro não caracteriza a natureza do dano. Constitui apenas um critério de quantificação do dano, patrimonial ou não, decorrente da lesão de coisas: imposta essencialmente pela necessidade de objectivar, mensurar ou quantificar o dano (tendo em conta a possibilidade de substituir a coisa).

O que admitimos, portanto, é a oportunidade de redesenhar o conteúdo ou as fronteiras da compreensão dos danos patrimoniais e não patrimoniais nas hipóteses de lesão de coisas.

Dir-se-á, dentro desta preocupação, que a destrinça deveria antes ser traçada entre danos pessoais e patrimoniais. Mas para isso importará que os termos sejam definidos de forma correspondente (de modo a incluir nos primeiros casos de lesão de coisas, e expurgando concomitantemente os segundos de outras considerações que não as da mensurabilidade ou contabilização da riqueza)[18].

A perspectiva muda, portanto, completamente: o preço de mercado transforma-se no critério-regra de determinação do dano, também existencial, ligado à perda ou deterioração de uma coisa.

Quando há preço para essas coisas formado no mercado, ou é, em todo o caso, possível estabelecer um preço de aquisição, esse valor, ao ser entregue sob a forma de indemnização ao lesado, permitir-lhe-á afinal, continuar a preencher a necessidade existencial que o bem lesado preenchia até ao momento da lesão. Removendo, com isso, o dano existencial provocado pela sua destruição.

Assim postas as coisas, ressaltam porém também os limites do critério da susceptibilidade de avaliação pecuniária.

Esse critério reporta-se à substituibilidade dos bens. Liga-se à sua fungibilidade em ordem ao preenchimento das necessidades humanas como quer que elas se apresentem (não patrimoniais ou patrimoniais).

---

[18] Estes termos são usados na doutrina lusa, mas, ao que parece, com um sentido diverso, sem consideração do dano existencial da perda de coisas. Cfr., por exemplo, SINDE MONTEIRO, *Reparação de danos pessoais em Portugal/A lei e o futuro*, Colectânea de Jurisprudência, XI (1986), t. IV, 5 ss (a propósito do sistema de reparação dos danos pessoais decorrentes de acidentes de viação).

Daí compreender-se que o dano existencial causado pela lesão de coisas tenda justamente a aparecer com autonomia se o bem é infungível. Porque então, como esse bem não pode ser substituído – não tem preço estabelecido nem há mercado em que possa ser adquirido um equivalente – a utilidade existencial que ele tinha para o sujeito fica irremediavelmente comprometida. O dano existencial adquire independência.

Por outro lado, percebe-se que, nos danos em coisas, a atribuição ao lesado do valor de mercado desses bens não indemniza o dano existencial de ter de prover à sua substituição ou de esperar por ela. Destruído um automóvel ou um computador, há a perturbação ocasionada, importa sempre procurar outro: e isso, para o comum das pessoas, custa tempo, envolve energia, implica incómodos. Estes danos existenciais têm sempre de ser reparados autonomamente. Não estão cobertos pelo valor de substituição em si mesmo.

Do exposto resulta também que podem ocorrer circunstâncias que tornem o valor de mercado de certos bens insuficiente para cobrir os danos existenciais ligados à perda de bens. Precisamente quando tais danos estão conexos com especificidades do sujeito titular na relação que tinha com o bem, quando há dano de afeição. (Usa-se agora a expressão num sentido amplo, correspondente a danos existenciais especiais ligados, não apenas à perda de animais de companhia, mas à perda de quaisquer bens dotados de valor estimativo especial).

A afeição só pode ser relevante para o Direito quando for particular, sob pena de se dissolver num dano comum e inespecífico, susceptível de ser experimentado por qualquer sujeito, de modo mais ou menos indistinto. O que está de acordo com o critério da avaliabilidade em dinheiro e pelo valor de mercado: este é sempre um valor indistinto, genérico, não dependente das características individuais dos actores do mercado, que permanecem ocultas e irrelevantes para esse mesmo mercado. Tal valor de mercado não abrange, portanto, afeições que distinguem os sujeitos uns dos outros. A afeição cria infungibilidade do bem.

O dano de afeição, como especial que é, tem de ser provado pelo lesado. Se o bem é (normalmente) fungível, deve partir-se da sua inexistência (ou da sua irrelevância para o Direito). Mas trata-se de uma presunção natural, que pode ser ilidida. Ocorrida, em todo o caso, contra o que será a regra, a demonstração da existência desse dano, se for grave e merecer a tutela do Direito – se ultrapassar, portanto, o crivo do art. 496 n.º 1 – poderá ser indemnizado.

Terá porém que respeitar os quadros gerais da modalidade de responsabilidade em causa. É que a responsabilidade aquiliana segue um padrão tendencialmente igualitário. Como o seu paradigma é o da fungibilidade e anonimato dos sujeitos, percebe-se que a ressarcibilidade do dano de afeição tenha de sujeitar-se a especiais exigências[19]. Parece razoável aceitar a sua indemnizabilidade em caso de dolo, pelo menos em certas condições, mas será provavelmente de excluir em regra a sua reparabilidade no caso de negligência, nomeadamente inconsciente.

Uma ponderação particular merece a responsabilidade contratual. Muitas relações contratuais visam precisamente proporcionar ao credor satisfações existenciais e os devedores sabê-lo-ão também com grande frequência. Se assim for, não há razão para que o dano de afeição não possa ser indemnizado quando ocorreu um incumprimento (arbitrando-se ao credor um valor superior ao do valor de mercado de uma prestação substitutiva, quando a prestação seja substituível). Por exemplo, caso o advogado contratado para uma acção de reivindicação, a perca por incúria, a indemnização deverá abranger o valor estimativo do objecto perdido na hipótese de ele conhecer de antemão o interesse (não patrimonial) que o mandante tinha na coisa (que a sua prestação visava assegurar ao credor). No âmbito de um contrato, a prevenção de um dano de afeição pode sem dúvida ser objecto de especiais deveres de protecção.

Importa, em todo o caso, destrinçar o interesse (não patrimonial) do credor na prestação dos danos subsequentes, existenciais, sofridos pelo credor em caso de inadimplemento (como frustração de utilidades existenciais que a realização da prestação lhe permitiria obter). É que, quanto ao interesse não patrimonial na prestação em si mesma, o seu valor parece não poder suplantar o da contra-prestação acordada, aquilo que o próprio credor aceitou afinal valer o seu interesse não patrimonial na prestação.

Temos, aqui, afinal, uma justificação (embora limitada) para a hoje tão atacada concepção da não indemnizabilidade dos danos não patrimoniais em sede de responsabilidade contratual. De facto, percebe-se que o grande campo de razão da reparabilidade dos danos não patrimoniais tenha a ver com os danos laterais e os danos subsequentes, o domínio dos deveres de protecção[20].

Também nesta sede se vislumbra, por conseguinte, a relevância, prática e teórica, da destrinça entre a responsabilidade contratual e a aquiliana.

Por último: nas indemnizações de tipo compensatório, como na responsabilidade pelo sacrifício, compreende-se que não haja limites especiais à consideração do dano de afeição. Por exemplo: constituída uma servidão – administrativa ou civil – sobre um imóvel (*v.g.*, através da implantação de postes e

---

[19] Quanto a esta asserção, para nós fundamental, cfr. o nosso *Teoria da Confiança e Responsabilidade Civil*, Coimbra, 2003, 270 ss, 287 ss, 307 ss.

[20] Nesse sentido, recentemente também o nosso *Responsabilidade Civil*, cit., 92 e já o nosso *Contrato e Deveres de Protecção*, Coimbra, 1994, 218-219.

cabelagem de alta tensão ou por meio de estradões ou aterros que desfiguram uma propriedade sobre a qual impende a servidão), o dano existencial de afeição provocado ao seu titular pelo desfear da propriedade é ressarcível: a natureza compensatória da indemnização a tanto conduz, com toda a naturalidade. Trata-se de promover um (re)equilíbrio numa relação específica (afectada) e isso implica sempre a consideração da particularidade da situação.

10. As considerações anteriores, mesmo se consabidamente curtas e muito preliminares, permitem confirmar a riqueza de perspectivas que os danos ditos existenciais podem oferecer. Tal não faz naturalmente dos danos existenciais, só por si, uma categoria dogmática autónoma. Nem, muito menos, autorizam a uma admissão generalizada e indiscriminada de tutela, *maxime* ressarcitória, contra essas perturbações de vida. Pois jamais a protecção jurídica pode ir tão longe que pretenda eliminar o risco geral da vida e constranger, mais do que o razoável, a autonomia e a liberdade dos sujeitos[21].

Apesar disso, não se pode dizer que os danos existenciais não tenham penetrado de alguma forma na nossa doutrina e jurisprudência relativa à tutela da personalidade. Sirva de exemplo suficiente a célebre sentença da Relação de Lisboa de 2 de Março de 1960[22], que, por causa do sono e do sossego indispensáveis à qualidade de vida das pessoas, decretou a suspensão diária das obras de perfuração e construção de túneis de metropolitano por um período susceptível de salvaguardar as pessoas atingidas dos respectivos incómodos: mesmo sem apelar à categoria, a fundamentação deste, como de outros acórdãos, mostra a consciência do tipo de problemas para que os danos existenciais apontam.

Os danos existenciais têm dificuldade em se integrar nos catálogos consagrados de direitos de personalidade, tipificados legalmente ou não. Parecem sugerir que pode haver uma certa rigidificação desses direitos, estando em condições de contrapor-se-lhe ou combatê-la. A todo o elenco ou tipificação dos direitos de personalidade, mesmo que aberta, é inerente uma delimitação do objecto. Ora, a visão que se induz pela consideração da pessoa na sua relação com bens ou facetas individualizadas da sua personalidade é estática. Tende a desligar-se de outras vertentes que com aquelas interferem, e apre-

---

[21] Por outras palavras, a liberdade e autonomia da pessoa interfere desde logo no juízo sobre o "se" da responsabilidade. Cfr., nesse sentido, SINDE MONTEIRO, *Responsabilidade por Conselhos, Recomendações e Informações*, Coimbra, 1989, 582, n. 437.

[22] Relatada por CARDOSO DE FIGUEIREDO; cfr. Jurisprudência das Relações, 6 (1960), 1, 225 ss.

senta-se alheia à dinâmica complexa, integrada e plena da vida do sujeito. Não compreende facilmente a vida de relação.

Por isso, os danos existenciais parecem insatisfatoriamente traduzidos, sequer pelo agregado de direitos de personalidade constituído, por exemplo, pelo direito à vida e à integridade física, pelo direito à integridade moral, ao bom nome e à reputação, pelo direito ao nome, pelo direito à imagem, pelo direito à reserva da intimidade da vida privada[23].

Outras orientações que procuram abarcar a totalidade da pessoa, destrinçando – além do plano da vida, da liberdade, da igualdade, da segurança, da honra, da reserva da vida privada ou do desenvolvimento da personalidade –, dimensões da tutela da personalidade como a da identidade pessoal, apresentam-se mais promissoras[24].

Mas a referência à identidade será igualmente curta, porque não está em causa a mera auto-representação do sujeito como distinto dos demais ou a sua diferenciabilidade objectiva dos demais (ainda que fazendo incluir nessa identidade a história pessoal ou a caracterização religiosa, política, sexual, familiar racial ou linguística do sujeito). A identidade pode não ser afectada e, contudo, o sujeito sofrer um dano existencial. Também a protecção da identidade induz a um plano abstracto e estático da tutela da personalidade, não totalmente apto a compreender a sua dinâmica e condições vitais.

De facto, os danos existenciais, no sentido lato que se lhes pode dar, são mais amplos: integram a perturbação da vida, a perda da sua qualidade, a alteração de planos e de hábitos, a sujeição a contingências desagradáveis, estados duradouros de desânimo, a "dor de alma" (mesmo que não psicopatológica[25]), etc..

Para a dogmática da tutela da personalidade parece poder descortinar-se uma consequência importante: a realidade da pessoa do ponto de vista do Direito é complexa. Não se esgota de forma alguma na afirmação de direitos de personalidade, numa tendência que culminou na afirmação de um direito

---

[23] Estes os principais direitos de personalidade: cfr. uma actualizada obra de referência como a de MENEZES CORDEIRO, *Tratado*, I, t. III, cit., 121 ss. Naturalmente: muitas espécies de danos considerados pela jurisprudência da tutela de tais direitos poderiam catalogar-se (embora não todos) na nossa categoria.

[24] *Vide* RABINDRANATH CAPELO DE SOUSA, na obra fundamental sobre a tutela da personalidade da sua autoria: cfr. *O Direito Geral de Personalidade*, Coimbra, 1995, 198 ss, 243 ss, e *passim*. O autor, de resto, configura a vertente da existência como uma dimensão do seu direito geral de personalidade (cfr. *op. cit.*, 295 ss). Mas, se bem interpretamos, toma a expressão num sentido mais restritivo do que aquele que se tem usado no texto.

[25] *Vide*, a propósito, PAIS DE VASCONCELOS, *Direito de Personalidade*, cit., 152.

geral de personalidade supremo e integrador[26]. A pessoa tem interesses, deveres, expectativas, liberdades genéricas de agir: na tutela da personalidade interfere, em suma, toda a panóplia de posições ou situações jurídicas básicas. Ao dano existencial interessam os modos como, na vida de cada pessoa, essas situações jurídicas básicas são interpretadas ou foram exercidas pelo sujeito concreto e a forma por que esse exercício foi afectado por certas contingências.

Este afigura-se já um avanço proporcionado pela novel categoria do dano existencial. Um progresso que implica técnicas jurídicas correspondentes. Quando, por exemplo, não está em causa a tutela de um direito de personalidade, a responsabilidade civil não pode escorar-se no art. 483 n.º 1 (ressalvada a hipótese, sempre limitada, da violação de uma disposição de protecção). Mas pode sempre fundar-se autonomamente no art. 70, n.º 1 e 2.

Está-se a ir mais além do que a afirmar a destrinça entre os direitos de personalidade e o direito objectivo da personalidade, como conjunto de regras e princípios que conformam o estatuto da pessoa humana[27]. O que dizemos é que no plano subjectivo, a posição da pessoa não se traduz apenas em direitos, mas compreende deveres, expectativas, ónus, faculdades, liberdades de agir, e que a tutela jurídica da pessoa compreende e se estende a essas realidades.

Feitas as contas, foi sábia a opção legislativa de, na redacção do art. 70 n.º 1, não ter aprisionado a tutela da personalidade dentro dos limites estreitos do direito subjectivo.

Por isso, tal como acontece com as pessoas: se o Código, olhando ao dano existencial, se sente, como o homem ou a mulher de meia-idade, perante realidades que não conheceu na sua juventude, que o podem surpreender e que entende com clarividência terem surgido à sua margem sem que a sua opinião fosse tida ou achada, percebe também que está vivo e para durar, com força e experiência para compreender e integrar devidamente essas realidades.

Retorne-se, em suma, à questão com que iniciamos este périplo pela tutela da personalidade: o dano existencial é ou não sintoma de uma crise existencial do Código Civil, na volta dos seus 40 anos?

---

[26] Cfr., por último, a defesa de um "direito geral de personalidade", que goza de uma carreira triunfante entre nós, em PEDRO PAIS DE VASCONCELOS, *Direito de Personalidade*, cit., 61 ss. Confessamos que não partilhamos do seu entusiasmo, tendo em conta as possibilidades oferecidas pelo art. 70 n.º 1. Crítico em relação a essa concepção, OLIVEIRA ASCENSÃO, *Direito Civil/Teoria Geral*, I, 2ª. edição, Coimbra, 2000, 86 ss.

[27] Sobre esta importante destrinça, embora também essencialmente cingido a ela, cfr. PEDRO PAIS DE VASCONCELOS, *Direito de Personalidade*, cit., 47 ss.

Não cremos. O Código Civil, com a intrepidez e a prudência do intérprete-aplicador, está em condições de resolver esse problema. E encontra-se em melhor posição para tal do que poderia supor-se. (Sabe-se lá, na esperança de chegar, tão lúcido e determinado como o seu tio alemão, a uma bonita idade centenária.)

Segunda Sessão

*Os Novos Códigos Civis
e os movimentos reformistas*

RUSSIAN CIVIL CODE: GENERAL CHARACTERISTICS OF ONE OF THE RECENT CODIFICATIONS[*]

MARIA SINYAVSKAYA[**]

Every anniversary is an occasion to give very heartfelt congratulations. And a double anniversary makes this exercise twice as pleasant. The joint celebration of the 40th Anniversary of the Portuguese Civil Code and of the 10th Anniversary of the New Lisbon University Law Faculty seems to be not a mere coincidence but rather a sign of a happy alliance between tradition and innovative development. The fact that this harmonious approach to time is twinned by an interest in what happens in space and notably in other legal systems gives a firm foundation for the assurance of many other bright anniversaries to come.

I appreciate the interest of Portuguese lawyers in the Russian Civil Code of which I am going to give a brief outline. Indeed this legislative act is one of the most recent codifications (its first part is in force since 1995 and its fourth part becomes effective starting from January 1, 2008). In this respect the Code may be examined as a reflection of modern trends in private law. But it also reflects national Russian legal tradition. Its particular characteristic also resides in the fact that this is a law which is marked by the change of economic order in a country whose boundaries lay both in Europe and in Asia.

A. HISTORICAL NOTE

Russian Civil Code now in force had its legislative predecessors in the Legal Past of Russia[1]. In the beginning of the 19th century M.M. Speransky prepared

---

[*] This is a written version of a paper delivered at the conference at the New Lisbon University dedicated to the 40th Anniversary of the Portuguese Civil Code and the 10th Anniversary of the Law Faculty of the New Lisbon University. My many thanks are due to the organizers of the Conference for their warm reception and an outstanding quality of this academic event.

[**] Lecturer at the Russian Academy of Justice.

[1] For Collection of Russian Legislative Acts starting from XI century see: *Chistyakov O.I.* (ed.) Otechestvennoe zakonodatelstvo XI-XIX vekov. Moscow. 1999; see also *Butler W.E.* Russian Law. 2nd ed. Oxford University Press. 2003. P. 15 et seqq.

under the inspiration of the French Civil Code the first project of Russian codification which due to historically-political reasons was not adopted[2]. Another Project of a Civil Code for the Russian Empire was prepared before the Revolution 1917. This Project was of such a remarkable quality that authors of the present Russian Civil Code considered it right to check their solutions with the *travaux préparatoires* of this Prerevolutionary Draft. Indeed it can be said that nowadays all the prerevolutionary Russian private law doctrine enjoys a glorious rebirth. Many works of Russian Scholars of 19th and of the beginning of the 20th century have been published by the legal publishing houses[3]. And a reference to pre-revolutionary works and the Draft Code are considered to be a *bon ton* in contemporary Russian legal publications. This may be assessed as a return to genuine private law values after their suppression during the Soviet era.

The pre-revolutionary Draft Code was not adopted as the Revolution of 1917 intervened bringing to life new ideological values which were most logically reflected in the sphere of law. Nonetheless it soon turned out that in spite of the dying out of law proclaimed by the Marxist-Leninist theory it was impossible to eliminate its existence just the next day after the Revolution. Moreover a few Decrees adopted by the new-born socialist state could not solve the problem of reviving the ruined economy of the country after the end of World War I and of the Civil War.

Thus a Civil Code of 1922 came into being. It was partly based on the pre-Revolutionary draft Civil Code[4] as the country was undergoing the period of the New Economic Policy (NEP) which for several years revived some

---

[2] See *Murzin D.V.* Introductory article, in: Kodifikaciya rossijskogo grazhdanskogo prava. Ekaterinburg. 2003. P. 29; the text of the Project can be found in *Kodan S.V. Taraborin R.S.* Nesostoyavschayasya kodifikaciya grazhdanskogo zakonodatelstva Rossii 1800-1825 godov. Proekt Grazhdanskogo Ulozheniya Rossijskoi Imperii 1809-1812 godov. Ekaterinburg. 2002; *Pokrovskiy I.A.* Osnovnye problemy grazhdanskogo prava (reprint – first published in 1917). Moscow. Statut. 1998. P. 72.

[3] One of the projects aimed at reviving the long forgotten during Soviet time pre-Revolutionary civil law literature have been launched by the publishing house "Statut" in cooperation with the Civil Law Department of Moscow State University named after M.V. Lomonosow (www.estatut.ru), free internet access to these works in Russian is at the present point of time available at the site www.consultant.ru. See an introductory article to the project: *Pankratov P.A.* K nachalu vyhoda v svet knig serii "Klassica rossijskoj civilistiki", in Vestnik Vysschego Arbitrazhnogo Suda (The Herald of the Supreme Commercial Court), n.° 9, 1997. P.114. Few dozens of reprints of classical Russian private law works have so far appeared.

[4] *Alexeev S.S.* Introductory article, in: Kodifikaciya rossijskogo grazhdanskogo prava. Ekaterinburg. 2003. P. 5.

elements of capitalist society with the aim to speedily restore the economic well-being of the country.

The third Russian Civil Code dates back to 1964. A Western reader can find in this Code most of the familiar notions. But one has to consider a wider perspective of the planned economy to be able to realize that the realm of pure contract law was in fact reduced only to some rare[5] transactions by physical persons. At the same time in the sphere of production and other spheres of the economy it was very hard to speak of contractual freedom and independence of state enterprises subordinated to plans.

The situation began to change at the turn of 1980s-1990s. In 1991 the Fundamental Principles of Civil Legislation[6] were adopted proclaiming the new values inherent to a market economy. Some provisions of this act were afterwards included into the Civil Code now in force.

B. The structural characteristics of the Russian Civil Code in force

The structure of the Russian Civil Code which consists at the present moment of four parts can be summarized as follows:
- 1994: Part I: "General Part"
- 1996: Part II Specific Obligations
- 2001: Part III The Law of Successions and Private International Law
- 2006: Part IV (in force starting from 1.01.2008) Intellectual Property

The first part of the Code dates back to 1994[7] and is marked by a pandectistic structure. Its contents may be outlined as follows: general provisions; persons (incl. juridical persons); rights *in rem*; validity of

---

[5] In fact as private property has been extremely limited it led to a very insignificant number of categories of possible legal transactions between citizens (see *A.L. Makovskiy and S.A. Khokhlov*. Introductory commentary to the Civil Code, in: The Civil Code of the Russian Federation. Parts 1 and 2. Moscow. 1997. P. 62).

[6] Osnovy grazhdanskogo zakonodatelstva Soyuza SSR i Respublik, adopted by the Supreme Council of the USSR 31.05.1991 n.° 2211-1, Vedomosti Soveta Narodnyh Deputatov i Verhovnogo Soveta SSSR, 26.06.1991, n.° 26, st. 733.

[7] Civil Code of the Russian Federation. Part 1 from 30.11.1994 adopted by the State Duma of the Russian Federation on 21.10.1994, Sobranie zakonodatelstva RF, 05.12.1994 n.° 32, st. 3301. At the time of preparation of this article the last amendment was introduced on 26.06.2007.

transactions; limitation of action; general part of the law of obligations and general part of contract law.

In 1996 the second Part of the Code was adopted[8]. It is dedicated to specific types of contracts as well as to the regulation of tort law, unjust enrichment and unilateral transactions. The total number of contract types is 26. Being one of the recent codifications the Russian Civil Code contains along with traditional contract types as sales or works contract such contract types as franchising, factoring etc.

Part III of the Code enacted in 2001[9] contains two distinct parts pertaining to the law of successions (Section V) and dedicated to Private International Law (Section VI).

The last fourth part tackles the questions of Intellectual Property. It was adopted after fierce discussions in 2006 and comes into force starting from 1.01.2008.

The Code which possesses of a general part including a separate section on transactions and differentiates the law of obligations from rights *in rem* is regarded as one of the followers of the pandectist structure[10]. Along with the General Part of the whole Code there also exist two other general parts "of local significance" – the general part of the law of obligations and the general part of contract law. Somebody wishing to give a legal analysis of a transaction should keep in mind not only norms on a specific contract contained in the second Part of the Code, but also those from the general part of contract law, then the general part of the law of obligations and the general dispositions of the whole Code (Section 1 of the Code). One may thus have an analogy to a Russian *matryoshka* – a nested doll containing within it many other dolls – from the biggest to the smallest one.

---

[8] Civil Code of the Russian Federation. Part 2 from 26.01.1996 adopted by the State Duma of the Russian Federation on 22.12.1995, Sobranie zakonodatelstva RF, 29.01.1996 n.° 5, st. 410. At the time of preparation of this article the last amendment was introduced on 25.10.2007.

[9] Civil Code of the Russian Federation. Part 3 from 26.11.2001 adopted by the State Duma of the Russian Federation on 01.11.2001, Sobranie zakonodatelstva RF, 03.12.2001 n.° 49, st. 4552. At the time of preparation of this article the last amendment was introduced on 29.12.2006.

[10] *Suchanov E.A.* (ed.) Grazhdanskoe pravo. (Civil law). Vol.1. 3d ed. Moscow. 2004. P. 56.

C. Sphere of regulation covered by the Civil Code

1. Family Law not Covered

One of the peculiarities of the Russian Civil Code in the European landscape of codifications[11] is that it does not cover Family law. This was not the case in pre-Revolutionary pieces of legislation and legislative projects which included a part on family law. But the Soviet era was marked by its exclusion from the civil legislation. Ideologically that was supported by the focus on non--pecuniary nature of family relations as opposed to civil law. Family law started to be considered as a separate branch. Nonetheless during recent times a number of authors have expressed a procivilist view arguing for the return of family law under the auspices of civil law[12]. Whatever the scholarly discussion is the legislator seems to have adopted a mixed approach. On the one hand family relations are a subject matter of a distinct Family Code[13]. On the other hand art. 4 of the Family Code allows for subsidiary application of rules contained in the Civil Code to family relations where it does not contradict their nature.

2. Absence of dualism: commercial law included

Choosing between two possibilities: creating two Codes – a civil and a commercial one the legislator eventually opted for the only Civil Code. A dualism of private law has never been a characteristic feature in the Russian legal history. During Soviet time there was a fierce discussion as to whether a special Economical Code should be adopted. In the eyes of its proponents this Code would reflect the reality of socialist economic order and thus include a great number of public elements inherent to planned economy. Nonetheless this idea found active opposition from an array of civilians[14]. The success of this view combating the double-sources idea in the Soviet time was

---

[11] *Vogel L.* Le monde des codes civils//Le Code Civil.Un passé.Un présent.Un avenir. Dalloz. 2004. P. 794.

[12] *Antokolskaya M.V.* Semeinoe pravo (Family Law). Moscow. Yurist.1996. P.18

[13] Family Code of the Russian Federation from 29.12.1995 adopted by the State Duma of the Russian Federation on 08.12.1995, Sobranie zakonodatelstva RF, 01.01.1996, N 1, st. 16. At the time of preparation of this article the last amendment was introduced on 21.07.2007

[14] *Ioffe O.S.* Izbrannye trudy po grazhdanskomu pravu (reprint of a work appeared in 1959). Moscow. Statut. 2000. P. 698.

reiterated in recent times when the legislator decided for the adoption of one single Civil Code[15].

Thus legislative economy is maintained: the rules applicable both to civil and to commercial relations do not need to be reproduced in a different code.

A peculiarity of the Russian Civil Code in force is its so-to-say inner dualism. Within the Code there exist provisions aimed at specific regulation of entrepreneurial activity. Already in the second article the definition of entrepreneurial activity is given as an independent activity exercised at one's own risk with the purpose of systematic making of profit by persons registered in the entrepreneurial quality.

Besides that one can find instances where the regulation of commercial relations differs from the general norm applicable to civil relations. There exist articles comprising a general norm and by contrast a rule specific for commercial relations.

To name but a few examples: according to art. 401 of the Code a more severe liability standard is applicable in the sphere of entrepreneurial activity. In that field the general rule of fault-based liability does not apply. The only possibility of exoneration in commercial relations is *force majeure*. Thus entrepreneurs are also responsible for accidentally caused damages.

Another example of a specific regulation applicable to entrepreneurial activity is art. 322 para 2 of the Civil Code, which contains a presumption of joint and several liability in entrepreneurial relations as contrasted to the general rule on partial liability.

Thus the legislator exercises a more rigorous approach to liability matters in the commercial sphere in comparison to civil relations. This severity is counterbalanced by a greater freedom given to entrepreneurs in the definition of their reciprocal rights and obligations. Thus article 310 of the Civil Code gives the possibility to foresee in an entrepreneurial contract situations in which a party may unilaterally terminate the contract or change its terms, whereas in civil relations a unilateral modification or termination of a contract is forbidden[16].

---

[15] see *A.L. Makovskiy and S.A. Khokhlov*. Introductory commentary to the Civil Code, in: The Civil Code of the Russian Federation. Parts 1 and 2. Moscow. 1997. P. 68.

[16] It must be noted though that some authors do not share this view considering that the provision of art. 450 para 3 overrides this provision as according to art. 430 para 3 general provisions on obligations apply only insofar as otherwise is not provided for in the contract law rules (see M.G. Rozenberg, in: Sadikov O.N. (ed.) Commentary to the Civil Code of the Russian Federation. 3d ed. Moscow. 2005. P.1009). This view makes questionable *raison d'être* of art. 310: if it does not apply to contracts, the sphere of its application gets practically inexistent.

3. Consumer Law

As far as consumer law is concerned, the code contains several rules aimed at consumer protection. For instance art. 428 of the Civil Code comprises rules on the contract of adhesion. A contract of adhesion is defined in paragraph 1 of this article as a contract, the terms and conditions of which are defined by one of the parties in a standard form and which could be accepted by the other party only by adherence to the contract as a whole. The party who had to adhere to such a contract may demand modification or termination of the contract. This right can be realized if the contract deprives this party of rights which are usually given in contracts of this type, limits or excludes liability of the other party for breach of contract or contains other flagrantly burdensome conditions, which the adhering party in the light of their reasonably considered interests would not have accepted if they had the opportunity to participate in the definition of the said terms and conditions.

Although this rule is common for consumer and commercial relationships it should be noted that the legislator introduced a criterion seriously limiting the protection possibility for a party exercising commercial activities which adhered to a contract. If this party knew or ought to have known on which conditions it concluded a contract it cannot make use of the mentioned right to avoid or to modify the contract[17].

The Code in its Part 2 also contains regulation of retail sales contracts. The rest of the regulation is mainly contained outside the Civil Code in the Consumer Protection Act[18]. Neither the Code nor the Consumer Protection Act include a list of unfair terms, which is a commonplace in European legislation, thus leaving the appreciation of each individual case to the court's discretion[19]. Both the Code and the Consumer Protection Act provide for pre-contractual information duties, which represents a peculiarity of consumer law in comparison to the general rules.

To achieve the aim of a more effective consumer protection the legislator has also introduced a more rigorous rule on liability of an entrepreneur

---

[17] Thus a party is supposed to know terms and conditions even if they are not contained in a securities sales contract itself but can be deducted from the issue prospectus (Decision of the Federal Arbitration (Commercial) Court of Moscow Region from 26.09.2000 n.° KG-n.° 40//4333-00).

[18] Consumer Protection Act of February 7, 1992 N 2300-1 as lastly amended on October 25, 2007.

[19] For instance a penalty clause introduced into an adhesion contract was seen as valid (Decision of the Federal Arbitration (Commercial) Court of Moscow Region from 02.09.2004 n.° KG-n.° 40/7331-04).

dealing with a consumer: damages may be demanded in addition to a penalty which accrues automatically by the effect of the provision of art. 13 para 2 of the Consumer Protection Act. This is an exception to the general rule whereby damages would have to be restituted not in addition to the penalty but only to the extent to which they exceed its value.

D. INSPIRATION OF THE CODE PROVISIONS

The Russian Civil Code contains tailor-made rules as well as rules inspired by the experience of other countries and by uniform law instruments. To give an example art. 450 paragraph 2 of the Russian Civil Code referring to the notion of fundamental breach of contract is almost a word-for-word replica of art. 25 of the United Nations Convention on Contracts for the International Sale of Goods 1980 (Vienna Convention, CISG) (with the only exclusion of the criterion of foreseeability). The rules on the conclusion of a contract are also very much alike to those contained in CISG (with the exclusion of the rule of art. 19 (2) CISG which permits an exception to the mirror rule of offer and acceptance if the acceptance contains slight modifications, which do not materially alter the terms of the offer)[20]. Besides that the inspiration of the Vienna Convention can be felt within the rules on sales (and especially shipment[21]) contracts[22].

At the same time (although not to a decisive degree) the Code maintains a certain number of norms which can be regarded as an inheritance of the Soviet era. Thus special types of legal persons and their rights *in rem* are maintained as a bridge from the Soviet era to a capitalist economy. These are the state or municipal unitary enterprise and the "*utschrezhdenie*" (a kind of a non-for-profit institution): legal persons that possess no ownership rights but rather a limited right *in rem*[23].

---

[20] *Braginskiy M.I.* Venskaya Konvenciya OON o dogovorah mezhdunarodnoi kupli--prodazhi tovarov. K 10-letiyu ee primeneniya Rossiej. Moscow. Statut. 2002. P.15.

[21] *Makovskiy A.L.* O vliyanii Venskoi Konvencii na formirovanie rossiyskogo prava, in Komarov A.S. (ed.) Venskaya Konvenciya o dogovorah mezhdunarodnoi kupli-prodazhi tovarov. Praktika primeneniya v Rossii i za rubezhom. Moscow. Wolters Kluwer. 2007. P. 125.

[22] For general analysis see *Rozenberg M.G.* Mezhdunarodnaya kuplya-prodazha tovarov. Kommentariy k pravovomu regulirovaniyu i praktike razresheniya sporov. 3d ed. Moscow. Statut. 2006.

[23] This situation is criticized in literature: see e.g. *Avilov G.E. Suhanov E.A.* Yuridicheskie lica v sovremennom rossiyskom grazhdanskom prave, in: Vestnik grazhdanskogo prava, 2006. N 1.

E. Character of Rules: Mandatory Law vs. Dispositive Provisions

Private autonomy is a general principle anchored in the very first article of the Civil Code. But as far as legislative technique concerns rules of the Civil Code are presumed to be mandatory if they do not expressly allow for derogation[24]. Thus the legislator had to include a formula "if the agreement does not provide for otherwise" to indicate the dispositive character of a rule. If this formula is not included it leads to uncertainty which most probably will end up in acknowledgement of the imperative character of the rule.

This legislative technique differs from another possible approach adopted in some other countries and uniform legal acts where the mandatory character of a rule should be specifically indicated by a legislator. In other cases parties may exclude or derogate from a given provision. Both approaches being possible it seems that the principle of private autonomy speaks more for the latter solution. But if this holds true without any doubt for contract law, where the absolute majority of the provisions of the Russian Civil Code contain an indication of their dispositive character, the same cannot be said about corporate law and even less about property law where the number of mandatory rules prevail.

F. Conclusion

Russian Civil Code has proved to be a codification of a very high quality. Still it lacks some of the principles well established in European legal culture. Although the Code does mention a presumption of acting in good faith (art. 10), it does not state expressly good faith and fair dealing as an obligation or a general principle[25]. Keeping in mind the lack of good faith often demonstrated by the participants in commercial turnover it seems that statutory establishing of this principle could serve a good role[26]. This is one of the possible improvements which can be envisaged.

---

[24] *Suchanov E.A.* (ed.) Grazhdanskoe pravo. (Civil law). Vol.1. 3d ed. Moscow. 2004. P. 85.

[25] It seems that this principle is indeed a common core and not just an imposition (see Zimmermann R., Whittaker S. (eds.) Good Faith in European Contract Law. Cambridge University Press. 2001. P.13).

[26] Although courts seem to tackle this problem by different instruments including the doctrine of abuse of rights (see e.g. Information Letter of the Supreme Arbitration (Commercial) Court from 16.02.1998 N 29 at para 3).

Indeed just the next day after completion of the codification work which was marked by the adoption of the last – fourth – part of the Civil Code it turned out that the Code is already past its 15th anniversary. As in the case of every working instrument its application has shown the way for future improvement. That is the task which is going to be fulfilled within the framework of the Private Law Research Centre attached to the Office of the President of the Russian Federation, the same institution whose fruitful work gave birth to the first Civil Code of new Russia[27].

---

[27] This plan was announced by Prof. *V.F. Yakovlev* – the President of the Codification Council, the Counsel to the President of the Russian Federation, see also *Makovskiy A.L.* O vliyanii Venskoi Konvencii na formirovanie rossiyskogo prava, in Komarov A.S. (ed.) Venskaya Konvenciya o dogovorah mezhdunarodnoi kupli-prodazhi tovarov. Praktika primeneniya v Rossii i za rubezhom. Moscow. Wolters Kluwer. 2007. P. 131.

LA RÉFORME DU DROIT DES OBLIGATIONS EN ALLEMAGNE[*]

STEFAN J. GEIBEL[**]

INTRODUCTION

N'étant l'issue que d'une deuxième vague de codifications à la veille du 20ème siècle – longtemps après les trois premiers grands code (la codification du droit civil prussien (ALR), l'ABGB autrichien et le Code Civil français) – le BGB allemand semblait longtemps rester assez "juvénile" pour ne pas subir une réforme, une réparation fondamentale. Ceci est sans doute dû à la tradition du droit commun et à la pandectistique qui ont largement influencé le BGB tant que l'interprétation de ses normes. Les "pères" du BGB parvinrent à concilier les deux côtés d'une dispute célèbre, ces côtés ayant été représentés par *Thibault* et *Savigny* au début du 19ème siècle: d'un côté (*Thibault*) l'idée politique d'un code qui devrait notamment unifier les différents territoires de l'Allemagne et améliorer la pratique du droit; de l'autre côté (*Savigny*) le souci qu'un code ne pourrait être un "bon code" que s'il serait développé de façon organique au sein de la société, mais non pas imposé par une autorité externe, et que son siècle (le siècle de *Savigny*) n'aurait pas la vocation et la capacité de créer une codification de droit privé cohérente et compréhensible.[1] Cette tâche fut remplie en 1896 après de longues consultations et de longs travaux de rédaction qui durèrent plus de vingt ans.

Cependant, le BGB resta contesté et exposé à plusieurs épreuves jusqu'à la fin de la Deuxième Guerre Mondiale, surtout à cause de ses racines de droit romain et de son caractère plutôt technique et doctrinaire qui – à l'avis de beaucoup – manquait d'une "goutte d'huile social(ist)e" comme l'avait déjà

---

[*] Contribution au colloque "Código Civil Português – 40 anos de vigência" de la Faculté de droit de l'Universidade Nova de Lisboa, du 17 au 19 mai 2007, à Lisbonne. Le caractère oral n'a pas été changé.

[**] Professor à l'Université de Tübingen, München.

[1] Les textes et informations sur cette dispute ont été publiés par *Hattenhauer*, Thibaut und Savigny: ihre programmatischen Schriften, 1973.

critiqué *Otto von Gierke*[2] pendant la rédaction du BGB.[3] Dans les premiers cinquante ans depuis son entrée en vigueur, le BGB n'a pourtant pas changé son visage – à part quelques modifications marginales –, bien que déjà les fondaments pour un droit de travail et pour une protection des locataires fussent établis. Mais beaucoup supposaient que le droit des obligations du BGB ait connu quelques lacunes. Notamment *Hermann Staub* crut avoir découvert que le BGB ne réglait pas la mauvaise exécution d'un contrat. Cette "lacune" ainsi que celles des cas de responsabilité précontractuelle et des changements dans les circonstances fondamentales d'une convention furent comblées par la jurisprudence du Reichsgericht, mais surtout plus tard par la Cour Fédérale (Bundesgerichtshof) sans que cela aurait causé un préjudice à la codification du BGB.

Ayant heureusement résisté aux tentatives d'instaurer un code populaire pendant la Deuxième Guerre Mondiale, le BGB devenait à partir de 1949 une pierre angulaire dans le régime juridique de la République Fédérale d'Allemagne. Plus la prospérité des différentes couches sociales augmentait, plus l'idée du BGB d'un citoyen émancipé se rencontrant au même niveau avec les autres citoyens correspondait à la réalité.[4] Peut-être était-ce aussi parce que cette idée semblait de plus en plus réalisable en pratique que le législateur et la jurisprudence devinrent encore plus attentifs aux besoins d'une protection effective du citoyen dans son rôle de consommateur, locataire, salarié, voyageur etc. En principe, le caractère doctrinaire et technique du BGB était ouvert à de telles "gouttes d'huile sociale", si j'ose dire. En matière du droit des obligations, certaines des nouvelles règlementations furent insérées dans le BGB, par exemple les différentes lois en droit de bail portant sur la défense des droits des locataires, la loi relative au baux ruraux (Landpachtvertrag) et la loi sur le contrat de voyage (Reisevertrag). On trouvait beaucoup à critiquer sur ces lois quant à leur style abondant sans système ni clarté qui ne convenait guère au BGB.[5]

Même plus grave que ces interventions du législateur parfois inadaptées au BGB semblait être une législation "hors du code", soi-disant la période de **décodification**:[6] en matière du droit des obligations notamment la loi sur les

---

[2] Passage cité d'un discours d'*Otto von Gierke* tenu en 1889 à Vienne/Autriche, le texte exact de ce passage étant disputé, v. par exemple *Rückert*, ZfA 1992, p. 225 (272 s.).

[3] V. par exemple *Schmoeckel*, NJW 1996, p. 1697 (1698).

[4] V. *Schulte-Nölke*, NJW 1996, p. 1705 (1710); *Seiler*, dans: Behrends/Sellert, Der Kodifikationsgedanke und das Modell des Bürgerlichen Gesetzbuches, 2000, p. 105 (108 s.).

[5] Par exemple *Kroeschell*, Rechtsgeschichte Deutschlands im 20. Jahrhundert, 1992, p. 212; *Seiler*, ibid., p. 108 ss.

[6] V. notamment *H. P. Westermann*, AcP 178 (1978), p. 150 (153 ss.); quant aux différentes

clauses abusives de 1976 (AGB-Gesetz), la loi sur la révocation des contrats conclus en dehors des établissements commerciaux (dits négociés "à la porte") de 1986 (Gesetz über den Widerruf von Haustürgeschäften), la loi sur la responsabilité des producteurs pour vice de la marchandise de 1989 (Produkthaftungsgesetz), la loi sur les crédits à la consommation de 1990 (Verbraucherkreditgesetz) qui remplaçait l'ancienne loi sur les achats à crédit (Abzahlungsgesetz), ainsi que la loi concernant les contrats à distance (Fernabsatzgesetz) et la loi sur les droits d'habitation à temps partiel (Teilzeit-Wohnrechtegesetz) tous deux de l'an 2000. Eu égard à cette décodification, l'on craignait déjà qu'elle détériorerait l'état du droit des obligations, le rendrait confus et priverait de plus en plus le BGB de sa nature de code, du moins de sa qualité d'un "bon code".[7] Comme exemple pour une mauvaise législation pourrait servir l'état dégénéré du droit fiscal avec des normes extrêmement longues, pleines d'exceptions et manquant de transparence même pour le législateur lui-même. Aussi les efforts s'accrûrent-ils de **récodifier** les lois mentionnées dans le BGB.

Dans les années soixante-dix, des plans du Ministère de la Justice existèrent pour améliorer l'état du droit des obligations. Il demandait 24 expertises et propositions de certains professeurs et praticiens. Bien que, après le changement du gouvernement en 1982, les projets fussent remis à plus tard, on ne pouvait plus retourner sur la voie de réforme.[8] Au niveau européen s'ajoutèrent plusieurs directives qui devaient être transposées en droit national, surtout la Directive du 25 mai 1999 sur certains aspects de la vente et des garanties des biens de consommation.[9] De plus, le désir d'un code devant être exhaustif amenait le législateur à combler les lacunes dans le BGB concernant la mauvaise exécution d'un contrat, la responsabilité précontractuelle et le cas des changements dans les circonstances fondamentales d'une convention. Les projets furent intensifiés au début de ce siècle et débouchèrent dans la loi sur la réforme du droit des obligations qui entra en vigueur le 1er janvier 2002.[10]

---

connotations liées aux notions de "codification", de "décodification" et de "récodification" v. par exemple *K. Schmidt*, Die Zukunft der Kodifikationsidee, 1985, p. 13 ss., 31 ss., 47 ss.

[7] Par exemple *Seiler*, dans: Behrends/Sellert, Der Kodifikationsgedanke und das Modell des Bürgerlichen Gesetzbuches, 2000, p. 105 (109 ss.).

[8] Pour plus de détails v. *Kroeschell*, Rechtsgeschichte Deutschlands im 20. Jahrhundert, 1992, p. 213 s.; *J. Braun*, JZ 1993, p. 1 (4 s.); pour un aperçu sur les expertises les plus importants *Grunsky*, AcP 182 (1982), p. 453 ss.

[9] Directive 1999/44/CE du Parlement Européen et du Conseil, J. O. des Communautés Européennes du 7 juillet 1999, L 171/12.

[10] A propos des différents projets, documents et motifs concernant la réforme v. par exemple la compilation et introduction de *Canaris*, Schuldrechtsmodernisierung 2002, Beck'sche

Dans une première partie, je vais donner un aperçu sur certains aspects fondamentaux de cette réforme en traitant premièrement l'intégration d'un concept général d'inéxecution (incluant la mauvaise exécution et la responsabilité précontractuelle) et des conséquences juridiques d'inéxecution; en second lieu seront traités le processus inverse à la décodification – la récodification – ainsi que la transposition de certaines directives de la Communauté Européenne. Dans une deuxième partie je vais tirer quelques conséquences de la réforme et établir un premier bilan à propos de certaines questions résultant des dispositions réformées.

PREMIÈRE PARTIE: APERÇU SUR LA RÉFORME DU DROIT DES OBLIGATIONS DANS LE BGB

1. Le nouveau concept général d'inexécution ("violation d'une obligation") et les conséquences juridiques (réparation ou remplacement du bien, dédommagement, résolution du contrat)

La principale modification de la réforme consiste en l'intégration d'un concept général de "violation d'une obligation" et des conséquences juridiques de cette violation, notamment le dédommagement et la résolution d'un contrat. Selon la nouvelle disposition fondamentale de l'article 280 du BGB, le débiteur ayant violé une obligation, qui découle d'un rapport contractuel ou légal existant avec le créancier (Schuldverhältnis), doit au créancier la compensation des dommages (Schadensersatz) causés par la violation. Le législateur a remplacé l'ancienne notion d'inéxecution (d'un contrat) par la notion de violation d'une obligation (Pflichtverletzung).[11] On pourrait aussi la traduire par le manquement à une obligation ou par la rupture d'une obligation. Par cette notion, le législateur voulait inclure les obligations accessoires ou complémentaires qui, à son avis,[12] ne sont pas exécutables au sens stricte ne pouvant être recouvertes par une action en justice indépendamment de l'obligation principale, par exemple, l'obligation d'un vendeur d'emballer

---

Gesetzesdokumentationen, et, de plus, *Canaris*, JZ 2001, p. 499 ss. Pour une vue d'ensemble en langue française v. par exemple les articles français dans: *Witz/Ranieri*, La réforme du droit allemand des obligations, Société de Législation Comparée, 2004.

[11] V. notamment la critique de *U. Huber*, dans: Ernst/Zimmermann, Zivilrechtswissenschaft und Schuldrechtsreform, 2001, p. 31 (45 ss., 103 ss.).

[12] Cf. Bundestag-Drucksache 14/6040, p. 134.

correctement la marchandise. D'après le nouvel article 241 al. 2 du BGB, telles obligations accessoires ou complémentaires peuvent relever des rapports contractuels ou légaux selon lesquels chacune des parties doit à l'autre partie de respecter et de protéger les droits et les biens ainsi que les intérêts de l'autre partie.

Alors que le BGB, avant l'an 2002, réglait seulement les cas d'une impossibilité ou d'un retard d'exécution, cela changea avec le nouvel article 280 mentionné. Désormais, la notion de violation d'obligations couvre non seulement les cas typiques dans lesquels l'exécution est impossible ou retardée, mais aussi les cas d'une mauvaise exécution ou de violation d'une obligation précontractuelle (*culpa in contrahendo*). D'après l'article 311 al. 2 du BGB, un lien légal, duquel peuvent résulter des obligations, est déjà établi pendant les négociations avant la conclusion d'un contrat ou pendant une phase préparatoire avant sa conclusion ou durant des contacts similaires.

Si le créancier demande d'être dédommagé et s'il peut prouver que le débiteur a manqué à son obligation, le débiteur est présumé avoir violé l'obligation de façon fautive. Dans ce cas, il appartient au débiteur de s'exonérer en prouvant qu'aucune faute ne peut lui être reprochée (renversement du fardeau de la preuve). La notion de faute est définie en l'article 276 al. 1 du BGB de façon générale comprenant la responsabilité contractuelle et délictuelle. Un débiteur est responsable pour faute volontaire (Vorsatz) et pour faute de négligence (Fahrlässigkeit) à moins qu'une responsabilité plus stricte ou plus atténuante ne soit déterminée ou ne puisse être conclue des rapports entre le débiteur et le créancier, notamment que le débiteur n'ait assumé une garantie (Garantieübernahme) ou assumé le risque qu'il ne peut pas fournir le bien vendu (Beschaffungsrisiko). Par contre, il n'est plus nécessaire d'alléguer une faute de l'autre partie si l'on veut résoudre un contrat. Je vais revenir sur un éventuel abandon du concept de faute dans ma deuxième partie.

Si un contrat visant à réaliser un résultat quelconque ne peut être exécuté, le débiteur est libéré de son obligation contractuelle, quelle que soit la raison qui empêche l'exécution ou quel que soit le moment auquel l'impossibilité advient. Néanmoins, il doit dédommager le créancier, même s'il n'a pas causé l'obstacle qui l'empêche d'exécuter le contrat. Or, par la simple inexécution et non pas par le fait d'être responsable fautivement pour l'obstacle à l'inexécution, le débiteur viole son obligation de réaliser le succès contractuel (erfolgsbezogene Pflicht). Ceci n'est pas exprimé clairement dans la loi, mais reconnu par une grande majorité dans la doctrine.[13] Si l'on décidait autre-

---

[13] V. par exemple *Canaris*, JZ 2001, p. 499 (512); *Faust*, dans: P. Huber/Faust, Schuldrechtsmodernisierung: Einführung in das neue Recht, 2002, p. 114 (chapitre 3 no. 121); *Schulze/Ebers*,

ment,[14] il serait difficile au créditeur de prouver que le débiteur aurait causé l'obstacle ou aurait manqué à une obligation de se maintenir capable d'exécuter le contrat ou, du moins, à une obligation de contrôler son capacité d'exécuter le contrat avant de le conclure. Ce ne sont pas telles obligations qui jouent le rôle prépondérant au niveau du contrat mais c'est l'obligation d'exécuter le contrat. Quoique le débiteur soit libéré de cette obligation du fait de l'impossibilité, l'obligation d'exécuter subsiste au niveau juridique car le contrat reste valide même en cas où, lors de la conclusion du contrat, il était impossible au débiteur de l'exécuter (c'est le nouvel article 311a al. 1 du BGB). Par conséquent, le créditeur introduisant une action en dommages-intérêts n'aurait qu'à prouver l'inexécution. C'est alors au débiteur qu'appartiendrait le fardeau de prouver qu'il n'avait pas fautivement causé l'inexécution.

Quant aux conséquences juridiques au cas où le débiteur manque à son obligation, le créditeur peut, conformément à l'article 280 du BGB, exiger que ses dommages causés par la violation lui soient compensés par le débiteur (Schadensersatz). Les différentes catégories de dédommagement dépendent de la nature de l'obligation violée. Il faut distinguer premièrement le dédommagement dit "simple" ("einfacher" Schadensersatz) qui notamment concerne le cas d'une violation d'obligations accessoires ou complémentaires, deuxièmement la compensation du dommage résultant d'un retard dans l'exécution après une mise en demeure (Verzugsschaden) et troisièmement le dédommagement remplaçant l'exécution dite "primaire", c'est-à-dire en règle générale le dédommagement remplaçant l'exécution du contrat (Schadensersatz statt der Leistung). Cette dernière catégorie de dédommagement ne peut normalement être exigée que si le créancier aura fixé un délai raisonnable pour l'exécution ultérieure ou pour la réparation ou le remplacement du bien. Le débiteur ayant fautivement manqué à une obligation contractuelle seulement accessoire ou complémentaire doit au créancier un dédommagement remplaçant l'exécution du contrat entier à condition que cette exécution n'est acceptable au créancier et que le débiteur ne peut raisonnablement demander que le contrat soit exécuté. Au lieu des dommages remplaçant l'exécution du contrat, le créditeur peut aussi revendiquer certaines dépenses encourues vainement en vue de l'exécution (Aufwendungsersatz), même au cas où ces dépenses ne seraient pas des dommages au sens strict des articles 249 ss. du

---

JuS 2004, p. 265 (268 ss.); *Ernst*, dans: Münchener Kommentar BGB, vol. 2a, ' 280 no. 17; *Heinrichs*, dans: Palandt, BGB, ' 280 no. 12; *Looschelders*, Schuldrecht Allgemeiner Teil, 2007, no. 506.

[14] V. par exemple *Finkenauer*, WM 2003, p. 665 (667); *Ehmann/Sutschet*, JZ 2004, p. 62 (64, 66, 67 s., 70).

BGB. Si l'exécution d'un contrat est déjà impossible lors de la conclusion du contrat et si, néanmoins, le débiteur s'engage en contractant, l'article 311a al. 2 tient le débiteur à compenser pleinement le créancier par un dédommagement qui remplace l'exécution du contrat. Le débiteur peut s'exonérer s'il n'a pas connu l'obstacle à l'exécution et si son ignorance n'a pas été fautive.

En outre, le créancier peut résoudre le contrat sous les mêmes conditions que le dédommagement remplaçant l'exécution du contrat, sauf une condition: la faute du débiteur. J'ai déjà mentionné que, contrairement à la situation avant la réforme de 2002, le droit de résolution d'un contrat ne dépend plus du concept de faute. Pour résoudre le contrat, il suffit au créancier de prouver que le débiteur n'a pas exécuté le contrat ou ne l'a pas exécuté conformément aux conventions contractuelles, et de fixer un délai raisonnable pour l'exécution ultérieure ou pour la réparation ou le remplacement du bien. Les conséquences d'une résolution de contrat ont aussi été réformé en 2002 au sein des articles 346 ss. du BGB.

2. La transposition de directives et la récodification

A part le droit au dédommagement et à part le droit à la résolution d'un contrat d'achat, un consommateur doit avoir un droit d'exiger du vendeur la réparation du bien ou son remplacement. Tandis que ce droit n'existait pas avant 2002 en droit allemand, il fut prescrit par la Directive de la Communauté Européenne du 25 mai 1999 sur certains aspects de la vente et des garanties des biens de consommation.[15] La réforme de 2002 allait au-delà de cette Directive dans la mesure où la réparation et le remplacement des biens furent insérés dans les dispositions relatives aux contrats de vente (articles 433 ss. du BGB), au bénéfice non seulement des consommateurs mais de tout acheteur. Le législateur n'a pas expressément réglé que l'acheteur devait d'abord revendiquer ou bien la réparation ou bien le remplacement pour ensuite passer à l'action en dommages et intérêts ou à la résolution du contrat. Mais une telle priorité est sous-entendue par le législateur, aussi puisque l'acheteur est obligé de fixer un délai au vendeur pour qu'il répare ou remplace le bien, avant de pouvoir exiger la résolution ou le dédommagement remplaçant l'exécution.[16]

---

[15] Directive 1999/44/CE du Parlement Européen et du Conseil, J. O. des Communautés Européennes du 7 juillet 1999, L 171/12.

[16] V. par exemple *Heinrichs*, dans: Palandt, BGB, ' 437 no. 4; *Looschelders*, Schuldrecht Allgemeiner Teil, 2007, no. 498, 613.

Beaucoup d'éléments de la Directive relative à la vente et aux garanties des biens de consommation existaient déjà avant 2002, tel que le concept du défaut de conformité et le droit à une réduction du prix en cas de défaut de conformité. D'autres règlements étaient nouveaux tels que l'action récursoire du vendeur contre le producteur ou un vendeur antérieur, le délai de deux ans de prescription des droits du consommateur, ainsi que la présomption que les défauts apparaissant dans un délai de six mois à compter de la délivrance ont existé au moment de la délivrance à moins que cette présomption ne soit compatible avec la nature du bien ou avec le défaut de conformité. De plus, le droit allemand ne connut pas de disposition expresse sur les garanties du vendeur concernant la qualité et la durabilité du bien.[17] Tous ces nouveaux règlements furent transposés au sein du BGB à l'occasion de la réforme en 2002.

Parmi les autres directives qui ont été transformées par la réforme du droit des obligations, on peut mentionner certaines dispositions de la Directive sur le commerce électronique du 8 juin 2000.[18] Le législateur de 2002 a aussi réformé le droit de prescription (Verjährungsrecht) qui se trouve dans la Partie Générale du BGB[19] et peut être attribué au droit des obligations au sens large. Cependant, cette réforme du droit de prescription ne fut pas issue d'une transposition ou d'une récodification.

Les matières récodifiées dans le BGB englobent les lois mentionnées sur les clauses abusives, sur la révocation des contrats conclus en dehors des établissements commerciaux, sur les crédits à la consommation, sur les contrats à distance et sur les droits d'habitation à temps partiel. Les règlements sur les clauses abusives ont (presque) intégralement été introduits dans une nouvelle deuxième section du deuxième livre du BGB. Le législateur aurait pu séparer quelques dispositions et les placer dans le premier livre, dans la Partie Générale du BGB. Mais il décida de régler les clauses abusives en bloc de sorte que le système de l'ancienne loi fut conservé. Les contrats conclus en dehors des établissements commerciaux et les contrats à distance sont ainsi que les contrats conclus dans le commerce électronique réglés dans un sous-titre spécial dans le cadre du titre portant sur la formation du contrat en général, les règles des lois respectives ayant été rassemblées et résumées. La loi sur les crédits à la consommation a principalement été transférée dans un titre remanié concer-

---

[17] Par la réforme en 2002 fut introduit le nouvel article 443 dans le BGB.

[18] Directive 2000/31/CE du Parlement Européen et du Conseil relative à certains aspects juridiques des services de la société de l'information, et notamment du commerce électronique dans le marché intérieur, J. O. des Communautés Européennes du 17 juillet 2000, L 178/1.

[19] Quant aux différentes contestations de la Partie Générale du BGB vis-à-vis à d'autres codes nationaux de droit civil v. par exemple *Münch*, dans: Behrends/Sellert, Der Kodifikationsgedanke und das Modell des Bürgerlichen Gesetzbuches, 2000, p. 147 (149 ss.).

nant le contrat de crédit. Les dispositions sur la révocation d'un contrat qui est étroitement lié à un contrat de crédit sous certaines conditions légales (verbundene Verträge) furent placées en dernier dans le sous-titre portant sur les conséquences d'une révocation en général. Finalement, les dispositions de l'ancienne loi sur les droits d'habitation à temps partiel ont reçu un titre particulier dans la section traitant les différents contrats.[20]

Deuxième Partie: Certaines conséquences de la réforme et premiers bilans

1. La confirmation du concept de la faute

Je consacrerai la deuxième partie à certaines conséquences de la réforme en droit allemand et je tirerai quelques premiers bilans. Avant de venir aux questions doctrinaires qui demeurent, je voudrais d'abord poser une question vivement discutée aussi dans d'autres droit nationaux: celle du concept de la faute. Un mot célèbre de *Rudolf von Jhering* rappelle les fondements de droit romain sur lesquels fut bâti le BGB: "Ce n'est pas le fait du dommage qui engage au dédommagement, mais la faute".[21] Cette doctrine de la responsabilité fautive, dite "pour culpa", a exercé une grande influence non seulement sur les créateurs du BGB, mais aussi sur beaucoup d'auteurs importants en France et par-là sur l'interprétation du Code civil français, notamment sur l'article 1147.

En Allemagne, le Reichsgericht maintint la doctrine de "culpa" et l'appliqua à la mauvaise exécution en se fondant sur l'article 276 du BGB. Cette doctrine n'a jamais été abandonnée expressément. Cependant, les conséquences de mauvaise exécution n'étant pas réglées, la jurisprudence de la Cour Fédérale (Bundesgerichtshof) se rallia finalement à l'avis dominant dans la littérature qu'il y avait une lacune qui ne pouvait être comblée par simple référence à la doctrine de "culpa". L'explication donnée par la Cour Fédérale que le dédommagement en cas de mauvaise exécution reposait sur le droit coutumier ne fut pas plus convainquant. Ainsi, la réforme de l'an 2002 introduisit enfin une règle générale pour toute forme d'inexécution comme la connaissèrent par exemple depuis longtemps le Code civil français et depuis 1980 la Convention de Vienne du 11 avril 1980 sur la vente internationale de mar-

---

[20] Il s'agit de la section 8 du deuxième livre du BGB.
[21] *Jhering*, Das Schuldmoment im römischen Privatrecht, 1867, p. 40.

chandises. Est-ce que le concept de faute a donc perdu sa force de persuasion?[22] Plusieures raisons pourriont, en effet, mener à le mettre en cause au niveau de la responsabilité contractuelle: (a) tout d'abord le renversement de la charge de preuve en l'article 280 al. 1 (deuxième phrase) du BGB; (b) ensuite, l'article 311a al. 2 du BGB d'après lequel la faute d'avoir ignoré l'obstacle à l'exécution n'a pas de relation causale avec le dommage compensé; (c) de plus, les parties contractantes peuvent elles-mêmes déterminer ce dont elles devront être responsables, par exemple si une partie assume une garantie; (d) en outre, les conséquences juridiques de réparation ou de remplacement du bien livré, de résolution du contrat ou d'une réduction du prix ne dépendent tous pas d'une faute du débiteur. Malgré toutes ces exceptions, la règle générale de responsabilité fautive subsiste, elle est même confirmée par toute exception, bien que repoussée dans sa portée. Le dédommagement reste attaché à la faute comme en matière de responsabilité délictuelle. Ce n'est que le fardeau de la preuve d'une faute personnelle qui, désormais, incombe complètement au débiteur étant contractuellement responsable.

2. Les questions doctrinaires demeurant

Il y a toujours des questions doctrinaires que la réforme soulèvent et qui demeurent disputées. Je ne peut traiter ici que quelques-unes de ces questions à titre exemplaire.

La première question se pose quant à la notion de la violation objective d'obligation que le législateur préfère à la notion d'inexécution depuis la réforme en 2002. N'imposerait-on pas le fardeau de prouver cette violation différemment selon s'il s'agit d'une obligation d'exécuter, de produire un résultat ou d'une obligation d'omettre ou d'une obligation accessoire ou complémentaire qui n'est pas exécutable au sens stricte?[23] Le législateur allemand n'a pas différencié au niveau de l'article 280 du BGB et n'a pas pris en considération de modèles ou de standardisations comme celles faits en droit français à propos des obligations de résultat (renforcées ou allégées) et les obligations de moyen (renforcées ou allégées eux aussi). En France, d'après l'"avant-projet Catala" de 2005 pour une réforme du Code civil, il est en-

---

[22] Se prononçant récemment en faveur d'un abandon du concept de faute *W.-T. Schneider*, Abkehr vom Verschuldensprinzip?: Eine rechtsvergleichende Untersuchung zur Vertragshaftung (BGB, Code civil und Einheitsrecht), 2007, p. 289 ss., 479 ss.

[23] En ce sens par exemple *Hans Stoll*, dans: Festschrift Werner Lorenz, 2001, p. 287 (296 s.); cf. aussi *Canaris*, JZ 2001, p. 499 (512).

visagé de codifier la différence entre les obligations de résultat et celles de moyen.[24]

Une deuxième question est liée à la première et concerne, d'un côté, les différentes catégories de dédommagement et la résolution du contrat et, de l'autre côté, la codification de la responsabilité précontractuelle. Ces matières "se croisent" maintenant au sein du BGB en raison de l'abandon du concept d'inexécution. Si le débiteur, avant de conclure un certain contrat, manquera fautivement à son obligation d'informer le créancier qu'un certain avantage de l'exécution du contrat n'aura pas lieu, le créancier pourrait-il revendiquer un dédommagement remplaçant l'exécution? Certains auteurs veulent, en effet, accorder tel dédommagement au créancier par le biais de l'article 282 du BGB ou en raisonnant par analogie à l'article 311a al. 2 du BGB.[25] Mais qu'est-ce que ce dédommagement comporterait-il? En ce cas, la catégorie de dédommagement remplaçant l'exécution est vidée de son sens car le débiteur a exécuté le contrat tel qu'il a été conclu. Si le débiteur aurait informé le créancier correctement, le dernier n'aurait peut-être pas conclu le contrat. C'est alors seulement cet "intérêt négatif" (negatives Interesse) que le créancier peut exiger, non pas "l'intérêt positif" (positives Interesse). Le créancier ne peut pas demander d'être placé dans l'état comme si le contenu de l'information donné par le débiteur aurait été vrai ("intérêt de garantie", Garantieinteresse), à moins que le débiteur n'eût garanti – dans le même ou dans un second contrat – l'exactitude de ce contenu. La notion de violation d'obligation n'est pas très claire dans ce contexte. En tout cas, on irait trop loin si l'on construisait une obligation du débiteur de stipuler un certain contenu du contrat afin de respecter les "intérêts"[26] du créancier. Ceci porterait atteinte à son autonomie de contracter librement.

Outre ces questions concernant plutôt les structures fondamentales de la réforme se posent aussi des problèmes d'interprétation des normes transposant la Directive sur certains aspects de la vente et des garanties des biens de consommation. Par exemple, à propos de la disposition, que les défauts apparaissant dans un délai de six mois à compter de la délivrance du bien sont présumés avoir existé au moment de la délivrance, il n'est pas clair si telle présomption est applicable au cas où un défaut, ayant **incontestablement** apparu **après** la délivrance, résulte **probablement** d'un défaut principal. La Cour

---

[24] Article 1149 de l'avant-projet, cet avant-projet étant par exemple publié au site http://www.justice.gouv.fr/art_pix/RAPPORTCATALASEPTEMBRE2005.pdf.

[25] V. par exemple *Grunewald*, dans: Festschrift Wiedemann, 2002, p. 75 ss.; *A. Teichmann*, dans: Festschrift Konzen, 2006, p. 903 ss.

[26] Au sens de l'article 241 al. 2 du BGB.

Fédérale (Bundesgerichtshof) a décidé à plusieurs reprises que cette présomption ne doit pas être appliquée au défaut principal s'il n'est pas établi que ce défaut principal existe effectivement et qu'il est apparu dans les six mois suivant la délivrance.[27] S'agissant d'une interprétation de la Directive sans qu'il n'y ait lieu d'assumer un acte clair sur la portée de la présomption, la Cour Fédérale aurait dû soumettre la décision à la Cour de Justice de la Communauté Européenne (C.J.C.E.).[28]

Multiples sont les questions concernant le droit de l'acheteur de demander au vendeur la réparation d'un bien livré ou le remplacement du bien. Le vendeur doit remplacer le bien même si une pièce certaine et déterminée par les parties fait l'objet unique du contrat (Stückkauf). Dans ce cas, le remplacement ne peut en principe être dû. Mais selon une récente décision de la Cour Fédérale qui est approuvée par une majorité de la doctrine, le vendeur doit remplacer le bien vendu si, hypothétiquement et au moment de la conclusion du contrat, les parties auraient voulu que le bien soit remplaçable dans le cas où ils auraient connu le défaut de conformité.[29] Au cas où le vendeur remplace le bien livré, le délai de prescription devra, en règle générale, commencer à nouveau.[30] Ceci reste pourtant disputé, ainsi que la question s'il est conforme à la Directive qu'un acheteur étant consommateur doit indemniser le vendeur pour une privation de jouissance du bien remplacé.[31] Cela a récemment été soumis à la C.J.C.E.,[32] sans que celle-ci ait décidé jusqu'ici. La Cour de Justice aura occasion de trancher la question si l'article 439 al. 4 du BGB qui clairement impose telle indemnisation au consommateur est conforme à la Directive sur certains aspects de la vente et des garanties des biens de consommation et si le texte exprès de l'article 439 al. 4 du BGB s'oppose à une interprétation conforme à la Directive.[33]

---

[27] V. Cour Fédérale (BGH), NJW 2004, p. 2299; NJW 2005, p. 3490; NJW 2006, p. 434.

[28] La jurisprudence de la Cour Fédérale en cette matière fut notament critiquée par *Schmidt-Kessel*, GPR 2004, p. 271 (272); *Gsell*, JuS 2005, p. 967 (970 ss.).

[29] V. Cour Fédérale (BGH), NJW 2006, p. 2839 (2841); de plus, v. par exemple Tribunal régional supérieur de Brunswick (OLG Braunschweig), NJW 2003, p. 1053 (1054); *Bitter/Meidt*, ZIP 2001, p. 2114 (2119 s.); *Canaris*, JZ 2003, p. 831 ss.; *S. Lorenz*, NJW 2007, p. 1 (4). D'autres auteurs contestent cependant que la volonté des parties puisse être interprétée de telle façon: par exemple *Ackermann*, JZ 2002, p. 378 (379 ss.).

[30] V. par exemple *Faust*, dans: Bamberger/Roth, BGB, ' 438 n. 59.

[31] Pour plus de détails v. Cour Fédérale (BGH), NJW 2006, p. 3200 ss.

[32] V. Cour Fédérale (BGH), loc. cit.

[33] Concernant cette dernière question d'une interprétation *contra legem* v. récemment *W.-H. Roth*, dans: Riesenhuber, Europäische Methodenlehre, 2005, p. 250 (262 s.); *Auer*, NJW 2007, p. 1106 (1107 ss.). Pour une vue générale sur les méthodes d'interprétation v. par exemple *Baldus/Vogel*, dans: Fiat iustitia, Recht als Aufgabe der Vernunft, Festschrift für P. Krause, 2006, p. 237 ss., notamment p. 246 ss.

Conclusion

Tous ces débats montrent que la réforme du BGB en matière du droit des obligations est arrivé dans la pratique quotidienne et que le BGB reste un code pour tous les citoyens. Le législateur de 2002 a respecté les racines du BGB tout en considérant certains besoins modernes. Le concept de faute, dont les exceptions et les conséquences juridiques ne relevaient plus du code avant 2002, a été repoussé en ce qui concerne la responsabilité contractuelle sans que les bases de ce concept fussent abandonnées. Ce n'est pas seulement à ce sujet que l'on puisse dire: La réforme du droit des obligations de l'an 2002 a beaucoup contribué à ce que le BGB devienne ou redevienne plus cohérent, plus complet, plus compréhensible. *Savigny* aurait certainement consenti que ce siècle avait la vocation et la capacité de créer une "bonne" réforme codificatoire quant au droit des obligations.

La Réforme du Droit Français des Obligations

Rémy Cabrillac[*]

La célébration du bicentenaire du Code civil, en France et dans le monde entier, en 2004[1], a été l'occasion de constater son succès et sa pérennité, mais aussi de mettre en lumière ses failles. Alors que le droit des personnes et de la famille a été bouleversé dans la seconde moitié du XXème siècle, grâce aux réformes élaborées par le doyen Carbonnier qui a su réaliser une "révolution tranquille du droit civil contemporain"[2] et rajeunir ainsi le Code, les textes relatifs au droit des obligations sont pour l'essentiel restés inchangés depuis 1804.

Or la réalité économique et sociale a profondément évolué depuis le début du XIX ème siècle. Des textes conçus pour l'époque des diligences, pour une société essentiellement rurale qu'était la France de 1804, ne peuvent guère convenir à l'ère d'Internet et de la mondialisation. La jurisprudence, pour adapter des textes vieillis a souvent eu besoin de les dépasser ou de les malmener[3].

Le meilleur exemple est sans doute le plus célèbre, celui de l'article 1384 alinéa 1er de notre Code civil. Ce texte dispose que l' "On est responsable non seulement du dommage que l'on cause par son propre fait, mais encore de celui qui est causé par le fait des personnes dont on doit répondre, ou des choses que l'on a sous sa garde". Il constituait dans l'esprit des rédacteurs du Code civil, une simple introduction pour les cas particuliers de responsabilité du fait des choses que l'on a sous sa garde énoncés aux alinéas suivants. Pour obtenir réparation d'un dommage, la victime devait obligatoirement prouver la faute de l'auteur de ce dommage. Cette solution s'est révélée inadaptée dès la fin du XIX ème siècle, avec le développement de l'automobile et du machinisme.

---

[*] Professor à l'Université de Montpellier, France.

[1] Parmi quelques références les plus marquantes: Livre du bicentenaire, Dalloz, 2004; Le Code civil, un passé, un présent, un avenir, Dalloz, 2004; Portalis, Le discours et le code, Litec, 2004; Le rayonnement du droit codifié, éd. JO, 2005.

[2] G. Cornu, Droit civil, Introduction, Les personnes, Les biens, Montchrestien, 12ème éd., 2005, n.° 301. Ad.: J. Carbonnier, Essais sur les lois, Défrénois, 2ème éd., 1995.

[3] Sur ce phénomène, cf. d'une manière plus générale, R. Cabrillac, Les codifications, PUF, 2002, p. 90 et s.

Aussi, la Cour de cassation, pour que le droit s'adapte aux nouvelles réalités économiques et sociales, a découvert un principe général de responsabilité du fait des choses que l'on a sous sa garde dans l'article 1384 alinéa 1er[4], allant ainsi au-delà de la volonté des rédacteurs du Code. Dès lors le piéton victime d'un accident de circulation ou le salarié victime d'un accident d'une machine de production pouvait être indemnisé automatiquement sans avoir à prouver la faute de l'automobiliste ou de l'employeur, et ce sans que les textes de 1804 aient été modifiés.

Mais ces adaptations jurisprudentielles ne pouvaient être conçues que comme des palliatifs temporaires, d'autant plus que le vieillissement des textes du droit français des obligations devenait de plus en plus préjudiciable au niveau international.

En effet, l'élaboration envisagée de projets de Code européen des contrats, de Code européen des obligations voire de Code civil européen pouvait faire craindre que le droit français n'apparaisse que comme un modèle périmé, face à d'autres pays ayant rénové leur droit des obligations, comme en particulier l'Allemagne[5] ou les Pays-Bas[6].

Enfin dans le monde, l'influence du Code civil français tendait à se réduire, des pays pourtant attachés à la culture juridique française pouvant hésiter à s'inspirer de textes vieux de plus de deux siècles. Le succès du Nouveau Code civil du Québec de 1994[7] dans les pays francophones témoigne de ce risque de déclin du Code civil français au détriment de modèles de codification plus récents.

Pour ces différentes raisons, un groupe de travail chapeauté par l'Association Capitant, s'est mis en place en 2003 sous la conduite du professeur Pierre Catala. Ce groupe de travail a rassemblé une bonne vingtaine de spécialistes de la matière, universitaires et magistrats de la Cour de cassation. Schématiquement, plusieurs équipes de deux rédacteurs se sont attachées à rénover une section ou un chapitre du Code. L'ensemble a ensuite été harmonisé par le professeur Pierre Catala et le doyen Cornu[8]. L'avant-projet, aujourd'hui terminé, a été présenté officiellement au Garde des sceaux le 22 septembre

---

[4] Civ., 16 juin 1896, S 1896, 1, 17, note P. Esmein, D 1897, note R. Saleilles, concl. L. Sarrut.

[5] Cf. infra, S. Geibel, La modernisation du droit allemand des obligations.

[6] Cf. par exemple, D. Tallon, Le nouveau Code civil des Pays-bas NBW, in La codification, (dir. B. Beignier), Dalloz, 1996, p. 181.

[7] Cf. R. Cabrillac, Le nouveau Code civil du Québec, D 1993, p. 267 et s.

[8] Sur la genèse du projet, cf. P. Catala, La genèse et le dessein du projet, Revue des contrats (RDC) 2006/1, p. 11 et s.

2005[9]. Le projet a été traduit en plusieurs langues, en particulier en anglais, en allemand, en espagnol, en italien, en japonais et en arabe[10]. Il est actuellement discuté par les acteurs socio-économiques avant une éventuelle adoption.

La volonté des rédacteurs de l'avant-projet transparaît clairement dans la double filiation dont ils se réclament, Portalis, le principal rédacteur du Code en 1804, et Carbonnier, celui qui a su l'adapter et ainsi le sauver au XXème siècle. L'avant-projet veut rester fidèle au Code civil, il ne propose pas "un code de rupture mais d'ajustement" selon le propos du professeur Pierre Catala[11].

Le style du Code civil, sa structure et sa numérotation sont respectés: la réforme du droit des obligations doit être en harmonie avec les autres parties du Code. De même, l'esprit du Code civil est respecté: volonté de compromis lorsque des solutions sont controversées, souci d'édicter des règles ni trop générales ni trop détaillées.

Pour autant, cette fidélité au Code civil n'a pas empêché les rédacteurs de l'avant-projet d'adapter le droit des obligations aux nouvelles réalités économiques (I) comme aux nouvelles réalités sociales (II).

I) Adaptation aux nouvelles réalités économiques:

L'adaptation aux nouvelles réalités économiques a consisté à organiser la négociation contractuelle (A) et à favoriser la souplesse contractuelle (B).

A) Organiser la négociation contractuelle:

Le Code de 1804 demeurait dominé par le schéma du coup de foudre contractuel, du contrat qui se forme instantanément par la rencontre de l'offre et de l'acceptation. Encore adapté aux contrats de la vie courante portant sur des prestations de faible valeur économique, ce schéma ne permet pas de traduire juridiquement la genèse des "gros" contrats, fruits de négociations qui s'étalent dans le temps, dans les domaines de la banque, de la construction immobilière ou de l'assurance par exemple.

---

[9] P. Catala (dir.), Avant-projet de réforme du droit des obligations et de la prescription, La doc. fr., 2006 (texte et commentaires).

[10] Disponibles sur le site du ministère français de la justice (www.justice.gouv.fr).

[11] P. Catala, Avant-projet de réforme du droit des obligations et de la prescription, op. cit., p. 13.

L'avant-projet, s'appuyant une fois de plus sur la jurisprudence, se propose de combler l'absolu silence du Code civil en la matière.

La conclusion d'un contrat peut-être précédé de négociations contractuelles qui s'étalent dans le temps. Le droit doit laisser suffisamment de souplesse aux contractants dans la conduite de ces négociations, tout en évitant que l'un des contractants puisse nuire à son partenaire en faisant traîner des négociations qu'il n'a pas envie de mener à terme, par exemple pour empêcher son partenaire de conclure avec un autre contractant.

Dans le respect de ce double souci de liberté et de justice, l'article 1104 de l'avant-projet pose le principe de liberté dans l'initiative, le déroulement et la rupture des pourparlers, encadré par la bonne foi. Si les négociations n'aboutissent pas à la conclusion d'un contrat, un contractant n'engagera sa responsabilité envers l'autre que s'il commet une faute ou a agi de mauvaise foi (art. 1104 al. 2).

La conclusion d'un contrat peut également être précédée d'un avant-contrat préparant le contrat définitif, promesse synallagmatique ou unilatérale de contrat ou pacte de préférence. Ces avant-contrats n'étaient pas évoqués dans le Code civil de 1804. Un paragraphe entier leur est consacré dans l'avant-projet pour les définir et encadrer les règles générales de leur régime.

Organisant la négociation contractuelle, l'avant-projet de réforme du droit des obligations s'efforce également de favoriser la souplesse contractuelle.

B) Favoriser la souplesse contractuelle:

Le contrat, surtout dans les relations d'affaires, peut être bridé par une réglementation excessive, qui conduira les parties à ne pas conclure de relations contractuelles, frein au développement de l'activité économique. L'avant-projet de réforme du droit des obligations tente de conférer davantage de souplesse au contrat, comme peuvent en témoigner deux illustrations.

Le premier exemple concerne la question de la détermination du prix dans les contrats-cadre de distribution[12].

Dans le droit de la distribution, les relations contractuelles sont souvent organisées par la conclusion d'un contrat-cadre, qui fixe le cadre général des liens entre les parties, complété au fil du temps par des contrats d'application. Par exemple, dans les relations entre une compagnie pétrolière et un pompiste détaillant, un contrat-cadre prévoit que ce pompiste doit se fournir exclusive-

---

[12] Sur cette question, cf. par exemple, R. CABRILLAC, Droit des obligations, Dalloz, 7ème éd., 2006, n.° 76 et s.

ment auprès de la compagnie pétrolière signataire à un tarif qui sera fixé lors de chaque contrat de vente successif.

L'avantage de cette stipulation est de permettre de faire varier le prix du carburant en fonction des évolutions du prix du pétrole. L'inconvénient est que le pompiste est à la merci de la compagnie, qui peut fixer à son gré le prix du carburant, puisque le pompiste est lié à elle par une convention d'exclusivité.

Pour cette dernière raison, la jurisprudence française avait décidé dès 1971 que le contrat-cadre est nul s'il ne comporte pas un prix déterminé ou déterminable par des éléments indépendants de la volonté des parties[13]. Cette solution était critiquée par une large partie de la doctrine car elle gênait la conclusion de contrats à long terme et perturbait les réseaux de distribution.

Après de multiples hésitations, la jurisprudence avait abandonné cette solution en 1995: le prix n'a pas besoin d'être déterminé dans le contrat-cadre initial, il peut être fixé dans chaque contrat de vente. Mais l'abus dans la fixation du prix par la compagnie pétrolière peut donner lieu à indemnisation ou à résiliation[14].

Cette dernière solution a été reprise par l'avant-projet qui l'a aménagée: si le prix n'est pas déterminé dans le contrat-cadre, il peut être fixé par le créancier lors de chaque fourniture, mais celui-ci doit en justifier le montant en cas de contestation (art. 1121-4).

Un second exemple concerne la question de la révision des contrats[15]. Le contrat s'impose aux parties: l'article 1134 du Code civil, que l'avant-projet maintient, dispose dans une formule forte que "Les conventions légalement formées tiennent lieu de loi à ceux qui les ont faites". Les parties doivent donc exécuter le contrat tel qu'il a été conclu. Le juge doit faire exécuter le contrat tel qu'il a été conclu.

Cette solution s'imposait en période de stabilité économique, comme celle que traversait la France de 1804. Mais elle peut parfois emporter des conséquences dommageables dans une société mondialisée, soumise à de fréquents bouleversements économiques. Concrètement, un juge peut-il modifier le contrat si un changement des circonstances économiques a bouleversé l'équilibre des prestations voulu par les parties?

---

[13] Com. 5 nov. 1971, Bull. civ., IV, n.° 263, D 1972, 353, note J. GHESTIN, JCP 1972, II, 16975, note J. BORE.

[14] Ass. pl. 1er déc. 1995 (4 arrêts), D 1996, 18, note L. AYNES, JCP 1995, II, 22565, concl. JEOL, note J. GHESTIN, RTDCiv. 1996, 153, obs. J. MESTRE.

[15] Sur cette question, cf. par exemple M. FABRE-MAGNAN, Les obligations, PUF, Thémis, 2004, § 163.

La Cour de cassation l'a toujours refusé[16], se fondant sur la sécurité des relations juridiques: il faut éviter qu'un contractant puisse demander la révision d'un contrat dès qu'il paraît moins intéressant pour lui. La Cour de cassation a également craint que la révision n'appelle la révision: le contractant qui voit sa dette augmentée à la suite de la révision risque de demander une révision à son profit dans d'autres contrats dans lesquels il est créancier.

Cette rigueur était critiquable alors que se multiplient les contrats de longue durée et que les circonstances économiques sont de plus en plus instables.

Pour remédier à ces inconvénients, les parties pouvaient toujours prévoir une clause de renégociation ou clause de hard-ship, fréquente dans les contrats internationaux d'affaire. Cette clause oblige les parties à renégocier les prestations en cas de bouleversement des circonstances économiques entraînant un déséquilibre du contrat. Mais ces tempéraments ne pouvaient pas jouer si les parties n'avaient prévu aucune stipulation. Pour remédier à cette solution, la Cour de cassation a récemment suggéré que l'obligation d'exécuter le contrat de bonne foi entraîne l'obligation de renégocier une convention déséquilibrée par une modification imprévue des circonstances économiques, mais la doctrine s'est divisée sur l'interprétation de cet arrêt[17].

L'avant-projet propose une solution originale et mesurée. Il rappelle que les parties peuvent inclure une clause de renégociation dans le contrat. A défaut d'une telle clause, la partie victime d'un déséquilibre contractuel à la suite d'un changement des circonstances économiques, peut demander au juge d'ordonner une nouvelle négociation du contrat (art. 1135-2). Cette négociation doit être menée de bonne foi. En cas d'échec, chaque partie peut demander la résiliation du contrat, sans frais ni dommage (art. 1135-3).

Si l'avant-projet s'efforce ainsi d'adapter le droit des obligations aux nouvelles réalités économiques, il s'efforce également de l'adapter aux nouvelles réalités sociales.

II) Adaptation aux nouvelles réalités sociales:

L'adaptation aux nouvelles réalités sociales se manifeste par la volonté de protéger le contractant le plus faible (A) et de protéger les victimes de dommages (B).

---

[16] Arrêt Canal de Craponne, Civ., 6 mars 1876, D 1876, 1, 193, note Giboulet.
[17] Civ., 1, 16 mars 2004, D 2004, 1754, note D. Mazeaud, RTDCiv. 2004, 290, obs. J. Mestre, JCP 2004, I, 173, obs. J. Ghestin.

A) Protéger le contractant le plus faible:

L'esprit du Code civil encore dominé par les principes philosophiques et économiques de ses rédacteurs de 1804, libéralisme économique et conservatisme social, ne pouvait rester hermétique au besoin d'une justice contractuelle renforcée, manifesté depuis de nombreuses années déjà. Un courant d'auteurs, prônant le solidarisme contractuel, selon leur propre expression, réclame davantage de protection des contractants les plus faibles économiquement, et réclament également que le devoir de loyauté entre contractants soit renforcé[18].

Des solutions en ce sens ont déjà été adoptées depuis plusieurs années par le droit de la consommation pour protéger le consommateur du professionnel, par le droit du travail pour protéger le salarié de l'employeur, par le droit de la distribution, pour protéger les détaillants contre les distributeurs.

En droit des obligations, la jurisprudence avait facilité les évolutions, forçant certains textes, s'appuyant sur des notions fondamentales comme l'équité, l'abus ou la bonne foi[19]. Mais le fragile équilibre des sources du droit ne pouvait longtemps se satisfaire de ces palliatifs prétoriens. L'avant-projet opère un rééquilibre en insufflant davantage de solidarisme contractuel dans les textes même du Code civil, comme en témoignent plusieurs illustrations.

Par exemple, la bonne foi mentionnée pour inspirer l'exécution du contrat dans l'article 1134 voit désormais son rôle étendu à la formation du contrat (art. 1104 al. 1), sa présence étant par ailleurs sous-jacente dans d'autres dispositions éparses. C'est l'ensemble du contrat, de sa conclusion à son exécution, qui est désormais placé sous l'exigence du respect de la bonne foi.

De même, le Code civil, s'inspirant du droit de la consommation, donne une définition générale de la clause abusive, susceptible de s'appliquer au-delà des relations entre consommateurs et professionnels. "La clause qui crée dans le contrat un déséquilibre significatif au détriment de l'une des parties peut être révisée ou supprimée à la demande de celle-ci, dans les cas où la loi la protège par une disposition particulière, notamment en sa qualité de consommateur" (art. 1122-2). Cette clause pourra être révisée par le juge, voire supprimée.

---

[18] D. MAZEAUD, Loyauté, solidarité, fraternité: la nouvelle devise contractuelle?, Mélanges F. Terré, Dalloz-Litec-PUF, 1999, p. 603 et s.; C. JAMIN, Plaidoyer pour le solidarisme contractuel, in Le contrat au début du XX ème siècle, Etudes offertes à Jacques Ghestin, LGDJ, 2001, p. 441 et s.

[19] Cf. R. CABRILLAC, Le Code civil à la fin du XXème siècle, in Le droit privé français à la fin du XXème siècle, Etudes offertes à Pierre Catala, Litec, 2001, p. 73 et s.

Par exemple, est considérée comme abusive par le droit de la consommation la clause par laquelle le professionnel exclut ou limite sa responsabilité en cas de défaut du produit fourni. On peut penser désormais que cette clause exclusive ou limitative de responsabilité pourra être considérée comme abusive, même lorsqu'elle intervient entre deux professionnels, ce qui ne manquera pas d'avoir d'importantes incidences dans les relations commerciales d'affaires.

Enfin, dernière illustration de cette volonté de protéger le contractant le plus faible, la violence considérée comme un vice de consentement n'est plus seulement la violence physique ou la violence morale comme dans la version de 1804.

Un contractant peut également demander la nullité du contrat pour violence lorsqu'il "s'engage sous l'empire d'un état de nécessité ou de dépendance, si l'autre partie exploite cette situation de faiblesse en retirant de la convention un avantage manifestement excessif" (art. 1114-3). La violence économique peut désormais être prise en compte par le juge pour annuler un contrat.

Cette protection du plus faible dans les relations contractuelles s'étend également dans le droit de la responsabilité, à travers la protection des victimes de dommages.

B) Protéger les victimes de dommages:

Nous avons déjà constaté combien, depuis 1804, la jurisprudence avait modifié l'interprétation des textes du Code civil pour assurer davantage de protection aux victimes de dommages. Au-delà de la découvert d'un principe général de responsabilité du fait des choses que l'on a sous sa garde, la Cour de cassation a également découvert il y a un peu plus d'une quinzaine d'années un principe général de responsabilité du fait des personnes que l'on a sous sa garde, permettant par exemple à la victime d'un dommage causé par un majeur handicapé placé dans un centre de soins, de demander réparation de ce dommage à ce centre de soins sans avoir à prouver sa faute[20].

Cette protection des victimes de dommages est également venue de textes spéciaux, comme par exemple la loi du 5 juillet 1985 relative aux accidents de

---

[20] Arrêt Blieck, Ass. pl. 29 mars 1991, D 1991, 324, note C. LARROUMET, JCP 1991, II, 21673, concl. DONTENWILLE, note J. GHESTIN, RTDCiv. 1991, 312, obs. J. HAUSER et 541, obs. P. JOURDAIN.

la circulation qui assure une réparation quasi-automatique au piéton victime d'un accident de la circulation.

Le droit européen a également imposé davantage de protection des victimes de dommages. Ainsi, une directive européenne de 1985 a assuré l'indemnisation automatique de la personne victime d'un produit défectueux[21].

Mais cette protection issue de la jurisprudence et de lois spéciales donnait l'impression d'un maquis de textes complexes et enchevêtrés. Plusieurs auteurs réclamaient une recodification pour consacrer cet accroissement de la protection des victimes de dommages et donner davantage de cohérence à notre droit de la responsabilité.

Ces objectifs ont été ceux poursuivis par les rédacteurs de l'avant-projet. L'avant-projet s'efforce de poser des règles générales: principe général de responsabilité du fait personnel (art. 1340, 1352), principe général de responsabilité du fait des choses que l'on a sous sa garde (art. 1354), principe général du fait des personnes que l'on a sous sa garde (art. 1355). Ont été ajoutés à ces principes les règles spéciales de portée générale, comme les premiers articles de la loi de 1985 relative aux accidents de circulation, qui ont été incorporés dans le Code civil (art. 1385 et s.).

La protection des victimes de dommages instaurée par la jurisprudence a ainsi été officiellement reconnue, entrant de plein pied dans le Code civil.

L'avant-projet va même au-delà, instaurant de nouvelles règles protectrices qui n'avaient pas été dégagées par les tribunaux, en particulier pour renforcer la protection des victimes de dommages corporels.

Par exemple, le droit français est caractérisé par la règle du non cumul des responsabilités: soit un dommage est lié à l'inexécution d'un contrat et c'est la responsabilité contractuelle qui s'applique, soit c'est la responsabilité délictuelle qui s'applique. Par dérogation à ce principe général, l'avant-projet prévoit que les victimes de dommages corporels ou d'atteinte à la personne pourront choisir le régime le plus favorable (art. 1341).

De même, l'avant-projet instaure la *mitigation of damages* connue du droit anglais et des projets européens: la victime ne peut avoir aucun comportement risquant d'aggraver le dommage, sous peine de voir son indemnisation réduite. Mais l'avant-projet précise que le juge ne peut réduire l'indemnisation en raison d'un refus de soin, même si ce refus de soin aurait pu limiter le dommage (art. 1373): la personne même de la victime est protégée contre une éventuelle réduction de son indemnisation.

---

[21] Aujourd'hui art. 1386-1 et s. C.civ. depuis une transposition de la directive par la loi du 19 mai 1998.

Le droit des obligations tel qu'il résultait du Code civil de 1804 était marqué par la toute puissance de la volonté des parties, la liberté qui leur était reconnue de s'engager, la pleine responsabilité qui était la leur dès lors qu'elles causaient un dommage.

Mais cette liberté peut opprimer: le plus fort économiquement peut profiter d'une théorique liberté juridique pour dicter ses conditions au plus faible. L'utile économiquement doit être associé au juste socialement.

Tel est l'objectif fondamental de l'avant-projet de réforme du droit français des obligations qui s'efforce d'adapter cette branche fondamentale du droit aux réalités économiques et sociales d'aujourd'hui.

Seule cette inévitable modernisation permettra à notre Code civil de ne pas devenir un monument de droit mort mais de demeurer un instrument moderne et efficace d'organisation des rapports sociaux[22], "le plus grand bien que les hommes puissent donner et recevoir", selon le célèbre mot de Portalis[23]…

---

[22] Cf. R. Cabrillac, L'avenir du Code civil, JCP 2004, I, 121.

[23] J.-E.-M. Portalis, Discours préliminaire sur le projet de Code civil présenté le 1er pluviôse an IX in Discours et rapports sur le Code civil, Centre de philosophie politique et juridique, 1989, p. 4. Ad.: R. Badinter, "Le plus grand bien…", Fayard, 2004.

Terceira Sessão

*O impacte do Código Civil Português
no mundo lusófono
e as tendências de reforma*

A Contribuição do Código Civil Português ao Código Civil Brasileiro e o Abuso do Direito: um caso exemplar de transversalidade cultural[*]

Judith Martins-Costa[**]

Resumo: Esse artigo visa examinar algumas das transversalidades culturais existentes entre os Códigos Civis português e brasileiro, evidenciando como as diferenças de contexto direcionam a uma diversa apreensão dos textos. Após ensaiar um painel geral das semelhanças entre as opções de método e às escolhas ideológicas referentes às tradicionais polaridades individualismo/socialidade e permanência/ruptura ("as idéias que viajam"), exemplifica as diferenças pelas distintas compreensões dadas num e noutro contexto cultural a um similar texto, qual seja, o referente ao exercício disfuncional do Direito ("a produção dos sentidos").

Abstract: This article attempts at analyzing some of the cultural transversalities to be found between the Portuguese and the Brazilian Civil Codes, pointing out to how differences of context may lead to a different grasp of texts. After a tentative panorama of similarities in methodological and ideological choices related to traditional polarities, such as individualism//sociality and permanence/rupture ("traveling ideas"), it exemplifies some differences, through the distinct understandings given in the two cultural contexts to a similar text, i.e. passages concerning the dysfunctional exercise of Law ("the production of meanings").

Résumé: Cet article essaie d'analyser quelques transversalités culturelles existant entre le Code civil portugais et celui du Brésil, par la mise en relief de la façon dont les différences de contexte ont mené à de différentes appréhensions des textes. Après une esquisse de tableau général des similarités des options de méthode et des choix idéologiques en ce qui concerne les polarités traditionnelles – individualisme/socialité et permanence/rupture ("les idées qui voyagent"), on exemplifie les différences par les diverses compréhensions donnés dans l'un et l'autre contexte culturel à un texte similaire, c'est-à-dire, celui correspondant à l'exercice dysfonctionnel du Droit ("la production des sens").

Sumário: I) As idéias que viajam. A) Diretrizes: quadro comparativo entre o Código Civil português e o Código Civil brasileiro. B) O papel "transformador" atribuído ao abuso de direito. II) A Produção dos Sentidos. A) As transversalidades culturais do art. 187 do Código Civil. B) Uma planta que não viceja? Conclusão.

---

[*] Agradeço a leitura e a colaboração, pelo permanente diálogo, de Laura Beck Varela e de Miguel Reale Jr.

[**] Professora de Direito Civil na Universidade Federal do Rio Grande do Sul, Brasil.

Introdução

No âmbito da Teoria da Cultura é tradicionalmente forte o debate acerca do chamado "influxo externo" ou "difusionismo" – uma teoria antropológica que dá significativa importância ao processo de difusão cultural. Os que se opõem a idéia do "influxo externo" argumentam que as *idéias se produzem socialmente,* na medida em que as estruturas culturais constituem redes relacionais de sentido, apenas compreensíveis no âmbito de processos estruturadores prévios – processos estes que são, sempre, processos de produção de sentido: *Theory laden,* indica a Filosofia das Ciências, para não deixar dúvidas de serem as nossas observações teoricamente carregadas, as nossas crenças, o nosso *experenciar* (recortados pela teoria ou pelo paradigma que aceitamos, pelas longas estruturas das mentalidades) sempre direcionando o que observamos.

Porém, conquanto se produzam socialmente as idéias, têm elas a *capacidade de viajar*[1].

Essa percepção se torna forte quando leio texto de Adriano Paes da Silva Vaz Serra do ano de 1947 sobre a revisão do Código Civil Português de 1868, que então se procedia – e que veio a resultar no Código cujos 40 anos são agora comemorados. Esse texto me leva a propor a apresentação de um painel compósito: primeiramente uma comparação de caráter geral – que denominarei *as idéias que viajam* – seguida de uma comparação específica – *a produção dos sentidos,* então averiguando na geografia dos trânsitos culturais o peculiar destino de um texto: o que veda o exercício disfuncional de posições jurídicas, apreendido, respectivamente, no art. 334.º do Código Civil português e no art. 187 do Código Civil brasileiro.

I) As idéias que viajam

Para conhecer um Código Civil é necessário ter presente as idéias que inspiraram os seus codificadores, as opções de método e ideológicas que fizeram, as influências recebidas ao longo dos tempos e os acomodamentos conferidos às soluções que contemplam. Cinjamo-nos às opções de método e às escolhas

---

[1] SCHWARZ, Roberto. Cuidado com as Ideologias Alienígenas (respostas a Movimento). In: *O Pai de Família e Outros Estudos.* 2ª ed. São Paulo, Paz e Terra, 1992, pp. 115-116.

ideológicas referentes a duas grandes polaridades, quais sejam, as existentes entre individualismo e socialidade na regulação da vida civil e entre permanência e ruptura na elaboração de um Código novo. E averigüemos nos textos explicativos dos pais-fundadores do Código Civil português (Adriano Vaz Serra) e do Código Civil brasileiro (Miguel Reale) as respostas que deram a esses três problemas (A) mencionado, depois, os reflexos dessas concepções em um ponto específico: a regulação do abuso de direito (B).

A) As Diretrizes – um quadro comparativo

Em estudo intitulado "Revisão do Código Civil – Alguns Factos e Comentários[2]" Adriano Vaz Serra, o Presidente da Comissão Elaboradora do Código Civil português traça a genealogia das necessidades, das tarefas e das idéias então debatidas, e assinala as diretrizes da tarefa codificatória[3]. E arrola, entre as diretrizes seguidas, aquelas três reveladoras linhas – a técnica legislativa, a ideologia e a polaridade entre tradição e ruptura –, suficientes, em si mesmas, para dar a conhecer o *modelo de Código* seguido. Tomemos esses mesmos três pontos, e vejamos, comparativamente, o que disseram a respeito o presidente da Comissão Elaboradora do Anteprojeto do Código Civil brasileiro, Miguel Reale[4], e José Carlos Moreira Alves[5] o integrante dessa Comissão encarregado de elaborar a Parte Geral que se vale, não por acaso, do mesmo texto de Vaz Serra antes mencionado, intitulando o seu estudo de "Lições do Código Civil português".

---

[2] VAZ SERRA, Adriano. A Revisão Geral do Código Civil – Alguns Factos e Comentários. In: *Boletim do Ministério da Justiça* vol. 02, Lisboa, setembro de 1947, pp. 24-76.

[3] VAZ SERRA, Adriano. A Revisão Geral do Código Civil – Alguns Factos e Comentários. In: *Boletim do Ministério da Justiça* vol. 02, Lisboa, setembro de 1947, pp. 28-30.

[4] REALE, Miguel. *O Projeto de Código Civil. Situação Atual e seus problemas fundamentais.* São Paulo, Saraiva, 1986.

[5] MOREIRA ALVES, José Carlos. *A Parte Geral do Projeto de Código Civil brasileiro.* São Paulo, Saraiva, 1986, pp.16-31; (2ª ed., aumentada, 2003, pp. 17-33).

técnica legislativa	Portugal	Brasil
	1) quanto à <u>técnica legislativa</u>: Alude Vaz Serra à adoção de um modelo compósito, dotado de "razoável maleabilidade"[6]. De um lado, o emprego de cláusulas gerais "capazes de comportar, no desenvolvimento de uma idéia fundamental, que permaneça inalterada em si mesma, soluções variáveis conforme os tempos e as circunstâncias", de modo a se "prover o Código da elasticidade para poder adaptar-se a necessidades futuras"; de outro, a minudência e completude "nas matérias que constituem o núcleo fundamental do direito civil, dada a vantagem da certeza do direito"[7]. Essa técnica compósita exprimia uma "adaptação confiada (na falta de lei) ao critério da magistratura"[8].	**(1) quanto à <u>técnica legislativa</u>: aponta Reale à necessidade de o Código, nos dias atuais, apresentar-se como "lei básica, mas não global" do direito privado", assim justificando a opção pela conjugação do modelo das cláusulas gerais ("utilização de estruturas hermenêuticas", na sua linguagem**[9]**) com a linguagem científica, já advinda do Código de Bevilaqua;**

---

[6] Vaz Serra, Adriano. A Revisão Geral do Código Civil – Alguns Factos e Comentários. In: *Boletim do Ministério da Justiça* vol. 02, Lisboa, setembro de 1947, p. 42.

[7] Vaz Serra, Adriano. A Revisão Geral do Código Civil – Alguns Factos e Comentários. In: *Boletim do Ministério da Justiça* vol. 02, Lisboa, setembro de 1947, p. 39.

[8] Vaz Serra, Adriano. A Revisão Geral do Código Civil – Alguns Factos e Comentários. In: *Boletim do Ministério da Justiça* vol. 02, Lisboa, setembro de 1947, p. 42. As diretrizes englobavam, outrossim, quanto à idéia de sistema, escolha do modelo germânico de sistematização, estruturado em uma Parte Geral e Partes Especiais e, quanto à linguagem, o uso de linguagem "clara, sóbria e precisa" para os juristas que o tenham de aplicar (idem, p. 39) acolhendo-se, na Parte Geral, a técnica das definições, conquanto deixando claro serem aquelas noções gerais "apenas orientadoras e não decisivas, salvo quando delas se concluir o contrário" (idem, p. 34). Essas diretrizes, embora também acolhidas no Código Civil brasileiro de 2002 não provém do influxo português, pois eram preexistentes: quanto à idéia de sistema, o Código de Bevilaqua já havia adotado o modelo germânico, ou modelo de Savigny, fundado na estruturação em Parte Gerais e Partes Especiais. Essa tradição remonta à obra de Teixeira de Freitas, anterior, portanto, ao próprio Código Civil alemão, tendo sido acolhida por Bevilaqua. Portanto, houve uma solução coincidente com a adotada em Portugal, mas desta não conseqüente. Idem quanto à linguagem científica e precisa, observando Moreira Alves, quanto ao Código de 1916: "(…) é o Código Civil brasileiro um Código de feição tipicamente científica, com linguagem predominantemente técnica, sem sacrifício da concisão, da clareza e da elegância". (Moreira Alves, José

| ideologia | 2) quanto à ideologia: expressa o codificador português o acolhimento da "feição social" dos direitos, sendo o Código "um Código social, em que a ordem pública e a proteção dos fracos serão desenvolvidas[10]", reconhecendo Vaz Serra a "necessidade de dar aos direitos dos indivíduos uma feição social, de sorte que não se podem ignorar os laços de solidariedade que os prendem aos demais"[11]. E arrematava: "O individualismo extreme do Código de 1867 deve dar lugar a um direito mais social, que tenha em conta não só os interesses gerais da comunidade, mas os daqueles que, colocados em situação de inferioridade de facto, carecem de proteção contra os abusos do mais forte ou mais astucioso. Tanto mais quanto é certo existir patente desacordo entre a Constituição, socialmente orientada, e o Código individualista"[12]; | 2) **quanto à ideologia: expressa Reale a necessidade de superar-se o "excessivo naturalismo individualista" que marcava o Código de Bevilaqua bem como a doutrina do positivismo estrito que rubricava de "abencerragens jurídicas" noções tais quais a de boa-fé, probidade e equidade**[13]. **Bem por isso situava entre as diretrizes que nortearam a obra codificadora "constituindo o seu travamento lógico e técnico, bem como a base de sua fundamentação ética" as diretrizes da eticidade e da socialidade compreendendo esta última como a "colocação das regras jurídicas no plano da vivência social"**[14]. |

Carlos. *A Parte Geral do Projeto de Código Civil brasileiro – subsídios históricos para o novo Código Civil brasileiro)*. 2ª ed. São Paulo, Saraiva, 2003, pp. 26-27.

[9] REALE, Miguel. *O Projeto de Código Civil. Situação Atual e seus problemas fundamentais*. São Paulo, Saraiva, 1986, p. 12.

[10] VAZ SERRA, Adriano. A Revisão Geral do Código Civil – Alguns Factos e Comentários. In: *Boletim do Ministério da Justiça* vol. 02, Lisboa, setembro de 1947, pp. 29 e 36-37.

[11] VAZ SERRA, Adriano. A Revisão Geral do Código Civil – Alguns Factos e Comentários. In: *Boletim do Ministério da Justiça* vol. 02, Lisboa, setembro de 1947, p. 29 e pp. 62-63.

[12] VAZ SERRA, Adriano. A Revisão Geral do Código Civil – Alguns Factos e Comentários. In: *Boletim do Ministério da Justiça* vol. 02, Lisboa, setembro de 1947, p. 29.

[13] REALE, Miguel. *O Projeto de Código Civil. Situação Atual e seus problemas fundamentais*. São Paulo, Saraiva, 1986, p. 8.

[14] REALE, Miguel. *O Projeto de Código Civil. Situação Atual e seus problemas fundamentais*. São Paulo, Saraiva, 1986, p. 9.

| permanência e ruptura | 3) quanto à <u>polaridade entre permanência e ruptura</u>: manifestava-se Vaz Serra, claramente, pelo não-acolhimento no Código de "idéias que ainda não estejam suficientemente maduras para poderem resistir ao embate ou às lições da experiência", pois, dada "a longa permanência que o Código aspira não é aconselhável introduzir nos seus preceitos doutrinas que, volvido pouco tempo, possam ter de sujeitar-se a revisão"[15]. Em conseqüência, revelava a opção por deixar para as leis especiais e para a jurisprudência a solução dos pontos em que o legislador do Código Civil ainda não estivesse "seguro das soluções", por sua novidade[16]. | **3) quanto à <u>polaridade entre permanência e ruptura</u>: resta expresso o não acolhimento, no Código, dos institutos e soluções normativas ainda não "dotados de certa sedimentação e estabilidade" e opção por deixar para leis especiais –"leis aditivas" ao Código[17], a disciplina das questões objeto ainda de dúvidas em razão das mutações sociais em curso, como, exemplificativamente, as questões relativas à reprodução humana assistida.** |

O cotejar dessas diretivas e menções torna evidente o *trânsito cultural* entre o Código que ora completa quarenta anos e o seu congênere brasileiro entrado em vigor em 2002. Trânsito secular – é verdade –, derivado das comuns raízes, do fato de termos sido, como na canção de Chico Buarque, um "imenso Portugal"[18], mas que ficara em parte obstado pela opção feita, no séc. XIX, pelo

---

[15] Vaz Serra, Adriano. A Revisão Geral do Código Civil – Alguns Factos e Comentários. In: *Boletim do Ministério da Justiça* vol. 02, Lisboa, setembro de 1947, pp. 29-30.

[16] Vaz Serra, Adriano. A Revisão Geral do Código Civil – Alguns Factos e Comentários. In: *Boletim do Ministério da Justiça* vol. 02, Lisboa, setembro de 1947, p. 45.

[17] Reale, Miguel. *O Projeto de Código Civil. Situação Atual e seus problemas fundamentais*. São Paulo, Saraiva, 1986, p. 6.

[18] Buarque de Holanda, Chico Guerra, Ruy. Fado Tropical, canção composta para a peça *Calabar*. 1972-1973. A expressão aparece ainda em Cabral de Mello, Evaldo. *Um imenso Portugal. Historia e Historiografia*. São Paulo, Editora 34, 2002. Recordo ainda Pontes de Miranda que em conhecidíssima passagem reconheceu que o Direito, no Brasil, não pode ser estudado desde as sementes, pois "nasceu do galho de planta que o colonizador português – gente de rija têmpera, no ativo século XVI e naquele cansado século XVII em que se completa o descobrimento da América – trouxe e enxertou no novo continente. (Pontes de Miranda, F.C, *Fontes e Evolução do Direito Civil Brasileiro*, Rio de Janeiro, Forense, 1981, p. 27).

Visconde de Seabra, ao seguir um modelo francês de Código Civil enquanto no Brasil, desde a obra de Teixeira de Freitas optara-se pelo modelo germânico. Trânsito revigorado, contudo, nas últimas décadas do séc. XX desde que o Código português "mudando, mudou para o sentido de que nos queríamos afastar[19]" e, assim, facilitou a adesão, pelos redatores do Anteprojeto brasileiro, de novas soluções ali plasmadas.

Entre essas soluções está justamente aquela que vem destacada por Moreira Alves como capaz de promover a "atualização do Direito das Obrigações", qual seja, a regra que qualifica a figura do (mal) chamado "abuso de direito" ou – na adequada qualificação de Menezes Cordeiro – "exercício disfuncional de posição jurídica".

B) O papel transformador atribuído a regulação do "abuso do Direito"

Ao expressar a direta inspiração nas "lições do Código Civil Português", José Carlos Moreira Alves, redator da Parte Geral do Código Civil brasileiro sublinha estar entre aquelas lições a circunstância de a atualização do direito das obrigações ter sido alcançada "com a aliança do princípio geral condenatório do abuso de direito com alterações em algumas normas que vinham do Código anterior"[20]. Na Exposição de Motivos concernente à Parte Geral, refere:

"no novo Código Civil português, a atualização do direito das obrigações se alcançou, como afirma Antunes Varela, na Introdução ao Projeto, com a aliança do princípio geral condenatório do abuso de direito com alterações em algumas normas que vinham do Código anterior"[21].

Atribui, portanto à figura do abuso um papel atualizador – quase taumatúrgico – sobre a inteira disciplina obrigacional, morrmente sua regulação estando posta na Parte Geral, com aplicação, portanto, em todos os demais Livros do Código Civil.

---

[19] Assim, MOREIRA ALVES, José Carlos. *A Parte Geral do Projeto de Código Civil brasileiro – subsídios históricos para o novo Código Civil brasileiro*. 2ª ed. São Paulo, Saraiva, 2003, p. 32, aludindo ao repúdio, pelo Código português, da unificação parcial do Direito Privado; a adesão à tese de que a linguagem do Código não se pode afastar de um caráter científico; e da manutenção das soluções consolidadas pela experiência.

[20] MOREIRA ALVES, José Carlos. *A Parte Geral do Projeto de Código Civil brasileiro*. São Paulo, Saraiva, 1986, pp. 9, 16 e 18.

[21] MOREIRA ALVES, José Carlos. *A Parte Geral do Projeto de Código Civil brasileiro*. São Paulo, Saraiva, 1986, p. 28.

A via desse trânsito cultural era, contudo, de duas mãos, pois já antes Antunes Varela[22], na condição de Ministro da Justiça, ao apresentar o então Projecto de Código Civil referia à figura do abuso de direito – manifestação do jurista brasileiro Orlando".

Para uma análise cultural do Direito, contudo, a figura do abuso do Direito, talvez mais do que um papel atualizador, se apresenta *reveladora* e *paradigmática*. Reveladora de um "caso" curioso de transversalidade cultural; e paradigmática quanto à ingenuidade que pode contaminar, no Direito, o mero transplante de soluções, pois é preciso estar atento, diante das transversalidades culturais, aos condicionamentos intelectuais que fazem as diferentes tradições jurídicas e explicam, em larga medida, não apenas os distintos institutos, mas, por igual, os modos de sua apreensão e de seu funcionamento.

Se as idéias viajam – e viajaram de Lisboa ao ultramar – os sentidos são produtos da terra.

Vejamos, pois, quais os sentidos atribuídos à regra do abuso do direito pela doutrina brasileira – e quais as possibilidades de sentidos estão à espera de uma construção.

II) A Produção dos Sentidos

É do historiador florentino Pietro Costa a expressão "arraigamento ambiental del sujecto[23]" com isso querendo expressar que a descrição e a construção de fenômenos e soluções vão intrincadamente unidos em processo, nossos modos de olhar, de pensar, de *experienciar* sendo plasmados pelas construções teóricas, pela linguagem, pela cultura, pela identidade subjetiva

---

[22] Antunes Varela, na condição de Ministro da Justiça, ao apresentar o então Projecto de Código Civil refere ao abuso de direito, justamente ali, faz uma das raríssimas citações do seu discurso: Orlando Gomes, A Reforma do Código Civil, Bahia, 1995, pp. 29 e ss. Varela situa o abuso de direito como especialmente vinculado ao exercício do direito de propriedade. Dizia o então Ministro: "A definição abrange, pela sua generalidade, todo e qualquer direito, seja qual for a sua natureza. Mas todos sabem ser o proprietário que especialmente recai sob a alçada do preceito, visto ser o direito de propriedade aquele que, pelo seu conteúdo, está mais frequentemente exposto a ser exercido contra a finalidade econômica e social a que se encontra adstrito." (Conforme dá conta Moreira Alves ao escrever sobre as "lições do novo Código Civil português"in: Moreira Alves, José Carlos. *A Parte Geral do Projeto de Código Civil brasileiro*. São Paulo, Saraiva, 1986, p. 28).

[23] Costa, Pietro. Discurso Jurídico e Imaginación. In: Petit, Carlos (org.) *Pasiones del Jurista. Amor, melancolia, imaginación*. Madrid, Centro de Estúdios Constitucionales, 1997, p. 166.

do observador. Essa percepção ajuda a distinguir entre texto (A) e sentidos (B). Vejamos, assim, como o diverso *experenciar* tem direcionado a construções distintas um texto que é – como texto – quase igual, ponto por ponto, no Código Civil português e no Código Civil brasileiro.

A) O texto do art. 187 como o resultado de uma combinação de influências

O art. 187 do Código Civil de 2002 assim dispõe:

"também comete ato ilícito o titular de um direito que, ao exercê-lo, excede manifestamente os limites impostos pelo seu fim econômico ou social, pela boa-fé ou pelos bons costumes." Sua adequada compreensão, contudo, somente pode ser feita na análise do contexto do novo Código".

Esse texto ingressou no Código Civil brasileiro por um cruzamento de influências entre as quais se conjugam indiscernivelmente História jurídica e o Direito Comparado.

Já os Anteprojetos de Códigos de Obrigações de 1941 ("Anteprojeto Hahnemann Guimarães") e de 1965 ("Anteprojeto Caio Mário") haviam inserido regras pelas quais a obrigação de reparar o dano poderia provir de ato que excedesse, no exercício do direito, os limites do interesse protegido ou os decorrentes da boa-fé, independentemente de qualquer intenção emulativa[24], constituindo, pois, fontes mediatas do atual art. 187.

O nexo imediato proveio, porém, do art. 334.º do Código Civil português cujo texto é quase idêntico ao do art. 187 do Código Civil brasileiro, como segue:

Art. 334.º: "É ilegítimo o exercício de um direito, quando o titular exceda manifestamente os limites impostos pela boa-fé, pelos bons costumes ou pelo fim social ou económico desse direito".

---

[24] O Anteprojeto brasileiro de Código das Obrigações, de 1941, consignava no art. 156, dever reparar o dano quem o causara por exceder, no exercício do direito, os limites do interesse por ele protegido ou dos decorrentes da boa-fé. A regra assemelhava-se à constante no Projeto franco-italiano de Código das Obrigações e dos Contratos, art. 74, alínea 2, que considerava obrigado à reparação quem causasse danos a outrem excedendo, no exercício do seu direito, os limites traçados pela boa-fé ou pelo fim em vista do qual esse direito lhe fora concedido. Em todos enunciados, assim como no art. 2.º do Código Suíço, não se exige a intenção de abusar, segundo a tradicional concepção francesa, antes importando o exercício do direito contra as regras da boa-fé e sem a prossecução de um interesse digno da proteção do ordenamento.

Em nenhum desses textos – e também nos seus antecedentes, seja o anteprojeto brasileiro de Código das Obrigações, de 1941, seja Projeto franco-italiano de Código das Obrigações e dos Contratos, art. 74, alínea 2, seja, ainda, o art. 2.º do Código Suíço – é exigida a intenção de abusar. O núcleo está no exercício do direito contra as regras da boa-fé e sem a prossecução de um interesse digno da proteção do ordenamento. A intenção emulativa ou a presença da culpa tampouco está na fonte imediata do art. 334.º Português, qual seja o art. 281 do Código Civil grego, que vem assim concebido: "O exercício é proibido quando exceda manifestamente os limites postos pela boa-fé, pelos bons costumes ou pelo escopo social ou econômico do direito"[25].

O codificador grego – explica Menezes Cordeiro, ao traçar a genealogia do art. 334.º – também em nada inventara, antes sabendo aproveitar e combinar manifestações legislativas e doutrinárias de outros sistemas: da codificação suíça e, sobretudo, da doutrina alemã, retira a referência aos bons costumes e à boa-fé, enquanto o artigo 71 do Projeto franco-italiano das Obrigações lhe cedeu a referência ao fim social e econômico do direito. O artigo 2.º /2 do Código Suíço também foi modelo, exigindo que a ultrapassagem dos limites postos ao exercício dos direitos se dê "manifestamente"[26] de modo que – assegura ainda Menezes Cordeiro – o Código grego acolhera uma fórmula respeitante ao abuso do direito que ultrapassara todos os códigos que o antecederam, colocando em enunciado legal a súmula da doutrina alemã posterior ao BGB[27].

---

[25] Informa Menezes Cordeiro que a regra foi introduzida no projeto de Código Civil Português por ocasião da segunda revisão ministerial, advinda do Código grego que soubera "aproveitar os esforços doutrinários de diversos quadrantes e harmonizá-los" (MENEZES CORDEIRO, António. *Tratado de Direito Civil. Português. I. Parte Geral. Tomo IV.* Coimbra, Almedina, 2005, p. 260).

[26] MENEZES CORDEIRO, António. *Tratado de Direito Civil. Português. I. Parte Geral. Tomo IV.* Coimbra, Almedina, 2005, pp. 260-261. O autor trata do tema também em MENEZES CORDEIRO, António Manuel da Rocha e: *Da boa-fé no direito civil*, Coimbra, Almedina, pp. 719-860 e em Litigância de Má-Fé, Abuso do Direito de Acção e Culpa "in agendo. Coimbra, Almedina, 2006.

[27] MENEZES CORDEIRO, António. *Tratado de Direito Civil. Português. I. Parte Geral. Tomo IV.* Coimbra, Almedina, 2005, p. 263. Importa observar que essas mesmas influências eram conhecidas pelos elaboradores do Anteprojeto do Código Civil brasileiro, sendo o Professor José Carlos Moreira Alves reconhecido cultor da doutrina germânica. Por sua vez, a antiga doutrina de Pedro Baptista Martins já divulgara algumas das conquistas culturais que acabaram sumuladas no art. 187, inclusive a redação do art. 74 do projeto franco-italiano de Código das Obrigações e dos Contratos elaborado em 1916 sob a presidência do jurista italiano Vittorio Scialoja, segundo o qual, in verbis: "Toute faute qui cause un dommage à autrui oblige celui qui l'a commise à le reparer. Doit également réparation celui qui cause un dommage à autrui en excédant, dans l'exercice de son droit, les limites fixées par la bonne foi ou par le but em vue duquel ce droit lui a été confere". (*apud* MARTINS, Pedro Baptista. *O Abuso do Direito e o Ato Ilícito.* (1ª ed: 1935). 3ª ed. histórica, Rio de Janeiro, Forense, 1997, p. 89).

Mas essa exitosa fórmula, uma vez transplantada para solo tropical[28] – em que vem, apropriadamente classificada como caso de ilicitude civil – não parece bem vicejar.

B) Uma planta que não viceja?

É bem verdade que, em tema de abuso, o Direito brasileiro se move sobre uma tradição de fragmentações, não de sistema[29], as peças do mosaico remontando ao Direito anterior ao Código de Bevilaqua, em que – assegura

---

[28] Na opinião de Menezes Cordeiro o Código Civil brasileiro "intentou resolver, no tocante à sistematização do exercício jurídico, "algumas das incongruências sistemáticas apontadas" ao Código Civil Português (in *Tratado de Direito Civil. Português. I. Parte Geral. Tomo IV.* Coimbra, Almedina, 2005, p. 13). Com efeito, o art. 187 está classificado no livro III da Parte Geral, relativo aos fatos jurídicos, inclui um Título III – Dos Atos Jurídicos onde, em três artigos (186 a 188) o Código define ato ilícito; considera ilícito o exercício que exceda manifestamente os limites impostos pelo fim econômico ou social dos direitos, pela boa-fé ou pelos bons costumes; e isenta de ilicitude as situações de legítima defesa e de estado de necessidade. A a resolução dessas "incongruências sistemáticas" é devida a Miguel Reale. No volume intitulado *Anteprojeto com minhas revisões, correções, substitutivos e acréscimos*, contento os textos originalmente discutidos e deliberados pela Comissão Elaboradora do Anteprojeto observa-se, a fls 43 ter Reale modificado a primitiva redação dos arts. 186 e 187 para, desde logo, *qualificá-los como espécies de ilícito*. Assim, o texto primitivo: (Artigo 196 (159): "Aquele que, por ação ou omissão voluntária, negligência ou imprudência, violar direito e causar dano a outrem, ainda simplesmente moral fica obrigado a repará-lo" foi modificado para constar, em texto manuscrito, da sua lavra: "Comete ato ilícito aquele que, por ação ou omissão voluntária, negligência ou imprudência, viola direito ou causa dano a outrem, ainda (que) simplesmente moral".Por sua vez, o texto primitivo: (art. 197). "Comete ato ilícito o titular de um direito que, ao exerce-lo, excede manifestamente os limites impostos pelo seu fim econômico ou social, pela boa fé ou pelos bons costumes" foi também alterado, para constar: "Também comete ato ilícito o titular de um direito que, ao exerce-lo, excede manifestamente os limites impostos pelo seu fim econômico ou social, pela boa fé ou pelos bons costumes". Subsequentemente, Reale deslocou um art. 198, referente ao dano causado por menor de 16 anos para a Parte Especial entre a regulação da Obrigação de Indenizar.

[29] Permito-me reenviar para MARTINS-COSTA, Os avatares do abuso do direito e o rumo indicado pela boa-fé. In: Delgado, Mario Luiz; Alves, Jones Figueiredo. (Org.). *Novo Código Civil – Questões Controvertidas*. São Paulo: Método, 2007, v. 6, pp. 505-544. Observei que, ao contrário do ocorrido em outros países, entre nós a figura do abuso apareceu primeiramente por iniciativa legislativa e por uma tão parca quanto corajosa doutrina que ousou romper a "escassez alarmante" e a "vocação exclusivista" dos "jurisconsultos pátrios" denunciada nos anos 30 do século XX por Pedro Baptista Martins. Os esparsos arestos do Supremo Tribunal Federal sobre o tema revelam, ademais, a base formadora de uma pré-compreensão individualista e subjetiva, melhor compreenderemos a raiz de algumas presentes dificuldades na compreensão do instituto.

Pedro Baptista Martins – "não se encontram, além da lide temerária, outros vestígios do abuso do direito"[30]. O Código Civil de 1916 não cuidara de sistematizar o regramento do exercício jurídico, isto é, a atuação humana relevante para o Direito, abrangendo os atos jurídicos, lícitos e ilícitos, incluindo, pois, todas as práticas negociais[31], muito embora o tenha feito – casuisticamente – por meio de regras esparsas, acolhendo a figura do abuso no âmbito da "regularidade de exercício", segundo a concepção de Saleilles, como refere Clóvis Bevilaqua em seu *Código Civil Anotado*[32].

Não foi suficiente, todavia, a expressa indicação do próprio codificador, nem mesmo, na década de 1930, a entusiástica defesa procedida por Pedro Baptista Martins acerca da base "puramente objetiva"[33] da regra condenatória do abuso do direito. Ainda que ingressando por meio de uma "fórmula misteriosa", como qualificou Pontes de Miranda, o art. 160, I, teve pobre e desviada fortuna, sendo raros os acórdãos que o versavam, no mais das vezes para negar a vigência do instituto[34]. Só nos meados do séc. XX os Tribunais passaram a examinar com mais freqüência a hipótese de abuso e o fizeram com particular atenção em matéria locatícia[35]. No mais das vezes a jurisprudência,

---

[30] MARTINS, Pedro Baptista. *O Abuso do Direito e o Ato Ilícito*. (1ª ed: 1935). 3ª ed. histórica, Rio de Janeiro, Forense, 1997, p. 92.

[31] MENEZES CORDEIRO, António. *Tratado de Direito Civil. Português*. I. Parte Geral. Tomo IV. Coimbra, Almedina, 2005, p. 9.

[32] BEVILAQUA, Clóvis. *Código Civil dos Estados Unidos do Brasil comentado por Clovis Bevilaqua*. Ed. Rio, 2ª tiragem, ed. histórica, Rio de Janeiro, 1976, p. 433, em que, após examinar as soluções dos vários Códigos civis estrangeiros, anota: "O brasileiro, art. 160, I, refere-se ao exercício irregular do direito. É a doutrina de Saleilles. O exercício anormal do direito é abusivo. A consciência pública reprova o exercício do direito do indivíduo quando contrário ao destino econômico e social do direito, em geral".

[33] MARTINS, Pedro Baptista. *O Abuso do Direito e o Ato Ilícito*. (1ª ed: 1935). 3ª ed. histórica, Rio de Janeiro, Forense, 1997, p. 95.

[34] Para o exame da jurisprudência até meados do séc. XX, veja-se MARTINS, Pedro Baptista. *O Abuso do Direito e o Ato Ilícito*. (1ª ed. 1935). 3ª ed. histórica, Rio de Janeiro, Forense, 1997, pp.102 e ss registrando "o horror ao reconhecimento da responsabilidade civil em casos de abuso" (p. 111), os poucos casos que o aceitavam consistindo em "descuido da jurisprudência" (p. 103). Referem a doutrina do período PINHEIRO, Rosalice Fidalgo. *O Abuso do direito e as Relações Contratuais*. Rio de Janeiro, Renovar, 2002, pp. 289 e ss.; JORDAO, Eduardo. *Abuso de Direito*. Salvador, Podivum, 2006, pp. 65 e ss. e o nosso MARTINS-COSTA, Os avatares do abuso do direito e o rumo indicado pela boa-fé. In: Delgado, Mario Luiz; Alves, Jones Figueiredo. (Org.). *Novo Código Civil – Questões Controvertidas*. São Paulo: Método, 2007, v. 6, pp. 505-544.

[35] A primeira decisão indexada eletronicamente sob o verbete "abuso do direito", no STF é: RE 14090/Recurso Extraordinário. Relator (a): Min. OROSIMBO NONATO. J. em 20/06/1950. segunda turma. In: ADJ de 04-04-1952, pp-01704; ADJ 22-09-1950, pp-03183 DJ 03-08-1950 pp-06968. EMENT vol. 00005-02, p. 330. Também a doutrina passa a atentar para o problema

rejeitando a concepção objetiva do abuso do direito efetivamente estampada no art. 160, inciso I do Código Civil acolhia, diversamente, uma concepção subjetiva *a outrance*, exigindo-se intenção emulativa, "malícia e culpa", pelo menos, como elementos integrantes do abuso do direito[36].

Foi apenas na virada para o séc. XXI que a jurisprudência passou a caminhar – ainda que em passos vacilantes – no sentido da objetivação do abuso. Seja em razão das grandes mudanças legislativas ocorridas desde 1988 (data da vigência da Constituição Federal) e em especial nos anos 90 (quando se aprofunda o processo de descodificação civil, principalmente pela edição do Código de Defesa do Consumidor e sua noção objetiva de *abusividade contratual*[37] fundada no "significativo desequilíbrio" em detrimento do consumidor); seja, enfim, por força da criação e do papel desempenhados desde então pelo Superior Tribunal de Justiça, o fato é que começam a pipocar arestos a invocar o abuso prescindindo dos elementos subjetivos. Mas, mesmo então, nenhuma referência há aos elementos de concreção do abuso que chegaram ao Código Civil por conta "das idéias viajantes": as mesmas boa-fé, os bons costumes e o fim econômico ou social do direito que, elaborados pela civilistica alemã, tomaram forma de lei no Código grego adotando no Código português o idioma luso que alcançou o Código brasileiro[38].

Mais grave ainda: a doutrina custa a perceber a reconstrução conceitual da idéia de ilicitude civil promovida pelo Código de 2002 ao taxar o exercício manifestamente contrário à boa-fé, aos bons costumes e ao fim econômico e

---

como o demonstra o texto de Oscar Tenorio, Considerações sobre o Abuso de Direito na Purgação da Mora, in *Arquivos do Ministério da Justiça*, vol. 57, 1956, p. 11 et seq. Apenas no período de 50 a 70 do séc. XX começam a ser marcados certos elementos de concretização do abuso do direito como *fattispecie* decorrente do exercício anormal ou irregular de um direito já insinuando alguma consideração à finalidade econômica ou social do direito como baliza da licitude em STF, RE 29749/Recurso Extraordinário. Rel. Min. Ribeiro da Costa. J. em 08/05/1956. Segunda Turma. In: Ement vol. 00274 pp. 00349).

[36] V.g: STF, RE 24545 / Recurso Extraordinário. Rel. Min. Ribeiro da Costa. J. em 28/01/1954; Segunda Turma. In: ADJ de 12-09-1955, pp.-03223. Ement vol. 00181-02 pp. 00550.

[37] Conquanto haja pontos de conexão e relação de gênero e espécie, a noção de "abusividade contratual" do Código de Defesa do Consumidor não se subsume na noção de abuso do direito, não apenas pela distinta operabilidade, mas fundamentalmente, por serem distintos os elementos de qualificação da espécie, como anotamos em Martins-Costa, Os avatares do abuso do direito e o rumo indicado pela boa-fé. In: Delgado, Mario Luiz; Alves, Jones Figueiredo. (Org.). *Novo Código Civil – Questões Controvertidas*. São Paulo: Método, 2007, v. 6, p. 505-544.

[38] Para o exame da jurisprudência permitimo-nos reenviar a Martins-Costa, Os avatares do abuso do direito e o rumo indicado pela boa-fé. In: Delgado, Mario Luiz; Alves, Jones Figueiredo. (Org.). Novo Código Civil – Questões Controvertidas. São Paulo: Método, 2007, v. 6, pp. 505-544.

social do direito como espécie de ilicitude. Em outras palavras: para a perspectiva tradicional a ilicitude, para além de restar confundida com a culpa, e verdadeiramente *construída, conceitualmente, a partir do seu efeito mais corriqueiro e geral*, qual seja a obrigação de indenizar por dano ao patrimônio[39], com o que o conceito de ilicitude civil não tem valia "por si", não tem um campo operativo próprio, pois é mera "condição" da responsabilidade civil. Por esse viés, não apenas se confunde a ilicitude com o elemento subjetivo (culpa) quanto a própria idéia de ilicitude resta *limitada* às hipóteses de "ilicitude de fins", seja na violação aos direitos do parceiro contratual, seja na violação a direitos absolutos, pouco espaço restando para a chamada "ilicitude no modo do exercício".

Por conta dessas equívocas identificações, grande parte da doutrina, mesmo posterior à vigência do Código de 2002 se esforça para *discernir* entre ilicitude e abuso[40] ou mesmo exige, no suporte fático do art. 187, dolo, ou ao menos culpa grave e intenção emulativa, conquanto a jurisprudência consiga alcançar que o abuso é forma de ilicitude[41]. Não ainda se retirou todo o rico significado da indicação codificada pela qual a ilicitude não apenas como "ilegalidade"[42], mas, verdadeiramente, *contrariedade ao Direito* entendido como *Ordenamento* composto por princípios e regras e polarizado por uma precisa finalidade, qual seja, *ordenar a coexistência de liberdades*.

Por que esse caminho não vem sendo seguido?

Comparemos com a significação dada ao art. 334.º do Código português, cujo texto – como vimos – é praticamente análogo ao do art. 187, ambos se tendo servido do que Menezes Cordeiro denomina de "a fórmula grega".

---

[39] Assim referi em MARTINS-COSTA, Judith. Breves anotações acerca do conceito de ilicitude no novo Código Civil (estruturas e rupturas em torno do art. 187). In: www. migalhas. com. br.

[40] Exemplificativamente, CARPENA, Heloisa. Abuso do direito no Código de 2002. Relativização de direitos na ótica civil-constitucional. In: TEPEDINO, Gustavo (coord.). *A Parte Geral do Novo Código Civil. Estudos na Perspectiva Civil-Constitucional*. Rio de Janeiro, Renovar, 2002, pp. 367-385. Também PINHEIRO, Rosalice Fidalgo. *O Abuso do direito e as Relações Contratuais*. Rio de Janeiro, Renovar, 2002, pp. 77 e ss. e 110 e ss.

[41] Na jurisprudência mais recente se encontra a distinção, como, exemplificativamente, o TJRS, Apelação Cível n.º 598258317, Vigésima Câmara Cível, Rel. Des. José Aquino Flores de Camargo, J. em 30/03/1999.

[42] Por isso é que, fundado nessa moderna concepção de ilicitude civil, Menezes Cordeiro traça reprimenda ao texto do art. 334.º do Código Civil português que utiliza a expressão "ilegitimidade" para qualificar o abuso do direito. Examinando os seus elementos observa que a palavra "ilegítimo", constante da dicção legal, lá está "em sentido não técnico" [pois] o legislador pretendeu dizer "é ilícito" ou "não é permitido" (MENEZES CORDEIRO, António. *Tratado de Direito Civil Português*. I. Parte Geral. Tomo IV. Coimbra, Almedina, 2004, p. 239.)

Esclarece Menezes Cordeiro que o sucesso dessa fórmula não se deve exclusivamente ao seu texto. Esse sucesso se deve em grande parte à circunstância de os juristas gregos, juízes e legisladores, terem efetivamente recebido e compreendido a doutrina germânica que lograra superar as deficiências do BGB na matéria[43] num movimento de *circularidade transcultural* absolutamente não estranho ao Direito Comparado e que bem evidencia o até certo ponto limitado papel da lei quando não acompanhada por uma doutrina culta e responsável[44].

A invocação aos limites da lei quando não acompanhada por um trabalho doutrinário consciencioso e cientificamente orientado recorda, outrossim, que a fórmula do art. 187 significa, do ponto de vista cultural, uma verdadeira *ruptura* que apenas se concretizará, no entanto, se trabalhada, devidamente, a sua pré-compreensão[45]. A ruptura de que se fala é relativa à tradição do abuso até então seguida em nossa doutrina, pois, da concepção "francesa" que marcara a atribulada recepção da figura no Brasil – delineando a *forma de compreensão* do art. 166, inc. I do Código de 1916 – o vigente Código passou a uma concepção "germânica" em tudo estranha àquela[46]. Demais disso, a con-

---

[43] MENEZES CORDEIRO, António. *Tratado de Direito Civil. Português. I. Parte Geral. Tomo IV.* Coimbra, Almedina, 2005, pp. 264: "O abuso do direito do Código grego é o produto da doutrina germânica; a sua aplicação desenvolveu-se porque e na medida em que essa doutrina foi efetivamente recebida pelos juristas gregos".

[44] Esse fato mostra, igualmente, a imensa relevância dos "modelos dogmáticos ou doutrinários" para o progresso do Direito. Entenda-se por "modelos dogmáticos" na acepção que deu Miguel Reale a essa expressão considerando modelos certas "estruturas normativas que ordenam fatos segundo valores, numa qualificação tipológica de comportamentos futuros, a que se ligam determinadas conseqüências" (REALE, Miguel. "Fontes e Modelos no Direito – para um novo paradigma hermenêutico", São Paulo, Saraiva, 1994, e, "Para uma teoria dos modelos jurídicos", in "Estudos de Filosofia e de Ciência do Direito", São Paulo, Saraiva, 1978, p. 17). Os modelos doutrinários, dogmáticos os hermenêuticos não têm, diretamente, força prescritiva, ao contrário dos modelos legais, jurisprudenciais e costumeiros. Atuam, porém, na integração das lacunas e, indiretamente, por força de seu acolhimento pela jurisprudência (permito-me reenviar, igualmente, para o meu A Boa-Fé como Modelo in: MARTINS-COSTA, Judith e BRANCO, Gerson. Diretrizes Teóricas do Novo Código Civil. São Paulo, Saraiva, 2002, pp. 180-226, por tratar de uma exemplificação da Teoria dos Modelos realeana.

[45] GADAMER, H. G. *Verdad y Metodo*. Tradução espanhola de Ana Agud APARICIO e Rafael de AGAPITO. Salamanca: Sigueme, 1991, pp. 331-332; ESSER, J. *Precomprensione e scelta del metodo nel processo di individuazione del diritto*. Trad. de: *Vorverständnis und Methodenwahl in der Rechtsfindung* por Salvatore Patti e Giuseppe Zaccaria. Camerino : Edizioni Scientifiche Italiane, 1983, p. 4).

[46] Observa Menezes Cordeiro: "A experiência alemã não desenvolveu uma idéia de 'abuso do direito' semelhante à francesa" (MENEZES CORDEIRO, Antonio. *Litigância de Má-Fé, Abuso do Direito de Acção e Culpa "in Agendo"*. Coimbra, Almedina, 2006, p. 38). Na doutrina brasileira,

cepção "germânica" subjacente ao art. 187 não adveio diretamente do BGB: nós a temos por meio do acolhimento pelo Código Português da leitura procedida pelo codificador grego à doutrina alemã posterior ao BGB que edificara as bases do exercício jurídico inadmissível para além das estreitas comportas permitidas pela regra da proibição da chicana do parágrafo 226, segundo o qual "o exercício de um direito é inadmissível quando só possa ter o escopo de provocar danos a outrem"[47].

Todas essas transferências culturais conduzem a questionar se o art. 187 chega ao Direito brasileiro numa época propícia a recebê-lo ou se, diversamente, continuaremos, por força da pré-compreensão, não só a ler na sua letra o que ali não está escrito quanto a não atribuir ao enunciado legislativo a riqueza de sentidos que está formalmente apto a endossar.

Conclusão

A conclusão não deve remanescer uma interrogação. Se uma resposta positivamente conclusiva ainda não é possibilitada pelos fatos, em visão prospectiva, porém, cabe uma ponta de esperança, pois ao menos duas das balizas da licitude contidas em seu texto – qual seja a *finalidade econômica e social do negócio* e o *princípio da boa-fé objetiva* – já estão razoavelmente sedimentadas em nossa cultura jurídica.

A finalidade econômica e social do negócio remete à idéia bettiana de "causa objetiva" do negócio. Conquanto o Código Civil brasileiro não exija a causa como elemento de validade, tal qual na tradição francesa, doutrina e jurisprudência têm utilizado a noção de "causa-função", notadamente para o exame dos negócios contratuais. Essa via é mais ainda relevante no plano da

---

percebe essa ruptura Rosalice Fidalgo Pinheiro, ao anotar: " Eis a estreita vinculação entre boa-fé e abuso do direito, revelando em suas entrelinhas o encontro de duas tradições jurídicas: a francesa e a alemã" (PINHEIRO, Rosalice Fidalgo. *O Abuso do direito e as Relações Contratuais*. Rio de Janeiro, Renovar, 2002, p. 248).

[47] Segundo a tradução de Menezes Cordeiro, que anota ser tão restritivo o preceito que, "nos 105 anos de vigência do BGB, teve uma aplicação muito escassa", pois, efetivamente, "apenas em casos de perfil acadêmico será possível imaginar um exercício que *só possa ter* como escopo prejudicar terceiras pessoas". Por isso, afirma, a construção do abuso, naquele país, acabou por se desenvolver a partir do lavor doutrinário acerca de "grandes grupos de casos típicos", a saber: "*exceptio doli, venire contra factum proprium, supressio e surrectio*,inalegabilidades formais, *tu quoque* e outros. Finalmente, tudo isso foi reconduzido à boa-fé". (MENEZES CORDEIRO, Antonio. *Litigância de Má-Fé, Abuso do Direito de Acção e Culpa "in Agendo"*. Coimbra, Almedina, 2006, pp. 39-40).

hermenêutica contratual quando se sabe que o Código Civil realizou a unificação das obrigações civis e comerciais. Para discernir, *in concreto*, entre a funcionalidade ou disfuncionalidade do exercício jurídico importa, pois, a pesquisa da causa objetiva (como função econômica e social dos negócios) a fim de discernir entre a *especial racionalidade* de uns e outros contratos. Não devemos esquecer que relativamente ao Direito Civil, o Direito Comercial encontra no seu ponderável "talho prático" e na sua especial racionalidade econômica os elementos modeladores da sua própria estrutura jurídica[48].

Já a boa-fé objetiva tem sido objeto de quase duas décadas de emprego corrente nos Tribunais e uma avalanche de obras doutrinárias[49] que permitem a criação de uma tradição de relativo consenso acerca dos seus significados e âmbitos operativos, ainda que o princípio seja contaminado, algumas vezes, por certa "super-utilização[50]" acrítica e marcada por lastimável atecnía.

Para além de sustentar o que se poderia denominar de "casos tradicionais de abuso" – inclusive os decorrentes de desequilíbrio de posições jurídicas, em que o princípio (implícito) do equilíbrio conecta-se tanto ao princípio da boa-fé quanto à noção de fim econômico ou social do direito[51] – a boa-fé do art. 187 enseja um virtuoso leque de possibilidades ao Direito brasileiro. Assim, é perfeitamente cabível postular que o art. 187 seja tido como *eixo de um sistema de ordenação do exercício jurídico lícito* (ou, inversamente, de um

---

[48] FORGIONI, Paula. *Contrato de Distribuição*. São Paulo, Revista dos Tribunais, 2005, p. 565. Assim, a função econômica e social do negócio tem ativo papel na hermenêutica do contrato e da conduta contratual, muito embora tal não signifique uma sujeição do Direito ao determinismo econômico, no curvar-se da normatividade à facticidade, mas, tão somente, na consideração do que normalmente acontece (*id quod plerunque accidit*) relativamente a determinado tipo de negócio em determinado segmento econômico-social ("mercado"), na medida em que os mercados são "estatutos normativos" (IRTI, Natalino. L'Ordine Giuridico del Mercato. 3ª ed. Roma, Laterza, 1998, p. 39) que têm a sua "normalidade" específica ao segmento considerado: financeiro, imobiliário, bancário, automotivo, etc, esta sua contextual "normalidade" implicando em calculabilidade e previsibilidade e, portanto, em geração de legítimas expectativas (v. COUTU, Michel. Max Weber et les rationalités du droit. Paris, LGDJ, 1995, em especial p. 47 et seq.).

[49] Para referências quanto à doutrina e jurisprudência permito-me reenviar a MARTINS-COSTA, Judith. *Comentários ao Novo Código Civil. Do Adimplemento das Obrigações*. Vol. V, Tomo I. 2ª ed. Rio de Janeiro, 2005, pp. 56-57, notas 204 e 205. Conectando especificamente o abuso do direito ao princípio da boa-fé veja-se, mais recentemente, PINHEIRO, Rosalice Fidalgo. *O Abuso do direito e as Relações Contratuais*. Rio de Janeiro, Renovar, 2002, pp. 347 e ss.; SCHREIBER, Anderson. *A proibição de Comportamento Contraditório. Tutela da Confiança e Venire Contra Factum Proprium*. Rio de Janeiro, Renovar, 2005, pp.111 e ss.; e JORDÃO, Eduardo. *Abuso de Direito*. Salvador, Podivum, 2006, pp. 106 e ss.

[50] A expressão é de SCHREIBER, Anderson. *A proibição de Comportamento Contraditório. Tutela da Confiança e Venire Contra Factum Proprium*. Rio de Janeiro, Renovar, 2005, p. 114.

sistema de coibição do exercício jurídico ilícito) arrumando, em grupos de casos *axiologicamente orientados* aos valores encerrados no sintagma "boa-fé" e os escopos *in concreto* conectados à função de meio para a circulação econômica dos bens que os negócios jurídicos comportam.

Exemplificativamente, o exercício inadmissível de situações jurídicas societárias[52], no Direito Empresarial, o exercício abusivo de posição dominante no mercado, nas relações de Direito da Concorrência[53]; a invasão abusiva da esfera da privacidade ou mesmo o abuso do direito de informação[54] ou do "direito de narrar[55]", temas abrangidos pela proteção dos Direitos da Personalidade na forma da cláusula geral do art. 21 do Código Civil[56]; e, nas relações de Direito Privado comum – entre tantos outros exemplos que poderiam ser citados –, a própria disciplina das cláusulas contratuais que se mostram abusivas, ou por desequilibrarem manifestamente as posições contratuais, ou por traduzirem manifestamente deslealdade ou improbidade, ao "amordaçarem" uma das partes ou ao encerrarem indevida surpresa em desfavor da parte aderente, como pode ocorrer com certas pactuações de juros, ou de reajuste, que não deixam explicitada nem as bases de cálculo nem os critérios que serão adotados para tal fim.

Nesses casos o princípio da boa-fé, por seu significado primacial de correção e lealdade, por sua inscrição em uma *tradição sistematizadora*, pela relativa vagueza semântica que o caracteriza – permitindo, em seu entorno, uma área de franja hábil a captar novas hipóteses não ainda tipificadas legal ou socialmente – mostra-se um instrumento da maior utilidade para resolver o "dilema do abuso", a saber: o de demarcar, no caso concreto, a

---

[51] Embora não explicitando essas conexões entre boa-fé, equilíbrio e fim econômico ou social do direito assim já julgou o STJ em REsp 250523 / SP; Rel. Min. Ruy Rosado de Aguiar, 4ª T. J. em 19/10/2000. In: DJ 18.12.2000 p. 203 (idem em JBCC vol. 187 p. 366; LEXSTJ vol. 141 p. 194; e RSTJ vol. 145 p. 446.

[52] Exemplos em Levi, Giulio. *L'abuso del diritto*. In Studi do Diritto Privato Italiano e Straniero. Nuova Serie. Vol. XXXI. Milão, Giuffè, 1993, pp. 69-94.

[53] Exemplos em Levi, Giulio. *L'abuso del diritto*. In Studi do Diritto Privato Italiano e Straniero. Nuova Serie. Vol. XXXI. Milão, Giuffè, 1993, pp. 95-116.

[54] Já se pronunciou o STJ a respeito, conquanto também não tenha estabelecido a conexão entre o art. 187 (Boa-Fé) e o art. 21 (proteção à vida privada). Assim o REsp 473734 / AL; Rel. Min. Castro Filho, 3ª T. J. em 25/05/2004; In: DJ 07.06.2004 p. 218 (idem em RT vol. 829 p. 155).

[55] Exemplificativamente, STJ. REsp 513057 / SP; Rel. Min. Sálvio de Figueiredo Teixeira, 4ª T. J. em 18/09/2003. In: DJ 19.12.2003 p. 484 (idem em RSTJ vol. 177 p. 52).

[56] Para a relação entre o exercício inadmissível e a proteção da vida privada, Cachapuz, Maria Claudia. *Intimidade e Vida Privada no Novo Código Civil Brasileiro. Uma leitura orientada pelo Discurso Jurídico*. Porto Alegre, Sergio Fabris Editor, 2005, em especial pp. 201-284.

extensão dos direitos e faculdades que não foram objeto de maior precisão legislativa[57].

Mais do que isso, a boa-fé permite até mesmo ultrapassar a noção de abuso do direito – "construído, na doutrina, como conceito dogmático residual, para abranger situações de fato não enquadráveis no ordenamento jurídico – mas de definir causa de ilicitude (,,,)"[58]. Por essa razão há quem sustente que a boa-fé não é apenas a mais importante das balizas do exercício jurídico: o princípio englobaria a categoria do abuso que, *subsumido* no princípio da boa-fé objetiva, não teria "existência autônoma", mas demarcaria uma das três zonas funcionais do princípio[59].

Mas esse exercício de comparação crítica, de *análise diferencial das juris-culturas*[60] que ouso proceder – confiada na função eminentemente crítica da

---

[57] Como observa Karimi, "os direitos (subjetivos) conferem certas faculdades a seus titulares a que são ligados, concomitantemente, certos deveres. A questão está em saber se para além (*en dehors*) dos limites traçados precisamente pelas leis, existem outras restrições não tornadas precisas pelo legislador. Essa é a razão pela qual se põe a questão do abuso do direito: ela consiste precisamente em estudar os limites dos direitos que não foram objeto de uma precisão legislativa. (KARIMI, Abbas. *Les clauses abusives et la théorie de l'abus de Droit*. Paris, L.G.D.J, 2001, 27).

[58] CACHAPUZ, Maria Claudia.*Intimidade e Vida Privada no Novo Código Civil Brasileiro. Uma leitura orientada pelo Discurso Jurídico*. Porto Alegre, Sergio Fabris Editor, 2005, p. 237.

[59] Assinala Giulio Levi: "Vi è una tendenza, anche secondo la dottrina italiana, a generalizzare il principio dell'abuso del diritto, sino a ricomprenderlo in quello di buona fede: cioè proprio l'exceptio doli generalis rivela che un principio di carattere generale domina la materia e questo, tra l'altro, conferme il discorso di coloro che dicono che in realtà non esiste l'abuso del diritto, anzi che questo è una contraddizione in termine. Sulla spinta tedesca, dunque, addirittura si è parlato di principio di correttezza e buona fede, principio che investirebbe non solo i rapporti obbligatori, ma verrebbe applicato anche in tema, per esempio, di concorrenza sleale, di responsabilità civile. (LEVI, Giulio. *L'abuso del diritto*. In Studi di Diritto Privato Italiano e Straniero. Nuova Serie. Vol. XXXI. Milão, Giuffè, 1993, p. 13). Em sentido contrário, na doutrina brasileira, Anderson Schreiber, que, analisando o art. 187, assinala: "O abuso do direito é, sob esse ângulo, mais amplo que a boa-fé objetiva porque não apenas impede o exercício de um direito contrário à boa-fé, mas também em outras situações em que o confronto se dá com os bons costumes ou com o fim econômico e social do direito. Sob outro ângulo, contudo, a boa-fé é mais ampla que o abuso, porque não apenas impede o exercício do direito que lhe seja contrário, mas também porque impõe comportamentos e serve de critério hermenêutico-interpretativo (sic) nas relações negociais. É possível, portanto, concluir, ao menos à luz do direito positivo brasileiro, que boa-fé objetiva e abuso do direito são conceitos autônomos, figuras distintas, mas não mutuamente excludentes, círculos secantes que se combinam naquele campo dos comportamentos tornados inadmissíveis (abusivos) por violação ao critério da boa-fé" (SCHREIBER, Anderson. *A proibição de Comportamento Contraditório. Tutela da Confiança e Venire Contra Factum Proprium*. Rio de Janeiro, Renovar, 2005, pp. 112-113).

[60] LEGRAND, Pierre. Sur l'analyse différentielle des juriscultures. *Revue Internationale de Droit Comparé*, 4, 1999, pp. 1053-1071.

comparação jurídica[61], função até mesmo "subversiva" do dogmatismo e das concepções estereotipadas[62] – aponta, igualmente, a uma outra direção. Aponta, em meu entendimento, à necessária cooperação intelectual entre juristas brasileiros e portugueses.

Com base nesse *trânsito juscultural reconectado* – já que, novamente, partilhamos uma comum tradição – podemos e devemos, os civilistas portugueses e brasileiros, compartilhar o caminho da reconstrução conceitual da ilicitude civil a partir das regras examinadas, o art. 334.º e o art. 187.

Se assim for, o instituto regente do exercício jurídico (chamemo-lo, impropriamente, de abuso ou, mais adequadamente, de exercício inadmissível ou disfuncional) não mais pode ser considerado como "um caso residual" de ilicitude estando, ao contrário, no centro do sistema.

Seguindo as veredas abertas pela experiência comparatista talvez possamos responder à interrogação antes aposta ao acompanhar a *viagem de uma idéia*, afastando o exercício jurídico das trilhas subjetivistas encerradas tradicionalmente no *nomem iuris* "abuso do direito" para, recheando-o com renovado conteúdo, redirecioná-lo a uma qualificação normativamente polarizada pelas balizas postas nos arts. 334.º e 187 dos respectivos Códigos Civis. Então encontraremos a medida de um direito subjetivo reconfigurado, não mais visto como um tendencialmente ilimitado "poder da vontade", mas como elo integrante das complexas situações jurídicas subjetivas, existenciais ou patrimoniais que se situam na vida social como cenário da *integração de liberdades coexistentes*.

REFERÊNCIAS BIBLIOGRÁFICAS

BEVILAQUA, Clóvis. *Código Civil dos Estados Unidos do Brasil comentado por Clovis Bevilaqua*. Ed. Rio, 2ª tiragem, ed. histórica, Rio de Janeiro, 1976.

CABRAL DE MELLO, Evaldo. *Um imenso Portugal. Historia e Historiografia*. São Paulo, Editora 34, 2002.

CACHAPUZ, Maria Claudia.*Intimidade e Vida Privada no Novo Código Civil Brasileiro. Uma leitura orientada pelo Discurso Jurídico*. Porto Alegre, Sergio Fabris Editor, 2005.

CARPENA, Heloisa. Abuso do direito no Código de 2002. Relativização de direitos na ótica civil-constitucional. In: TEPEDINO, Gustavo (coord.). *A Parte Geral do Novo Código Civil. Estudos na Perspectiva Civil-Constitucional*. Rio de Janeiro, Renovar, 2002.

---

[61] Assim a concepção do comparatista italiano SACCO, Rodolfo. *La Comparaison juridique au service de la conaissance du droit*.Paris. Economica, 1991, pp. 115 e ss.

[62] MUIR WATT, Horatia. Fonction Subversive du Droit Comparé. *Revue Internationale de Droit Comparé*, n. 3, 2000, pp. 503-527.

Coutu, Michel. *Max Weber et les rationalités du droit*. Paris, LGDJ, 1995.
Costa, Pietro. Discurso Jurídico e Imaginación. In: Petit, Carlos (org.) *Pasiones del Jurista. Amor, melancolia, imaginación*. Madrid, Centro de Estúdios Constitucionales, 1997.
Esser, J. *Precomprensione e scelta del metodo nel processo di individuazione del diritto*. Trad. de: *Vorverständnis und Methodenwahl in der Rechtsfindung* por Salvatore Patti e Giuseppe Zaccaria. Camerino: Edizioni Scientifiche Italiane, 1983
Forgioni, Paula. *Contrato de Distribuição*. São Paulo, Revista dos Tribunais, 2005.
Gadamer, H. G. *Verdad y Metodo*. Tradução espanhola de Ana Agud Aparicio e Rafael de Agapito. Salamanca: Sigueme, 1991.
Irti, Natalino.*L'Ordine Giuridico del Mercato*. 3ª ed. Roma, Laterza, 1998.
Jordao, Eduardo. *Abuso de Direito*. Salvador, Podivum,2006.
Karimi, Abbas. *Les clauses abusives et la théorie de l'abus de Droit*. Paris, L.G.D.J, 2001.
Legrand, Pierre. Sur l'analyse différentielle des juriscultures. *Revue Internationale de Droit Comparé*, 4, 1999, pp. 1053-1071
Levi, Giulio. *L'abuso del diritto*. In Studi do Diritto Privato Italiano e Straniero. Nuova Serie. Vol. Xxxi. Milão, Giuffè, 1993.
Martins, Pedro Baptista. *O Abuso do Direito e o Ato Ilícito*. (1ª ed: 1935). 3ª ed. histórica, Rio de Janeiro, Forense, 1997.
Martins-Costa, Judith. *A Boa-fé no Direito Privado*. São Paulo, Revista dos Tribunais, 1999.
Martins-Costa, Os avatares do abuso do direito e o rumo indicado pela boa-fé. In: Delgado, Mario Luiz; Alves, Jones Figueiredo. (Org.). *Novo Código Civil – Questões Controvertidas*. São Paulo: Método, 2007, v. 6, p. 505-544.
Martins-Costa, Judith. Breves anotações acerca do conceito de ilicitude no novo Código Civil (estruturas e rupturas em torno do art. 187). In: www. migalhas. com. br.
Martins-Costa, Judith.A Boa-Fé como Modelo in: Martins-Costa, Judith e Branco, Gerson. Diretrizes Teóricas do Novo Código Civil. São Paulo, Saraiva, 2002.
Martins-Costa, Judith. *Comentários ao Novo Código Civil. Do Adimplemento das Obrigações*. Vol. V, Tomo I. 2ª ed. Rio de Janeiro, 2005.
Menezes Cordeiro, Antonio. *Da Boa Fé no Direito Civil*. Almedina, Coimbra, 1984.
Menezes Cordeiro, António. *Tratado de Direito Civil. Português*. I. Parte Geral. Tomo IV. Coimbra, Almedina, 2005.
Menezes Cordeiro, António. *Litigância de Má-Fé, Abuso do Direito de Acção e Culpa "in agendo"*. Coimbra, Almedina, 2006.
Moreira Alves, José Carlos. *A Parte Geral do Projeto de Código Civil brasileiro*. São Paulo, Saraiva, 1986.
Muir Watt, Horatia. Fonction Subversive du Droit Comparé. *Revue Internationale de Droit Comparé*,n. 3, 2000, pp.503-527.
Pinheiro, Rosalice Fidalgo. *O Abuso do direito e as Relações Contratuais*. Rio de Janeiro, Renovar, 2002.
Pontes de Miranda, F.C, *Fontes e Evolução do Direito Civil Brasileiro*, Rio de Janeiro, Forense, 1981.
Reale, Miguel. Anteprojeto com minhas revisões, correções, substitutivos e acréscimos, 1975, inédito.
Reale, Miguel. O Projeto do Código Civil. Situação Atual e seus Problemas Fundamentais. São Paulo, Saraiva, 1986.
Reale, Miguel. *Fontes e Modelos no Direito – para um novo paradigma hermenêutico*, São Paulo, Saraiva, 1994.

Sacco, Rodolfo. *La Comparaison juridique au service de la conaissance du droit*.Paris. Economica, 1991.

Schreiber, Anderson. *A proibição de Comportamento Contraditório. Tutela da Confiança e Venire Contra Factum Proprium*. Rio de Janeiro, Renovar, 2005.

Schwarz, Roberto. Cuidado com as Ideologias Alienígenas (respostas a Movimento). In: *O Pai de Família e Outros Estudos*. 2ª ed. São Paulo, Paz e Terra, 1992, pp. 115-116.

Tenorio, Oscar. Considerações sobre o Abuso de Direito na Purgação da Mora, in *Arquivos do Ministério da Justiça*, vol.57, 1956.

Vaz Serra, Adriano. A Revisão Geral do Código Civil – Alguns Factos e Comentários. In: Boletim do Ministério da Justiça vol. 02, Lisboa, setembro de 1947, p. 24-76

Vaz Serra, Adriano. Abuso do Direito (em matéria de responsabilidade civil). In: *Boletim do Ministério da Justiça*. N. 85, abril – 1959, p. 252.

O Código Civil Português de 1966 nos PALOP e as Tendências de Reforma[*]

Helena Leitão[**]

I. Introdução

1.1. O Código Civil de 1966, aprovado pelo Decreto-Lei n.º 47 344 de 25 de Novembro e entrado em vigor, no essencial das suas disposições, no dia 1 de Junho de 1967 filia-se na família dos Códigos Civis de estilo germânico ou pandectístico.

Recebeu a influência do BGB alemão e faz parte, conforme a designação do Sr. Professor Menezes Cordeiro, do conjunto das *"codificações tardias"*[1], categoria que partilha com os códigos suíço, grego e italiano. Impulsionado por Vaz Serra, foi precedido de mais de duas décadas de trabalhos preparatórios. O seu articulado foi produto de numerosos estudos doutrinários publicados, que constituíram e constituem até hoje uma larga colecção de apoios interpretativos da economia e soluções do diploma. Já longe da ambição reclamada por Frederico II da Prússia para o seu código, de conter apenas o "direito certo e universal", o Código Civil de 1966 apresenta-se como uma superação do individualismo que marcava o Código de Seabra.

Na sua apresentação à Assembleia Nacional, ocorrida no dia 26 de Novembro de 1966, Antunes Varela, enquanto Ministro da Justiça, aponta, de resto, como uma das directrizes fundamentais do código a acentuação social do direito privado moderno, traduzida, segundo escreveu, *"(...) no criterioso cerceamento dos princípios da liberdade negocial e da autonomia da vontade, no apreciável engrossamento das regras imperativas destinadas a esconjurar os perigos da desigualdade económica ou social entre os sujeitos da relação*

---

[*] O presente texto corresponde à base da intervenção apresentada no Colóquio "Código Civil Português – 40 anos de vigência" organizado pela Faculdade de Direito da Universidade Nova de Lisboa nos dias 17, 18 e 19 de Maio de 2007. O texto reflecte os limites temporais em que tal intervenção foi proferida.

[**] Magistrada do Ministério Público. Docente do Centro de Estudos Judiciários.

[1] Cfr. António Menezes Cordeiro (2005). Tratado de Direito Civil Português, I Parte Geral, Tomo I, Almedina, págs. 84 e 85.

jurídica, no maior relevo concedido aos ditames da boa fé e aos postulados da justiça comutativa, e ainda no apelo mais frequente que a lei faz aos juízos de equidade do julgador"[2]. Ainda na contraposição às codificações do período que o antecede, o mesmo Autor exprime "*a reacção contra o positivismo jurídico, expressa na confissão aberta, franca, da insuficiência da lei perante os problemas sujeitos ao império do direito, na relevância jurídica de outros complexos normativos e no reconhecimento da existência de outras ordens disciplinadoras da conduta humana dentro do espaço normalmente reservado à legítima soberania do Estado*"[3].

A opção pela introdução de uma parte geral – que é actualmente objecto de crítica sedimentada – era então justificada com a reclamação para o Código Civil do atributo de "*repositório de toda a legislação civil*" e, mesmo, de "*matriz natural de todo o direito privado*".Mas, num sentido divergente – do que perdura e se mantém pleno de virtualidades ainda hoje enaltecidas – assinala-se o que já se designou como "*tendência espiritualista*"[4], esta representada no reconhecimento de noções como a equidade, a boa-fé e o abuso de direito. Por outro lado, o uso de cláusulas gerais ou conceitos indeterminados foi logo entendido como a via para dotar o código de "*maiores garantias de sobrevivência, com todos os benefícios que promanam da estabilidade da ordem jurídica contra as flutuações inevitáveis da legislação extravagante ou contra o arbítrio descontrolado do julgador sem apoio legal*"[5].

1.2. Ora, o código que este apontamento sumário se limita a introduzir, foi tornado extensivo às então "províncias ultramarinas" pela Portaria n.º 22.869 de 4 de Setembro de 1967. Entrou em vigor nesse território, com excepção de parte da secção reservada ao reconhecimento oficioso dos filhos ilegítimos, no dia 1 de Janeiro de 1968. Da revogação que operou, foi ressalvada a legislação privativa de natureza civil emanada dos órgãos legislativos (metropolitanos ou provinciais) em vigor em cada uma das "províncias ultramarinas".

A sua aplicação ao "ultramar português" fundou-se na necessidade de "afirmação política da unidade nacional", bem como na conveniência de regular uniformemente as múltiplas relações de direito privado de todos os portugueses, qualquer que seja o local do território onde se encontrem, *com excep-*

---

[2] Cfr. João de Matos Antunes Varela (1966). Do Projecto ao Código Civil, Comunicação feita na Assembleia Nacional no dia 26 de Novembro de 1966, Imprensa Nacional de Lisboa 1966, pág. 11.

[3] Idem.

[4] Cfr. José Hermano Saraiva. No Limiar de um Novo Código Civil. O Direito, Ano 98, pág. 224.

[5] Cfr. João de Matos Antunes Varela, Ob. Cit., pág. 31.

ção apenas dos que ainda se regem pelos usos e costumes legalmente reconhecidos e só na medida em que a lei admite a sua observância" (cfr. Preâmbulo da referida Portaria).

Após a revolução de 25 de Abril de 1974, um dos objectivos rapidamente prosseguidos pelo regime político português então implantado foi o da descolonização dos povos e territórios de África.

Os diversos contextos políticos que se afirmaram nos PALOP e em Macau após esse evento – deixando abertamente de lado, por ora, o caso de Timor-Leste dada a sua especificidade – trouxeram para o Código Civil vicissitudes que se podem reconduzir ao seguinte quadro genérico:
- A aprovação, mais ou menos imediata às independências, de legislação extravagante que, normalmente sem preocupações de revogação expressa, alterou as disciplinas do Código Civil, quer sob a forma de leis pontuais e avulsas, quer sob a forma de, assim denominados, "códigos" com vocação temática e parcelar;
- A intervenção sobre o próprio articulado do Código Civil com a alteração de regimes específicos.
- A aprovação de um código próprio, assumido não como um novo código, mas como a adequação e modernização do Código Civil de 1966, naquele que é até hoje o caso único de Macau.

Por outro lado, fora este particular caso (e ainda a situação de Timor-Leste, deliberadamente deixada de lado) as intervenções legislativas periféricas ao código e criadas para o articulado do mesmo obedecem a denominadores comuns quanto à temática – a maioridade, a família, as associações, as terras e as águas.

No caso particular das alterações em matéria de Direito da Família nos PALOP, muita da legislação inicial posterior às independências tem os vectores essenciais da legislação a esse propósito aprovada em Portugal após 1975.

Falamos, designadamente, das alterações introduzidas quanto ao divórcio e à abolição da discriminação entre filhos dentro do casamento e fora do casamento. Com efeito, os novos diplomas visaram adequar o Código Civil em vigor nos respectivos países aos novos princípios constitucionais que consagraram a igualdade entre homens e mulheres ou a abolição da discriminação dos filhos nascidos fora do casamento. Pretenderam ainda dar acolhimento às novas realidades sociológicas, designadamente, recuando a maioridade para os dezoito anos e reconhecendo dignidade às uniões de facto.

Estes os aspectos gerais das intervenções sobre o Código Civil de 1966 nos PALOP e em Macau. Vejamos agora, em particular, o que sucedeu em cada um dos países.

II. As intervenções na disciplina do código civil de 1966

1. Angola

2.1.1. Angola foi a última colónia de Portugal em África a alcançar a sua independência política, o que ocorreu em 11 de Novembro de 1975.

Com a independência Angola entrou numa fase de afirmação política e económica fortemente inspirada na ideologia marxista-leninista. Só a partir de Dezembro de 1989, com a queda dos regimes comunistas simbolicamente iniciada com o derrube do Muro de Berlim, o sistema político angolano se reorganizou, tendo sido anunciadas diversas reformas democráticas e publicada uma lei que autorizava a criação de novos partidos.

Contudo, as eleições legislativas de Setembro de 1992 deram a vitória ao partido no poder e a oposição não aceitou os resultados eleitorais. A guerra civil reacendeu-se e só terminou em 2002, com a morte do líder da oposição.

2.1.2. Não obstante o processo de descolonização que conduziu à sua independência e o conflito armado interno que Angola experimentou até há pouco tempo, o Código Civil Português de 1966 manteve-se em vigor naquele país, ressalvadas as alterações a que adiante faremos referência.

Com efeito, o texto constitucional ressalvou a aplicabilidade das leis e dos regulamentos em vigor em Angola, "enquanto não forem alterados ou revogados e desde que não contrariem a letra e o espírito" da Constituição (art. 165.º da Lei Constitucional da República de Angola)[6].

Vejamos, então, os regimes jurídicos mais relevantes adoptados nessa senda de adequação da legislação às novas realidades político-sociais, começando pelas atinentes à maioridade e ao direito da família.

Logo em 1976 foi publicada a Lei da Maioridade (Lei n.º 68/76 de 5 de Outubro) que fixou nos 18 anos a idade de aquisição da plena capacidade de exercício de direitos.

Seguiu-se em 1977, a Lei 10/77 de 9 de Abril, que revogou, além do mais, os arts. 1824.º, 1908.º e 2139.º do Código Civil, proibindo a referência em qualquer documento oficial ou para-oficial à qualidade de filho natural (legítimo ou ilegítimo) e aboliu as designações de "pai incógnito" ou "mãe incógnita".

As Leis n.º 53/76 de 2 de Julho e n.º 9/78 de 26 de Maio consagraram a possibilidade legal do divórcio por mútuo consentimento, revogando nessa medida, entre outros, os arts. 1786.º e 1788.º do Código Civil de 1966.

---

[6] Cfr. o respectivo texto em Jorge Bacelar Gouveia, (2006). As Constituições dos Estados de Língua Portuguesa, Almedina, pág. 363 e segs.

Já a Lei n.º 7/80 de 20 de Agosto pretendeu disciplinar a colocação de menores em regime familiar, tendo em vista a ampliação do estatuto da adopção. Ficaram, por via da mesma, revogados os arts. 1973.º a 2002.º do Código Civil.

Por sua vez, a Lei n.º 11/85 de 28 de Outubro atribuiu exclusivamente aos órgãos estatais do Registo Civil a competência para a celebração do casamento, retirando à Igreja Católica a possibilidade dos seus párocos e missionários celebrarem casamentos com plenos efeitos civis. Assistiu-se nesse aspecto à revogação expressa de artigos como os 1587.º a 1590.º, 1596.º a 1599.º, 1610.º a 1614.º, 1625.º e 1626.º, 1655.º a 1661.º do Código Civil.

Numa abordagem mais sistemática, o legislador angolano procurou, através da Lei n.º 1/88 de 20 de Fevereiro, rever e regular num único diploma todo o direito da família vigente, dando origem ao denominado "Código da Família".

Na sua disciplina consagrou-se a união de facto como fonte de relações familiares, sendo esta definida como o estabelecimento voluntário de vida em comum entre um homem e uma mulher, susceptível de reconhecimento registal após 3 anos de coabitação consecutiva e sujeita aos pressupostos da celebração do casamento.

Delineou-se um novo conceito de casamento, por forma a afastar a figura da noção de contrato, entendendo-se o instituto como a união voluntária entre o homem e a mulher (vide, arts. 20.º, 21.º, 43.º a 48.º do Código).

Foi abolido o casamento canónico, que nos termos do Preâmbulo se entendeu constituir um privilégio injustificado da Igreja Católica.

Admitiram-se apenas dois regimes de bens do casamento: a comunhão de adquiridos (regime supletivo) e separação de bens.

Foram introduzidas alterações significativas no que concerne ao divórcio, consagrando-se a sua admissibilidade quando o casamento "tiver perdido o seu sentido para os cônjuges, para os filhos e para a sociedade" (art. 78.º do Código da Família).

No âmbito das relações entre pais e filhos garantiu-se a todos os cidadãos o direito à filiação, bem como a igualdade dos filhos estejam ou não os seus progenitores unidos pelo casamento (arts. 129.º e 128.º do Código da Família, por esta ordem).

Simplificaram-se os mecanismos de tutela (arts. 220.º a 246.º do Código da Família).

Relativamente aos alimentos, dedicou-se especial atenção à situação dos menores, fixando-se regras precisas quanto à execução da prestação alimentar, tendo-se consagrado a possibilidade de o tribunal ordenar à entidade patronal do obrigado que pague directamente os alimentos ao alimentando (arts. 247.º a 259.º do Código da Família).

O Código da Família revogou toda a legislação em sentido contrário e, designadamente, os arts. 86.º (sobre o domicílio da mulher casada), 143.º, 144.º e 146.º (sobre a tutela) e 1576.º a 2023.º (todo o Livro IV) do Código Civil de 1966.

Por outro lado, o seu esforço de aglomeração de todo o direito da família angolano levou-o a revogar "in totum" ou em parte leis publicadas já após a independência do país, como a Lei n.º 53/76 de 2 de Julho, sobre o divórcio de pessoas e bens; os arts. 2.º e 5.º da Lei n.º 10/77 de 9 de Abril; a Lei n.º 9/78 de 26 de Maio, sobre o divórcio por mútuo consentimento; os Capítulos I e II, arts. 1.º a 22.º da Lei n.º 7/80 de 27 de Agosto, relativos à adopção; a Lei n.º 11/85 de 28 de Outubro (Lei do Acto do Casamento).

Quer as leis avulsas que atrás mencionámos, quer este último, desempenharam, de algum modo, uma função similar à do Decreto-Lei n.º 496/77 de 25 de Novembro de 1977 em Portugal, procurando adequar as matérias neles reguladas à nova realidade constitucional.

Para além das alterações ao Código Civil acabadas de referir, atinentes, no essencial, ao direito da família, verificaram-se ainda intervenções legislativas em matérias contempladas naquele código, designadamente, nalgumas que acusam especial sensibilidade às opções políticas, como é o caso do direito de associação e da propriedade de imóveis.

Assim, a Lei n.º 14/91 de 11 de Março regula o exercício do direito de associação, definindo-o como livre para todos os cidadãos maiores de 18 anos no gozo dos seus direitos civis e fazendo depender a aquisição de personalidade jurídica do depósito da escritura pública junto de autoridades administrativas. De referir que, nos termos da referida lei, carecem de autorização prévia do Ministro da Justiça, entre outras, a constituição, de associações internacionais e a actividade de associações internacionais constituídas fora do país.

De registar que o regime da constituição das associações não diverge, no essencial, do que havia sido consagrado no art. 158.º do Código Civil de 1966.

Foram ainda publicadas a Lei da Terra e a Lei das Águas (Leis n.ºs 9/04, de 9 de Novembro e 6/02, de 21 de Junho).

A primeira consagra o princípio da propriedade originária da terra pelo Estado, contendo um elenco taxativo de direitos fundiários (é essa a expressão legal) a constituir a partir do domínio privado do Estado. São eles o direito de propriedade (para pessoas singulares de nacionalidade angolana e relativamente a terrenos urbanos), o domínio útil consuetudinário, o domínio útil civil (este com remissão para o regime da enfiteuse do Código Civil) e o direito de superfície e o direito de ocupação precária.

A mesma Lei contém ainda uma enunciação dos tipos de negócio jurídico que permitem a constituição e transmissão dos referidos direitos fundiários.

Já a Lei das Águas atrás referida revogou expressamente o Capítulo IV do Título II e Secção II do Capítulo III do Livro III do Código Civil.

2. Cabo Verde

2.2.1. Em 5 de Julho de 1975 Cabo Verde alcançou a sua independência política. Após uma primeira fase político-constitucional de pendor soviético que perdurou até 1990, o país evoluiu para o pluripartidarismo, tendo os dois principais partidos políticos com assento parlamentar constituído já Governo.

2.2.2. O direito anterior à entrada em vigor dos sucessivos textos Constitucionais foi mantido, desde que não contrário à Lei Fundamental ou aos princípios nela consignados (art. 288.º do actual texto constitucional)[7].

Entre 1975 e 1997 foram introduzidas no Código Civil de 1966 em vigor diversas alterações tendentes a adequá-lo à realidade sócio cultural e económica de Cabo Verde.

É nesse contexto que em 1981 é aprovado o Código da Família, o qual contém as regras fundamentais que devem orientar a constituição e o desenvolvimento das relações familiares no país, enformadas pela lei constitucional então em vigor e pelos princípios políticos que regem o país.

Em 1997 o Decreto Legislativo n.º 12-C/97 de 30 de Junho revogou o Código da Família e procedeu a alterações significativas no Código Civil e na legislação de família.

O mesmo Decreto Legislativo reintroduziu no Código Civil o Livro IV (relativo ao direito da família), contendo todas as alterações operadas até então nessa matéria.

Visando a harmonização do quadro jurídico civilista em vigor em Cabo Verde, aquele Decreto Legislativo determinou ainda a publicação integral do Código Civil com nova numeração dos seus artigos, após a sua reconstituição global, com respeito pela sua sistemática inicial e tendo em atenção as modificações legislativas entretanto ocorridas. Em obediência àquele diploma legal, a Portaria n.º 68-A/97 de 30 de Setembro procedeu à reconstituição e publicação integral do Código Civil, o qual se mantém desde então em vigor, sem alterações dignas de registo.

À semelhança do que se registou em Angola e já se fez referência nas considerações introdutórias, também as alterações introduzidas pelo legislador de

---

[7] Cfr. JORGE BACELAR GOUVEIA, Ob. Cit., pág. 283 e segs.

Cabo Verde ao Código Civil de 1966 tiveram um alcance similar ao do Decreto-Lei n.º 496/77 de 25 de Novembro de 1977 de Portugal, sendo de referir igualmente a fixação da maioridade nos 18 anos de idade (art. 133.º do Código Civil).

A reintrodução do Livro IV no Código Civil operada pelo citado Decreto-Legislativo n.º 12-C/97 de 30 de Junho levou, em síntese, à colocação naquele Código de todo o regime das relações jurídicas familiares.

No regime em causa, a união de facto é reconhecida como fonte dessas mesmas relações, sendo definida como " a convivência de cama, mesa e habitação, estável, singular e séria entre duas pessoas de sexo diferente com capacidade legal para celebrar casamento, por um período de, pelo menos, 3 anos, que pretendem constituir família mediante uma comunhão plena de vida" (art. 1563.º).

Distingue-se a união de facto reconhecida (por via registal), à qual se atribui os efeitos legais do casamento formalizado, da união de facto não reconhecida, esta, por consagração dos direitos a alimentos, à meação nos bens comuns e à habitação da casa da morada de família (arts. 1713.º, 1719.º, 1721.º e 1722.º).

Contrariamente ao que sucedeu nalgumas legislações dos PALOP, foi mantida a forma religiosa de casamento, nesta se incluindo a celebração pela Igreja Católica, bem como pelas outras confissões religiosas reconhecidas, para o efeito, pelo Governo.

O governo doméstico foi confiado a ambos os cônjuges, podendo estes acordar na atribuição daquela função a um deles, conforme os usos e a condição dos mesmos (art. 1629.º);

Foram mantidos os três regimes de bens do casamento e a separação judicial de pessoas e bens e admitiu-se o divórcio, por mútuo consentimento e litigioso (vide, arts. 1743.º a 1746.º).

Institui-se a figura da "delegação voluntária" parcial do poder paternal, mediante acordo dos pais, sujeita ao assentimento da pessoa em quem o poder é delegado e a homologação judicial. (art. 1864.º e 1865.º). A adopção foi consagrada, em exclusivo, na sua forma plena.

3. Guiné-Bissau

2.3.1. A evolução político-institucional da Guiné-Bissau adiantou-se à Revolução Portuguesa de 25 de Abril de 1974, tendo a independência daquele país sido auto-proclamada em 24 de Setembro de 1973.

É assim que a Lei n.º 1/73 de 27 de Setembro de 1973, publicada no Boletim Oficial n.º 1, de 4 de Janeiro de 1975, mantém em vigor na Guiné Bissau a legislação portuguesa "em tudo o que não for contrário à soberania nacional, à Constituição da República, às suas leis ordinárias e aos princípios e objectivos do Partido Africano da Independência da Guiné e Cabo Verde".

A independência da Guiné-Bissau foi reconhecida por Portugal em Setembro de 1974.

Contudo, as primeiras eleições legislativas pluri-partidárias ocorreram apenas em 1994.

Sucessivas guerras civis, entre as quais se destaca a de 1998-1999, pontuadas por alguns golpes de Estado, o último dos quais em 2003 (que teve como consequência o afastamento do Presidente da República) têm dificultado a transição da Guiné-Bissau para a democracia.

2.3.2. A instabilidade política crónica vivida pela Guiné-Bissau contribuiu para que a actividade legislativa desenvolvida após a sua independência tenha sido diminuta.

Ainda assim, em 1976 foram aprovadas as Leis n.ᵒˢ 3, 4, 5 e 6 de 4 de Maio de 1976, com o objectivo de conformar o Código Civil de 1966 aos novos princípios constitucionais, bem como às novas concepções ideológicas.

Nesse elenco legislativo destaca-se o reconhecimento do casamento não formalizado como união de facto, possibilitando-se a sua legalização (Lei n.º 3/76 de 4 de Maio).

Do mesmo modo e no domínio da filiação, consagrou-se a igualdade dos filhos, estejam ou não os seus progenitores unidos pelo casamento e proibiu-se o uso de designações discriminatórias (Lei n.º 4/76 de 4 de Maio).

Também neste país a maioridade foi fixada aos 18 anos (Lei n.º 5/76 de 4 de Maio).

Foi admitida a concessão do divórcio por mútuo consentimento e litigioso, quando os factos invocados comprometem seriamente a possibilidade da vida em comum ou a formação dos filhos, ou ainda, o valor social do casamento, incluindo na possibilidade de dissolução, os casamentos canónicos (Lei n.º 6//76 de 4 de Maio).

Foi excluída a separação judicial de pessoas e bens, entendida no Preâmbulo da Lei n.º 6/76 como uma causa de conflito entre os cônjuges separados e uma limitação à possibilidade de os mesmos refazerem as suas vidas, tendo, em sede de disposição transitória, sido declarada a conversão automática daquelas separações em divórcio, salvo se as partes, em prazo, pedissem que fosse declarada sem efeito a sentença de separação.

Esta Lei revogou expressamente o Capítulo XII do Livro IV do Código Civil, relativo ao divórcio e separação judicial de pessoas e bens, com excepção do art. 1789.º.

Para além da produção legislativa referida, atinente, no essencial, ao direito da família, verificaram-se ainda algumas modificações dignas de realce, em matéria de arrendamento urbano (Decreto n.º 13-A/89 de 9 de Junho), das águas e da terra (Decreto-Lei n.º 5-A/92 de 17 de Setembro e Lei n.º 5/98 de 28 de Abril de 1998).

Estas duas últimas leis, em conformidade com o imperativo constitucional (art. 12.º, n.º 2 da Constituição da República da Guiné Bissau)[8] consagram a propriedade pelo Estado dos recursos hídricos e do solo, quer urbano, rústico ou urbanizado.

A Lei das Terras reconhece o direito do uso privativo, quer sob a forma de uso consuetudinário, quer de concessão, esta através de contrato reduzido a escrito.

4. Moçambique

2.4.1. A independência de Moçambique tornou-se uma realidade em 25 de Junho de 1975. Após esta data, o governo do país foi assumido pelo principal partido político então existente, que enveredou por uma política socialista de inspiração soviética.

Descontente com o rumo traçado para Moçambique, a oposição desencadeou um conflito armado e entre 1976 e 1992 o país foi palco de uma sangrenta guerra civil.

A paz foi alcançada em 4 de Outubro de 1992, data da assinatura em Roma do Acordo Geral da Paz e em 1994 tiveram lugar em Moçambique as primeiras eleições legislativas pluripartidárias.

2.4.2. Apesar da conturbada vida interna de Moçambique, o Código Civil Português de 1966 manteve-se em vigor naquele país, salvaguardada que foi constitucionalmente a vigência da legislação anterior que não fosse contrária à Constituição (art. 305.º do actual texto constitucional)[9].

Ainda assim, algumas modificações dignas de relevo foram sendo introduzidas em matéria civilística.

O direito à livre associação foi regulado através da Lei n.º 8/91 de 18 de Julho, que manteve expressamente em vigor "todas as disposições do Código Civil" que não contrariassem aquela Lei.

---

[8] Cfr. o respectivo texto em JORGE BACELAR GOUVEIA, Ob. Cit., pág. 397 e segs.
[9] Cfr. o respectivo texto em JORGE BACELAR GOUVEIA, Ob. Cit., pág. 465 e segs.

Por sua vez, a Lei n.º 8/92 de 6 de Maio veio consagrar a possibilidade de divórcio, nas modalidades de litigioso ou não litigioso e estabeleceu o respectivo processo, aplicável, com as necessárias adaptações, à separação judicial de pessoas e bens.

As Leis n.º 16/91 de 3 de Agosto e 19/97 de 1 de Outubro (as denominadas Lei de Águas e Lei de Terras) introduziram alterações em matéria de direitos reais, redefinindo o conteúdo e limites do direito de propriedade face à Lei Constitucional em vigor e aos princípios políticos que regem o país.

Assim, a Lei de Terras consagra a propriedade da mesma pelo Estado e a impossibilidade da respectiva alienação, hipoteca ou penhora (em conformidade com o disposto no art. 109.º, n.ºs 1 e 2 da Constituição da República de Moçambique). É previsto o direito de uso e aproveitamento da terra, adquirido por ocupação de acordo com o costume, por ocupação de boa-fé e autorização a pedido.

Foi como sempre na área do direito da família que se verificaram as maiores alterações à disciplina do Código Civil.

Com efeito, para além da Lei do Divórcio já atrás mencionada, e "no respeito pela moçambicanidade, pela cultura e pela identidade própria do povo moçambicano", a Lei n.º 10/2004 de 25 de Agosto veio adequar a lei vigente no ramo da família à Constituição.

Sublinham-se alguns dos aspectos mais significativos dessa Lei da Família moçambicana:

São fontes das relações jurídicas familiares a procriação, o parentesco, o casamento, a afinidade e a adopção (art. 6.º).

É ainda reconhecida como entidade familiar, para efeitos patrimoniais, a união singular, livre e notória entre um homem e uma mulher (art. 2.º, n.º 2). A união de facto pressupõe a comunhão plena de vida pelo período de tempo superior a 1 ano, sem interrupção.

O casamento é civil, religioso ou tradicional. Aos casamentos religioso e tradicional, desde que monogâmicos, são reconhecidos valor e eficácia iguais aos do casamento civil, quando tenham sido observados os requisitos que a lei estabelece para o casamento civil (art. 16.º).

Na constância do casamento admite-se que os cônjuges possam acordar, entre si, a alteração do regime de bens antes adoptado sem que, em caso algum, essa alteração possa produzir efeitos em prejuízo de terceiros (art. 140.º).

Regula-se de forma mais detalhada o regime do divórcio, não litigioso ou litigioso (arts. 195.º a 201.º).

No capítulo da filiação garante-se a igualdade dos filhos, estejam ou não os seus progenitores unidos pelo casamento (arts. 204.º).

Reconhece-se o apanágio em caso de união polígama, tendo o direito legal de ser alimentado pelos rendimentos dos bens deixados pelo autor da sucessão quem, à data da morte deste se encontrasse a viver com ele em união polígama há mais de 5 anos e não se encontrasse separado de facto há mais de 1 ano (art. 426.º). Nesse caso, procede-se à graduação dos alimentos por igual entre os companheiros do autor da sucessão.

A Lei da Família revogou expressamente o Livro IV do Código Civil e demais legislação contrária àquela Lei, incluindo nessa medida alguns preceitos da Lei n.º 8/92 de 6 de Maio.

5. São Tomé e Príncipe

2.5.1. Após 5 séculos de colonização portuguesa, São Tomé e Príncipe tornou-se independente em 12 de Julho de 1975. Ao contrário do que sucedeu noutros países, a transição para a independência em São Tomé e Príncipe resultou de um processo negocial desenvolvido num contexto pacífico, que envolveu o único movimento político de então e o governo português[10].

Após um período marcado pelo centralismo económico e político, em 1990 foi adoptada uma nova Constituição e em 1991 realizaram-se as primeiras eleições livres e multipartidárias.

Pese embora se assista a uma estabilização progressiva da situação política em São Tomé e Príncipe, sucessivos períodos de crise económica e social, potenciados por mudanças abruptas de chefes de governo, dissoluções da Assembleia e levantamentos militares, têm impedido a criação de um clima de paz pública e dificultado um desenvolvimento integrado do país.

2.5.2. A instabilidade política vivida por São Tomé e Príncipe contribuiu para que a actividade legislativa desenvolvida após a sua independência fosse, até à data, relativamente escassa.

Daí a importância do preceito constitucional que manteve vigente a legislação do país à data da sua independência, em tudo o que não fosse contrário à Constituição e às restantes Leis da República (art. 158.º da Constituição da República Democrática de São Tomé e Príncipe)[11].

---

[10] Para mais detalhes, ver ARMANDO MARQUES GUEDES, N'GUNU TINI, RAVI AFONSO PEREIRA, MARGARIDA DAMIÃO FERREIRA e DIOGO GIRÃO (2002). Litígios e Legitimação, Estado, Sociedade Civil e Direito em S. Tomé e Príncipe, Almedina, pág. 121 e segs.

[11] Cfr o respectivo texto em JORGE BACELAR GOUVEIA, Ob. Cit., pág. 249 e segs.

Com relevo na área civil, o legislador de São Tomé produziu a Lei n.º 2/77 de 28 de Dezembro, na qual pretendeu regular "juridicamente as instituições da família: casamento, união de facto, divórcio, relações entre pais e filhos, prestação de alimentos, adopção e tutela".

Instituiu-se assim que "a existência de uma união de facto entre um homem e uma mulher (...) que reúna os requisitos de exclusividade e estabilidade surtirá todos os efeitos próprios do casamento legalmente celebrado, desde que seja reconhecida judicialmente (art. 18.º da Lei n.º 2/77).

O regime de bens no casamento consagrado pela Lei em causa foi a comunhão de adquiridos (art. 29.º a 32.º da Lei n.º 2/77), com exclusão de qualquer outro.

Foram introduzidas modificações no que concerne ao divórcio, facilitando-se a sua concessão. O divórcio é admitido nas modalidades de mútuo consentimento e litigioso (arts. 51.º a 53.º da Lei ora em análise).

No âmbito das relações entre pais e filhos, reconheceu-se que todos os filhos são iguais perante a Lei estejam ou não os seus progenitores unidos pelo casamento (art 65.º da Lei). O pátrio poder (poder paternal) compete a ambos os pais (art. 83.º).

Simplificaram-se os mecanismos da adopção (arts. 99.º a 116.º da Lei n.º 2/77), cuja única modalidade reconhecida é da adopção plena.

Para além de outras alterações e no âmbito das disposições finais e transitórias, a Lei n.º 2/77 alterou a redacção do art. 122.º do Código Civil em vigor, fixando a maioridade das pessoas de "um e outro sexo" nos 18 anos (art. 171.º).

Esta Lei revogou expressamente toda a legislação em contrário e em especial o Livro IV – Direito da Família – do Código Civil de 1966 (art. 172.º).

Em matéria de direito da propriedade, verificaram-se igualmente algumas alterações, operadas pela Lei n.º 3/91 de 31 de Julho. Prevê esta Lei que no domínio privado do Estado se incluam os terrenos objecto de nacionalização e aqueles que se encontrem vagos, sendo que as roças de maior extensão terão sido nacionalizadas.

A mesma Lei consagra, em sede de disposições finais, a propriedade privada, definindo o seu objecto de forma residual relativamente à propriedade do Estado.

6. Macau

2.6.1. O Código Civil de 1966 foi estendido a Macau pelo art. 1.º Portaria n.º 22 869 de 4 de Setembro de 1967, tendo entrado em vigor naquele território no dia 1 de Janeiro de 1967.

Após a revolução portuguesa de 25 de Abril de 1974, a Constituição da República Portuguesa de 1976 determinou que o território de Macau, enquanto se mantivesse sob administração portuguesa, se regeria por estatuto adequado à sua situação especial.

Na sequência da "Declaração Conjunta" Luso-Chinesa sobre a questão de Macau assinada em 26 de Março de 1987, a China aprovou a Lei Básica da Região Administrativa Especial de Macau. Através destes dois textos, a China obrigou-se a manter durante 50 anos a contar da data da entrega do território à soberania chinesa, os aspectos essenciais da ordem económica e social vigente em Macau.

A manutenção do sistema vigente implicava a manutenção da ordem jurídica de Macau.[12] Assim, a Administração do Território determinou, em Janeiro de 1997, que fosse constituída uma estrutura com o objectivo de proceder à elaboração de um projecto final tendente à "localização" do Código Civil de 1966.

Os limites temporais do período de transição condicionaram os trabalhos de elaboração de Código Civil de Macau. Contudo, em 1999, através do Decreto-Lei n.º 39/99/M de 3 de Agosto, foi aprovado o Código Civil de Macau, que entrou em vigor (após adiamento) no dia 1 de Novembro de 1999.

Em 20 de Dezembro de 1999 operou-se a transferência de soberania sobre Macau para a República Popular da China.

2.6.2. O Código Civil de Macau herdou o essencial do Código Civil Português de 1966 e absorveu algumas inovações, nomeadamente dos Códigos Civis alemão, francês, italiano e da província canadiana do Quebeque.

A localização jurídica do Código teve em atenção que o objectivo que norteava a reforma legislativa em causa era, antes de mais, a adaptação do Código Civil de 1966 ao contexto político-jurídico de Macau, antes e depois da transferência do exercício da soberania para a China.[13]

Procurou igualmente proceder-se a uma tarefa de recodificação, ou seja, *"de recolocação no Código Civil de parte da legislação avulsa entretanto criada e que, tendo interferido com as matérias contidas no mesmo, determinou não raramente a multiplicação e, como tal, a dispersão das fontes legislativas por diversos diplomas autónomos"*[14].

---

[12] A este propósito, cfr. José Maria Rodrigues da Silva (1997). O Direito Português No Contexto Cultural de Macau, Edição Cosmos, pág. 22 e segs.

[13] Cfr. Luís Miguel Urbano (1999). Breve Nota Justificativa. Código Civil, Versão Portuguesa, Imprensa Oficial de Macau, pág. IX e segs.

[14] Luís Miguel Urbano, Ob. Cit, pág. X.

Finalmente, houve ainda que adequar soluções materiais constantes do Código Civil de 1966, de forma a proceder ao *"rejuvenescimento e ajustamento"* dessas soluções às realidades de Macau.[15]

Passemos então em revista alguns dos muitos aspectos sobre os quais a reforma do Código Civil incidiu.

2.6.3. O Código Civil de Macau mantém-se fiel à sistematização em 5 livros: I – Parte Geral, II – Direito das Obrigações, III – Direito das Coisas; IV – Direito da Família; V – Direito das Sucessões.

No que toca à Parte Geral constata-se desde logo o desaparecimento dos assentos de entre as fontes do direito previstas no Código. Neste aspecto, contudo, a revisão limitou-se a acompanhar a evolução verificada em Portugal, posto que o artigo 2.º do Código Civil de 1966, que previa os assentos enquanto fonte normativa, fora já revogado pelo Dec.-Lei n.º 329-A/95 de 12 de Dezembro.

A necessidade de reconfigurar o âmbito de aplicação do Código implicou delicadas alterações na matéria do estatuto pessoal. Com efeito, não sendo Macau um Estado Soberano e não tendo os seus cidadãos nacionalidade autónoma, foi mister equacionar soluções que permitissem aplicar aos membros da comunidade o direito de Macau, ao invés do direito das respectivas nacionalidades, como sucedia até então.

Nesse sentido, foi definida como lei pessoal, a da residência habitual do indivíduo (art. 30.º).

Também ao nível dos direitos de personalidade houve alterações, no sentido de, afirmando o direito à vida, à integridade física, à honra ou à liberdade, aumentar o reconhecimento e a tutela desses direitos (arts. 67.º a 82.º).[16]

No âmbito do Livro I, a reforma reflectiu-se ainda no instituto da ausência, em institutos vários ligados à formação e perfeição da declaração negocial e ainda no instituto da prescrição.

Relativamente a este último instituto, o mesmo sofreu alterações a dois níveis: por um lado, procedeu-se a um encurtamento do prazo de prescrição ordinária, que passou de 20 para 15 anos; por outro lado, transformaram-se as anteriores causas de suspensão do curso da prescrição, em causas de suspensão do termo da prescrição (vidé arts. 311.º a 314.º).

---

[15] LUÍS MIGUEL URBANO, Ob. Cit, pág. XI.
[16] Cfr. PAULO CARDOSO CORREIA DA MOTA PINTO (2000). Os Direitos de Personalidade No Código Civil de Macau, Boletim da Faculdade de Direito da Universidade de Coimbra, Vol. LXXVI, pág. 214 e segs.

No que concerne ao Livro II, que tem por objecto o Direito das Obrigações, o mesmo foi o que sofreu menores mudanças qualitativas. Ainda assim, não podemos deixar de realçar as alterações que se seguem.

No regime jurídico do contrato promessa procurou consagrar-se a perspectiva de que, independentemente ou não de sinal, o contrato promessa fica sujeito a execução específica, salvo se esse direito for afastado por declaração das partes em contrário (art. 820.º, n.º 2)[17-18].

O Código do regime de arrendamento urbano, até então objecto de regulação autónoma no Território de Macau, foi introduzido no texto do Código Civil, com algumas alterações do seu regime (v. g., passando-se a entender o arrendamento como um contrato a termo, não sujeito a renovação obrigatória contra o senhorio – arts. 1038.º e 1039.º).

Desenvolveu-se o regime da cláusula penal, prevendo-se a possibilidade das partes, para além de poderem adoptar a figura da cláusula penal compensatória, poderem igualmente adoptar uma cláusula estritamente compulsória, que funcione como uma sanção a acrescer à indemnização (art. 799.º)[19-20].

Ajustaram-se alguns aspectos do regime dos privilégios creditórios, reduzindo o alcance dos privilégios especiais nos direitos de terceiros (arts. 740.º e 741.º)

No que toca aos contratos em especial, foi abolida a regulamentação autónoma das sociedades civis no Código Civil, as quais passaram a regular-se pelo regime das sociedades comerciais em nome colectivo, em tudo o que não tenha a ver com a qualidade de comerciante.

Relativamente ao Livro III, que versa o Direito das Coisas, as alterações efectuadas tiveram por escopo reduzir a vocação excessivamente rural do Código Civil de 1966, atenta a dimensão urbana de Macau.

Assim, eliminou-se do novo Código Civil o regime sobre o emparcelamento urbano e fraccionamento dos prédios rústicos, procedendo-se ainda a algumas adaptações no que toca ao regime das águas, ao instituto da acessão e ao regime da ocupação.

---

[17] Cfr. ALMENO DE SÁ (1999). Traços Inovadores do Direito das Obrigações No Código Civil de Macau – O Princípio da Efectividade dos Direitos do Credor, Boletim da Faculdade de Direito da Universidade de Coimbra, Vol. LXXV, pág. 559 e segs.

[18] Cfr. TOU WAI FONG (1999). As Alterações Introduzidas no Código Civil de Macau sobre os Regimes de Sinal e de Cláusula Penal, pág. 5. Comunicação apresentada *nas Jornadas de Direito Civil e Comercial – O Código Civil e o Código Comercial de Macau*, organizadas pela Faculdade de Direito da Universidade de Macau e Gabinete do Secretário-Adjunto para a Justiça do governo de Macau, em Setembro de 1999. Disponível em http://www.dsaj.gov.mo/MacaoLaw/cn/Data/prespectiva/issued7/.

[19] Cfr. ALMENO DE SÁ, Ob. Cit., pág. 556 e segs.

[20] Cfr. TOU WAI FONG, Ob. Cit., pág. 7 e segs.

Recolocou-se no Código Civil o regime jurídico da propriedade horizontal, até então constante da Lei n.º 25/96/M de 9 de Setembro, que previa o regime de "administração complexa", aprofundando esse regime e permitindo que, através de uma norma supletiva, os condomínios funcionem com uma única administração global até que os condóminos optem (ou não) pela sujeição do condomínio ao regime de administração complexa (vidé, art. 1328.º e em geral, arts. 1330.º a 1372.º)

O direito da enfiteuse foi eliminado do elenco dos direitos reais, à semelhança do que já acontecera em Portugal com aquele instituto.

No que concerne ao usufruto, passou a admitir-se a possibilidade de este direito não se extinguir forçosamente pela morte prematura do usufrutuário, quando as partes nisso acordem e se trate de usufruto constituído por um prazo certo (art. 1377.º).

O direito de superfície foi readequado, passando apenas a admitir-se superfícies destinadas a obras, incluindo obras no subsolo (arts. 1417.º e 1418.º).

Quanto ao direito de servidão, o novo Código passou a admitir a constituição de servidões sobre coisa própria (art. 1434.º).

Prosseguindo para o Livro IV, que regula o Direito da Família, verifica-se que foram introduzidas alterações radicais ao regime até então em vigor.

Assim, efectuaram-se modificações diversas na instituição do casamento, algumas das quais tidas por mais relevantes se passam a enunciar, sem com isso pôr em causa a sua estrutura fundamental.

Concentraram-se as duas modalidades pré-existentes, casamento civil e casamento religioso, numa modalidade apenas: o casamento, regulado de acordo com a lei civil (arts. 1485.º e 1490.º).

Foi eliminado o processo preliminar de publicações, entendido como ineficaz e desadequado numa sociedade urbana como Macau.

No que diz respeito aos efeitos materiais do casamento, foi tomado um conjunto de medidas destinadas a flexibilizar a gestão dos interesses patrimoniais dos cônjuges sem perder de vista a segurança do comércio jurídico.

Assim, o regime de participação nos adquiridos veio substituir o regime de comunhão de adquiridos como regime de bens supletivo do casal, ou seja, se o casal não celebrar qualquer acordo relativo ao regime de bens de casamento (como é aliás tradição na sociedade chinesa), considera-se que adoptou voluntariamente o regime de participação nos adquiridos.

No regime de participação nos adquiridos, durante a constância do casamento, os cônjuges têm o domínio dos seus bens adquiridos antes ou depois do casamento, ou seja, têm o direito de administrar, fruir e dispor dos seus bens livremente.

Já no momento da dissolução do casamento, por morte de um dos cônjuges, por divórcio ou ainda, no momento da substituição do regime de bens adoptado por outro, deve fazer-se uma avaliação do património que cada um dos cônjuges haja adquirido onerosamente na vigência desse regime. O cônjuge que tiver obtido maior enriquecimento patrimonial deve proceder à compensação do outro cônjuge, com o objectivo de partilha igual dos adquiridos.

Por outras palavras," *o regime de participação de adquiridos é um regime de separação de bens durante a constância do casamento e um regime de igual partilha na fase de dissolução do casamento*"[21] (vide arts. 1581.º a 1600.º).

Foi também abolido o princípio da imutabilidade do regime de bens e introduzido o regime da convenção pós-nupcial, permitindo que os cônjuges alterem, a todo o tempo, o regime de bens vigente no casamento, desde que com o consentimento mútuo (art. 1578.º).

No que toca à modificação e dissolução do casamento, é de sublinhar a eliminação da separação judicial de pessoas e de bens, que se entendeu ter caído em desuso.

Quanto ao divórcio e, in casu, o divórcio litigioso, reduziu-se para 2 anos consecutivos o prazo de separação de facto considerado necessário para fundar a dissolução do casamento (art. 1637.º al. a)).

Já o divórcio por mútuo consentimento passou a poder ser decretado nas Conservatórias de Registo Civil, nos casos em que não há filhos menores do casal, implicando a sua declaração a realização de uma única conferência obrigatória. Existindo filhos menores, as exigências de formalização processual são acrescidas, envolvendo a tramitação do processo de divórcio no tribunal e a realização de duas conferências (art. 1632.º).

No capítulo da adopção, há a realçar, para além de outros aspectos, a extinção da figura da adopção restrita, com a consequente unificação das formas de adopção na adopção plena (arts. 1825.º a 1843.º)

Finalmente, algumas palavras sobre a união de facto. Para o Código Civil de Macau, a união de facto é a relação havida entre duas pessoas maiores de 18 anos, sem impedimentos matrimoniais e que vivem em condições análogas às dos cônjuges há pelo menos dois anos (arts. 1471.º e 1472.º).

---

[21] Cfr. XIA YINLAN (1999). Estudo Sobre o Livro "Direito da Família" do Novo Código Civil de Macau. Comunicação apresentada *nas Jornadas de Direito Civil e Comercial – O Código Civil e o Código Comercial de Macau*, organizadas pela Faculdade de Direito da Universidade de Macau e Gabinete do Secretário-Adjunto para a Justiça do governo de Macau, em Setembro de 1999. Disponível em http://www.dsaj.gov.mo/MacaoLaw/cn/Data/prespectiva/issued8/

A consagração expressa da união de facto visou favorecer a protecção das relações conjugais de facto tendo em conta a realidade de Macau, atenuando os formalismos inerentes ao processo único de casamento através do registo civil.

Ainda assim, não pretendeu tutelar realidades diversas (como o concubinato) ou atribuir-lhe efeitos equiparados aos do casamento, já que as diferenças entre estas duas figuras continuam a ser muitas e decisivas.

A título de exemplo, refira-se que a união de facto não implica a constituição de uma qualquer comunhão de bens, nem cria uma obrigação recíproca de alimentos, seja no período em que dura a relação, seja no período posterior à rotura da relação em vida.

Na matéria respeitante ao Livro V, do Direito das Sucessões, as principais alterações verificaram-se a dois níveis: posição sucessória do cônjuge sobrevivo e sucessão legal.

No que toca ao cônjuge sobrevivo, a sua qualidade de herdeiro legitimário manteve-se, embora se tenha passado a admitir que na convenção matrimonial, celebrada antes ou durante o casamento, os cônjuges possam renunciar à qualidade de herdeiro legitimário, desde que reciprocamente (art. 1571.º).

Tendo-se mantido de forma tendencial a qualidade de herdeiro legitimário do cônjuge na primeira classe dos sucessíveis, optou-se por alargar o instituto da colação ao mesmo. Deste modo, o cônjuge sobrevivo passa a encontrar-se em pé de igualdade com os filhos do *de cujus*, ou seja, a ser chamado à colação (se for o caso) com os demais herdeiros legitimários da mesma classe (arts. 1945.º e 1946.º).

Na sucessão legítima o unido de facto foi incluído na terceira classe dos herdeiros legais (art.1973.º al. c)). Porém, o mesmo só herdará na falta de acto de disposição de última vontade em contrário e quando não haja filhos nem ascendentes do *de cujus*.

O unido de facto terá ainda direito a alimentos por morte do seu companheiro(a).

Advirta-se, contudo, que para que estes dois efeitos patrimoniais revertam a favor do elemento sobrevivo, é necessário que a união de facto subjacente tenha durado pelo menos 4 anos (art. 1985.º)

Finalmente, na área da sucessão legitimária ampliou-se o poder de livre disposição de bens para depois da morte. A legítima foi reduzida dos dois terços ou metade da herança (consoante houvesse ou não concurso de herdeiros legitimários) para metade e um terço da mesma, respectivamente.

2.6.4. Contrariamente ao que o acervo de alterações ora apresentado possa inculcar, o novo Código Civil de Macau não operou qualquer revolução no sistema civil então em vigor, pretendendo antes constituir uma evolução do mesmo.

Essa evolução teve como balizas o horizonte temporal pretendido para a vigência desta Lei – um período de 50 anos após a data da transferência de soberania para a China – e simultaneamente a necessidade de responder às exigências nucleares de modernização do sistema e da sua adaptação ás características da sociedade de Macau no virar do milénio.

As directrizes do Código reformulado foram a localização, a recodificação e a adequação, designadamente, tendo em atenção a já referida vocação essencialmente urbana do território.

7. Timor-Leste

2.7.1. O Código Civil de 1966 iniciou a sua vigência em Timor-Leste no dia 1 de Janeiro de 1968, tal como sucedeu nas demais províncias ultramarinas, já referidas, através da extensão operada pelo art. 1.º Portaria n.º 22 869 de 4 de Setembro de 1967.

Timor encontrava-se então dotado de um tribunal de comarca e de um tribunal administrativo (presidido pelo juiz da comarca), bem como de uma delegação da Procuradoria da República.

Em 7 de Dezembro de 1975, Timor-Leste foi invadido pela Indonésia, tornando-se a 27.ª província deste país.

Entre esta última data e 25 de Outubro de 1999, data em que o Conselho de Segurança da ONU estabeleceu a UNTAET (United Nations Transitional Administration in East-Timor), Timor foi administrado pela Indonésia, que ali impôs o seu direito. Durante esse período de tempo, a lei civil portuguesa passou de facto a ter *"o estatuto de Direito estrangeiro em Timor-Leste."*[22]

O direito da Indonésia, nomeadamente o ramo civil, atenta à colonização neerlandesa desse país, pertence à família romano-germânica, possuindo embora elementos do direito muçulmano e de direito consuetudinário que o tornam um *"verdadeiro sistema jurídico misto"*[23].

---

[22] Cfr. PAULO OTERO (1999). A Lei Aplicável às Relações Jurídico-Privadas Envolvendo Timorenses e Constituídas em Timor-Leste Entre 1975 e 1999, Timor e o Direito, Associação Académica da Faculdade de Direito de Lisboa, pág. 39.

[23] Cfr. ANTÓNIO MARQUES DOS SANTOS (2002). O Sistema Jurídico de Timor-Leste – Evolução e Perspectivas, pág. 17. Comunicação apresentada em Erlangen, em 22 de Novembro de 2002, *na sessão anual da Deutsch-Lusitanische Juristenvereinigung e V.* Disponível em http://www.fd.ul.pt/ICJ/luscommunedocs /

Mercê da ocupação pela Indonésia, Timor-Leste sofreu, para além do mais, a destruição de todos os arquivos ligados à administração da justiça, incluindo cadastros e registos civil e criminal. Tal facto tornou praticamente impossível a avaliação rigorosa do impacto do Código Civil de 1966 durante o seu curto período de vigência em Timor.

2.7.2. Entre 25 de Outubro de 1999 e 19 de Maio de 2002 foram postos em vigor pela UNTAET numerosos actos legislativos e regulamentares daquela entidade administrante.

Um deles, o Regulamento n.º 1/1999 da UNTAET de 27 de Novembro, determinou expressamente no seu art. 3.º, n.º 1 que, até que fossem substituídas pelos Regulamentos da UNTAET ou subsequente legislação das instituições democráticas de Timor-Leste que viessem a ser estabelecidas, **"as leis aplicadas em Timor-Leste antes de 25 de Outubro de 1999 serão aplicáveis em Timor-Leste,** na medida em que não contrariem os padrões referidos no art. 2.º, o cumprimento do mandato atribuído à UNTAET (…) o presente ou qualquer outro regulamento ou directiva do Administrador Transitório"

2.7.3. Timor-Leste nasceu como país independente em 20 de Maio de 2002. Paralelamente e na mesma data, entrou em vigor a primeira Constituição do país, que ressalva igualmente a aplicação, enquanto não forem alterados ou revogados, das leis e dos regulamentos vigentes em Timor-Leste em tudo o que não se mostrar contrário à Constituição e aos princípios nela consignados (art. 165.º)[24].

Tais preceitos, designadamente o do Regulamento n.º 1/1999 da UNTAET de 27 de Novembro vieram a ser interpretados posteriormente pela Lei n.º 10/2003 de 6 de Outubro do Parlamento Timorense, como mandando aplicar subsidiariamente a Timor-Leste a legislação indonésia em vigor em 25 de Outubro de 1999.

Por força dessa interpretação, o Código Civil actualmente em vigor em Timor-Leste é ainda o Código Civil Indonésio de 1847.

O Código em causa não tem estado isento de dificuldades na sua aplicação e adequação à realidade timorense, que continua a reger-se, no essencial, pelo direito tradicional em matéria de família e sucessões. Nessa medida, desde a independência e, assumida que foi a necessidade de Timor-Leste se dotar de uma ordem jurídica própria, substituindo a legislação indonésia e uma vez efectuada a opção por um sistema civilista, estão em curso diligências com vista à elaboração de um Código Civil timorense.

---

[24] Cfr. JORGE BACELAR GOUVEIA, Ob. Cit, pág 425 e segs.

III. TENDÊNCIAS DE REFORMA

3.1. A necessidade de proceder a uma actualização e adequação da legislação civilística em vigor nos diversos PALOP, seja ao nível substantivo, seja no plano do direito adjectivo, tem sido assumida de forma consensual pelos governos dos diferentes países.

O modelo de reforma legislativa mais adequado a cada caso poderá sempre ser objecto de discussão, concretamente, na opção entre os seguintes vectores:
- codificação integral do direito privado, com elaboração de um novo Código Civil, opção que permite, a um tempo, a unificação de todo o direito privado, a reordenação científica do direito civil e a actualização de todos os institutos;
- recodificação do direito civil, traduzida na inserção, no articulado do Código Civil, de toda a legislação extravagante, a par da reformulação e actualização de alguns institutos;
- intervenções legislativas pontuais, designadamente, através de leis extravagantes.

Independentemente do modelo de reforma que se tenha como preferível[25], certo é que qualquer intervenção num diploma como o Código Civil, seja ela de maior ou de menor amplitude, comportará risco de incoerência ou, pelo menos, de desequilíbrio ou de desvirtuação do sistema.

Portugal tem participado activamente em diversos projectos de apoio ao desenvolvimento dos sistemas judiciários dos PALOP, promovidos com o apoio financeiro da União Europeia, do Instituto Português de Apoio ao Desenvolvimento e do Banco Mundial – v g. no Programa PIR PALOP[26]. Esta actividade permitiu verificar, entre outros aspectos, que qualquer processo de revisão dos códigos legais em vigor nos PALOP tem que ser precedido, em maior ou menor grau, de uma ampla reestruturação do(s) sistema(s) de justiça e do direito daqueles países.

---

[25] Cfr. por todos, MENEZES CORDEIRO, Ob. Cit., pág. 271 e segs., sobre as actuais opções que se colocam em matéria de sistematização da legislação civil portuguesa na perspectiva da reforma do Código de 1966: correcções pontuais, "recodificação" do Direito civil e codificação do Direito privado.

[26] Consultar a este respeito o site Legis-Palop em: http://www.legis-palop.org./, onde se encontra disponível informação sobre o Programa PIR-PALOP II/VII FED em curso no período 2002 a 2007, para além de documentação produzida no âmbito daquele programa e de parte da legislação em vigor nos Cinco Países Africanos de Língua Oficial Portuguesa.

Face à magnitude do empreendimento, a codificação do direito privado ou mesmo a recodificação do direito civil tem sido relegada para uma fase ulterior.

Isso não impede que seja reconhecida a necessidade premente de proceder, pelo menos, à reforma integrada do Código Civil de 1966 em vigor em cada um dos PALOP. Com efeito, enquanto essa reforma não for empreendida cabalmente, persistirão dificuldades como as que actualmente se sentem em muitos países de apreender o todo civilístico em vigor, bem como subsistirão os entraves à tarefa de interpretação das normas e da sua aplicação ao caso concreto.

A concreta tarefa de interpretação é substancialmente dificultada no caso do destinatário comum das normas. Nesta matéria apenas Cabo Verde deu já alguns passos significativos, incorporando a legislação civil extravagante no próprio Código Civil.

Finalmente, a tarefa de prover os diversos PALOP (e similarmente Timor-Leste) de um corpo próprio de normas civis não poderá contornar a realidade sociológica dada pelo costume e pelos usos subsistentes nas diversas partes dos respectivos territórios. Com efeito, subsistem nesses países, em larga medida, práticas costumeiras com grande implicação na vida quotidiana dos cidadãos (v.g em matérias como a regulação das relações familiares e das sucessões), assim como se impõem ainda as instâncias tradicionais de autoridade como forma primeira ou prioritária de resolução de conflitos, quedando-se o sistema judiciário formal com o papel subsidiário ou de segundo plano na tarefa de dirimir os litígios.

Na medida dessa realidade sociológica, os desideratos da reforma legislativa e da reestruturação do sistema judiciário não poderão deixar de ponderar, como um repto particularmente incisivo, o lugar a reservar ao costume, também como emanação de mecanismos extra-judiciais ou não formais de resolução de litígios. Tarefa que, é bom de ver, dota a edificação legislativa a levar a cabo nestes países de uma exigência peculiar, estranha ao padrão das construções jurídicas continentais em que os mesmos países estão filiados.

Vejamos, então, caso a caso, como tem decorrido o processo de reforma da legislação civilística nesses países.

1. Angola

3.2.1. Em Angola, foram levados a cabo nos últimos 5 anos diversos estudos com o objectivo de fazer o diagnóstico do estado do sistema de justiça no país.

Após um levantamento exaustivo das lacunas e deficiências daquele sistema, concluiu-se que o processo de reforma legislativa dos denominados "grandes códigos" deve ser antecedido de uma "*ampla reestruturação do sistema de justiça*"[27], de modo a adequá-lo à nova realidade democrática de um estado moderno, em fase de relançamento económico. Assim, excepção feita ao Código Penal, cujo ante-projecto se encontra já em fase de apreciação por especialistas e técnicos de direito, os demais Códigos, Civil, Processo Civil e Processo Penal estão a aguardar reformas a implementar noutros domínios da justiça.

No Direito Civil substantivo a opção legislativa a curto prazo continuará, para já, a passar pela introdução de correcções pontuais no Código Civil, à medida das necessidades experimentadas pela sociedade.

2. Cabo Verde

3.2.2. Cabo Verde foi entre os PALOP, pioneiro na recodificação do direito civil, ao inserir no Código Civil toda a legislação extravagante ao tempo em vigor, procedendo simultaneamente à reformulação e actualização de alguns institutos da área do direito da família.

No essencial, o Código Civil em vigor em Cabo Verde continua a ser o "Velho Código Civil de 1966", ao que não será alheio o facto das afinidades de índole histórica e política entre Cabo Verde e Portugal permanecerem fortes e muitos dos actuais quadros jurídicos de Cabo Verde se terem formado nas Faculdades de Direito portuguesas, num intercâmbio cultural da maior valia para ambos os países.

Cabo Verde tem procurado adoptar uma visão integrada da Justiça, no âmbito da qual tem sido promovida uma ampla reforma legislativa, designadamente na área penal e processual penal. Ao nível do direito privado, importa destacar a publicação recente do Código das Empresas Comerciais.

No contexto das reformas em curso, foi criada a Comissão de Reformas Legislativas, que acompanha e monitoriza as alterações legislativas na área da justiça, tendo como escopo a harmonização e o equilíbrio do sistema legal cabo verdeano.

---

[27] Cfr. RAUL ARAÚJO (2006). Texto de apoio à comunicação de Angola apresentada em Lisboa, em 8 de Maio de 2006, no VI Workshop sobre a Revisão dos Códigos Legais dos PALOP. Disponível em http://www.legis-palop.org/.

3. Guiné-Bissau

3.2.3. Na Guiné-Bissau a dimensão modesta da Reforma Legislativa iniciada em 1976 não permitiu (ainda) adequar a legislação ordinária em vigor ao actual texto constitucional.

Por outro lado, o recurso quase sistemático à revogação tácita ou indirecta tem trazido obstáculos de monta à tarefa dos intérpretes e aplicadores do direito, fazendo avultar dificuldades na determinação da subsistência e do sentido de determinadas normas do Código Civil, assim como dúvidas sobre a função subsidiária destas normas em caso de incompletude das novas leis[28].

Persiste, pois, a dificuldade de interpretar o direito civil da Guiné-Bissau de forma sistemática e harmoniosa, o que demanda uma reforma integrada do Código Civil de 1966.

A necessidade da harmonização jurídica na Guiné-Bissau foi incrementada pela adesão à OHADA (Organização para a Harmonização do Direito dos Negócios em África), tornando premente a adequação do direito interno da Guiné aos Actos Uniformes adoptados pela organização em causa.

Com efeito, os actos normativos produzidos pela OHADA têm eficácia directa e obrigatória nos Estados-Partes, vigorando independentemente de qualquer intervenção legislativa nacional. Ora, alguns dos 8 Actos Uniformes vigentes têm reflexos significativos no direito civil, designadamente no regime das garantias, reforçando a necessidade de harmonização legislativa entre aqueles Actos e o direito interno.

Nesta matéria, o Governo da Guiné-Bissau atribuiu já à Faculdade de Direito de Lisboa, em colaboração com a Faculdade de Direito de Bissau, a consultoria jurídica tendente à harmonização do direito interno do país com os Actos Uniformes da OHADA.

Ainda assim, as iniciativas legislativas actualmente agendadas como prioritárias pelo Ministério da Justiça da Guiné-Bissau prendem-se sobretudo com a revisão do direito penal, do direito processual penal e do direito administrativo e fiscal, face às necessidades, mais ingentes, de intervenção legislativa experimentadas nestas áreas do direito.

---

[28] Cfr. RUI PAULO COUTINHO DE MASCARENHAS ATAÍDE (2006). Nota Prévia ao Código Civil (com anotações) e Legislação Complementar da Guiné-Bissau, Faculdade de Direito de Bissau, Centro de Estudos e Apoio às Reformas Legislativas, pág. 10 e segs.

4. Moçambique

3.2.4. Valem relativamente a Moçambique algumas das considerações já tecidas a propósito de outros países africanos de língua oficial portuguesa.

Se por um lado é aceite a necessidade de proceder a uma reforma, ou pelo menos, a uma revisão integral do direito civil vigente, não se enjeita a constatação de que essa reforma deve ser promovida no âmbito de um projecto global de reformas legislativas que permitam adequar a legislação à nova realidade democrática e económica. Procura-se pois inserir o processo legislativo numa visão integrada e abrangente da Justiça.

O reverso da medalha traduz-se, no que concerne ao Direito Civil substantivo, na inevitável opção legislativa de, a curto prazo, se continuarem a introduzir de forma avulsa, correcções pontuais no Código Civil, eventualmente sob a forma de leis extravagantes.

5. São Tomé e Príncipe

3.2.5. A reduzida dimensão da Reforma legislativa de São Tomé e Príncipe teve como consequência, entre outras, a manutenção da vigência do Código Civil de 1966 em quase tudo o que diz respeito aos direitos obrigacionais, aos direitos reais e ao direito das sucessões.

Por outro lado, não foi ainda alcançada a concordância da legislação ordinária com o actual texto constitucional.

A interpretação e aplicação do direito neste país tem-se revelado tarefa ingrata face às dificuldades em aceder à legislação (registe-se que o próprio acesso ao suporte escrito da lei é limitado), bem como em determinar a subsistência e o sentido de determinadas normas.

Ainda assim, noutros domínios, o processo de reforma legislativa em curso tem procurado acompanhar a evolução sócio-económica do país, facilitando a constituição de empresas e a protecção do investimento empresarial privado, nacional e estrangeiro. Foi nesse contexto que surgiram o Código de Investimentos, o Código Geral Tributário, a Lei das Empresas Públicas ou legislação diversa sobre actividades de zonas francas e offshore.

Para breve antevê-se, ou deseja-se, a entrada em vigor de um novo Código Comercial, cuja elaboração se encontra já em fase adiantada.

6. Macau

3.2.6. Em Macau, face à aprovação do diploma civil próprio, com vocação para perdurar por 50 anos, não se prevêem alterações legislativas dignas de nota, tanto mais que aquele, conforme já se referiu, foi baseado em codificações recentes e se assumiu como um veículo de modernização e adequação do Código Civil de 1966.

7. Timor-Leste

3.2.7. A juventude do país e das suas instituições, bem como as particularidades históricas e sociológicas do território, fazem de Timor-Leste um caso peculiar e especialmente exigente no desenvolvimento do edifício da Justiça, mormente, na área da legislação civil.

Cedo as instituições timorenses se confrontaram com a necessidade de uma codificação civil que viesse dar corpo à aspiração de um conjunto próprio, adequado e sistemático de normas civilísticas, designadamente, na superação do antiquado e lacunoso Código Civil Indonésio.

Assim, em 2002/2003 uma comissão presidida por um juiz conselheiro moçambicano elaborou um projecto de Código Civil para Timor-Leste, inspirado no Código Civil de Macau.

Em Agosto de 2004, no quadro da cooperação bilateral luso-timorense[29] e na sequência da actividade que, com sucesso, vinha sendo realizada na elaboração dos projectos dos Códigos de Processo Penal, Código Penal e Código de Processo Civil iniciaram-se os trabalhos tendentes à apresentação desse código.

Deslocou-se então a Timor-Leste uma delegação portuguesa com vista à colheita das informações necessárias. A referida comissão concentrou-se na recolha dos dados necessários à definição da estrutura do futuro código, à identificação das questões mais problemáticas e ao estabelecimento de uma rede de contactos.

A mesma delegação teve a oportunidade de se reunir com inúmeras personalidades timorenses, tendo ficado bem patente, nessa auscultação, a urgência da elaboração de um Código Civil próprio. Foram apontados como factores dessa necessidade as lacunas da legislação indonésia em vigor (a mesma não prevê, designadamente, o regime das pessoas colectivas), o carácter fragmen-

---

[29] Cfr. JOÃO LUÍS MOTA DE CAMPOS e CATARINA ALBUQUERQUE (2004). A cooperação com Timor-Leste na área da justiça, pág. 2 e segs. Disponível em http://www.janusoline.pt.

tário desse tecido legal, bem como o facto de o mesmo estar eivado de remissões, quer para legislação especial, quer para despachos presidenciais.

Teve-se ainda a consciência de que as características do direito indonésio, assim apontadas, haviam importado o efectivo desconhecimento da lei em vigor, dando lugar à incerteza e à arbitrariedade na sua aplicação.

Não obstante a percepção por parte de alguns responsáveis políticos da necessidade de realizar pesquisas de carácter sociológico e antropológico para melhor fundamentar as opções legislativas a tomar, as autoridades timorenses de então assumiram que a urgência pretendida não era compatível com a elaboração de um Código novo, feito de raiz.

Assim, a opção formou-se em torno do modelo de Código Civil de matriz portuguesa com alterações e adaptações, estas, função das especificidades sócio-económicas e culturais timorenses, nomeadamente, nas soluções a adoptar no Direito da Família, no Direito das Sucessões e, em menor grau, no âmbito dos Direitos Reais.

Após a primeira visita exploratória aqui em referência, foi constituída uma comissão luso timorense com a atribuição de apresentar um anteprojecto de Código Civil.

A referida comissão, constituída por juristas portugueses[30] e timorenses, teve a primeira reunião a 28-2-2005, mas viu os seus trabalhos, já bastante avançados, suspensos em finais de 2005, situação que se mantém até hoje.

A partir do labor até então desenvolvido é possível identificar e circunscrever as especificidades a ter em atenção no futuro Código Civil Timorense.

Assim, quanto à relevância do costume, a Constituição de Timor-Leste no n.º 4 do seu artigo 3.º proclama o princípio segundo o qual "o Estado reconhece e valoriza as normas e os usos costumeiros de Timor-Leste que não contrariem a Constituição e a legislação que trate especialmente do direito costumeiro".

Porém, inexiste "legislação que trate especialmente do direito costumeiro".

A extrema diversidade dos usos e costumes no território de Timor-Leste e a necessidade de provar a sua subsistência fazem com que os tribunais timorenses não estejam preparados para lidar com a problemática do costume como fonte imediata de direito e, bem assim, com eventuais conflitos entre a lei positiva e aquele.

Neste particular, a comissão encarregue de elaborar o anteprojecto alcançou, como possível, um consenso em torno de uma norma com o seguinte

---

[30] Entre os quais o Juiz de Círculo Dr. José Manuel Saporiti Machado da Cruz Bucho, a quem se agradece o acesso a informação relativa aos trabalhos desenvolvidos por aquela comissão.

sentido: "As normas e os usos costumeiros de Timor-Leste que não contrariem a Constituição são juridicamente atendíveis".

No que respeita à maioridade civil foi possível assentar no sentido de a mesma dever ser atingida aos 17 anos de idade, tendo em consideração que a capacidade eleitoral está situada nessa mesma idade.

Procurou desse modo assegurar-se uma harmonia desejável entre a maioridade civil e a idade mínima para votar.

Acresce que a própria Constituição de Timor-Leste prevê, no seu artigo 3.º, a aquisição da nacionalidade timorense de filhos de pai ou mãe estrangeiro que, sendo maiores de dezassete anos, declarem, por si, querer ser timorenses.

Por outro lado, embora a UNICEF aconselhe a fixação da maioridade civil nos 18 anos de idade, a Convenção Internacional sobre os Direitos da Criança ressalva a possibilidade de o direito interno dos estados signatários estabelecer uma idade inferior.

Outra das particularidades a ter em conta na elaboração do futuro Código Civil timorense prende-se com a denominada propriedade comunitária. Estimando-se que esta abarca em Timor-Leste cerca de 10% da área agrícola, o próprio conceito não é isento de dúvida, pois que a designação encobre, não raro, fenómenos de ocupação ou mesmo usurpação de propriedades por parte de particulares ou do Estado. Esse desconhecimento é agravado pela diversidade da realidade sobre a qual o conceito se precipita.

Assim e a título meramente exemplificativo, enquanto na zona da exploração de café, em Ermera, as terras que anteriormente constituíam propriedade comunitária foram "privatizadas" por ocupação de particulares, na zona leste do país, na área de Los Palos existem paralelamente propriedades que pertencem a cada um dos clãs e onde não é permitida a entrada a elementos de outros cãs e propriedades que podem ser exploradas por membros de todos os clãs.

A ideia prevalecente é, de algum modo, adiar a questão, consagrando no futuro Código Civil uma norma geral que defina a propriedade comunitária e relegando a sua regulamentação para legislação especial.

Também a problemática dos cemitérios merece consideração especial e incontornável no território de Timor-Leste. Com efeito, existem em Timor cemitérios públicos e privados e a matéria dos enterros não está regulamentada, processando-se estes de forma anárquica, em sepulturas que pontuam na beira da estrada, em quintais, junto às praias, etc.

No domínio do Direito de família a grande questão é da abordagem do casamento tradicional, com ou sem "barlaque" (dote).

O "barlaque" pratica-se em todo o país, embora o seu grau de exigência varie de região para região. Em regra, pratica-se o "barlaque" acompanhado de casamento religioso, sendo rara a celebração de casamento exclusivamente religioso.

O casamento com "barlaque" é, em princípio, indissolúvel, embora em certas regiões se admita a separação em casos especiais, designadamente, se a mulher não puder ter filhos ou havendo infidelidade. Noutras zonas do País, o casamento tradicional (com "barlaque") dissolve-se nas mesmas circunstâncias em que ocorre a dissolução do casamento civil, nomeadamente, em caso de infidelidade. Em caso de dissolução do casamento tradicional, coloca-se necessariamente a questão da devolução do "barlaque".

A própria instituição do "barlaque" não é pacífica em Timor-Leste.

Assim, se para alguns, valoriza o papel da mulher, reforça a solidariedade social e dificulta o divórcio, para outros, torna a mulher objecto de relações jurídicas e está na base da violência doméstica e da subalternização do papel da mulher timorense.

Já a união de facto, numa sociedade maioritariamente católica e onde o clero assume uma postura marcadamente conservadora, é percepcionada como imoral.

Também no domínio da(s) forma(s) de casamento a consagrar se constata grande clivagem entre as autoridades políticas timorenses, numa divisão que separa a posição dos que defendem o reconhecimento, lado a lado, do casamento civil, do casamento religioso e do casamento tradicional, daqueles outros que entendem dar acolhimento apenas ao casamento civil e ao casamento religioso e, finalmente, da posição minoritária que propugna a consagração exclusiva do casamento civil.

Na primeira das posições atrás enunciadas, o casamento religioso poderá processar-se segundo qualquer religião, desde que monogâmico e com obediência a determinados requisitos, nomeadamente em matéria de impedimentos. Ainda de acordo com a mesma posição, a consagração do casamento tradicional ao lado das outras formas de casamento fará respeitar os usos costumeiros de Timor-Leste e dará cumprimento ao disposto no n.º 4 do artigo 2.º da Constituição de Timor-Leste.

Na segunda das referidas teses, o casamento religioso terá de constar de documento escrito passível de ser transcrito para o registo civil, e efectuar-se segundo confissão religiosa com a qual o Estado de Timor-Leste possa celebrar um acordo, o que vale dizer que casamento religioso só o católico, com a inerente necessidade de ser celebrada concordata entre a Santa Sé e Timor.

Esta será, porventura, a matéria que maiores discussões políticas irá suscitar, valendo aqui o que já se aflorou anteriormente sobre o significativo desconhecimento, por parte das autoridades timorenses, da totalidade da sua própria realidade tradicional.

Ainda dentro da temática do casamento haverá que equacionar a questão dos impedimentos dirimentes, de novo, por reporte aos dados sociológicos da tradição.

Assim, na sociedade tradicional timorense vigora o sistema denominado de *umane fetosá*, ou regime de *tunanga*, em que as filhas do irmão podem casar com os filhos da irmã, mas os filhos do irmão não podem casar com as filhas da irmã. Ora, essa prática debate-se com a percepção de que a consagração legal de um tal tipo de impedimentos padeceria de inconstitucionalidade material, por violação do princípio da igualdade.

Em matéria de Direito das Sucessões, os usos e costumes timorenses caracterizam-se igualmente pela sua extrema variedade, de distrito para distrito, dentro do mesmo distrito, de subdistrito para subdistrito e, por vezes, mesmo de suco para suco (aldeia para aldeia).

Na sociedade timorense, na prática, a mulher não é herdeira do marido. Esta é uma realidade que congrega todos os responsáveis políticos e todos os membros da Comissão na asserção de não poder ser acolhida na futura lei civil, uma vez que enfrentaria obstáculos constitucionais inultrapassáveis (cfr. artigos 17.º e 39.º, n.º 3 da Constituição de Timor-Leste).

Outras questões conexas preocupam as autoridades timorenses pelas suas repercussões políticas. Questiona-se qual o tratamento jurídico a dispensar a situações de poligamia frequentes em Timor-Leste (situações em que, não obstante a confissão religiosa maioritariamente professada, um homem depois de ter celebrado casamento celebra, em simultâneo, diversos "barlaques"). Pergunta-se igualmente como abordar o adultério (questão sempre presente no debate jurídico timorense, por certo em resultado da ocupação indonésia, havendo, mesmo, sectores da sociedade favoráveis à sua criminalização).

A percepção de grandes dificuldades regista-se também na definição do direito transitório. Senão, veja-se.

Entre 1975 e 1985 foram celebrados diversos casamentos tradicionais que causaram grande fricção entre a Igreja e os comandantes das unidades de guerrilha e assistentes políticos que os celebraram. Aliás, aquando da rendição de alguns comandantes e seus homens constatou-se que alguns dos maridos das mulheres que contraíram esses casamentos se encontravam ainda vivos, muitos deles na prisão. Pese embora a Igreja tenha vindo defender a invalidade desses casamentos, a questão nunca teve uma solução legal e assim persiste.

Também se questiona o momento do início do prazo da usucapião. Com efeito, durante o período de 1975 a 1999, ou seja, durante a ocupação indonésia, ocorreram inúmeras situações de fuga dos proprietários fundiários, seguidas do registo das terras por parte dos ocupantes. Os anteriores proprietários reclamam agora inúmeras propriedades, por vezes até alegando que foram obrigados por força das circunstâncias a aliená-las por preços irrisórios.

Fácil é descortinar que face a esses dados de facto se prefiguram diversas soluções para o prazo da usucapião: considerar que durante aqueles vinte e cinco anos o prazo não correu (solução que, pese embora a segurança que congrega, seria susceptível de conduzir a algumas injustiças, já que durante aquele período a vida continuou e por certo também foram celebrados contratos válidos e criadas situações de facto a que a ocupação indonésia foi alheia); presumir a posse iniciada durante aquele período como violenta ou oculta, deixando em aberto a possibilidade de prova em contrário; suspender o decurso do prazo durante aquele período, salvo perante a demonstração de inexistência de qualquer interferência com a ocupação indonésia, assim se acautelando situações pretéritas constituídas totalmente à margem da vontade dos ocupantes.

Também o tema da adopção merece particular reflexão, pois que, quer durante o período da ocupação indonésia, quer posteriormente, se efectivaram inúmeras adopções de facto, havendo agora necessidade de regularizar estas situações, algumas envolvendo membros das próprias elites timorenses.

A área da Justiça, designadamente, no domínio da formação (formação de magistrados, funcionários e assessores em diversos ministérios e organismos, bem como implantação da Faculdade de Direito de Díli) tem constituído uma das matérias privilegiadas da cooperação bilateral luso-timorense.

A manutenção e desenvolvimento desta cooperação é desejada por amplos sectores da sociedade timorense, mas está naturalmente dependente da evolução política do país.

Conclui-se que as maiores dificuldades sentidas até ao momento quanto ao particular aspecto da codificação civil promanam da impossibilidade ou falta de vontade em definir claramente directivas ou linhas orientadoras em matérias tão importantes e delicadas do ponto de vista social e político como aquelas que atrás se enunciaram.

Por outro lado e a par dessa constatação, verifica-se que vêm sendo publicados inúmeros diplomas legais avulsos (relativos a associações, fundações, arrendamento, etc), o que pode, a um tempo, comportar a redução drástica do alcance do Código Civil e a transformação do novo direito privado timorense numa manta de retalhos com inúmeros diplomas legislativos, sem harmonia ou coerência (a título de exemplo, refira-se que a Unicef tem vindo a realizar diversos trabalhos no sentido de ser elaborado um Código das Crianças onde pretenderia ver incluída a matéria da adopção).

Alcançada a necessária estabilidade, cremos que os trabalhos da comissão então constituída ou de qualquer outra permitirão dotar Timor-Leste de um Código Civil.

E com os votos que esse desiderato se cumpra, terminamos com uma citação do discurso proferido em Agosto de 2005, pelo Ministro da Justiça de Timor-Leste, perante o Parlamento Nacional, por ocasião da apresentação das leis de autorização legislativa para elaboração dos Código Penal, de Processo Penal e de Processo Civil, quando, referindo-se o orador à filiação do direito da nação timorense nos direitos da família romano-germânica, declarou "Esta última característica, para além de constituir um factor nacionalista permitindo dar ao povo de Timor-Leste uma identidade jurídica própria, distinta quer do direito australiano, quer do direito indonésio, vigente na outra parte da ilha, permitirá também que os futuros Códigos se assumam como um factor de comunhão acrescida entre Timor-Leste e os demais Estados-Membros da CPLP."

Quarta Sessão

*O Código Civil
na encruzilhada dos 3 "c"s:
cidadão, comerciante, consumidor*

DIREITO CIVIL E DIREITO DO CONSUMIDOR

JOSÉ DE OLIVEIRA ASCENSÃO[*]

> Sumário: 1. Origem e tendências da legislação; 2. Em demanda dum ramo do Direito; 3. O Anteprojecto português do Código do Consumidor; 4. O extravasar das leis sobre protecção do consumidor a outros destinatários; 5. Os caminhos da generalização; 6. Uns laivos de futurologia; 7. A natureza de Direito Civil; 8. As alternativas e a dignificação do cives.

1. ORIGEM E TENDÊNCIAS DA LEGISLAÇÃO

Propomo-nos tratar de problemas de acomodação na ordem jurídica, derivados da emergência desse intruso, que é o Direito do Consumidor.

De facto, o ingresso deste é muito recente. Dificilmente lhe daríamos mais de 50 anos – mas ainda não se falava então num ramo do Direito, havia apenas regras dispersas que emergiam como um reflexo das preocupações sociais do pós-guerra. Temos todavia como pano de fundo uma economia de mercado, porque só numa economia de mercado seria possível a feição que revestiu.

Se quiséssemos marcar uma data fixa de nascimento, teríamos de nos reportar ao discurso do Presidente Kennedy de 15 de Março de 1962, em que afirma: *Consumer, by definition, include us all*. A partir daí, desenvolve-se rapidamente todo um sector do Direito.

À primeira vista, é surpreendente: é no país capitalista de vanguarda que se desenvolve e a partir do qual se expande um ramo que apresenta uma tonalidade social[1].

Há um objectivo nítido: dar confiança ao consumidor para que não se retraia e acorra ao mercado – com isso dar fluidez ao mercado. Seguidamente,

---

[*] Professor Catedrático da Faculdade de Direito da Universidade de Lisboa.

[1] Não obstante a fragilidade das estruturas internas de protecção. Mas não será tão estranho assim, se pensarmos que também o Direito do Trabalho é fomentado internacionalmente pelos Estados Unidos da América para eliminar a vantagem competitiva internacional dos países com escasso nível de protecção laboral.

houve a preocupação de exportar o regime para outras zonas (desde logo a Comunidade Europeia) para que esse tipo de protecção não cause distorções na concorrência em detrimento da empresa norte-americana.

A evolução em Portugal tem traços atípicos. Não emana tanto do sistema como do ataque ao sistema. Emerge no período pós-revolucionário. Elucidativamente, uma das primeiras leis neste domínio, se não a primeira, é de uma selvajaria bem caracterizada: o Dec.-Lei n.º 165/77, de 21 de Abril, tipifica como crime a entrega ou envio de produtos ou publicações não solicitados![2]

Em todo o caso, chega-se a breve trecho a uma lei sistemática, a Lei n.º 29//81, de 22 de Agosto, que dá um quadro-base para a defesa do consumidor. Só veio a ser revogada pela vigente Lei n.º 24/96, de 31 de Julho.

De todo o modo, vão-se multiplicando as leis nos vários países. Na Europa passam a ser impulsionadas pela Comunidade Europeia.

Perante a pluralidade de leis, põe-se a questão da ordenação destas, a nível nacional[3]. As respostas foram porém diferentes.

A seguir ao Código do Consumidor brasileiro de 1990 surge o *Code de la Consommation* francês, de 1993, que continua hoje em vigor. Mas no século passado ficou-se por aí. Pelo contrário, na Holanda preferiu-se incluir a matéria na codificação civil em vez de autonomizar sistematicamente o Direito do Consumidor.

Só neste século a situação sofre mudança. Surgem dois monumentos-padrão, na Alemanha e na Itália.

Na Alemanha, aproveita-se a reforma do livro do Direito das Obrigações, em 2001, para introduzir no BGB os grandes princípios da protecção do consumidor. A matéria é porém trabalhada e depurada para tanto. Os preceitos especificamente relativos ao consumidor não são mais que meia centena. O restante é deixado para leis de aplicação, ou afastado por ter índole comercial, ou ainda generalizado. Efectivamente, verifica-se que muitas regras que surgiram sob a bandeira da defesa do consumidor são antes de referir a todas as pessoas, sejam ou não vistas pelo ângulo restrito de consumidor, como aquele que actua sem finalidade empresarial ou profissional (§ 3). A Reforma marca assim, além do mais, um considerável progresso do Direito Civil.

---

[2] No Brasil há outro condicionalismo anómalo. A Constituição de 1988 traz um acento social, que se vai chocar com o positivismo rígido do Código Civil de 1916. O Código do Consumidor de 1990 (que foi o primeiro a nível mundial) permitiu realizar a adaptação expedita a alguns dos novos princípios constitucionais.

[3] Não a nível comunitário. As intervenções da Comunidade são por sua natureza fragmentárias. Não se prestam pois ao edifício global da codificação. Podem-na é fomentar indirectamente, pela necessidade de os países superarem as intervenções casuísticas.

Na Itália segue-se um caminho bem diverso. Um *Codice del Consumo* é aprovado em 2005. Procura regular todos os aspectos relativos ao consumidor, mas não é exaustivo porque por vezes procede por mera remissão. Assim, regula os contratos a distância, seguindo a directriz comunitária que regula a matéria pelo ponto de vista da protecção do consumidor, mas quando chega à modalidade de contratos a distância que são os respeitantes ao comércio electrónico, limita-se a remeter para legislação especial. Terá sido movida não só pelo facto de haver legislação recente sobre o tema como ainda por as leis sobre comércio electrónico regularem muitas outras matérias, além da defesa do consumidor.

2. Em demanda dum ramo do Direito

Qual o ramo do Direito em que esta matéria se integrará? As respostas podem ser muito variadas.

A. Será **Direito da Economia**? Assim seria, a acreditar na designação do código italiano, *Codice del Consumo*. O consumo é uma função económica. Se se regula o consumo regula-se uma função comparável ao comércio ou ao crédito, por exemplo, o que cairia na alçada dum proteiforme Direito da Economia.

Segundo outra visão, partindo-se da noção de que esta matéria se refere ao consumidor final, poderia entender-se que se englobaria num vastíssimo e impreciso ramo do Direito dos Comportamentos no Mercado, que abrangeria desde a disciplina das vendas à concorrência desleal, por exemplo. Colocar-se-ia o acento na disciplina das actividades referentes ao consumo, quer seja por parte dos operadores no mercado (como o que respeita à publicidade) quer no que respeita à situação dos próprios consumidores.

Mas a epígrafe do código italiano é surpreendente. Também em Itália a legislação na matéria tem por núcleo a protecção do consumidor e não a função do consumo em si. Por isso há que falar sempre em Direito do Consumidor, que é o protagonista, e não em Direito do Consumo, função económica[4].

---

[4] Surpreendentemente Carlos Ferreira de Almeida, que é pioneiro no estudo desta matéria em Portugal, passou a falar recentemente em Direito do Consumo, e não do consumidor: veja-se a própria epígrafe do seu livro *Direito do Consumo*, Almedina, 2005. No mesmo sentido, António Menezes Cordeiro, *Da natureza civil do Direito do Consumo*, in "Estudos em Memória do Prof. Doutor António Marques dos Santos – I", Almedina, 2005, 675 e segs.

B. Será então **Direito Administrativo?**

A intervenção administrativa é de facto muito grande, para protecção do consumidor. Poderia então conceber-se como a regulação de uma das modalidades de intervenção dos órgãos públicos na economia, e portanto como Direito Administrativo. Ainda Antunes Varela, note-se, considerava esta matéria mais de Direito Administrativo[5].

Mas a verdade é que esse não é o núcleo do Direito do Consumidor, que disciplina em geral as formas de protecção do consumidor. Regula muito mais comportamentos de participantes no mercado que a intervenção da Administração. A intervenção da Administração é meramente complementar. Por isso pode ser ampliada ou reduzida, que a essência deste sector do Direito não se altera.

C. Será então **Direito Comercial?** Deverá ser integrado neste ramo do Direito?

Neste caso estaria centrado no fornecedor, cuja actividade seria sempre comercial. Quer se assentasse na caracterização subjectivamente comercial, como comerciante, quer no carácter objectivamente comercial, por se basear na empresa ou no empresário, sempre se encontraria aqui matéria respeitante ao Direito Comercial. Acentuar-se-iam então matérias como a contratação de massa, tão característica dos dias de hoje, a densa disciplina das vendas (e das transacções empresarialmente sustentadas em geral) e a responsabilidade do produtor. A propósito desta última é interessante notar que não foi incluída na reforma do Livro das Obrigações do BGB, não obviamente por não interessar ao consumidor, mas porque assentaria na actuação profissional de um agente, o produtor, o que empurraria para o Direito Comercial[6].

Podemos ainda observar que esta caracterização pode levar a dois sentidos distintos:

1. Onde houver autonomia formal do Direito Comercial, pode levar a conceber todo a disciplina do consumidor como integrada naquele ramo. Pelo menos grande parte dos preceitos relativos ao consumidor seria absorvida, reduzindo drasticamente o corpo do Direito do Consumidor. O que sobraria seria o que respeitasse ao consumidor isolado, fora da relação com o fornecedor, o que não é facilmente configurável. Mas desfocaria justamente o que aparecera até agora como núcleo, que é a protecção do consumidor.

2. Onde pelo contrário não houvesse autonomia do Direito Comercial (pelo menos ao ponto de vista formal, como em Itália) a tendência poderia ser

---

[5] *Direito do Consumo*, in "Estudos de Direito do Consumidor" I, 1999, 391 e segs. (397).

[6] Uma vez que o Direito alemão mantém o entendimento profissionalizante do comerciante.

a oposta: construir um ramo autónomo do Direito do Consumidor, que abrangeria matérias que iriam desde a disciplina das vendas à protecção do investidor.

Um banco de ensaios poderia ser dado pela matéria da publicidade:
- ou seria incluída na totalidade num Código do Consumidor, como é proposto no Anteprojecto português de Código do Consumidor, que já de seguida examinaremos.
- ou seria excluída totalmente desta legislação. Neste sentido se orientou a legislação comunitária. A Directriz n.º 05/29, de 11 de Março, sobre práticas comerciais desleais e agressivas, afastou tão radicalmente esta matéria do Direito do Consumidor que até reformulou o art. 1 da Directriz n.º 84/450, de 10 de Setembro, sobre publicidade enganosa e comparativa, para eliminar toda a referência ao consumidor e passar a respeitar exclusivamente aos profissionais[7].

3. Terceira posição é a constante do *Codice del Consumo* italiano. Formalmente, inclui a publicidade. Mas afinal, regula-a de maneira a não abranger especificamente o consumidor, porque generaliza a disciplina a todo o destinatário.

D. Mas não será o Direito do Consumidor, afinal, **Direito Civil**?
É talvez este actualmente o maior desafio.
As regras protectivas comuns estão contidas no Direito Civil.
As regras do Direito do Consumidor são compagináveis com aquelas?
Há que remeditar se as regras protectivas do consumidor, que foram sendo casuisticamente introduzidas, não se reconduzem ao Direito Civil, ou como um sector deste, ou até como regras generalizáveis a todas as pessoas (logo, não apenas específicas do consumidor), dentro do movimento geral de eticização do Direito Civil. Esta generalização seria particularmente impulsionada pelos actuais movimentos que privilegiam a justiça contratual.

3. O Anteprojecto português do Código do Consumidor

Foi editado em 2006 em Portugal um Anteprojecto de Código do Consumidor.

---

[7] Cfr. o nosso *O Anteprojecto do Código do Consumidor e a Publicidade, in* "Estudos do Instituto de Direito do Consumo" (coord. Luís Menezes Leitão), Instituto de Direito do Consumo da FDL / Almedina, vol. III, 2006, 7-36, n.º 10.

Resulta dos trabalhos desenvolvidos por uma Comissão, presidida por António Pinto Monteiro, que recebera logo como encargo elaborar o Código, sem lhe ser dada opção. Os trabalhos duraram 10 anos mas tiveram uma flagrante aceleração e inflexão na fase final[8].

O Anteprojecto absorve tendencialmente os vários institutos que estavam dispersos por legislação avulsa, muito particularmente em virtude da transposição de directrizes.

Pretende além disso ser abrangente. Não se limita a aspectos substantivos mas contempla também os adjectivos – sanção, orgânica (o "sistema de protecção do consumidor") e assim por diante.

Mesmo assim, não reveste carácter exaustivo. Nalguns casos isso poderá ter sido opção, que haverá que explicar. Embora regule aspectos da posição do destinatário de serviços financeiros, exclui os valores mobiliários (art. 240 *d*) e com isso a protecção do investidor nesses valores – o que é problemático, porque há aí ainda a prestação de serviços financeiros.

Também é afastado o comércio electrónico. É verdade que este fora há pouco regulado pelo Dec.-Lei n.º 7/04, de 7 de Janeiro, que transpusera para a ordem jurídica portuguesa à Directriz n.º 00/31, de 8 de Junho. Mas o que acentuamos é que nele estavam contidos numerosos aspectos de protecção do consumidor, como a informação a disponibilizar pelo prestador de serviços e o *spam*. Ainda, o Anteprojecto integra a disciplina dos contratos a distância mas não a dos contratos electrónicos, que têm especificidades grandes, enquanto protecção do consumidor.

A grande característica do Anteprojecto não está porém no que ele não contém, mas no que contém. Seguiu-se a técnica de integrar institutos inteiros onde havia regras de protecção do consumidor, normalmente por prática cópia dos diplomas avulsos em que estavam compreendidos. O Código do Consumidor passaria assim a ser um repositório de institutos variados, unificados apenas por incluírem *também* regras de protecção do consumidor. Isso realiza-se numa extensão impressionante, abrangendo a publicidade, o direito real de habitação periódica e muito mais. É neste sentido um anteprojecto de um diploma atípico, porque é afinal muito mais que um Código do Consumidor.

---

[8] Sobre este Anteprojeto, cfr. a *Apresentação* de Pinto Monteiro, em *Código do Consumidor – Anteprojecto*, Comissão do Código do Consumidor / Ministério da Economia e da Inovação, 2006, 3 e segs.; cfr. ainda do mesmo autor, semelhante mas não coincidente, *O Anteprojeto do Código do Consumidor*, Rev. Legisl. Jurispr., 135.º, 190 e segs.

4. O EXTRAVASAR DAS LEIS SOBRE PROTECÇÃO DO CONSUMIDOR A OUTROS DESTINATÁRIOS

Qual será, actualmente, a natureza do Direito do Consumidor? Limitando--nos à alternativa básica, é um ramo autónomo ou é Direito Civil?

O núcleo, já o dissemos, está na protecção do consumidor. E isto quaisquer que sejam os motivos que a isso tenham conduzido, mesmo que tivessem sido apenas a defesa do sistema económico em vigor através da fluidez do mercado.

O círculo de matérias abrangidas foi sendo sucessivamente ampliado. Isso, comparativamente, resulta até do próprio conceito de consumidor dominantemente utilizado na Europa, que é o da pessoa que não actua no exercício da sua actividade profissional. Estará nessa linha o art. 10/1 do Anteprojecto, ao definir consumidor como "a pessoa singular que actue para a prossecução de fins alheios ao âmbito da sua actividade profissional" na relação com um fornecedor.

A noção tem maior amplitude que a referência ao "consumidor final", na medida em que abrange figuras como o operador ou investidor não profissionais, que não são consumidores propriamente. Em consequência, não se colocam em Portugal as mesmas dúvidas que no Brasil, pelo que respeita ao enquadramento neste ramo do "consumidor" de produtos financeiros. Mas já excluirá situações como a do empresário que adquire para o equipamento da própria empresa, embora não para a revenda[9], muito embora este possa estar em situação de grande inferioridade perante o fornecedor, que conhece a fundo aquele ramo[10]. Mas já abrangeria o não-comerciante que compra para revenda[11].

Ainda podemos dizer hoje que o Direito do Consumidor é apenas um Direito restrito ao consumidor?[12]

A pergunta é paradoxal mas tem vários fundamentos.

---

[9] Para a defesa e justificação dum conceito restritivo cfr. Carlos Ferreira de Almeida, *Direito do Consumo* cit., 254 e segs.

[10] Mas o art. 11/2 do Anteprojecto permitirá incluí-las, desde que provem que não têm competência específica e se proporcione uma solução equitativa. É uma situação cujos pressupostos de aplicação são inseguros.

[11] A limitação às pessoas singulares é criticada por Menezes Cordeiro, *Da natureza civil do Direito do Consumo* cit., n.º 13.

[12] Mesmo sem contar com a ampliação operada pelo Anteprojecto do Código do Consumidor, que não levamos aqui em conta por não ser Direito vigente. Cfr. Pinto Monteiro, *Sobre o Direito do Consumidor em Portugal e o Anteprojecto do Código do Consumidor*, in "Estudos de Direito do Consumidor", n.º 7 (2005), 245 e segs. (254/255), mas que conclui que a posição adoptada suscita dúvidas e está em aberto.

I – *Cláusulas negociais gerais*
Pense-se no que se passa em matéria de "*cláusulas contratuais gerais*", posteriormente ampliado para abranger também as cláusulas abusivas (disposições essas que foram quase *ipsis verbis* transcritas para o Anteprojecto). Aparentemente haveria uma contraposição marcada de matéria relativa ao consumidor no que respeita às relações interempresariais, no domínio das cláusulas proibidas (arts. 17 e seguintes do Dec.-Lei n.º 446/85, de 25 de Outubro). Mas o art. 17 mostra que não é nada disto: "Nas relações com os consumidores finais e genericamente, em todas as não abrangidas pelo artigo 17 [relações entre empresários e entidades equiparadas], aplicam-se as proibições das secções anteriores e as constantes desta secção"[13]. Afinal, o que há é um regime comum, que abrange quer consumidores quer outras pessoas, e um regime especial para as relações entre consumidores e entidades equiparadas.

É interessante também o que se passa com as cláusulas *vessatorie*. Exclui da disciplina as que forem prestadas individualmente (art. 34/4). A matéria é pois, para o consumidor, retirada da disciplina do Código Civil. Simplesmente, este continua potencialmente aplicável em geral, salvo se o Código do Consumidor for mais favorável.

II – *Publicidade*
Se passarmos ao *Codice del Consumo* encontramos ampliações semelhantes. Assim, este regula genericamente a *publicidade*. Mas a pessoa a quem as regras protegem não é o consumidor – é *o destinatário*. Destinatário é toda a gente, sem que haja que restringir a uma categoria de consumidores.

E afinal, posições semelhantes encontram-se também no Anteprojecto português do Código do Consumidor.

O art. 95/2 regula a publicidade enganosa[14]. Mas o preceituado é declarado aplicável à publicidade dirigida a profissionais, "com as necessárias adaptações". Isto mostra que na realidade a matéria é geral, e apenas se sobrecarrega a prática com a destrinça do que carece ou não de ser adaptado a profissionais. Quando teria sido muito melhor regular a matéria da publicidade como disciplina geral, fosse quem fosse o destinatário, e apontar subsequentemente, caso necessário, os desvios que porventura se aconselhassem para a situação do destinatário-consumidor.

---

[13] Sobre esta matéria veja-se o nosso *Cláusulas contratuais gerais, cláusulas abusivas e boa fé*, Rev. Ord. Adv. 60 – II, Abril 2000, 573 e segs. (n.º 6).

[14] Sobre esta matéria, cfr. o nosso *O Anteprojecto do Código do Consumidor e a Publicidade* cit.

Mas, se não erramos, dizendo-se *destinatário* como no *Codice del Consumo*, já se dizia tudo. Por este caminho seguiu aliás o livro do Direito das Obrigações do BGB, que regulou a publicidade quando considerou oportuno, mas nada especificou em relação ao consumidor.

III – *Direito Industrial: protecção do público ou do consumidor?*

Outro ponto-chave está no Direito Industrial (vulgo Propriedade Industrial). Deu-se uma evolução que passou despercebida e representa um precioso banco de ensaios.

Um dos pilares do Direito Industrial, particularmente no sector dos sinais distintivos do comércio, está na exclusão de modos de *indução do público em erro*. Assim se exprimem as legislações em geral e assim se dizia em Portugal até 1940.

Mas lentamente, começou a imiscuir-se uma referência à indução em erro *do consumidor*. Foi inconsciente, mas pegou do ar a aura da protecção do consumidor. Passou assim a usar-se promiscuamente quer protecção do público quer do consumidor.

Não desenvolveremos esta matéria, que reservamos para outro estudo. Limitamo-nos à conclusão: falar em indução *do consumidor* em erro não é só completamente equivocado como representa uma degradação do nível de protecção. É todo o público, toda a gente ou todas as pessoas que carecem de ser protegidas contra a indução em erro, e não apenas um círculo mais vulnerável.

As referências legais portuguesas à indução do consumidor em erro devem assim ser interpretadas como referentes ao público em geral, por não haver razão para distinguir. Também aqui, tomou-se como especialidade do Direito do Consumidor o que é já apanágio do público em geral.

IV – *Alteração das circunstâncias e onerosidade excessiva*

O instituto da alteração superveniente das circunstâncias permite outra breve meditação. Aqui é particularmente interessante o confronto com o Direito brasileiro.

No Brasil põe-se o acento na onerosidade excessiva superveniente. Não é nada que quebre as pontes com o Direito Português, uma vez que a alteração das circunstâncias tem efeitos por provocar uma onerosidade excessiva. Simplesmente a matéria foi prevista inicialmente apenas no Código do Consumidor, e aí foi levada muito longe a protecção do consumidor contra a onerosidade superveniente[15].

---

[15] Nomeadamente por se abranger também uma excessiva onerosidade subjectiva, como aquela em que se encontrasse o consumidor por superveniente perda de emprego.

É outra limitação que seria deslocado relatar aqui[16]. Importa acentuar que a alteração das circunstâncias releva porque põe em causa a base do negócio, que fica assim sem ter mais condições para vincular. Não atinge o consumidor apenas, atinge a obrigatoriedade de qualquer contrato. Não é pois um instituto de Direito do Consumidor mas do Direito dos Contratos em geral. Toda a sectorização parece deslocada.

V – *Cláusulas abusivas*
Problemática análoga se pode traçar em matéria de cláusulas abusivas. São matéria geral ou matéria privativa do Consumidor?

Vemos com frequência as leis de Direito do Consumidor regularem as cláusulas abusivas. Podem fazê-lo mesmo no silêncio da lei civil sobre a matéria: é o caso do Código do Consumidor brasileiro. Podem fazê-lo como especificação de regime próprio do consumidor: é o que faz aparentemente o Dec.-Lei português n.º 446/85, de 25 de Outubro, sobre cláusulas contratuais gerais, como vimos; bem como o *Codice del Consumo* italiano, que no art. 34/4 contém curiosa regra, ao excluir da disciplina estabelecida as cláusulas em que tiver havido negociação individual.

A legislação sobre esta matéria nasceu fora do Direito do Consumidor, sob a égide das cláusulas contratuais gerais: é o caso das *condizioni generali del contratto* do Código Civil italiano (1942) e das *Allgemeine Geschäfts Bedingungen* alemãs (1977). Em França, porém regularam-se logo directamente as cláusulas abusivas, fossem ou não cláusulas gerais. A Comunidade Europeia intervém em 1993 e segue um caminho do meio: regula as cláusulas abusivas, não exigindo a generalidade, à semelhança do Direito francês, mas apenas quando forem predispostas por uma das partes, como no Direito alemão. Como não se teve fôlego para entrar directamente na apreciação da Justiça contratual, ficou-se numa referência ainda subjectivante – a predisposição por uma das partes, que ainda poderia ser tomada como causa de debilitação da vontade contratual da outra parte, o que justificaria o controlo legal. No Brasil foi-se porém mais solto e apreciou-se directamente a justiça ou equilíbrio das posições, através de uma previsão do art. 51 IV do Código do Consumidor, aliás vastamente generalizável.

Matéria de Direito do Consumidor ou não? Mesmo que em vários casos a regulação tivesse sido fomentada pela protecção do consumidor, em si a problemática da justiça do conteúdo dos contratos é geral. Vai sendo paulatinamente absorvida pelo Direito Civil, à medida que o formalismo de que este se

---

[16] Foi superada com o Código Civil de 2002, que regulou o instituto em geral.

revestia recua. Dificilmente se poderá considerar ainda hoje matéria específica do Direito do Consumidor.

5. Os caminhos da generalização

Estas ilustrações põem-nos no encalce duma questão maior.

Não estaremos, afinal, a caminho duma generalização de matérias que estiveram antes englobadas no Direito do Consumidor?

Vamos examinar alguns pontos nucleares como pressupostos duma conclusão. Não deixamos à partida de observar que mesmo o Anteprojecto do Código do Consumidor, no art. 13, prevê a aplicação das disposições a "outros destinatários". É muito vago, vago demais, mas tem implícita a verificação que não há motivo para acantonar muitas das disposições apenas ao consumidor.

I – Recapitulemos primeiro o que acabamos de dizer sobre a *publicidade*, particularmente tendo em atenção a publicidade enganosa. A referência da publicidade ao consumidor revela-se uma aparência, na realidade já superada nas várias legislações. Para não repetirmos, basta notar que falar em destinatário da publicidade é muito mais rico que falar no consumidor, alvo da publicidade. Todos merecem ser protegidos da publicidade enganosa.

II – No *comércio electrónico*, haveria aparentemente uma pluralidade de regras que se dirigem à protecção do consumidor. Efectivamente, a lei especifica por vezes o acordo em contrário que é possível celebrar com partes que não sejam consumidores (arts. 18/1 e 19/2 do Dec.-Lei n.º 7/04, por exemplo). Mas isso mesmo mostra que tendencialmente a disciplina é genérica, abrange toda a relação entre um prestador de serviços ou fornecedor e um destinatário, sejam estes ou não tecnicamente consumidores.

Assim, as regras sobre comunicações publicitárias, por exemplo, exigem consentimento prévio do *destinatário* (art. 22/1 Dec.-Lei n.º 7/07). Não necessita de ser um consumidor. Doutras vezes a outra parte é qualificada como *cliente* (art. 22/3)[17].

III – Para não nos alongarmos demasiado, referiremos apenas mais um caso: a *responsabilidade do produtor*.

É temática que se desenvolve no âmbito do Direito do Consumidor. Efectivamente é neste que é genericamente incluída.

---

[17] Assim procede também a lei alemã para o comércio electrónico em geral no § 312 e BGB, embora admita depois acordos em contrário com partes que não sejam consumidores. Isto é sequência da directriz comunitária.

Mas, afigurando-nos bem, temos de concluir que é genérica. Particularmente agora, que a responsabilidade pelo produto ou serviço aparece configurada como responsabilidade objectiva, perde sentido distinguir consoante o destinatário possa ser considerado ou não tecnicamente um consumidor. Assim os danos provocados por um equipamento defeituoso num estabelecimento comercial parece deverem ser indemnizados em igualdade de condições com os danos sofridos por consumidor no sentido técnico[18].

Por isso, qualquer que seja o sentido da lei actual, cabe afirmar que esta matéria tem vocação para se generalizar, ou pelo menos para ultrapassar o círculo estreito do consumidor.

Em conclusão: em numerosos institutos, ainda que nascidos e desenvolvidos à sombra da protecção do consumidor, observa-se uma tendência para ultrapassar essa fronteira, por se verificar que se justificam universalmente, ou pelo menos para um círculo mais amplo, e não apenas em benefício do consumidor.

Curiosamente, os traços que assinalámos surgem confirmados numa muito recente Resolução do Parlamento Europeu, sobre a "Confiança dos consumidores no ambiente digital": esta confiança é fomentada para contrariar o atraso que o comércio electrónico demonstra em relação aos Estados Unidos da América e à Ásia.

E, expressamente, aí se "manifesta a convicção de que a definição de consumidor deve ser mais ampla e mais bem adaptada à sociedade da informação". Mesmo nesse domínio vital se vai pois no sentido da ampliação do conceito.

6. Uns laivos de futurologia

Podemos tentar perscrutar os caminhos de futuro, desde que não nos tornemos muito a sério nas vestes de profetas.

A alternativa que hoje se coloca parece ser claramente a de "civilizar" ou de autonomizar o Direito do Consumidor.

---

[18] E isto independentemente das muitas querelas que rodeiam o tema, como por exemplo a relativa a admitir ou não um *risco de desenvolvimento*, no sentido de isentar o fornecedor quando o produto ou serviço não tinha defeito à luz dos conhecimentos técnicos à data existentes. Cfr. por exemplo Christian Larroumet, *A noção de risco de desenvolvimento: risco do século XXI*, in "O Direito Civil no Século XXI", coord. Maria Helena Diniz / Roberto Senise Lisboa, Saraiva (São Paulo), 2003, 115.

Se se optasse pela "civilização", no sentido de redução do Direito do Consumidor ao Direito Civil, ainda assim haveria que distinguir vários aspectos.

Nunca poderia significar a integração de toda a matéria hoje referida ao consumidor no Direito Civil. O actual Direito do Consumidor engloba regras processuais, penais, creditícias, institucionais… Não são matérias que respeitem ao Direito Civil.

Também contém muita disciplina mais pormenorizada, aspectos de execução, relações especiais de consumo, por exemplo… Nada disto caberia num Código Civil.

Mas também isso não seria impeditivo de uma integração no Direito Civil, como ramo do Direito. Muitas matérias pertencem ao Direito Civil e todavia são reguladas à parte, como sectores específicos. Seja o caso do Direito das Associações ou das Fundações. E até podem dar lugar a diplomas vários e extensos: lembremos a legislação de menores. Todavia, é matéria indiscutida de Direito Civil.

Por outro lado, a integração no Direito Civil é antes de mais uma integração científica. Se na sequência se procede ou não a uma integração formal ou legislativa, como parte do Código Civil, é questão diferente. A reforma do Livro das Obrigações na Alemanha representa o zénite neste movimento: mas nem sempre se chegará tão longe. Já bastaria que sistemática e didacticamente fosse considerado integrante do Direito Civil.

Como, integrante? Originando uma nova Parte ou Livro, justamente dedicado ao Direito do Consumidor?

Supomos que não. No Direito do Consumidor manifestam-se muitos institutos civis, que não há motivo para manter segregados num corpo à parte. Temos sobretudo as Obrigações e os Contratos, mas também institutos da Teoria Geral e dos Direitos Reais: lembremos neste último caso as limitações no que respeita ao direito real de habitação periódica ou às participações em empreendimentos turísticos. Seria então melhor disseminar o que respeitasse ao consumidor por todos os institutos a que se referisse, em vez de o contrapor às matérias já precedentemente reguladas no Código Civil.

Esta integração traria por outro lado uma redução do conteúdo do Direito do Consumidor. O exemplo do Código Civil alemão volta a ser elucidativo. Daria oportunidade para generalizar aquilo que por sua natureza é geral mas que apenas por contingência histórica e facilidade maior de aceitação nasceu no âmbito do Direito do Consumidor.

A hipótese oposta seria, como dissemos, a autonomização. Autonomização que implicaria um ramo de Direito, como acontece ou vai acontecendo já agora em muitos países, seguramente já no plano didáctico e da exposição científica; mas que tenderia para a consolidação num Código do Consumidor.

O código autónomo pode apresentar por si argumentos ponderosos. Unifica toda a matéria relativa ao consumo, evitando a dispersão por várias leis. É hoje claro, dadas as matérias já abrangidas, que seriam muitas as regras que sobrariam de uma integração no Código Civil. E facilitaria o ensino, a sistematização e a elaboração de princípios gerais que pudessem fundar um ramo autónomo do Direito.

O que nunca se deveria porém fazer seria regular institutos inteiros, pela única razão de conterem também regras de protecção do consumidor

Mas é o que faz o Anteprojecto português. Transcreve, em geral literalmente ou quase, leis dispersas, como as relativas às cláusulas contratuais gerais e cláusulas abusivas, publicidade, direito real de habitação periódica, direitos em empreendimentos turísticos... Regula-os integralmente, com definições, erros e tudo. Quase se transforma num Código Civil II, regulando matéria civil geral, que surgiu posteriormente a 1966, mesmo não relativa exclusivamente ao consumidor, apenas por conter regras sobre o consumidor.

Isso é que seria uma deturpação inaceitável. O centro da nossa ordem jurídica de pessoas tem de estar no Código Civil. Outras codificações desenvolverão diferentes matérias ou matérias que pelo grau de pormenorização não caibam no Código Civil[19]. Mas nunca poderia um Código do Consumidor, mesmo que a matéria não fosse considerada de Direito Civil, ser a sede fundamental de institutos de Direito Civil.

Esta é para nós a crítica fundamental. A observação de Pinto Monteiro[20], que isso é o que se verifica *já hoje*, na legislação em vigor e seria mau que o Código do Consumidor viesse a *cindir* o regime em vigor, não responde. Um Código do Consumidor deveria justamente distinguir o que é e o que não é Direito do Consumidor. Absorver integralmente institutos gerais não é regular o estatuto do Consumidor, é criar o tal Código Civil II que rejeitamos.

7. A NATUREZA DE DIREITO CIVIL

A questão é porém antes de mais substancial, dissemo-lo já, e não de arrumação legislativa. É necessário decidir se se deve autonomizar definitivamente o Direito do Consumidor, ultrapassando a fase de mera autonomia didáctica, ou se este deve lançar as suas raízes no corpo do Direito Civil.

---

[19] Sem nenhuma perturbação, poderiam deixar-se os diplomas avulsos em vigor, à espera de melhores dias, e acolher apenas os preceitos deles constantes relativamente especificamente ao consumidor.

[20] *Sobre o Direito do Consumidor* cit., 255-256

Por outras palavras, o Direito Civil deve hoje abranger os princípios ou bases do Direito do Consumidor?

Antes de mais devemos ter em conta o movimento de eticização do Direito. O Direito Civil deve acolher tudo o que resulta deste movimento e lhe chega por via dos institutos de protecção do consumidor.

Lembremos o princípio da função social, que foi ofuscado durante o eclipse colectivista e carece hoje de ser revigorado; o combate às cláusulas abusivas (ou desequilibradas, ou desproporcionadas, ou injustas); o desequilíbrio manifesto no conteúdo dos contratos...

O Direito do Consumidor revela-se como motor de uma depuração substancial do Direito Civil. O princípio de Justiça, ínsito no Direito do Consumidor como correcção da desvantagem da parte mais fraca, deve dar frutos plenos no Direito Civil[21].

Mas uma coisa é a eticização do Direito Civil, outra a protecção do consumidor como entidade particularmente vulnerável. Até que ponto essa protecção, na medida em que se não deva generalizar, deve ser considerada matéria de Direito Civil?

A nossa resposta é afirmativa, à luz da própria noção de Direito Civil.

Entendemos o Direito Civil como o Direito Comum do Homem Comum. É aquele de que todos participamos, apenas pelo facto da nossa condição humana.

Para ser Direito Civil, nada mais se torna necessário que observar que o Direito do Consumidor regula relações em que alguém intervém na qualidade de consumidor, que a todos nos iguala. O Direito do Consumidor não corresponde sequer a um sector autonomizável do Direito Privado, que adapte os princípios gerais a situações particulares: está no coração mesmo do Direito Civil. Essa natureza tem de ser a base do seu estudo, do seu ensino e da ordenação das fontes do Direito.

Na projecção legislativa, insistimos que não seria sequer necessário um livro novo do Código Civil. Ensina o modelo alemão que basta meia centena

---

[21] Antunes Varela, em *Direito do Consumo* cit., nt. 7, afirma, com invocação de Larenz, que o Direito Civil assenta na liberdade contratual e na Justiça contratual; as cláusulas abusivas seriam contra a Justiça contratual. "É na área do Direito Civil que cabe inscrever tais excepções", afirma (405). Mas separa-as da disciplina dos contratos de massa. Quanto a Larenz, expõe a sua concepção em *A liberdade e a Justiça contratual,* in "Contratos. Actualidade e Evolução", Universidade Católica Portuguesa – Porto, 1997, 49 e segs., justamente motivado pela emergência do Direito do Consumidor. Esquematiza muito bem as várias orientações, mas apenas concebe para a Justiça uma função negativa, de meio de evitar a injustiça, que ainda por cima se revela mais como remédio institucional e não como susceptibilidade de controlo de relações concretas.

de preceitos esparsos, após se terem depurado as leis sobre Direito do Consumidor daquilo que é geral.

Ficaria evidentemente muita coisa de fora do Código Civil, porque um código não é uma compilação, é a estruturação nuclear dum ramo de Direito. Nada disso traz dificuldades. Lembremo-nos de institutos como o arrendamento, que se espraiam por densa legislação avulsa.

À proposta de integrar os princípios fundamentais da protecção do Consumidor no Direito Civil poderá objectar-se acentuando a magnitude da tarefa.

É salutar tê-lo presente. Todos recordamos os erros cometidos com alterações precipitadas e incongruentes das nossas leis fundamentais.

A tarefa é de longo prazo, ou quanto menos, de médio prazo. Devo dizer que nada me impressiona. Os 22 anos que demorou a elaboração do Código Civil foram bem empregados.

Mas pelo menos, enquanto não for viável tecnicamente integrar esta matéria no Código Civil, pelo menos haverá que absorvê-la cientificamente no Direito Civil. As grandes questões como a do dolo bom, a da integração da publicidade no conteúdo dos contratos, a da resolução *ad libitum* do contrato celebrado a distância e tantas outras, são questões essenciais em todo o estudo e ensino do Direito Civil.

8. As alternativas e a dignificação do cives

Pode então perguntar-se qual deverá ser o destino do que não for integrado no Código Civil, enquanto esta integração se não der; e pode perguntar-se também o que fazer dos preceitos remanescentes, que forçosamente ficariam de fora mesmo após essa integração. Basta pensar em todos aqueles elementos que têm sido integrados num amplíssimo Direito Comercial e realizam a defesa do público/consumidor, como as regras sobre protecção do cliente de instituições de crédito, sobre cartões de crédito, sobre protecção do investidor, eventualmente sobre insolvência... Isso não constaria fatalmente da lei civil, mesmo que os princípios gerais sobre protecção do consumidor nesta viessem a caber.

São problemas cientificamente menores, mas com grande relevância prática.

Valerá a pena pensar numa consolidação da legislação existente, nesse tempo intermédio que pode ser longo? Já se propôs que se aprovasse rapidamente o Anteprojecto, enquanto se trabalhava na reforma do Código Civil[22].

---

[22] Cfr. Menezes Cordeiro, *Da natureza civil do Direito do Consumo* cit., n.º 12 V.

É uma má proposta. Por um lado porque ignora os defeitos muito graves do Anteprojecto: para aprová-lo tal qual, melhor seria deixar ficar tudo como está. Ou então contentarmo-nos realmente com uma consolidação e desistir do Código.

Note-se que não é o nome que assusta: hoje a tudo se chama código. A questão está em ele surgir em concorrência com o Código Civil.

Mas sobretudo, a aprovação deste diploma, mesmo que fosse a título provisório, mataria de vez a possibilidade de uma reforma mais a sério do Direito Civil. Como hoje só se legisla à pressão, o provisório tornar-se-ia definitivo. Nunca mais sairíamos da autonomia do Direito do Consumidor. O Código do Consumidor pode assim representar um passo atrás, que tornaria o regresso difícil, senão mesmo impossível.

Suponhamos porém que se realizava a integração da matéria no Código Civil. O que fazer com a actual legislação avulsa, na parte em que não tivesse dignidade para figurar no Código Civil?

É uma eventualidade meramente hipotética. Mas não cremos que mesmo então se justificasse um código, como o constante do Anteprojecto. Este corresponde realmente ao nome, procura fixar os princípios e tem pretensões de universalidade[23]. Para dar facilidade de acesso a legislação dispersa, bastaria uma consolidação. Não é um instrumento que esteja na prática legislativa portuguesa recente, mas poderia ser muito útil.

Agora que a euforia legislativa comunitária abrandou, é a altura de pensar em arrumar a casa.

Seja-nos permitido, a encerrar, chamar a atenção para um ponto essencial.

Viu-se no empolamento dado ao Direito do Consumidor um modo de dignificar a Pessoa, por se intensificar a protecção desta.

Mas o protagonismo dado ao consumidor não dignifica a Pessoa. Pelo contrário, degrada-a.

Na base da nossa ordem jurídica está e deve estar a figura paradigmática do *cives*.

É o *cives*, como entidade plena que o Estado e a ordem jurídica reconhecem e consagram, a base do Código Civil, até no nome. Lembremo-nos do esquema do Código de Seabra, centrado no sujeito de direitos, apenas acentuando que a lei civil é a que tem como protagonista a pessoa, em si e nas suas relações. O *cives* é o protagonista.

---

[23] Talvez demasiadas, por entrar em pormenores contingentes, e além disso muito pesados, de orgânica institucional. Somos porém informados que essa parte, aliás ultrapassada já pelos factos, seria eliminada.

Mas não se defende o *cives* encarando-o prioritariamente como consumidor. Então já não é o protagonista, mas um objecto ou destinatário duma protecção que lhe é concedida. Passa a ser visto como um ente tutelado e não como o actor principal.

A sede do estatuto do *cives*, até à margem de implicações políticas que são muitas vezes dúplices[24], deve continuar a encontrar-se no Direito Civil; e o Código Civil deve continuar a ser o seu profeta.

---

[24] Pense-se na instabilidade das constituições políticas, em contraste com a estabilidade relativa da lei civil.

Harmonização Legislativa e Protecção do Consumidor (a propósito do Anteprojecto do Código do Consumidor português)*

António Pinto Monteiro**

1. O esforço de harmonização legislativa na Comunidade Europeia

I. Desde o último quartel do século XX ("maxime" a partir dos anos oitenta) que se tem vindo a assistir, por todo o lado, a um significativo movimento de *intensificação legislativa* na área da defesa do consumidor. Na Europa, este movimento vem sendo impulsionado, em grande medida, pelas inúmeras directivas com que se pretende a *harmonização legislativa* nos países da Comunidade Europeia.

Essas directivas invadem as áreas mais representativas da vida económica e do direito dos contratos, proibindo cláusulas abusivas, disciplinando a concessão de crédito ao consumo, a publicidade, os contratos à distância, o "time sharing", as viagens turísticas e organizadas, as vendas de bens de consumo e as garantias a elas ligadas, a segurança geral dos produtos, as práticas comerciais desleais das empresas face aos consumidores, a responsabilidade do produtor, etc, etc, etc[1].

---

* Este artigo vai ser publicado nos *Estudos em Homenagem ao Professor Doutor José de Oliveira Ascensão*.

** Professor Catedrático da Faculdade de Direito da Universidade de Coimbra.

[1] Identificamos algumas das directivas mais representativas na área da defesa do consumidor: Directiva 84/450/CEE do Conselho, de 10 de Setembro de 1984 (*publicidade enganosa*), alterada pela Directiva 97/55/CE (para incluir a *publicidade comparativa*); Directiva 85/374//CEE, do Conselho, de 25 de Julho de 1985 (*responsabilidade decorrente dos produtos defeituosos*), alterada pela Directiva 1999/34/CE, do Parlamento Europeu e do Conselho, de 10 de Maio de 1999; Directiva 85/577/CEE, do Conselho, de 20 de Dezembro de 1985 (*contratos negociados fora dos estabelecimentos comerciais*); Directiva 87/102/CEE, do Conselho, de 22 de Dezembro de 1986 (*crédito ao consumo*), alterada pelas Directivas 90/88/CEE, do Conselho, de 22 de Fevereiro de 1990, e 98/7/CE, do Parlamento Europeu e do Conselho, de 16 de Fevereiro de 1998; Directiva 90/314/CEE do Conselho, de 13 de Junho de 1990 (*viagens organizadas, férias organizadas e circuitos organizados*); Directiva 93/13/CEE do Conselho, de 5 de Abril de 1993 (*cláusu-*

Para além da *extensão* das áreas cobertas pelas directivas, assiste-se hoje, por outro lado, a uma aparente viragem, passando-se de uma situação em que tais directivas visavam, tão-só, uma harmonização *mínima*, para uma outra situação, em que há directivas que pretendem obter uma harmonização *máxima* ou *plena*.

Quer dizer, após um primeiro momento, em que o legislador comunitário se contentava em obter, em cada Estado membro, um patamar *mínimo* de defesa do consumidor – podendo cada Estado ir *além* desse patamar, mas não podendo ficar *aquém* dele, nas medidas que consagrasse para transposição da directiva –, assiste-se hoje, em contrapartida, à publicação de directivas que visam uma *harmonização plena*, retirando aos Estados membros uma liberdade de que anteriormente dispunham.

II. É certo que se a *liberdade* de cada país passa a ser muito *menor*, já a *harmonização* legislativa, porém, tenderá a ser mais *completa* e *efectiva*. Acresce, na mesma linha, que se evitarão, deste modo, as *distorções na concorrência* que as directivas de harmonização mínima permitiam, perante o *diferente grau* de exigência de cada Estado e o consequente benefício para as empresas de Estados menos exigentes, graças aos menores custos que teriam de suportar, uma vez alcançado aquele patamar mínimo de defesa do consumidor.

Mas é claro que tem *outros custos* essa menor liberdade de conformação legislativa de cada Estado membro ao ter de transpor para o seu direito interno directivas de harmonização máxima ou plena. Ao fim e ao cabo, tais directivas aproximam-nas dos regulamentos, retirando-lhes características que permitiam afirmar a directiva na sua *especificidade* e elegê-la como instrumento *souple* de harmonização legislativa. Exemplo bem significativo e recente de uma directiva desta natureza e alcance temo-lo na Directiva

---

las abusivas nos contratos celebrados com os consumidores); Directiva 94/47/CE do Parlamento Europeu e do Conselho, de 26 de Outubro de 1994 (*time sharing*); Directiva 97/7/CE do Parlamento Europeu e do Conselho, de 20 de Maio de 1997 (*contratos à distância*); Directiva 98/6/CE do Parlamento Europeu e do Conselho, de 16 de Fevereiro de 1998 (*preços dos produtos oferecidos aos consumidores*); Directiva 98/27/CE do Parlamento Europeu e do Conselho, de 19 de Maio de 1998 (*acções inibitórias em matéria de protecção dos interesses dos consumidores*); Directiva 1999/44/CE do Parlamento Europeu e do Conselho, de 25 de Maio de 1999 (*venda de bens de consumo e das garantias a ela relativas*); Directiva 2000/31/CE do Parlamento Europeu e do Conselho, de 8 de Junho de 2000 (*comércio electrónico*); Directiva 2001/95/CE do Parlamento Europeu e do Conselho, de 3 de Dezembro de 2001 (*segurança geral dos produtos*); Directiva 2002/65/CE do Parlamento Europeu e do Conselho, de 23 de Setembro de 2002 (*comercialização à distância de serviços financeiros prestados a consumidores*); Directiva 2005/29/CE do Parlamento Europeu e do Conselho, de 11 de Maio de 2005 (*práticas comerciais desleais das empresas face aos consumidores no mercado interno*).

2005/29/CE do Parlamento Europeu e do Conselho, de 11 de Maio de 2005, relativa às práticas comerciais desleais das empresas face aos consumidores no mercado interno, que não nos parece muito feliz!

III. Entretanto, as instâncias comunitárias competentes já tomaram consciência dos inconvenientes vários resultantes da multiplicidade e dispersão das directivas. Daí que, a fim de repensar o *acquis* legislativo em sede de defesa do consumidor em ordem à adopção de medidas de racionalização e sistematização, a Comissão Europeia tenha lançado, já em 2004, um processo de revisão do acervo relativo à defesa do consumidor.

Este processo teve o seu início com a Comunicação de 2004 "O direito europeu dos contratos e a revisão do acervo: o caminho a seguir". Mas já em 2 de Outubro de 2001 a Comissão Europeia apresentara o Livro Verde sobre a Defesa do Consumidor na União Europeia e, posteriormente, em 2002, a Comunicação sobre o Seguimento do Livro Verde.

Paralelamente, mas com implicações claras no direito do consumidor, têm sido igualmente muitas as intervenções das instâncias comunitárias no âmbito do direito dos contratos e, até, do direito civil em geral (o que tem levado à criação de vários grupos de estudo onde se debate, inclusivamente, a eventual aprovação, no futuro, de um código civil europeu), culminando no Plano de Acção de 2004, onde a Comissão Europeia propõe que se estabeleça um *Quadro Comum de Referência* (CFR: *Common Frame of Reference*), o qual, segundo alguns, poderá ser visto como um conjunto de *guidelines* para a legislação futura, e, segundo outros, como um esboço de um código civil europeu.

Recentemente, a Comissão Europeia acaba de apresentar o "Livro Verde sobre a revisão do acervo relativo à defesa do consumidor", onde se faz o ponto da situação relativamente ao processo de revisão e se apresentam as questões principais, após o que se equacionam as "opções possíveis para o futuro"[2].

2. O PONTO DA SITUAÇÃO NO DIREITO COMPARADO

I. Todo esse *frenesim legislativo* acabou por traduzir-se, na ordem jurídica interna dos Estados membros, numa imensidão de textos legais *avulsos, dispersos* e *fragmentários*. É esta a situação que (ainda hoje) se vive em Portugal, do mesmo modo que em muitos outros países.

A tomada de consciência do *peso negativo* dessa *inúmera* legislação *especial* foi uma das razões que levou o Governo português a tomar a iniciativa, já em

---

[2] Com (2006) 744 final. Ver igualmente *infra*, nota 23.

1996, de fazer preparar um *Código do Consumidor*. A Comissão encarregada dessa tarefa, a que temos a honra de presidir, entregou em 15 de Março de 2006 o respectivo Anteprojecto, que esteve em debate público durante 4 meses, ou seja, até 15 de Julho[3]. No momento actual, e após uma participação – designadamente através dos contributos recebidos – extraordinariamente importante, que superou todas as expectativas, a Comissão pondera as sugestões, críticas e propostas recebidas, após o que apresentará o (seu) Projecto definitivo do Código do Consumidor.

Se vier a dar esse passo, Portugal seguirá o exemplo do Brasil e, na Europa, o exemplo da França e da Itália, apesar das diferenças que o Código português apresentará relativamente a estes dois últimos.

II. Efectivamente, o Brasil dispõe, desde 1990, de um *Código de Defesa do Consumidor*, apesar de formalmente se tratar de uma lei e não de um código[4].

Na Europa, a França, desde 1993, conta com o *Code de la Consommation*, que apesar de formalmente ser um código não passa de uma compilação das leis relativas à defesa do consumidor[5].

A Itália, por sua vez, aprovou, em Outubro de 2005, o *Codice del Consumo*, o qual se limita a reunir os diplomas legais existentes neste domínio, sem inovar, embora os trate sistematicamente[6].

---

[3] Na verdade, porém, o período de debate público foi bem maior, pois continuámos a receber vários contributos já muito para lá daquela data... Quanto ao Anteprojecto, ele foi objecto de uma edição em livro pelo Ministério da Economia e da Inovação(MEI)/Instituto do Consumidor (IC) e esteve acessível nas páginas da Internet do MEI, do IC e da Ordem dos Advogados. Sobre o mesmo, pode ver-se o nosso discurso proferido na Sessão de Apresentação do Anteprojecto (em Lisboa, Palácio Foz, no dia 15 de Março de 2006): cfr. ANTÓNIO PINTO MONTEIRO, *O Anteprojecto do Código do Consumidor*, in "Revista de Legislação e de Jurisprudência" (RLJ) ano 135.º, 2006, pp. 190 ss.

[4] Lei n.º 8.078, de 11 de Setembro de 1990. Sobre a história das vicissitudes por que passou e dos vetos presidenciais que sofreu, pode ver-se ADA PELLEGRINI GRINOVER/ANTÔNIO HERMAN BENJAMIN/DANIEL ROBERTO FINK/JOSÉ G. BRITO FILOMENO/KAZUO WATANABE/NELSON NERY JUNIOR/ZELMO DENARI, *Código Brasileiro de Defesa do Consumidor Comentado pelos Autores do Anteprojecto*, 8ª ed., Rio de Janeiro, São Paulo, 2004, pp. 1 e ss.

[5] Pese embora tivesse sido outra a proposta da Comissão francesa do *Code de la consommation*, presidida pelo Professor JEAN CALAIS-AULOY. Cfr., deste Autor, o seu *Propositions pour un Code de la Consommation. Rapport de la Comission de Codification du droit de la consommation*, Paris, 1990. Ainda de JEAN CALAIS-AULOY e de FRANK STEINMETZ, pode ver-se o seu *Droit de la Consommation*, 6ª ed., Paris, 2003. Para um conhecimento do texto do Código, acompanhado dos comentários a cada artigo e antecedido de uma apresentação geral do Código, pode ver-se JEAN-PIERRE PIZZIO, *Code de la Consommation*, 2ª ed., Paris, 1996.

[6] Cfr., a propósito, o *Codice del consumo. Commentario*, a cura di GUIDO ALPA e LILIANA ROSSI CARLEO, Napoli, 2005, bem como, de GUIDO ALPA, a apreciação ao Código, no seu *Corso di diritto contrattuale*, Padova, 2006, pp. 391 e ss.

Entretanto, também a Espanha se prepara para dar um passo semelhante, mercê de uma delegação legislativa conferida ao Governo para refundir num único texto legal a Lei Geral para a Defesa dos Consumidores e Usuários e (quase todos) os diplomas normativos que transpuseram directivas comunitárias destinadas à protecção do consumidor. De momento, está em apreciação um "Projecto de Real Decreto Legislativo", dos Ministérios da Saúde e Consumo e da Justiça, pelo qual se aprova o texto refundido daquela Lei.

No respeitante ao direito português, será um verdadeiro código a ter em conta, no futuro, se o mesmo vier a ser aprovado com base no Anteprojecto que redigimos, o qual não se limita a reunir o direito existente, antes inova onde se mostra necessário e procura sempre as ligações sistemáticas adequadas[7].

---

[7] Já demos indicações (*supra*, nota 3) sobre o modo de consultar o *Anteprojecto do Código do Consumidor* português. Entretanto, para uma apreciação do mesmo – através de importantes estudos publicados em revistas das Faculdades de Direito de Coimbra e de Lisboa –, pode consultar-se o vol. n.º 7 dos "Estudos de Direito do Consumidor", Centro de Direito do Consumo/Faculdade de Direito da Universidade de Coimbra, 2005, designadamente os seguintes artigos: ANTÓNIO PINTO MONTEIRO, *Sobre o direito do Consumidor em Portugal e o Anteprojecto do Código do Consumidor*, pp. 245 ss.; PAULO MOTA PINTO, *O Anteprojecto de Código do Consumidor e a venda de bens de consumo*, pp. 263 ss., F. GRAVATO MORAIS, *União de contratos de crédito e de venda para consumo: situação actual e novos rumos*, pp. 279 ss.; AUGUSTO SILVA DIAS, *Linhas gerais do regime jurídico dos crimes contra interesses dos consumidores no Anteprojecto do Código do Consumidor*, pp. 315 ss.; ALEXANDRE DIAS PEREIRA, *Publicidade comparativa e práticas comerciais desleais*, pp. 341 ss.; PAULO DUARTE, *A posição jurídica do consumidor na compra e venda financiada: confronto entre o regime em vigor (RJCC) e o Anteprojecto do Código do Consumidor (AntpCCons.)*, pp. 379 ss.; ANTÓNIO JOSÉ FIALHO, *Procedimentos de reestruturação do passivo do devedor insolvente*, pp. 409 ss.; e JOÃO ALVES, *O Ministério Público e a defesa do consumidor*, pp. 457 ss.

Também o vol. III dos "Estudos do Instituto de Direito do Consumo" da Faculdade de Direito da Universidade de Lisboa acaba de sair com vários artigos sobre o Anteprojecto do Código do Consumidor: para além do nosso artigo e dos artigos de PAULO MOTA PINTO e de AUGUSTO SILVA DIAS, igualmente publicados neste volume, pode ver-se JOSÉ DE OLIVEIRA ASCENSÃO, *O Anteprojecto do Código do Consumidor e a Publicidade*, pp. 7 ss.; PEDRO ROMANO MARTINEZ, *Anteprojecto do Código do Consumidor, Contratos em Especial*, pp. 57 ss.; LUÍS MANUEL TELES DE MENEZES LEITÃO, *A reparação de danos causados ao consumidor no Anteprojecto do Código do Consumidor*, pp. 65 ss.; DÁRIO MOURA VICENTE, *Arbitragem de conflitos de consumo: da Lei n.º 31/86 ao Anteprojecto de Código do Consumidor*, pp. 75 ss.; ADELAIDE MENEZES LEITÃO, *A publicidade no Anteprojecto do Código do Consumidor*, pp. 135 ss.; e ELSA DIAS OLIVEIRA, *Práticas comerciais proibidas*, pp. 147 ss.

A Revista "O Direito", ano 138.º, 2006, IV, também se ocupou do assunto, com um artigo de ANTÓNIO MENEZES CORDEIRO sobre *O Anteprojecto de Código do Consumidor*, pp. 685 ss.

Finalmente, importa referir ainda o artigo de J. SOUSA RIBEIRO, *O contrato de viagem organizada, na lei vigente e no Anteprojecto do Código do Consumidor*, publicado in "Prof. Doutor Inocêncio Galvão Telles: 90 anos", Homenagem da Faculdade de Direito de Lisboa, Coimbra,

III. Mas não tem sido este o passo seguido em toda a parte, relativamente à opção codificadora[8]. Na verdade, outros países, como a Alemanha, optaram por inserir o direito do consumidor no Código Civil: assim aconteceu, por exemplo, com a Reforma do BGB de 2001, através da *Gesetz zur Modernisierung des Schuldrechts*, na linha do passo já ensaiado em 2000, no mesmo país, e, já antes, de certo modo, também na Holanda[9].

IV. Iremos emitir a nossa opinião sobre o *modelo* a seguir, no tocante ao tema que aqui tratamos, ou seja, iremos dar conta do *modelo de harmonização legislativa* por que optamos, *no âmbito da protecção do consumidor*. Antes, porém, para melhor podermos *perspectivar o futuro*, há que *conhecer o presente* e compreendê-lo à luz da *evolução ocorrida*, tendo em conta o *quadro de problemas surgido* e as *soluções* susceptíveis de serem alcançadas (somente) com o direito do *passado*. Numa palavra, há que olhar o *passado*, compreender o *presente* e perspectivar o *futuro*.

3. Evolução

I. Pois bem. Dissemos logo de início que se tem assistido, nos últimos anos, a um movimento de grande *proliferação legislativa*. E que tal movimento

---

2007, pp. 551 ss., bem como, já actualizado segundo o Decreto-Lei n.º 263/2007, de 20 de Julho, o mesmo artigo, publicado nos "Estudos de Direito do Consumidor", cit., n.º 8, Coimbra, 2007.

[8] Será ainda de recordar que na Bélgica esteve em discussão um projecto de código do consumo apresentado por uma Comissão a que presidiu o Professor Thierry Bourgoignie, mas que ficou por aprovar: cfr., a propósito, *Propositions pour une loi générale sur la protection des consommateurs. Rapport de la commission d'étude pour la réforme du droit de la consommation*, org. THIERRY BOURGOIGNIE, Bruxelles, 1995.

[9] Cfr. CLAUS-WILHELM CANARIS, *Schuldrechtsreform 2002*, München, 2002, Idem, *O novo direito das obrigações na Alemanha*, in "Revista Brasileira de Direito Comparado" (RBDC), n.º 25, Rio de Janeiro, 2004, pp. 3 ss., e CHRISTIAN BALDUS, *Protecção do consumidor na zona cinzenta entre o contrato e o não-contrato?*, in "Estudos de Direito do Consumidor", n.º 6, Centro de Direito do Consumo/Faculdade de Direito da Universidade de Coimbra, sob a direcção de ANTÓNIO PINTO MONTEIRO, Coimbra, 2004, pp. 129 ss. Para referências à reforma e à inclusão do direito do consumidor no BGB pode ver-se, em Itália, o vol. *La riforma dello Schuldrecht tedesco: un modello per il futuro diritto europeo delle obbligazioni e dei contratti?*, a cura di GIORGIO CIAN, Padova, 2004, especialmente a *Relazione Introduttiva*, pp. 9 ss., bem como o artigo de SALVATORE PATTI, *I contratti del consumatore nel BGB*, pp. 79 ss., e em Portugal, ANTÓNIO MENEZES CORDEIRO, *Da modernização do direito civil I: Aspectos gerais*, Coimbra, 2004.

Quanto ao direito holandês, pode ver-se ARTHUR S. HARTKAMP, *Civil Code Revision in the Nederlands 1947-1992*, in P.P.C. HAANAPPEL e EJAN MACKAAY, *Nieuw Nederlands Burgerlijk Wetboek Het Vermogensrecht*, Deventer, 1990, pp. XIII, ss.

é fortemente impulsionado pelas *directivas* com que a Comunidade Europeia pretende *harmonizar* as medidas de índole legislativa dedicadas à defesa do consumidor nos Estados membros. Ora, a pergunta é esta: *mas porque é que surgiram essas directivas?* Apenas para harmonizar normas legais *já existentes* nas várias ordens jurídicas? Ou, antes – ainda que sem pôr de parte também aquele objectivo –, fundamentalmente para que todos os Estados membros da Comunidade Europeia previssem medidas, *novas medidas*, em ordem a possibilitar, em todos eles, uma *efectiva* e *real* defesa do consumidor?

A razão fundamental foi esta última, a partir do momento em que a Comunidade Europeia assumiu a necessidade da defesa do consumidor[10]. O que pressupõe, naturalmente, um juízo de *insuficiência do direito do passado* para conseguir esse objectivo, um juízo de *insuficiência e/ou de inadequação* das soluções vigentes no direito privado tradicional para enfrentar os novos problemas com que se deparou o consumidor.

II. Pode começar por observar-se, no entanto, que o tema da defesa do consumidor se insere *na linha da evolução do direito civil* no século XX, que ele faz parte dessa mesma evolução e está em sintonia com a dimensão de *justiça social* e *materialmente fundada* que perpassa por todo o direito civil contemporâneo[11].

---

[10] De início, a defesa do consumidor estava ausente dos textos comunitários, pois a versão inicial (1957) do Tratado de Roma não lhe fazia referência. Foi só a partir de 1975, com a Resolução do Conselho que adoptou um "Programa preliminar da CEE para uma política de protecção e de informação dos consumidores", que se terá iniciado a política de defesa do consumidor, depois prosseguida através de várias outras resoluções. Mas faltava um fundamento jurídico para esta política comunitária, o qual passou a existir com a entrada em vigor do Acto Único, que introduziu no Tratado de Roma o art. 100 A (hoje, art. 95), tornando-se a protecção do consumidor um objectivo específico da Comunidade. Presentemente, após as revisões operadas pelo Tratado de Maastricht de 1992 e pelo Tratado de Amesterdão de 1997, é o art. 153 do Tratado que logo no seu n.º 1 enuncia os direitos do consumidor à protecção da saúde, da segurança e dos interesses económicos, à informação, à educação e à organização dos seus interesses. Sobre o ponto, pode ver-se THIERRY BOURGOIGNIE, *Droit et politique communautaires de la consommation. Une évaluation des acquis*, in "Liber Amicorum Jean Calais-Auloy – Études de droit de la consommation", Paris, 2004, pp. 95 ss.; LUDWIG KRÄMER, *The European Union, Consumption and Consumer Law*, in "Liber Amicorum Bernd Stauder – Droit de la consommation, Konsummenterecht, Consumer Law", sob a direcção de LUC THÉVENOZ e NOBERT REICH, Genève, 2006, pp. 177, ss.; JAVIER LETE ACHIRICA, *El Libro Verde sobre la protección de los Consumidores en la Unión Europea*, in "Estudos de Direito do Consumidor", sob a direcção de ANTÓNIO PINTO MONTEIRO, Centro de Direito do Consumo/Faculdade de Direito da Universidade de Coimbra, n.º 5, 2003, pp. 67 ss. e LUIS SILVEIRA RODRIGUES, *Tendências recentes sobre a protecção do consumidor na União Europeia*, nos mesmos "Estudos", pp. 311 e ss.

[11] Acompanhamos o nosso *Sobre o Direito do Consumidor em Portugal e o Anteprojecto do Código Consumidor, cit.*, pp. 247 ss.

Estas preocupações de *justiça material* e de *solidariedade social* estão bem patentes, aliás, no direito civil português, "maxime" no Código de 1966, que generosamente acolhe o princípio da boa fé em sentido objectivo (por ex., arts. 227.º, 239.º, 762.º, n.º 2), proíbe o abuso do direito (art. 334.º) e os negócios usurários (art. 282.º), dá relevo à alteração anormal das circunstâncias (art. 437.º), prevê a responsabilidade civil independente de culpa (arts. 500.º e ss), permite a redução judicial equitativa das penas contratuais manifestamente excessivas[12], etc.

Por outras palavras, o Código consagrou princípios e regras susceptíveis de corrigir desequilíbrios, impedir abusos, promover a correcção e lealdade nas relações contratuais, impor deveres, fomentar a segurança e encontrar outros fundamentos para a responsabilidade civil. O que releva também, e até de modo muito especial, para a defesa do consumidor.

Simplesmente ... a vida não é estática. De 1966 para cá acentuaram-se consideravelmente as situações de desequilíbrio, multiplicaram-se as fontes de risco e surgiram problemas novos. Houve necessidade de intervir legislativamente, perante a *insuficiência* e/ou *inadequação* das soluções tradicionais.

III. Isso explica a imensa legislação avulsa que existe no *presente*. Pensemos, entre tantos outros exemplos, nos *contratos de* ou *por adesão*, nos contratos celebrados com base em *cláusulas contratuais gerais*. Perante este *novo modelo contratual*, em face deste *novo modo de celebração* de contratos, bem distinto do *modelo negociado tradicional*, havia que intervir, para enfrentar problemas específicos ao nível da formação do contrato, do conteúdo das cláusulas predispostas e dos meios de reacção, *maxime* judicial. Daí, em Portugal, o Decreto-Lei n.º 446/85, de 25 de Outubro (entretanto modificado, em 1995 e em 1999, por força da Directiva 93/13/CEE, de 5 de Abril), que consagrou especiais deveres de comunicação e de informação, proibiu cláusulas abusivas e consagrou uma importante acção judicial de índole preventiva, a acção inibitória[13].

---

[12] Pode ver-se, entre muitos, J. Antunes Varela, *Das Obrigações em geral*, vol. I, 10ª ed, Coimbra, 2000, pp. 225, ss; M. J. Almeida Costa, *Direito das Obrigações*, 10ª ed., Coimbra, 2006, pp. 228 ss.; Carlos Mota Pinto, *Teoria Geral do Direito Civil*, 4ª ed., por António Pinto Monteiro e Paulo Mota Pinto, Coimbra, 2005, pp. 54, ss.; António Menezes Cordeiro, *Tratado de Direito Civil* Português, I, *Parte* Geral, tomo I, 3ª ed., Coimbra, 2005, pp. 203 ss., 399, ss. e 653 ss., e António Pinto Monteiro, *Cláusula penal e indemnização*, Coimbra, 1990, pp. 724, ss.

[13] Cfr., por ex., Almeida Costa/Menezes Cordeiro, *Cláusulas contratuais gerais. Anotação ao Decreto-Lei n.º 446/85, de 25 de Outubro*, Coimbra, 1986; I. Galvão Telles, *Das condições gerais dos contratos e da Directiva europeia sobre as cláusulas abusivas*, in "O Direito", Lisboa,

Atentemos, igualmente, na problemática da *responsabilidade do produtor* pelos danos causados pelos defeitos dos produtos que põe em circulação. Perante a dificuldade e inadequação da via extracontratual – com o pesado encargo do ónus da prova a cargo do lesado –, e pese embora as bem intencionadas e engenhosas tentativas para responsabilizar o produtor pela via contratual (apesar de aparentemente não ser parte no contrato pelo qual o consumidor adquiriu o bem), houve que intervir legislativamente, consagrando a responsabilidade pelo risco do produtor, ou seja, *independente* de culpa sua. Na sequência da Directiva 85/374/CEE, do Conselho, de 25 de Julho, foi em Portugal publicado o Decreto-Lei n.º 383/89, de 16 de Novembro, a fim de transpor essa Directiva[14].

Pensemos, ainda, na legislação relativa ao *crédito ao consumo*. Perante a nova filosofia de vida da actualidade, que parece obedecer ao lema "compre primeiro e pague depois", "goze já férias e só mais tarde pense em pagá-las" – bem oposto à mentalidade tradicional, em que as pessoas poupavam primeiro para poderem adquirir os bens ou serviços de que careciam –, perante a nova filosofia de vida, dizia, em que o apelo ao consumo e a facilidade de crédito são incessantes, havia que disciplinar o contrato de concessão de crédito. O que foi feito pelo Decreto-Lei n.º 359/91, de 21 de Setembro, que transpôs a Directiva 87/102/CEE, do Conselho, de 22 de Novembro, entretanto alterada[15]. Subsistia, contudo, uma lacuna no ordenamento jurídico português,

---

1995, pp. 297 ss.; J. OLIVEIRA ASCENSÃO, *Cláusulas contratuais gerais, cláusulas abusivas e boa fé*, in "Revista da Ordem dos Advogados" (ROA), 60, Lisboa, 2000, pp. 573 ss.; J. SOUSA RIBEIRO *O problema do contrato: as cláusulas contratuais gerais e o princípio da liberdade contratual*, Coimbra, 1999; PAULO LUIZ NETO LÔBO, *Condições gerais dos contratos e cláusulas abusivas*, São Paulo, 1991; GUIDO ALPA, *Il recepimento della direttiva comunitaria sulle clausole abusive nei contratti dei consumatori*, in "Estudos de Direito do Consumidor", Centro de Direito do Consumo/Faculdade de Direito de Coimbra, sob a direcção de ANTÓNIO PINTO MONTEIRO, n.º 1, 1999, pp. 69 ss.; ANTÓNIO PINTO MONTEIRO, *O novo regime dos contratos de adesão/cláusulas contratuais gerais*, in ROA, Lisboa, 2002; *Id.*, *The Impact of the Directive on Unfair Terms in Consumer Contracts on Portuguese Law*, in "European Review of Private Law", 3, 1995, pp. 231, ss.

[14] Cfr. J. CALVÃO DA SILVA, *Responsabilidade civil do produtor*, Coimbra, 1990, e YVAN MARKOVITS, *La Directive CEE du 25 juillet 1985 sur la responsabilité du fait des produits défectueux*, Paris, 1990; para um balanço da aplicação da Directiva, pode ver-se a obra *La Directive 85/374/CEE relative à la responsabilité du fait des produits: dix ans après*, ed. MONIQUE GOYENS, Centre de Droit de la Consommation, Louvain-la-Neuve, 1996 (onde se inclui um texto nosso sobre *La responsabilité du fait des produits au Portugal*, pp. 181 ss.).

[15] Cfr. F. GRAVATO MORAIS, *União de contratos de crédito e de venda para o consumo. Efeitos para o financiador do incumprimento pelo vendedor*, Coimbra, 2004; PAULO DUARTE, *Contratos de concessão de crédito ao consumidor: em particular as relações trilaterais resultantes da intervenção de um terceiro financiador*, Coimbra, 2000.

relativa ao sobreendividamento do consumidor, que de algum modo foi superada com o Código da Insolvência entretanto publicado[16].

Tudo isto sem esquecer as novas modalidades de *técnicas de venda*, desde a venda ao domicílio aos modernos contratos a distância, designadamente os celebrados por via electrónica, sendo de destacar, neste contexto (transpondo a Directiva 97/7/CE), o Decreto-Lei n.º 143/2001, de 26 de Abril, relativo à protecção do consumidor nos *contratos celebrados a distância*, assim como a legislação relativa às garantias, ao direito de habitação periódica (*time sharing*), aos serviços públicos essenciais e às viagens turísticas e organizadas[17].

IV. Eis, em suma, uma série de novos problemas em múltiplos domínios, a impor a consagração de novas regras, tendo designadamente em conta a necessidade de *proteger o consumidor*.

---

[16] O Anteprojecto do Código do Consumidor dedica a este problema uma secção (Secção IV, arts. 581.º a 653.º, sobre os "procedimentos de reestruturação do passivo do devedor insolvente"), bastante completa e elaborada, mas que de algum modo está prejudicada pelas normas que o Código da Insolvência e da Recuperação de Empresas veio consagrar para os particulares (claramente influenciado por um projecto anterior da Comissão do Código do Consumidor). Essa a razão por que, aliada a outras (como a possível eliminação do título IV do Código, sobre a parte organizatória), muito provavelmente essa secção não será incluída no Projecto do Código do Consumidor em que estamos a trabalhar.

[17] Cfr. ENRIQUE RUBIO TORRANO, *Contratación a distancia y protección de los consumidores en el derecho comunitario; en particular, el desistimiento negocial del consumidor*, in "Estudos de Direito do Consumidor", Centro de Direito do Consumo/Faculdade de Direito da Universidade de Coimbra, n.º 4, 2002, pp. 59 ss.; MIGUEL PUPO CORREIA, *Contratos à distância: uma fase na evolução da defesa do consumidor na sociedade de informação?*, nos mesmos "Estudos", pp. 165, ss.; LUÍS MENEZES LEITÃO, *A protecção do consumidor contra as práticas comerciais desleais e agressivas*, in "Estudos de Direito do Consumidor", cit., n.º 5, 2003, pp. 163 ss.; PAULO MOTA PINTO, *Princípios relativos aos deveres de informação no comércio à distância*, nos mesmos "Estudos", pp. 183 ss.; Idem, *Anteprojecto de diploma de transposição da Directiva 1999/44/CE para o direito português. Exposição de motivos e articulado*, nos mesmos "Estudos", mas n.º 3, Coimbra, 2001, pp. 165 ss.; CARLOS FERREIRA DE ALMEIDA, *Orientações de política legislativa adoptadas pela Directiva 1999/44/CE sobre a venda de bens de consumo. Comparação com o direito vigente*, in "Themis", ano II, n.º 4, Coimbra, 2001, pp. 109, ss.; C-W. CANARIS, *A transposição da directiva sobre compra de bens de consumo para o direito alemão*, in "Estudos de Direito do Consumidor", cit., n.º 3, Coimbra, 2001, pp. 49 ss.; M. HENRIQUE MESQUITA, *Uma nova figura real: o direito de habitação periódica*, in "Revista de Direito e Economia", 1982, pp. 39 ss.; ANTÓNIO PINTO MONTEIRO, *A protecção do consumidor de serviços públicos essenciais*, in AJURIS, 1998, pp. 20 ss.; Idem, *A protecção do consumidor de serviços de telecomunicações*, in "As telecomunicações e o direito na sociedade da informação", Instituto Jurídico da Comunicação/Faculdade de Direito da Universidade de Coimbra, 1999, pp. 139 ss.; Idem, *Garantias na venda de bens de consumo. A transposição da Directiva 1999/44/CE para o direito português*, in "Estudos de Direito do Consumidor", cit., n.º 5, pp. 123 ss.; e MIGUEL MIRANDA, *O contrato de viagem organizada*, Coimbra, 2000, além do já citado artigo de SOUSA RIBEIRO sobre *O contrato de viagem organizada* (cit. *supra*, nota 7).

É certo que esta preocupação vem *na linha* de preocupações mais antigas, como as de *proteger os mais fracos*, a *parte débil* da relação contratual, e de zelar pela *segurança* das pessoas. Mas com a "sociedade de consumo" dos nossos dias tornou-se imperioso reagir *de modo específico* e *organizado* contra práticas e técnicas de utilização sistemática, tendo por *denominador comum* a defesa do consumidor, isto é, a defesa de quem é *vítima* de tais práticas ou técnicas, de quem está *à mercê*, pela sua situação de *dependência* ou de *debilidade* (económica, técnica, jurídica, cultural ou outra), da organização económica da sociedade[18].

Assistiu-se, assim, por todo o lado, ao aparecimento, que não cessa de crescer, de legislação *avulsa*, de legislação *especial*. Legislação esta que, além de ficar *fora do Código Civil*, dificilmente se poderá qualificar, em muitos casos, de *direito civil* "tout court", relevando, antes, a sua natureza *pluridisciplinar*.

V. Mas a especial sensibilização pelos problemas dos consumidores levou, mesmo, a que os direitos destes tivessem sido reconhecidos ao mais alto nível, acabando por ser acolhidos na própria *Constituição da República Portuguesa*.

Com efeito, a Constituição de 1976 colocou a *protecção do consumidor* entre as "*incumbências prioritárias do Estado*" português (art. 81.º). E com as revisões constitucionais de 1982 e de 1989 os direitos dos consumidores alcançaram a dignidade de *direitos fundamentais*[19].

Em conformidade com o *imperativo constitucional* de protecção do consumidor, foi publicada em Portugal, logo em 1981, uma importante *Lei de Defesa do Consumidor*: a Lei n.º 29/81, de 22 de Agosto. Nela se estabeleceram os direitos dos consumidores e os direitos das associações de consumidores, bem como as regras e os princípios por que se havia de concretizar a defesa desses direitos. Tratou-se de uma lei-quadro que foi sendo actuada através de muitas outras leis, algumas das quais, ao mesmo tempo, foram transpondo para o direito português as correspondentes directivas da Comunidade Euro-

---

[18] Cfr. Mário Tenreiro, *Un code de la consommation ou un code autour du consommateur? Quelques réflexions sur la codification et la notion de consommateur*, in "Law and Diffuse Interests in the European Legal Order. Recht und diffuse Interessen in der Europäischen Rechtsordnung – Liber Amicorum Norbert Reich", org. L. Kramer *et alii*, Baden-Baden, 1997, pp. 339 ss.

[19] Cfr. Gomes Canotilho/Vital Moreira, *Constituição da República Portuguesa Anotada*, 4ª ed., vol. I, Coimbra, 2007, pp. 778 ss. (art. 60); Jorge Miranda/Rui Medeiros, *Constituição Portuguesa Anotada*, tomo I, Coimbra, 2005, pp. 616 ss. (art. 60); J. C. Vieira de Andrade, *Os direitos dos consumidores como direitos fundamentais na Constituição Portuguesa de 1976*, in "Estudos de Direito do Consumidor", Centro de Direito do Consumo/Faculdade de Direito da Universidade de Coimbra, n.º 5, Coimbra, 2003, pp. 139 ss..

peia: sobre cláusulas abusivas, serviços públicos essenciais, publicidade, obrigação de segurança, time sharing, responsabilidade do produtor, crédito ao consumo, vendas ao domicílio, viagens turísticas, etc, etc, etc.

A Lei n.º 29/81 foi entretanto *revogada* e *substituída*, em 1996, pela actual *Lei n.º 24/96*, de 31 de Julho, que "estabelece o regime legal aplicável à defesa dos consumidores". Continuamos na presença de uma lei-quadro, embora mais desenvolvida do que a primeira, que é hoje a *trave-mestra* da política de consumo e o *quadro normativo* de referência no tocante aos direitos do consumidor e às instituições destinadas a promover e a tutelar esses direitos[20].

Entretanto, a legislação existente na área do direito do consumidor vem sendo crescentemente aplicada pelos tribunais. A *jurisprudência* sobre os contratos de adesão/cláusulas contratuais gerais é hoje abundante, sendo também significativa a jurisprudência sobre o crédito ao consumo, os cartões de pagamento e os serviços públicos essenciais.

Neste contexto, gostaríamos de mencionar dois importantes Acórdãos do Tribunal Constitucional português: um, de 1990 (Acórdão n.º 153/90, de 3 de Maio), que *julgou inconstitucional* uma norma do estatuto dos correios que excluía a responsabilidade destes por lucros cessantes; outro, mais recente, de 2004 (Acórdão n.º 650/2004, de 16 de Novembro), que *declarou a inconstitucionalidade com força obrigatória geral* de uma norma da tarifa geral de transportes na parte em que esta excluía a responsabilidade do caminho de ferro pelos danos causados aos passageiros resultantes de atrasos, supressão de comboios ou perdas de enlace. Estava em causa, num caso e no outro, no entender do Tribunal Constitucional, *o direito do consumidor à reparação de danos*, constitucionalmente consagrado, que não pode o legislador ordinário excluir totalmente (invocou, no mesmo sentido, a sentença n.º 254, de 20 de Junho de 2002, do Tribunal Constitucional italiano, a respeito da exclusão de responsabilidade dos serviços postais)[21].

Há, em suma, no presente, uma grande preocupação social e política pela defesa dos direitos do consumidor. No plano jurídico, essa preocupação levou a que fosse sendo publicada uma *abundante* legislação, ainda que *dispersa* e *fragmentária*.

---

[20] Ver TERESA DE ALMEIDA, *Lei de defesa do consumidor anotada*, 2ª ed., Lisboa, 2001.

[21] Pode ver-se ANTÓNIO PINTO MONTEIRO, *Retour sur les clauses exonératoires et la protection du consommateur*, in "Liber Amicorum Bernd Stauder", cit., pp. 343 ss.

4. O Anteprojecto do Código do Consumidor

I. Efectivamente, a legislação publicada nos últimos anos tem sido *imensa*, em decorrência do imperativo constitucional de defesa do consumidor, da lei-quadro e das várias directivas da Comunidade Europeia com o mesmo objectivo.

Infelizmente, porém, nem sempre à *law in the books* tem correspondido a *law in action*! E isto, muitas vezes, por deficiências do próprio sistema legal, a começar pela *proliferação legislativa* a que se tem assistido, a qual apresenta inconvenientes vários, desde logo pela *dispersão* e *falta de unidade* de que dá mostra. Essa uma das razões por que o Governo nos confiou, já em 1996, como dissemos, a tarefa de constituir uma Comissão para a elaboração do Código do Consumidor, que entregou no passado dia 15 de Março ao Governo o *Anteprojecto do Código do Consumidor*, para debate público.

II. Passo a fornecer, ainda que em termos muito breves, algumas ideias essenciais sobre o *Anteprojecto*.

De um ponto de vista sistemático, o Anteprojecto tem 4 títulos: o I consagra "Disposições Gerais"; o II trata "Dos Direitos do Consumidor" (informação, saúde e segurança, qualidade de produtos e serviços, interesses económicos, mormente os contratos, e reparação de danos); o III "Do Exercício e Tutela dos Direitos" (incluindo os crimes, as contra-ordenações e as disposições processuais cíveis); e o IV, por último, "Das Instituições de Defesa e Promoção dos Direitos do Consumidor".

A matéria reparte-se por capítulos, secções e divisões e, por vezes, dentro destas, ainda por subsecções e subdivisões, ao longo de 708 artigos. Mas serão revogados 16 diplomas legais actualmente em vigor.

Importa dizer, em primeiro lugar, que foi propósito da Comissão ir *além* de uma mera *compilação* de leis dispersas e elaborar um *Código*, no sentido próprio do termo, com tudo o que isso implica, designadamente em termos de *racionalização* e de *unidade sistemática*. Mas um código, em todo o caso, com muitas particularidades, rompendo, em vários pontos, com o modelo tradicional, um código, pode dizer-se, *pós-moderno*.

Houve igualmente o propósito de *respeitar* e dar *continuidade* ao que de importante e útil se tem feito no domínio da defesa do consumidor. Foi assim de *prudência* a atitude da Comissão. Mas isso não impediu, como é natural, que se tivesse procedido às *correcções* necessárias, por um lado, e ao *rasgar de novos caminhos*, por outro lado, quando se afigurou importante dar esse passo. O que aconteceu inúmeras vezes!

Desde a noção de consumidor e da clarificação quanto ao regime aplicável às pessoas colectivas (pessoas jurídicas), até às modificações operadas, em maior ou menor medida, em sede contratual, processual e organizatória, muitas são efectivamente as "novidades" a ter em conta, umas vezes meramente pontuais, outras vezes mais profundas e extensas.

Quanto à noção de consumidor, embora se mantenha, no essencial, o que vem de trás – na linha de que o consumidor é um conceito *relacional*, de alguém que se relaciona com um *profissional* para *fins privados* –, foi necessário *rever* a noção existente na lei em vigor. É que ela não coincide exactamente com a que vem prevalecendo no *direito comunitário*, o que explica que as leis portuguesas que transpõem as directivas definam sempre quem é consumidor. Ora, só faz sentido consagrar num Código uma noção de consumidor se ela servir *para todos os casos* em que o âmbito de aplicação de determinadas medidas se restrinja ao *consumidor* – e isso implica que tal noção esteja *em conformidade* com a que é dominante no direito comunitário.

Por isso determina o art. 10.º, n.º 1, do Anteprojecto que se considera consumidor "a pessoa singular [pessoa humana] que actue para a prossecução de fins alheios ao âmbito da sua actividade profissional, através do estabelecimento de relações jurídicas com quem, pessoa singular ou colectiva, se apresenta como profissional".

Ainda a respeito da noção de consumidor, o *Anteprojecto* esclarece que essa qualidade se restringe às *pessoas singulares*. Todavia, o legislador sabe que há casos em que se pode justificar que algumas *pessoas colectivas* beneficiem da mesma protecção. Essa a razão por que o art. 11.º, n.º 1, do *Anteprojecto* permite que em certos casos, reunidos determinados pressupostos, possa *estender-se* às pessoas colectivas *o regime* que em princípio está reservado ao consumidor. Quer dizer, as pessoas colectivas *não são consumidores*, mas, em certos casos, se provarem que não dispõem nem devem dispor de competência específica para a transacção em causa e que a solução está de acordo com a equidade, podem beneficiar do *regime* que a lei reserva ao consumidor.

O mesmo princípio leva a que se *estenda* também *a pessoas singulares que não sejam consumidores* – por actuarem para a prossecução de fins que pertencem ao âmbito da sua actividade profissional – o *regime* que o *Anteprojecto* reserva aos consumidores, uma vez preenchidos os pressupostos acima referidos (art. 11.º, n.º 2).

Já no tocante à situação *inversa* – isto é, nos casos em que alguém é considerado *consumidor*, em face do disposto no art. 10.º, mas disponha ou deva dispor, em virtude da sua actividade e experiência profissional, de competência específica para a transacção em causa –, o *Anteprojecto* permite que o tribunal pondere, de acordo com a equidade, se será de aplicar, em tal situação, o regime mais favorável de defesa do consumidor. Quer dizer, se nos casos anteriores se tratou da *extensão* do regime, agora trata-se de *restrições* ao regime que o *Anteprojecto* prevê para a defesa do consumidor, em situações em que se afigure abusivo o recurso a estas medidas, apesar de, formalmente, alguém preencher os requisitos que o definem como "consumidor".

Mas o ponto é duvidoso, especialmente no tocante às restrições, e porventura polémico. Aguarda-se pelo resultado do debate público.

Poder-se-á dizer, de algum modo, que tanto a *extensão* do regime como as *restrições* que o "Anteprojecto" prevê têm subjacente o respeito pelo *princípio da igualdade*. Ou seja, só se justifica que haja medidas *diferenciadoras* quando houver *razões* para tal, e essas razões têm de ser *materiais*, efectivas e não meramente formais. Não podemos colocar exactamente no mesmo plano, na compra, por exemplo, de um automóvel para fins privados, um "consumidor de *ghetto*" e um mecânico conhecedor e experimentado. Trata-se, no entanto, repete-se, de uma tomada de posição que suscita dúvidas e que está em aberto.

Questão diferente é a de saber se o Código deve restringir o seu âmbito de aplicação ao consumidor ou se pode vir a abranger outras pessoas.

No caso concreto, estamos perante um "Código do Consumidor" que não tem como destinatário único o *consumidor*, pois em alguns casos o seu âmbito de aplicação abrange *outras pessoas e relações jurídicas* (cfr. a esse propósito o artigo 13.º do Anteprojecto): assim sucede, por exemplo, no domínio das cláusulas contratuais gerais, da responsabilidade do produtor e dos serviços públicos essenciais. Mas isso, afinal, é o que se verifica *já hoje*, na legislação em vigor, nesses e em outros domínios. E seria mau se o Código do Consumidor *alterasse* a situação e viesse a *cindir* o regime legal que se ocupa desses domínios.

A Comissão está consciente, por outro lado, de que *nenhum código* tem ou pode ter sequer a pretensão de abranger *todas as normas* de um determinado ramo de direito. O Código do Consumidor não foge à regra: daí que o Anteprojecto inclua *só o que parece essencial* e deixe de fora, designadamente para legislação avulsa, já existente ou a criar, muitos outros aspectos ligados a problemas da defesa do consumidor. O que tem por consequência, desde logo, que permaneçam na legislação vigente alguns preceitos, mesmo naqueles casos em que o essencial dessa regulamentação passa para o Código: é o que sucede, *v.g*, no crédito ao consumo, nos direitos de habitação periódica (*time sharing*) e nas viagens turísticas e organizadas.

Isso permitirá, ao mesmo tempo, proceder *mais facilmente* a alterações no futuro, "maxime" por força de imperativos comunitários, sem ter que se *alterar* necessariamente o Código. Nesta mesma linha de preocupações, realce-se a abertura do Código para a legislação que porventura venha substituir diplomas actualmente em vigor e para os quais o Código remeta (cfr. artigo 15.º).

III. Finalmente, a publicação do Código do Consumidor terá de ser acompanhada de vários outros diplomas, em virtude de, como dissemos atrás, haver matérias só *parcialmente* reguladas no Código, pelo que a disciplina das mesmas terá de *articular-se* com a legislação pertinente, entre a qual legislação avulsa a criar, nuns casos, ou a reformular, em outros casos, por ter *sobrevivido* à revogação operada. Entre outros pontos e matérias destacamos, a este propósito, o trabalho a fazer no âmbito dos direitos de habitação periódica (*time sharing*) e das agências de viagem e turismo.

Poder-se-á sempre questionar o acerto da opção tomada. Mas parece-nos que se justifica *preservar* o Código, em geral, de aspectos mais *regulamentares*. Além de ele não ser a sede adequada para regular tais aspectos, confere-se-lhe maior estabilidade, ao mesmo tempo que se facilita a transposição de eventuais directivas e outras intervenções que venham a ser necessárias.

5. Perspectivas sobre os modelos legislativos no futuro

I. Eis, portanto, aqui e agora, o *Anteprojecto do Código do Consumidor* português. De algum modo ainda *in fieri*, mas já suficientemente debatido, ponderado e amadurecido para ter entrado numa nova fase, a do debate público.

Não abundam, é certo, no direito comparado, os exemplos de codificação neste domínio. Apenas, como vimos, o Brasil, desde 1990, a França, desde 1993, e a Itália, desde 2005, dispõem de Código do Consumidor ou do Consumo. Também já sabemos que a Alemanha deu há pouco um passo importante, no que isso significa e representa para a elevação do direito do consumidor. Mas a lei para a modernização do direito das obrigações, a *Gesetz zur Modernisierung des Schuldrechts*, de 26 de Novembro de 2001, optou por incluir no BGB vários preceitos do direito do consumidor, na linha, aliás, do que fora já iniciado em 2000.

É este último, sem dúvida, também um caminho possível! Mas que não se afigura o melhor – *por muitas e importantes razões*. Claro que sempre teria a vantagem de combater a *dispersão* e permitir superar o estado *caótico*, de um ponto de vista legislativo, com que frequentemente se depara. Mas estamos convictos de que a aprovação do *Código do Consumidor* será o passo *mais adequado e correcto*, no futuro.

II. Quanto a esta questão, convirá precisar melhor alguns pontos, até porque há quem duvide do passo que estamos a dar em Portugal ou o contrarie mesmo frontalmente. Vejamos, pois, o problema mais de perto.

Antes de mais, há uma primeira questão a debater, uma primeira alternativa a ponderar: *codificação ou não do direito do consumidor?* Num segundo momento, se se optar pela codificação, surge então outra questão a discutir, outra alternativa a analisar: codificação, sim, *mas onde e como?* Designadamente, no *Código Civil?* Ou num diploma próprio, precisamente o *Código do Consumidor?*

Encaremos, pois, para começar, a primeira dúvida: *codificação* ou não do direito do consumidor? A alternativa é entre a inclusão do direito do consumidor num *código* ou a sua permanência em legislação *avulsa, dispersa* e *fragmentária,* que é a situação actual.

Optamos pela codificação. A *"età della decodificazione",* de que nos fala Natalino Irti, não tem impedido que vários códigos venham sendo aprovados pelo mundo fora, em diversos domínios, desde códigos civis a códigos do trabalho e do consumidor, entre outros. Fala-se hoje, mesmo, de *recodificação*[22].

E não se esqueça o interessante, significativo e alargado debate que se vem travando na Europa sobre o problema de saber se deve ou não haver um *código civil europeu* ou, ao menos, um *código europeu dos contratos* ou, até, um *código do consumidor europeu.* Em qualquer caso, atente-se bem, é de um *código* que se fala, seja ele civil, dos contratos e/ou do consumidor[23].

---

[22] Recorde-se NATALINO IRTI, *L'età della decodificazione,* 4ª ed., Milano, 1999.

[23] Sobre este importante movimento europeu e os vários grupos que se formaram, desde o Grupo de Osnabrück (o *Studi Group on a European Civil Code*) – favorável a um código civil europeu –, até aos demais grupos, menos ambiciosos mas porventura mais realistas, como a Comissão Lando (que já elaborou os PECL: *Principles of European Contract Law*), o grupo de Pavia (do Professor Gandolfi, que já publicou o Anteprojecto do Livro I do *Código Europeu dos Contratos*), o grupo de Tilburg-Viena (*European Principles of Tort Law*), o Grupo de Trento (*The Common Core of European Private Law*) e o Grupo "Acquis" (*European Research Group on Existing EC Private Law*), pode ver-se: ANTÓNIO PINTO MONTEIRO, *A parte geral do código, a teoria geral do direito civil e o direito privado europeu,* in "Comemorações dos 35 anos do Código Civil e dos 25 anos da reforma de 1977", Faculdade de Direito da Universidade de Coimbra, 2006, pp. 57 ss., bem como o volume *Um Código Civil para a Europa. A Civil Code for Europe. Un Code Civil pour l'Europe,* dirigido por J. SINDE MONTEIRO, no "Boletim da Faculdade de Direito da Universidade de Coimbra", Colecção *Studia Iuridica,* n.º 64, Coimbra, 2002, e ainda o vol. 5, n.º 4, 1997, da "European Review of Private Law" (ERPL), todo ele dedicado ao *European Civil Code;* cfr. igualmente, sobre o tema, por ex., *Towards a European Civil Code,* 3ª ed., Nijmegen 2004, eds. HARTKAMP *et. alii*; EWOUD HONDIUS, *Towards a European Civil Code: the debate has started,* in ERPL, vol. 5, n.º 4, 1997, pp. 455 e ss; GUIDO ALPA, *Il codice civile europeo: e pluribus unum,* in "Estudos de Direito do Consumidor", Centro de Direito do Consumo/Faculdade de Direito da Universidade de Coimbra, sob a direcção de ANTÓNIO PINTO MONTEIRO, n.º 2, 2000, pp. 141 ss.; JEAN BEAUCHARD, *Les principes européens du droit des contrats et le droit de la consommation,* in "Liber Amicorum – Jean Calais-Auloy", cit., pp. 55 ss. Ver também, embora de âmbito restrito ao consumidor, o volume *Vers un code européen de la con-*

O que bem se compreende. Não vou maçar-vos com grandes considerações. Basta atentar na enorme vantagem de *reunir num único diploma centenas de normas* dispersas por uma *multiplicidade* de leis e decretos-leis. No Anteprojecto português são 16 os diplomas legais que o Código *substitui integralmente*: serão *integralmente* revogadas 3 leis e 13 decretos-leis! Parece-nos que assim se facilitará o *conhecimento* e a *compreensão* das regras jurídicas e se beneficiará a sua *aplicação prática* e o próprio *acesso ao direito*.

Por outro lado e ao mesmo tempo, a elaboração de um código permite que se evitem as sucessivas *repetições* com que a par e passo se depara na legislação avulsa, seja a propósito da fixação do regime jurídico do direito de livre resolução do contrato, seja a respeito das exigências de formalismo negocial, da noção de consumidor, da proibição de renúncia antecipada aos direitos concedidos, dos requisitos da informação a prestar, da contratação a distância, etc, etc, etc. Quer dizer, em vez de *inúmeros* diplomas, *soltos* e *desligados*, a regularem figuras e institutos que *em parte são comuns* – e por isso a incorrerem em sucessivas *repetições* –, teremos *um único diploma* que consagrará, *de uma só vez,* aquilo que é *comum* a vários contratos ou situações e estabelecerá depois, tão-só, as *especialidades* de cada caso.

Numa palavra, a elaboração de um código possibilita a reunião, *num só diploma,* em termos *ordenados* e segundo um plano *coerente* e *racional,* da maior parte das normas à deriva nesse "mare magnum" de legislação avulsa destinada à defesa do consumidor.

À *facilidade de consulta* que o código possibilita – em *benefício* de todos, do consumidor aos tribunais –, junta-se, por outro lado, o contributo que ele dá para a *autonomia* e *dignidade* do direito do consumidor e das várias organizações e entidades que fazem parte do Sistema Português de Defesa do Consumidor.

Não é de surpreender, por isso, e atente-se muito bem no que vamos dizer, que neste momento a *tendência* europeia vá no sentido da *codificação* do direito do consumidor. Este passo foi dado pela própria Alemanha, já desde 2000, mas muito especialmente em 2001, assim como em parte tinha sido já esse, em 1992, o exemplo holandês; em 1993 foi a França e, muito recentemente, em Outubro de 2005, foi a Itália a seguir o mesmo caminho.

Como se vê, países de cultura e tradição jurídicas muito fortes *optaram pela codificação do direito do consumidor.* Com uma importante diferença, é certo, pois no caso alemão e holandês a opção foi por incluir o direito do consumidor no código civil, enquanto que em França e na Itália se optou por

---

sommation. Towards a european consumer code, Actas do Colóquio de Lyon, sob a direcção de F. OSMAN, Bruxelles, 1998. Por último, cfr. *supra*, n.º 1-III.

aprovar um código do consumo ou do consumidor. Num caso e no outro, porém – na Alemanha, Holanda, França e Itália –, optou-se pela *codificação*. E esse é o passo certo, a nosso ver.

III. Estamos convictos de que a opção, no futuro, será entre a inclusão do direito do consumidor no *Código Civil* ou, antes, num diploma próprio, o *Código do Consumidor*. Esta é, pois, a segunda alternativa a considerar, caso se opte pela codificação em vez de manter a situação actual. Aqui chegados, inclinamo-nos para o segundo termo da alternativa, isto é, *a favor do Código do Consumidor*. Por várias razões.

À partida e desde logo, parece bem mais complexo e difícil *enxertar* o direito do consumidor no Código Civil do que fazer um diploma de raíz... Como alguém disse, é bastante mais fácil conseguir um Código do Consumidor Europeu do que um Código Civil Europeu – parece-nos que o mesmo se pode dizer no plano interno. Trata-se, afinal, em grande medida, de reunir e sistematizar, segundo uma linha de racionalização e coerência interna, *direito já hoje vigente* na ordem jurídica portuguesa e que permanece *fora do Código Civil* ou de qualquer outro código.

Observe-se, em segundo lugar, que teriam de ficar *fora* do Código Civil aspectos *fundamentais* do regime jurídico da defesa do consumidor, designadamente os que são de índole processual, penal e administrativa.

Ora a um *direito pluridisciplinar* terá de corresponder, parece-nos, um novo código, que possa ele próprio incluir normas de *índole pluridisciplinar*. A não ser assim, as normas que visam a defesa do consumidor continuariam a *dispersar-se* por vários códigos, em prejuízo da sua unidade e identidade. O Código do Consumidor terá pois a vantagem, além do mais, de *concentrar* toda a disciplina relevante nesta sede, independentemente da natureza civil ou comercial, penal, administrativa ou processual das suas normas.

Outro argumento que por vezes se utiliza é o de que um código do consumidor irá provocar uma *fractura* no direito civil. Nesta linha, dir-se-á que a unidade é quebrada e que relações hoje pertencentes ao direito civil e reguladas pelo Código Civil passarão a ser objecto de um outro ramo do direito e de um novo diploma legislativo.

Nesta ordem de ideias, acrescentar-se-á, porventura, que a mesma relação jurídica será disciplinada por um ou outro Código consoante a qualidade em que intervém o particular, se como consumidor ou não.

Acabamos de abordar alguns dos problemas mais debatidos e mais complexos do direito do consumidor. Mas atente-se que tais problemas não têm propriamente que ver com a elaboração do Código do Consumidor. Eles existem já hoje, *são independentes do Código*, na medida em que há legislação que *retira* do Código Civil certas relações: as chamadas, precisamente, relações de consumo.

Com Código do Consumidor ou não, em Portugal a disciplina das cláusulas contratuais gerais consta de diploma avulso, o mesmo sucedendo, entre tantos outros exemplos, com a responsabilidade civil do produtor, as viagens organizadas, os contratos a distância, o crédito ao consumo, o direito de habitação periódica, etc, etc.

A alegada fractura, a existir, existe já, não será o Código do Consumidor a criá-la. E estamos a falar de diplomas legais que em alguns casos *têm mais de 20 anos*, sem que a dita "fractura" tivesse levado o legislador a incluir tais matérias no Código Civil português.

Também não será com o Código do Consumidor que surgirá o "inconveniente" de a mesma relação jurídica – a relação de compra e venda, por exemplo – passar a ser disciplinada por um ou outro Código, o Civil ou o do Consumidor, consoante a qualidade em que nela intervém o particular. Tal inconveniente existe desde o momento em que há legislação especial aplicável às relações de consumo. Observe-se, por outro lado, que a situação é paralela, por ex., à da compra e venda comercial e que o critério da qualidade dos sujeitos está também presente na distinção – clássica – direito público/direito privado. Não se vê, pois, que o facto de se reservar a aplicação das (ou de algumas das) normas do direito do consumidor às relações em que o particular intervém em tal qualidade seja algo de estranho ou de singular na ordem jurídica portuguesa.

Por último, repare-se que a opção pelo Código Civil *não eliminaria* os inconvenientes e dificuldades que envolve a *codificação* do direito do consumidor, antes os *agravaria*, pela importância e peso histórico do Código Civil; e embora tenha a seu favor, sem dúvida, importantes argumentos de ordem sistemática, a verdade é que tal opção não reuniria *todas as vantagens* que o Código do Consumidor pode trazer, desde logo permitindo este, mas não aquele, acolher normas de *natureza interdisciplinar*.

Apesar do passo dado pela Alemanha e do exemplo que o mesmo poderia constituir, o certo é que, *já depois disso,* como dissemos, a Itália seguiu caminho diverso, com a publicação, em Outubro de 2005, do *Codice del Consumo*. Código este que veio mesmo revogar matéria que estava no Código Civil, por ter chamado a si a disciplina das cláusulas abusivas, até então incluída neste diploma.

E repare-se que estamos a falar de um país em que o Código Civil é como que um *código do direito privado*, por abranger não só o direito civil mas também, por exemplo, o direito do trabalho e o direito das sociedades. Estranhar-se-ia menos, por isso, que ele pudesse vir a incluir também o direito do consumidor – mas não foi essa, como vimos, a opção do legislador italiano.

6. "Fim" do direito do consumidor?

Estamos a par do *debate europeu*, no qual, aliás, alguns de nós vão intervindo. E conhecemos também os *apelos* muito recentes de alguma doutrina a um *"direito dos cidadãos"* ou a uma *"cidadania europeia"*, conceitos ou ideias em que iria desembocar o direito do consumidor. Este como que teria cumprido o seu papel, concluído a sua tarefa, ao *estender ao direito civil* princípios e regras que surgiram para defesa do consumidor e que eram privativas do direito do consumidor. Para esta perspectiva, o exemplo mais revelador dessa tendência verificar-se-ia na Alemanha, ao incluir-se o direito do consumidor no Código Civil[24].

Vemos com muita dificuldade e com grande reserva, porém, que esse passo para um "direito dos cidadãos" ou o apelo a uma "cidadania europeia" possa servir como que de *cavalo de Tróia* para uma *conquista* do direito civil pelo direito do consumidor, estendendo indiscriminadamente àquele – em detrimento dos seus princípios da autonomia, da liberdade e da igualdade – regras que se criaram e foram desenvolvendo no seio deste, para defesa do consumidor.

Mas também não nos parece, ainda que com outro sentido e preocupações, que se possa recuar ao velho conceito de *civis*, cidadão, para se justificar uma generalizada e indiferenciada inclusão do direito do consumidor no Código Civil, com base na ideia de que este abrange *todo o cidadão* e, portanto, também o consumidor[25].

Diria que nem a *conquista* do direito civil pelo direito do consumidor, nem a *capitulação* deste perante aquele – pois num caso e no outro seria a *especificidade* do direito do consumidor que se perderia, *em prejuízo* de quem, hoje, se visa proteger: precisamente, o *consumidor*!

---

[24] Cfr. sobre o tema HANS W. MICKLITZ, *De la nécessité d'une nouvelle conception pour le développement du droit de la consommation dans la Communauté européenne*, in "Liber Amicorum Jean Calais-Auloy", cit., pp. 725 ss. (referindo ter sido o Professor Hondius, uns anos antes, na Universidade de Utreque, a suscitar este problema). Ver já antes, de certo modo, a "utopia" de que fala THOMAS WILHELMSSON, *Consumer Law and the environment: from consumer to citizen*, in "Estudos de Direito do Consumidor", Centro de Direito do Consumo/Faculdade de Direito da Universidade de Coimbra, n.º 1, 1999, sob a direcção de ANTÓNIO PINTO MONTEIRO, pp. 353 ss. Em Portugal, pode ver-se a alusão de CARLOS FERREIRA DE ALMEIDA, *Direito do Consumo*, Coimbra, 2005, pp. 195 ss., esp. 211.

[25] Cfr. JOÃO CALVÃO DA SILVA, *Bicentenário do Code Civil (o Código Civil e a Europa: influências e modernidade)*, in RLJ ano 134.º, 2002, pp. 267, ss e 270 ss.

7. Conclusão: codificação, unidade do sistema, dignidade da pessoa humana e defesa do consumidor

Gostaríamos, a concluir, de sublinhar especialmente três pontos.

I. Assim, em primeiro lugar, fica expressa a nossa clara preferência pela *codificação* do (essencial do) direito do consumidor, em alternativa à legislação *avulsa, dispersa* e *fragmentária* que foi surgindo para defesa do consumidor.

Feita esta primeira opção, uma segunda abraçámos, de seguida, a favor do *Código do Consumidor*, em alternativa à inclusão de tais matérias no *Código Civil*.

As razões das nossas escolhas foram apresentadas. Não vamos agora repeti-las.

II. Mas importa que se esclareça, isso sim, que a nossa opção pelo Código do Consumidor não significa que nos *alheemos* de tudo o mais, que para solucionar problemas do direito do consumidor *ignoremos* os demais elementos legislativos em vigor. Pelo contrário! O postulado metodológico da *unidade do sistema jurídico* reclama que se deva ter em atenção não só o *Código do Consumidor* mas também, entre outros, a *Constituição* e o *Código Civil*[26].

---

[26] Cfr. Luiz Edson Fachin, *Novo Código Civil Brasileiro e o Código de Defesa do Consumidor: um Approach de suas Relações Jurídicas*, in "Estudos de Direito do Consumidor", Centro de Direito do Consumo/Faculdade de Direito da Universidade de Coimbra, n.º 7, 2005, pp. 111 ss., bem como, já antes, circunscrito à boa fé, o artigo de Judith Martins-Costa, *Os Campos Normativos da Boa-fé Objetiva: as três perspectivas do direito privado brasileiro*, nos mesmos "Estudos", mas n.º 6, 2004, pp. 85 ss., e ainda, Gustavo Tepedino e A. Schreiber, *A Boa-fé Objetiva no Código de Defesa do Consumidor e no Novo Código Civil*, in "Revista da EMERJ, n.º 23, 2003, pp. 139 ss. Sobre as relações entre o novo Código Civil brasileiro e o Código do Consumidor v. igualmente, e de novo, Fachin, *As relações jurídicas entre o novo Código Civil e o Código de Defesa do Consumidor: elementos para uma teoria crítica do direito do consumidor*, in "Repensando o direito do consumidor – 15 anos do CDC (1990-2005)", org. Aldaci Caparverde e Marcelo Conrado, vol. I, OAB, Curitiba, 2005, pp. 27 ss., bem como Renato Afonso Gonçalves, *Os reflexos do novo Código Civil na manipulação de dados pessoais de consumidores*, in "O Código Civil e sua interdisciplinaridade: os reflexos do Código Civil nos demais ramos do direito", coord. de José Geraldo Brito Filomeno, Luis Guilherme da Costa Wagner Junior e Renato Afonso Gonçalves, Belo Horizonte, 2004, pp. 79 ss., e José Geraldo Brito Filomeno, *Tutela contratual no novo Código Civil em face do Código de Defesa do Consumidor*, no mesmo volume, pp. 98 ss.

Convém ter igualmente presente, por outro lado, que o direito civil de hoje comunga de preocupações e de princípios bem diferentes dos que dominaram no passado, o que é particularmente relevante na área dos contratos, e que pode "ajudar" a um mais fácil diálogo com o

O Código do Consumidor não é (não será) uma lei isolada. Ele integra-se no todo da ordem jurídica, faz parte do sistema como uma unidade, *sistema que é sempre convocado pelo problema concreto – qualquer que ele seja – que em cada momento se tenha de decidir.*

Não está assim o Código Civil em oposição ao Código do Consumidor – pelo contrário, a *articulação* entre ambos será indispensável, o *"diálogo de fontes"*[27] será imprescindível, o postulado metodológico da *unidade do sistema* assim o exige[28].

III. Por último – mas, indiscutivelmente, *the last but not the least* –, falar, hoje, da defesa do consumidor não é *reduzir* a pessoa humana, não podendo acusar-se de *visão reducionista* quem fala ou quando se fala de *consumidor* em vez de *cidadão*. Melhor: *não pode contrapor-se o cidadão ao consumidor, pois este mais não é do que o cidadão numa especial relação, a relação de consumo.*

Apelar à defesa do consumidor e à consagração de um regime especial, num código próprio, *não significa prescindir da tutela que a ordem jurídica já lhe concede, como cidadão, e que o Código Civil acolhe.* Haja em vista, entre tantos outros exemplos, que os *direitos de personalidade* continuam, como é natu-

---

direito do consumidor. Cfr., sobre essas tendências, por ex., JUDITH MARTINS-COSTA, *Comentários ao Novo Código Civil*, vol. V, tomo I, 2ª ed., coord. SÁLVIO DE FIGUEIREDO TEIXEIRA, Rio de Janeiro, 2005, pp. 1 ss. (a parte constante da "Introdução Geral"); PAULO NALIN, *Do contrato: conceito pós-moderno*, Curitiba 2001; TERESA NEGREIROS, *Teoria do contrato. Novos paradigmas*, Rio de Janeiro, São Paulo, 2002; e LUIZ EDSON FACHIN, *Teoria Crítica do Direito Civil*, 2ª ed., Rio de Janeiro, São Paulo, 2003.

[27] Cfr. PIETRO PERLINGIERI, *Perfis do Direito Civil. Introdução ao Direito Civil Constitucional*, trad. de MARIA CRISTINA DE CICCO, 3ª ed., Rio de Janeiro, 1997, pp. 7 ss.; GUSTAVO TEPEDINO, *Crise de fontes normativas e técnica legislativa na parte geral do Código Civil de 2002*, in "A Parte Geral do Novo Código Civil. Estudos na Perspectiva Civil-Constitucional", Rio de Janeiro, São Paulo, 2002, pp. XV ss., e CLAÚDIA LIMA MARQUES, *Contratos no Código de Defesa do Consumidor*, 5ª ed., São Paulo, 2006, pp. 584 ss., ainda que mais numa perspectiva de conflitos de leis no tempo.

[28] Recorde-se A. CASTANHEIRA NEVES, *A unidade do sistema jurídico: o seu problema e o seu sentido (Diálogo com Kelsen)*, separata dos "Estudos em Homenagem ao Prof. Doutor J.J. Teixeira Ribeiro", Boletim da Faculdade de Direito de Coimbra, 1979 (agora também em *"Digesta"*, 2.º, Coimbra, 1995, pp. 109 ss.), e no Brasil, FRANCISCO AMARAL, *Direito Civil. Introdução*, 6ª ed., Rio de Janeiro, São Paulo, Recife, 2006, pp. 35 ss. e 121 ss. Claro que falamos de sistema no sentido de sistema móvel, de desenvolvimento regressivo. Sobre o ponto, pode ver-se ainda, entre muitos, CANARIS, *Pensamento Sistemático e Conceito de Sistema na Ciência do Direito*, trad. port. de ANTÓNIO MENEZES CORDEIRO, Lisboa, 1989, pp. 127 ss.; LARENZ/CANARIS, *Methodenlehre der Rechtswissenschaft*, 3.ed., Berlin, Heidelberg, New York, 1995, pp. 265, 290, 298 ss e *passim*; WILBURG, *Entwicklung eines beweglichen Systems im bürgerlichen Recht*, Graz, 1950; e F. BYDLINSKI, in *Das bewegliche System im geltenden und künftigen Recht*, 1986, *passim*.

ral, a ser consagrados no Código Civil. Este será sempre o diploma fundamental do direito privado e só será afastado *nos pontos* em que a *lei especial* – "in casu", o Código do Consumidor – consagre um *regime específico*.

Convém ter sempre presente que o Código do Consumidor procura abranger, *apenas*, aquelas *relações* em que a pessoa carece de uma *protecção especial*. Trata-se de proteger a pessoa, o cidadão, numa *determinada relação*, a relação de consumo, precisamente. Em todas as *demais relações* é a lei *comum* do direito privado – o Código Civil – que tenderá a aplicar-se; ou a própria Constituição, quando for caso disso.

Afinal, digamo-lo para terminar, é a necessidade de *proteger a pessoa humana* que exige a *defesa do consumidor*, tal como essa mesma necessidade já exigiu, no passado, a *protecção do trabalhador* e a autonomia do direito do trabalho.

É a *dignidade da pessoa humana*, em suma, que leva à consagração de *regras especiais*, seja quando actua na *veste de trabalhador*, seja quando actua na *veste de consumidor*. Num caso e no outro, trata-se de *defender a pessoa humana de modo eficaz*, através de regras *específicas* e *adequadas*.

Quinta Sessão

O Direito das Pessoas, Família e Sucessões

DIREITOS DE PERSONALIDADE: CONTRIBUTO PARA A REVISÃO DAS DISPOSIÇÕES DO CÓDIGO CIVIL PORTUGUÊS

NUNO PINTO OLIVEIRA[*]

> "[A] produção de um corpo biopolítico é o acto original do poder soberano".
>
> (GIORGIO AGAMBEN)[1]

> "É [a] valorização do poder jurisgénico do homem comum – sensível quando, como no direito dos negócios, a sua vontade faz lei, mas ainda quando, como direito das pessoas, a sua personalidade se protege, ou quando, como no direito das associações, a sua sociabilidade se reconhece, ou quando, como no direito da família, a sua afectividade se estrutura, ou quando, como no direito das coisas e no direito sucessório, a sua dominialidade e responsabilidade se potenciam –, é [a] centralização do regime em torno do homem e dos seus imediatos interesses que faz do direito civil o foyer da pessoa, do cidadão mediano, do cidadão puro e simples. Mais do que em qualquer outro ramo do direito, será pois aqui, e hoc sensu, o habitat jurídico da pessoa, da sua 'liberté d'épanouissement', da 'freie Entfaltung der Persönlichkeit'"
>
> (ORLANDO DE CARVALHO)[2].

INTRODUÇÃO

O direito civil apresenta-se frequentemente como "o núcleo de todo o direito"[3]. Orlando de Carvalho descreve-o, de forma impressiva, como

---

[*] Professor da Escola de Direito da Universidade do Minho.

[1] Giorgio Agamben, *O poder soberano e a vida nua* (título original: *Homo sacer*), Editorial Presença, Lisboa, 1998, pág. 16.

[2] Orlando de Carvalho, *A teoria geral da relação jurídica. Seu sentido e limites*, 2.ª ed., Centelha, Coimbra, 1981, págs. 91-92.

[3] José de Oliveira Ascensão, *Direito civil. Teoria geral*, vol. I – *Introdução. As pessoas. Os bens*, 2.ª ed., Coimbra Editora, 2000, pág. 21.

"aquele círculo [do direito] em que menos fungível é o indivíduo como tal"[4], reclamando uma "repersonalização do direito civil [...] – isto é, a acentuação da sua raiz antropocêntrica, da sua ligação visceral com a pessoa e os seus direitos"[5]. O problema está em que a descrição do direito civil como "o núcleo de todo o direito", ou como "aquele círculo [do direito] em que menos fungível é o indivíduo como tal", é hoje discutível. O "centro de gravidade do sistema jurídico" deslocou-se – ou pelo menos, tende a deslocar-se – do direito civil para o direito constitucional[6]: em primeiro lugar, por uma *razão formal* – as normas de direito constitucional são normas hierarquicamente superiores, as normas de direito civil são normas hierarquicamente inferiores; "a normatividade constitucional impõe-se como a mais elevada manifestação do direito"[7] –; em segundo lugar, por uma *razão material* (ou *substantiva*) – as normas de direito constitucional intrometem-se nas relações jurídico-privadas; "[o] direito de propriedade, as liberdades civis, a iniciativa privada económica, entre outros aspectos igualmente relevantes, são hoje garantidos por normas de hierarquia superior"[8]. Se a razão formal da deslocação do centro

---

[4] Orlando de Carvalho, *A teoria geral da relação jurídica. Seu sentido e limites*, cit., pág. 92.

[5] *A teoria geral da relação jurídica. Seu sentido e limites*, cit., pág. 90. Orlando de Carvalho contrapõe a função geral do direito e a função específica do direito civil distinguindo o "humanismo abstracto" do primeiro e o "humanismo concreto" (ou, pelo menos, o humanismo mais concreto) do segundo: o direito civil deveria devolver-se ao "humanismo mais concreto que é fundamento do seu modo de composição dos interesses, ou seja, daquele recurso à iniciativa da pessoa que [...] cunhou definitivamente os seus processos de actuação (através da técnica do direito subjectivo, inexplicável sem essa raiz antropológica)" (ob. cit., pág. 90).

[6] Mário Reis Marques, "Considerações sobre a vigência do Código Civil", in: *Comemoração dos 35 anos do Código Civil e dos 25 anos da Reforma de 1977* vol. II – *A Parte Geral do Código Civil e a teoria geral do direito civil*, Faculdade de Direito da Universidade de Coimbra/Coimbra Editora, Coimbra, 2006, págs. 89-102 (97). Reis Marques caracteriza o Código Civil de 1867 como "a principal fonte do direito português" e o Código Civil de 1966 como "a verdadeira Constituição nas matérias de direito privado" (pág. 96); a Constituição da República Portuguesa de 1976 ter-lhe-ia retirado a sua dignidade constitucional ou o seu valor constitucional, ocupando "agora de forma indubitável, o vértice da pirâmide normativa. [....]. As suas normas e princípios são assumidos como autêntica fonte conformadora do ordenamento, projectando o seu 'domínio de conteúdo', que agora transcende o simples 'domínio de organização', nos espaços abertos do Código Civil" (pág. 97).

[7] Mário Reis Marques, "Considerações sobre a vigência do Código Civil", cit., pág. 97

[8] Mário Reis Marques, "Considerações sobre a vigência do Código Civil", cit., pág. 96. Reis Marques compara o projecto dos códigos do século XIX com o projecto das constituições dos séculos XX e XXI: "patenteando uma tendência para a hiperconstitucionalização, procurando abarcar toda a vida jurídica, tal como o pretenderam fazer os códigos do século XIX, [as constituições do século XX – ou, pelo menos, da segunda metade do século XX –] não descuram os aspectos mais relevantes das relações jurídico-privadas" (pág. 96).

de gravidade do sistema jurídico é inultrapassável, a razão material ou substancial não o é: o direito civil pode readquirir a sua posição no centro do sistema jurídico português – pode readquiri-la, por exemplo, regulando de uma forma mais adequada e completa os direitos de personalidade[9]. Ora a resposta do legislador português aos reais problemas de ordenação relacionados com os direitos de personalidade só será adequada, só será completa, se contiver os princípios gerais da regulação jurídica da bioética.

Os Códigos Civis da França, do Brasil e do Québec contêm já hoje uma disciplina relativamente ampla – e relativamente completa – dos problemas em causa.

Na França, a Lei n.º 94-653, de 29 de Julho de 1994, alterou a redacção do antigo art. 16 e introduziu os novos arts. 16-1 a 16-10 do Código Civil. O art. 16 enuncia os princípios da dignidade, do primado da pessoa e da protecção do ser humano "desde o princípio da sua vida"; os arts. 16-1 a 16-3 pronunciam-se sobre a protecção da integridade do indivíduo e o art. 16-4 sobre a protecção da integridade da espécie. Os arts. 16-5 a 16-8 consagram o princípio da não patrimonialidade do corpo humano – os arts. 16-5 e 16-6 proíbem a atribuição de um valor patrimonial ao corpo humano, o art. 16-7 proíbe toda a convenção sobre a procriação ou a gestação por conta de outrem e o art. 16-8 retira do princípio da não patrimonialidade do corpo humano o princípio do anonimato nas relações entre o dador e o(s) receptor(es) de elementos do corpo humano.

No Brasil, os princípios gerais da regulação jurídica da bioética constam dos arts. 2.º, 13.º e 14.º do Código Civil: o art. 2.º pronuncia-se sobre a protecção da pessoa humana antes do nascimento – determinando que "a personalidade civil da pessoa começa do nascimento com vida; mas a lei põe a salvo, desde a concepção, os direitos do nascituro" –; o art. 13.º pronuncia-se sobre a protecção da pessoa humana durante a vida – "[s]alvo por exigência médica, é defeso o a[c]to de disposição do próprio corpo, quando importar diminuição permanente da integridade física, ou contrariar os bons costumes" –; o art. 14.º, esse, pronuncia-se sobre a protecção da pessoa humana depois da

---

[9] Claus-Wilhelm Canaris afirma que a ausência de uma regulação (minimamente) adequada e completa dos direitos de personalidade no Código Civil alemão é um "pesado défice" e declara que "os preceitos dos arts. 70.º e seguintes do Código Civil português, que regulam a tutela da personalidade de forma abrangente, são de elogiar como exemplo" ["Funções da Parte Geral de um Código Civil e limites da sua prestabilidade", in: *Comemorações dos 35 anos do Código Civil e dos 25 anos da Reforma de 1977*, vol. II – *A Parte Geral do Código Civil e a teoria geral do direito civil*, Faculdade de Direito da Universidade de Coimbra/Coimbra Editora, Coimbra, 2006, págs. 23-42 (41)]; concordo com a primeira parte – concordo que essa ausência é um "pesado défice" –, não concordo – não posso concordar – com a segunda.

morte – e pronuncia-se dizendo que "é válida, com obje[c]tivo científico, ou altruístico, a disposição gratuita do próprio corpo, no todo ou em parte, para depois da morte. O a[c]to de disposição pode ser livremente revogado a qualquer tempo".

No Canadá, o art. 3.º do Livro I do Código Civil do Québec consagra o princípio de que toda a pessoa é titular de direitos de personalidade, como o direito à vida, à inviolabilidade e à integridade da pessoa, ao respeito do seu nome, da sua reputação e da sua vida privada[10]. O Capítulo I do Livro I pronuncia-se sobre a protecção da integridade da pessoa viva: o art. 10.º consagra o princípio do consentimento informado; os arts. 11.º-13.º concretizam-no na área das intervenções terapêuticas; os arts. 19.º-21.º, na área das intervenções não terapêuticas – em especial, da colheita de órgãos e da experimentação –; o art. 25.º enuncia o princípio da gratuitidade. O Capítulo IV do Livro I pronuncia-se sobre a protecção da integridade da (sobre o respeito pela) pessoa falecida: o art. 42.º consagra o direito de disposição do seu corpo; os arts. 43.º e 44.º concretizam-no na área da colheita de órgãos em cadáver, optando pela solução do "consentimento alargado"; os arts. 46.º e 47.º concretizam-no na área das autópsias.

Inspirando-me nos três exemplos expostos, atrever-me-ia a apresentar seis propostas de alteração dos arts. 70.º ss. do Código Civil português.

I. PRIMEIRA PROPOSTA: ADITAMENTO DE UM NOVO N.º 1 AO ART. 70.º DO CÓDIGO CIVIL (SOBRE O PRINCÍPIO DA DIGNIDADE DA PESSOA HUMANA)

O direito geral de personalidade do art. 70.º do Código Civil é uma *consequência* do princípio da dignidade da pessoa humana (acórdão do Tribunal Constitucional n.º 6/84, de 18 de Janeiro)[11]. O legislador deveria explicitar a *causa*, ou o *fundamento*, dos direitos de personalidade, e sobretudo do direito

---

[10] O texto original do art. 3.º do Código Civil do Québec é este: "*Toute personne est titulaire de droits de la personnalité, tels le droit à la vie, à l'inviolabilité et à l'intégrité de sa personne, au respect de son nom, de sa réputation et de sa vie privée*".

[11] *Boletim do Ministério da Justiça*, n.º 340 (Nov. 1984), págs. 177-181 (179): : "a todo e qualquer aspecto em que necessariamente se desdobra um direito geral de personalidade deve caber o maior grau de protecção do ordenamento jurídico, ou seja, o que assiste aos direitos fundamentais". O n.º 1 do art. 26.º da Constituição da República Portuguesa, na sua redacção actual (com as alterações introduzidas pela Lei Constitucional n.º 1/97, de 20 de Setembro), engloba o "direito ao desenvolvimento da personalidade" no catálogo dos direitos formalmente fundamentais.

geral de personalidade – e deveria fazê-lo acrescentando um novo n.º 1 ao art. 70.º do Código Civil, com uma redacção semelhante à do art. 1.º da Constituição alemã – "[a] dignidade da pessoa humana é inviolável" – ou à do art. 16 do Código Civil francês – "a lei assegura o primado da pessoa, proíbe toda a agressão à sua dignidade e garante o respeito do ser humano desde o princípio da sua vida"[12]. Embora o conteúdo do conceito de dignidade seja controverso[13] – embora a fórmula "a dignidade da pessoa humana enquanto tal é atingida se a pessoa humana concreta é reduzida à condição de objecto, de simples meio, de elemento substituível"[14] seja uma fórmula demasiado abstracta, demasiado imprecisa[15] –, a consagração legislativa dos princípios da dignidade e do primado da pessoa humana contribuiria para confirmar que o "ensinamento de Kant, de acordo com o qual o Estado deve respeitar a liberdade ética do homem individual", conserva "plena actualidade" (acórdão do Tribunal Constitucional n.º 130/88, de 8 de Junho de 1988)[16-17].

---

[12] O Supremo Tribunal Federal alemão "acentuou desde o início que o 'direito geral de personalidade' seria de 'extensão e indeterminabilidade do tipo de uma cláusula geral' e que o seu conteúdo não se poderia por isso determinar de uma forma acabada *(abschliessend)*, mas antes, de acordo com o princípio da ponderação dos bens e interesses, teriam de ser construídas regras concretas em cada caso, tendo em conta todas as circunstâncias, dessa forma se situando os limites de uma perturbação admissível dos direitos de personalidade alheios" (cf. Jorge Ferreira Sinde Monteiro, *Responsabilidade por conselhos, recomendações ou informações*, Livraria Almedina, Coimbra, 1989, pág. 228). O legislador português deverá esclarecer que a ofensa, ou ameaça de ofensa, do direito geral de personalidade, ou da personalidade *tout court*, só é ilícita se tal resultar de uma ponderação de bens e interesses?

[13] Sobre o conceito de dignidade da pessoa humana, *vide*, por último, Paul Tiedemann, *Was ist Menschenwürde? Eine Einführung*, Wissenschaftliche Buchgesellschaft, Berlin, 2006.

[14] Günter Dürig, "Der Grundrechtsstatz von der Menschenwürde. Entwurf eines praktikablen Wertsystems der Grundrechte aus art. 1 Abs. I in Verbindung mit art. 19 Abs. II des Grundgesetz", in: *Archiv des öffentlichen Rechts*, 1956, pág. 125 – inspirando-se abertamente no imperativo prático kantiano [cf. *Grundlegungen zur Metaphysik der Sitten*, no vol. IV da edição das obras completas de Immanuel Kant – consultada através da Internet (http:// www.ikp.uni-bonn.de/kant/aa04); a formulação do imperativo encontra-se na pág. 429].

[15] Cf. Norbert Hoerster, "Acerca del significado del principio de la dignidad humana", in: *En defensa del positivismo jurídico*, Editorial Gedisa, Barcelona, 1992, págs. 91-103; Benedita Mac Crorie, "O recurso ao princípio da dignidade da pessoa humana na jurisprudência do Tribunal Constitucional", in: *Estudos em comemoração do décimo aniversário da licenciatura em Direito da Universidade do Minho*, Escola de Direito da Universidade do Minho/Livraria Almedina, Braga/Coimbra, 2003; Nuno Manuel Pinto Oliveira, "O princípio da dignidade da pessoa humana e a regulação jurídica da bioética" [em publicação nas actas do colóquio interdisciplinar de bioética realizado na Universidade do Minho no dia 3 de Novembro de 2006].

[16] Cf. Armin G. Wildfeuer, "Menschenwürde – Leerformel oder unverzichtbarer Gedanke?" [consultado através da Internet, no site http://www.perennis.de/public/Publikationen/ Dokumente/ MW-Leerformel].

II. Segunda proposta: aditamento de um novo n.º 1 ao art. 71.º do Código Civil (sobre a protecção do ser humano antes do nascimento)

O actual art. 71.º do Código Civil protege a pessoa humana depois da morte. O regime da lei civil é muito insuficiente: o legislador deveria aditar um novo n.º 1 ao art. 71.º, com a função de proteger a pessoa humana *antes do nascimento*. O art. 71.º cumpriria assim duas funções complementares: a função de proteger a pessoa humana (ou o ser humano) *antes do nascimento* – i.e, antes da atribuição ou reconhecimento da sua personalidade jurídica – e a função de proteger a pessoa humana (ou o ser humano) *depois da morte* – i.e., depois da extinção, ou do termo, da sua personalidade jurídica. Ora a cláusula geral de protecção da pessoa humana *antes do nascimento* poderia inspirar-se no art. 2.º do Código Civil brasileiro – no qual se afirma que "a lei põe a salvo, desde a concepção, os direitos do nascituro" – ou no art. 16.º do Código Civil francês – no qual se diz que "a lei [...] garante o respeito pelo ser humano desde o princípio da sua vida"[18].

Menezes Cordeiro extrai das disposições constitucionais e legais sobre a protecção da pessoa antes do nascimento a ilação que os nascituros concebidos têm pelo menos, um direito de personalidade – o direito à vida –: "[u]ma defesa *à outrance* do recém-nascido não joga[ria] com uma desprotecção do pré-nascido. Não [haveria], na realidade biológica, na sensibilidade humana, no mundo dos valores ou na simples lógica formal, realidades tão diferentes que justifiquem soluções radicalmente diversas"[19]. O seu raciocínio resume-se em duas proposições relacionadas entre si: a primeira é a de que o direito à vida de que é titular a pessoa humana imediatamente depois do nascimento implicaria o direito à vida de que é titular a pessoa humana imediatamente antes do nascimento – "a realidade biológica é a mesma; o parto poderia até ser precipitado: a criança viveria. Não há, aqui, alterações fácticas que justifiquem valorações civis diversas"[20] –; a segunda é

---

[17] Peter Sloterdijk denuncia o "cinismo da medicina" [*Crítica de la razón cínica* (título original: *Kritik der zynischen Vernunft*), vol. II, Editorial Taurus, Madrid, 1989, págs. 70-81] – descrevendo-o como um projecto totalitário de controlo do corpo humano de todo em todo incompatível com o conceito de dignidade da pessoa humana –; a redacção do art. 70.º do Código Civil de forma a consagrar os princípios da dignidade e do primado da pessoa contribuirá, ou poderá contribuir, para que o jurista reaja contra um tal "cinismo".

[18] A epígrafe do art. 71.º do Código Civil deveria alterar-se, de forma a explicar que o artigo em causa garante a protecção da pessoa (i) antes do nascimento e (ii) depois da morte.

[19] António Menezes Cordeiro, *Tratado de direito civil português*, vol. I – *Parte geral*, tomo III – *Pessoas*, Livraria Almedina, Coimbra, 2004, pág. 277.

[20] António Menezes Cordeiro, *Tratado de direito civil português*, vol. I, tomo III, cit., pág. 276.

a de que o direito à vida de que é titular a pessoa humana imediatamente antes do nascimento implicaria o direito à vida de que é titular a pessoa *imediatamente depois da concepção:* "O direito à vida do nascituro, uma vez admitido, surge com a vida: não é qualitativamente diferente na 10.ª semana, na 20.ª ou no termo da gravidez"[21-22]. Menezes Cordeiro propõe, por isso, uma revogação do art. 66.º, acusando-o de ter "demasiadas anomalias para dele se retirar em definitivo um comando sobre o início da personalidade"[23].

Enquanto a protecção de um direito (subjectivo) da pessoa não nascida é controversa[24], a protecção de um bem (jurídico) ou de um valor (jurídico) não-subjectivado é (ou será) consensual: os acórdãos do Tribunal Constitucional sobre a constitucionalidade da descriminalização do aborto (acórdãos n.º 25/84, n.º 85/85, n.º 288/98 e n.º 617/2006) concordaram na qualificação do bem "vida humana intra-uterina" ou "vida humana não nascida" como um bem jurídico constitucionalmente protegido[25] – e, por isso, a disposição por que se dissesse que a lei protege a pessoa humana (ou o ser humano) desde o começo da sua vida (ou desde a concepção) corresponderia a uma adequada concretização do direito constitucional[26].

---

[21] António Menezes Cordeiro, *Tratado de direito civil português*, vol. I, tomo III, cit., pág. 277.

[22] Cf. contudo David Enoch, "Once You Start Using Slippery Slope Arguments, You're on a Very Slippery Slope", in: *Oxford Journal of Legal Studies*, vol. 21 (2001), págs. 629-647 (criticando os argumentos extraídos da ausência de uma distinção estrita entre duas situações).

[23] António Menezes Cordeiro, *Tratado de direito civil português*, vol. I, tomo III, cit., pág. 299.

[24] Rabindranath Capelo de Sousa propõe a atribuição ao nascituro (concebido) de uma "personalidade jurídica parcial" (*O direito geral de personalidade*, Coimbra Editora, Coimbra, 1995, pág. 78); Pedro Pais de Vasconcelos, de uma capacidade de gozo condicional ou limitada: "Desde a concepção o nascituro é titular de direitos de personalidade, entre os quais [...] assumem particular relevância o direito a viver, [o direito] à identidade pessoal e genético, [o direito] à integridade física e genética" (*Teoria geral do direito civil*, 2.ª ed., Livraria Almedina, Coimbra, 2003, pág. 81).

[25] Cf. a declaração de voto do Conselheiro Mário Torres anexa ao acórdão do Tribunal Constitucional n.º 617/2006: "Apesar da notória divisão de opiniões revelada pelos quatro acórdãos proferidos pelo Tribunal Constitucional sobre a problemática do aborto (acórdãos n.ºs 25/84, 85/85, 288/98 e o presente), num aspecto crucial verificou-se unanimidade por parte dos 31 juízes das diferentes formações que subscreveram esses acórdãos: todos eles, *nemine discrepante*, assumiram que a vida intra-uterina constitui um bem constitucionalmente tutelado, donde deriva a obrigação do Estado a defender" – apud Mário Pinto, "A questão jurídico-constitucional do referendo ao aborto livre até às dez semanas. O caso português de 2007", in: *Nova Cidadania*, ano VIII, n.º 31, Janeiro-Março de 2007, págs. 9-15.

[26] O art. 19.º da Convenção Europeia dos Direitos do Homem e da Biomedicina contém uma disposição sobre a protecção da vida humana (não nascida) pré-uterina: "Quando a pes-

III. Terceira proposta: alteração do actual n.º 2 do art. 71.º do Código Civil (sobre a protecção do ser humano depois da morte)

O actual art. 71.º do Código Civil diz que "[o}s direitos de personalidade gozam igualmente de protecção depois da morte do respectivo titular" (n.º 1) e que "[t]em legitimidade, neste caso, para requerer as providências previstas no n.º 2 do artigo anterior o cônjuge sobrevivo ou qualquer descendente, ascendente, irmão, sobrinho ou herdeiro do falecido" (n.º 2). O confronto entre o art. 6.º do anteprojecto de Manuel de Andrade e o art. 71.º do Código Civil deixa a descoberto a seguinte diferença: no art. 6.º do anteprojecto, as pessoas designadas no § 4.º tinham legitimidade para propor "as acções previstas nos parágrafos anteriores" – ou seja, as acções de abstenção ou de eliminação da ofensa ilícita previstas no § 2.º e as acções de indemnização previstas no § 3.º[27] –; no art. 71.º do Código Civil, as pessoas designadas no n.º 2 "têm legitimidade [...] para requerer as providências previstas no n.º 2 do artigo anterior"[28]. Ora o n.º 2 do art. 70.º atribui à pessoa ameaçada ou ofendida duas acções – na primeira, a pessoa ameaçada pede as "providências adequadas às circunstâncias do caso"; na segunda, pede uma indemnização –:

> "Independentemente da responsabilidade civil a que haja lugar, a pessoa ameaçada ou ofendida pode requerer as providências adequadas às circunstâncias do caso, com o fim de evitar a consumação da ameaça ou de atenuar os efeitos da ofensa já cometida".

O texto do n.º 2 do art. 71.º do Código Civil consente duas interpretações – uma interpretação *declarativa* e uma interpretação *extensiva*. A interpretação declarativa conduz a *excluir* a responsabilidade civil das "providências previstas no n.º 2 do artigo anterior": o n.º 2 do art. 70.º contrapõe as "providências adequadas às circunstâncias do caso" e a responsabilidade civil; o

---

quisa em embriões *in vitro* é admitida por lei, esta garantirá uma protecção adequada do embrião"; *a pari* ou *a fortiori*, a lei há-de garantir uma protecção adequada da vida intra-uterina.

[27] Manuel de Andrade, "Esboço de um anteprojecto de Código das Pessoas e da Família na parte relativa ao começo e termo da personalidade jurídica, aos direitos de personalidade, ao domicílio", in: *Boletim do Ministério da Justiça*, n.º 102 (Janeiro de 1961), págs. 153-166 (155-156).

[28] Cf. Nuno Manuel Pinto Oliveira, "Direitos de personalidade e responsabilidade civil no regime jurídico do transplante de órgãos", in: *Ars judicandi. Estudos em homenagem ao Professor Doutor António Castanheira Neves* [em preparação].

n.º 2 do art. 71.º usa a expressão "providências previstas no n.º 2 do artigo anterior"; o uso da expressão "providências previstas no n.º 2 do artigo anterior", *e só dela*, dá a impressão de que a protecção das pessoas falecidas há-de alcançar-se *sem o recurso às regras da responsabilidade civil*. A interpretação extensiva, essa, conduz a *incluir* a responsabilidade civil entre as "providências [aí] previstas"[29].

Face à *interpretação declarativa* do n.º 2 do art. 71.º do Código Civil, deveria distinguir-se dois tipos de casos ou de situações: (i) ocorrendo uma ofensa ilícita à personalidade física ou moral *de uma pessoa viva*, a lei admitiria uma dupla reacção – através das "providências adequadas às circunstâncias do caso" e da responsabilidade civil –; (ii) ocorrendo uma ofensa ilícita à personalidade física ou moral *de uma pessoa falecida*, a lei só admitiria uma reacção – as pessoas designadas no n.º 2 do art. 71.º teriam legitimidade para requerer as providências adequadas às circunstâncias do caso, "e só essas (!)". Face à *interpretação extensiva* do n.º 2 do art. 71.º, a lei admitiria sempre uma dupla reacção à ofensa ilícita, ou à ameaça de ofensa ilícita, da personalidade física ou moral – fosse a ofensa ilícita dirigida à personalidade física ou moral *das pessoas vivas*, fosse ela dirigida à personalidade física ou moral *das pessoas falecidas*.

"Oliveira Ascensão, Heinrich Hörster e Carvalho Fernandes optam pela interpretação declarativa[30-31]; Capelo de Sousa, Menezes Cordeiro e Pais de Vasconcelos optam pela interpretação extensiva do n.º 2 do art. 71.º: Capelo de Sousa apresenta a compensação ou indemnização como "um modo igualmente possível e

---

[29] Rabindranath Capelo de Sousa, *O direito geral de personalidade*, Coimbra Editora, Coimbra, 1995, pág. 196: "a expressão em causa [scl.: a expressão 'providências previstas no n.º 2 do artigo anterior'] pode[ria] ser tomada num sentido amplo, abrangendo igualmente a responsabilidade civil, ela mesma também referida no art. 70.º, n.º 2, do Código Civil".

[30] José de Oliveira Ascensão, *Direito civil. Teoria geral*, vol. I, cit., págs. 101-102; Heinrich Ewald Hörster, *A Parte Geral do Código Civil português – Teoria geral do direito civil*, Livraria Almedina, Coimbra, 1992, págs. 260-261 (n. m. 427); e Luís Carvalho Fernandes, *Teoria geral do direito civil* vol. I, 3.ª ed., Universidade Católica Editora, Lisboa, págs. 202-205.

[31] Excluindo a compensação ou indemnização dos danos não patrimoniais decorrentes da ofensa ilícita à personalidade física ou moral da pessoa falecida, Karl Larenz e Claus Canaris admitem a acção de abstenção *(Unterlassungsanspruch)* e a acção de retractação *(Widerrufsanspruch)* [*Lehrbuch des Schuldrechts*, vol. II, tomo II, 13.ª ed., C. H. Beck, München, 1994, pág. 536: "*Als Rechtsfolge kommt nicht nur ein Unterlassungs-, sondern auch ein Widerrufsanspruch in Betracht. Ein Anspruch auf Ersatz immateriellen Schadens scheidet dagegen aus, weil dadurch des Interessen des Toten nicht Genüge zu tun ist* "; no mesmo sentido, Erwin Deutsch, *Allgemeines Haftungsrecht*, 2.ª ed., Carl Heymans Verlag, Köln/Berlin/Bonn/München, 1996, pág. 459, n. m. 721: "*Gegen [...] eine ungenehmigte Organentnhame von einem Verstorbenen kann man normalerweise auf Unterlassung klagen*"].

eficaz de tutela da personalidade do defunto"[32]; Menezes Cordeiro propõe "uma remissão, em bloco, do art. 71.º, [n.º 2,] para o art. 70.º, [n.º 2]: as 'providências adequadas' [seriam] sempre possíveis independentemente da responsabilidade civil a que h[ouvesse] lugar"[33]; Pais de Vasconcelos sugere a conjugação do n.º 1 do art. 71.º e do art. 483.º para aplicar "o regime geral da responsabilidade aquiliana à indemnização dos danos morais e materiais causados a pessoas vivas pela ofensa da dignidade dos seus parentes já falecidos"[34].

O princípio da interpretação das leis em conformidade com a Constituição exige a interpretação extensiva do n.º 2 do art. 71.º do Código Civil.

Larenz/Canaris contrapõem o fundamento dogmático-constitucional e o fundamento jurídico-civil da protecção do bem jurídico "personalidade física e moral das pessoas falecidas": o primeiro (fundamento jurídico-constitucional) encontrar-se-á no art. 1.º da Constituição da República Portuguesa e no dever de protecção (no "imperativo de tutela") da dignidade da pessoa humana[35]; o segundo (fundamento jurídico-civil) está no art. 71.º do Código Civil.

Canaris esclarece que a concepção das normas de direitos fundamentais como imperativos de tutela "apenas se torna [...] plenamente compreensível se se acrescentar que a Constituição apenas proíbe que [se fique] abaixo de um certo *mínimo de protecção*" (proibição de insuficiência)[36]. O critério exposto aplica-se plenamente ao dever *constitucional* de protecção (ao imperativo *constitucional* de tutela) do bem jurídico "personalidade física e moral das pessoas falecidas".

Ora a interpretação declarativa do n.º 2 do art. 71.º do Código Civil coloca a protecção da personalidade física e moral da pessoa falecida abaixo do nível mínimo constitucionalmente exigido – em especial, nas circunstâncias em que "a única sanção susceptível de aplicação ao caso concreto seja a indemnização em dinheiro"[37-38] –; a interpretação extensiva coloca-a acima desse nível

---

[32] Rabindranath Capelo de Sousa, *O direito geral de personalidade*, cit., pág. 196.

[33] António Menezes Cordeiro, *Tratado de direito civil português*, vol. I, tomo III, cit., págs. 462-464.

[34] *Teoria geral do direito civil*, cit., pág. 52.

[35] Karl Larenz / Claus-Wilhelm Canaris, *Lehrbuch des Schuldrechts*, vol. II, tomo II, 13.ª ed., C. H. Beck, München, 1994, pág. 532 (§ 80, VI): "*Die verfassungsdogmatische Grundlage des postmortalen Persönlichkeitsschutzes liegt also ebenso wie bei Lebenden in der* Schutzgebotsfunktion der Grundrechte *mit der Besonderheit, daß hier nur art. 1 I und nicht auch art. 2 I GG einschlägig ist*".

[36] Claus-Wilhelm Canaris, *Direitos fundamentais e direito privado* (título original: *Grundrechte und Privatrecht*), Livraria Almedina, Coimbra, 2003, págs. 59-60.

[37] Claus-Wilhelm Canaris, *Direitos fundamentais e direito privado*, cit., pág. 108.

mínimo. "[E]ntre várias interpretações possíveis segundo os demais critérios [hermenêuticos] sempre obtém preferência aquela que melhor concorde com os princípios [e com as regras] da Constituição"[39]: entre a interpretação declarativa e a interpretação extensiva do n.º 2 do art. 71.º do Código Civil há-de obter preferência a segunda[40]. O problema poderá (e deverá) resolver-se com uma alteração do texto do (actual) n.º 2 do art. 71.º do Código Civil por que se atribua às pessoas designadas legitimidade para propor uma acção de indemnização e para requerer as providências adequadas às circunstâncias do caso.

IV. QUARTA PROPOSTA: ALTERAÇÃO DO ACTUAL ART. 81.º DO CÓDIGO CIVIL (SOBRE A LIMITAÇÃO VOLUNTÁRIA AO EXERCÍCIO DOS DIREITOS DE PERSONALIDADE)

O art. 81.º do Código Civil é do seguinte teor:

"Toda a limitação voluntária ao exercício dos direitos de personalidade é nula, se for contrária aos princípios da ordem pública".

Em primeiro lugar, o art. 81.º do Código Civil há-de articular-se com o princípio do consentimento esclarecido ou informado. O princípio do consentimento esclarecido ou informado aplica-se às intervenções "no domínio da saúde". O art. 5.º da Convenção Europeia dos Direitos do Homem e da Biomedicina enuncia-o – e enuncia-o nos seguintes termos: "[q]ualquer inter-

---

[38] Cf. Rabindranath Capelo de Sousa, *O direito geral de personalidade*, cit., pág. 196: "a memória do defunto é tutelada, quer preventiva, quer repressivamente, tanto quanto o ofensor é condenado a pagar uma soma pecuniária aos representantes do defunto como quando é sentenciado a abster-se de renovar a ofensa ou a eliminar certos efeitos da mesma, tudo dependendo das circunstâncias do caso, *podendo inclusivamente acontecer que a única sanção susceptível de aplicação ao caso concreto seja a indemnização em dinheiro*" (itálico nosso). Inclinando-se para uma interpretação declarativa do n.º 2 do art. 71.º do Código Civil, Heinrich Ewald Hörster considera-a, contudo, "duvidosa, em termos jurídico-políticos, visto as ofensas *post mortem* estarem sujeitas a sanções mais leves" (*A Parte Geral do Código Civil português – Teoria geral do direito civil*, cit., pág. 261, nota n.º 58).
[39] Karl Larenz, *Metodologia da ciência do direito* (título original: *Methodenlehre der Rechtswissenschaft*), 3:ª ed., Fundação Calouste Gulbenkian, Lisboa, 1997, pág. 480.
[40] Sobre a interpretação do art. 71.º do Código Civil, *vide*, Nuno Manuel Pinto Oliveira, "Direitos de personalidade e responsabilidade civil no regime jurídico do transplante de órgãos", in: *Ars judicandi. Estudos em homenagem ao Professor Doutor António Castanheira Neves* [em preparação].

venção no domínio da saúde só pode ser efectuada após ter sido prestado pela pessoa em causa o seu consentimento livre e esclarecido". O critério do art. 5.º da Convenção Europeia dos Direitos do Homem e da Biomedicina deve generalizar-se, estendendo-se a *todo e qualquer* acto de disposição de *todo e qualquer* direito de personalidade[41]. O art. 10.º do Código Civil do Québec contém já hoje uma análoga generalização: o primeiro parágrafo afirma o princípio de que "toda a pessoa é inviolável e tem direito à sua integridade", o segundo parágrafo completa-o, concretiza-o e explicita-o, dizendo que, "salvo nos casos previstos na lei, ninguém a pode atingir [a essa pessoa] sem o seu consentimento livre e esclarecido"[42]. O texto do art. 81.º deveria, consequentemente, dizer que a ofensa ou a ameaça de ofensa da personalidade física ou moral (só) é lícita se a pessoa ameaçada ou ofendida der o seu consentimento livre e esclarecido. Em segundo lugar, o art. 81.º deverá conciliar-se ou harmonizar-se com o art. 280.º e com os n.º 2 e 3 do 340.º: por um lado, deve conciliar-se ou harmonizar-se com o art. 280.º e com o n.º 2 do art. 340.º – o consentimento na lesão dos direitos de personalidade é inválido (é nulo) se for contrário à lei ou à ordem pública, ou ofensivo dos bons costumes –; por outro lado, deve conciliar-se ou harmonizar-se com o n.º 3 do art. 340.º – o consentimento do lesado presume-se quando a lesão se deu no interesse do lesado e de acordo com a sua vontade presumível. Em terceiro lugar, a disposição do art. 81.º insere-se na doutrina ou teoria geral dos direitos de personalidade, pelo que deverá deslocar-se (renumerar-se), aproximando-a das disposições dos arts. 70.º e 71.º.

---

[41] Menezes Cordeiro propõe-se articular os arts. 81.º e art. 280.º do Código Civil, dizendo que os negócios jurídicos sobre direitos de personalidade devem respeitar "os demais requisitos do art. 280.º, com relevo para a determinabilidade e a não contrariedade aos bons costumes": o requisito da determinabilidade significaria que "qualquer limitação aos direitos de personalidade deve ser clara e perceptível, sob pena de poder assumir proporções com que o sujeito não pudesse contar"; o requisito dos bons costumes significaria que qualquer limitação aos direitos de personalidade deve respeitar os "códigos éticos" e "as regras de conduta sexual e familiar próprias da nossa sociedade" (*Tratado de direito civil português*, vol. I, tomo III, cit., pág. 109. O autor acrescenta: "O Direito não dá os seus instrumentos para sancionar condutas que se colocam á sua margem, por liberal que seja o modo de pensar dos civilistas"). O enlace entre a regra do art. 81.º e o requisito da determinabilidade do art. 280.º equivale a uma generalização do princípio do consentimento informado: se "qualquer limitação aos direitos de personalidade deve ser clara e perceptível, sob pena de poder assumir proporções com que o sujeito não pudesse contar", o sujeito – *esse sujeito* – deve ser esclarecido ou informado.

[42] O texto original do art. 10.º do Código Civil do Québec é o seguinte: "*Toute personne est inviolable et a droit à son intégrité. Sauf dans les cas prévus par la loi, nul ne peut lui porter atteinte sans son consentement libre et éclairé*".

V. Quinta proposta: aditamento de um/dois/três novos artigos ao Código Civil (sobre o princípio do consentimento informado)

Existindo concretizações específicas do princípio do consentimento esclarecido ou informado na área da bioética, o legislador deveria aditar (pelo menos) três novos artigos ao Código Civil português: os dois primeiros pronunciar-se-iam sobre a concretização do princípio do consentimento informado nas intervenções no corpo de uma pessoa viva, o terceiro sobre a concretização (ou derrogação) do princípio do consentimento informado nas intervenções no corpo de uma pessoa falecida.

a) Os artigos sobre as intervenções no corpo de uma pessoa viva deveriam distinguir as intervenções terapêuticas e as intervenções não terapêuticas (cirurgia estética, colheita de órgãos em vida, experimentação). Quanto às intervenções terapêuticas, o Código Civil poderia inspirar-se nos arts. 5.º, 6.º e 7.º da Convenção Europeia dos Direitos do Homem e da Biomedicina: o art. 5.º explicita o conteúdo do dever de esclarecimento ou de informação – a pessoa "deve receber previamente informação adequada quanto ao objectivo e natureza da intervenção, bem como quanto às suas consequências e risco" –, os arts. 6.º e 7.º, consagram princípios e regras sobre a protecção das pessoas sem capacidade para consentir (dos menores e dos maiores incapazes)[43]. Quanto às intervenções não terapêuticas, o Código Civil poderia inspirar-se nos arts. 16.º-17.º e 19.º-20.º da Convenção Europeia: os arts. 19.º-20.º pronunciam-se sobre a colheita de órgãos em vida, os arts. 16.º-17.º pronunciam-se sobre a experimentação.

b) O artigo sobre as intervenções no corpo de uma pessoa falecida deveria generalizar o "direito da pessoa a opor-se à utilização do seu próprio cadáver para efeitos de recolha de órgãos ou tecidos, ao menos quando fundado em razões éticas, filosóficas ou de carácter religioso" (acórdão do Tribunal Constitucional n.º 130/88, de 8 de Junho)[44]. E generalizá-lo como? – Transformando-o no direito da pessoa viva de decidir sobre o destino do seu corpo inanimado.

---

[43] Sobre o tema da capacidade para autorizar ou consentir uma lesão dos direitos de personalidade, vide André Gonçalo Dias Pereira, "A capacidade para consentir: um novo ramo da capacidade jurídica", in: *Comemorações dos 35 anos do Código Civil e dos 25 anos da Reforma de 1977*, vol. II – *A Parte Geral do Código Civil e a teoria geral do direito civil*, Faculdade de Direito da Universidade de Coimbra/Coimbra Editora, Coimbra, 2006, págs. 199-248.

[44] *Boletim do Ministério da Justiça*, n.º 378 (Julho de 1988), págs. 141-167 (142).

c) O art. 10.º da Lei n.º 12/93, de 22 de Abril, sobre a colheita e transplante de órgãos, considera "como potenciais dadores *post mortem* todos os cidadãos nacionais e os apátridas e estrangeiros residentes em Portugal que não tenham manifestado junto do Ministério da Saúde a sua qualidade de não dadores".

O regime da colheita de órgãos e de tecidos em cadáver para transplantação pode basear-se em diferentes princípios. Quanto à vontade do dador/não dador, deve distinguir-se: (i) o princípio da *irrelevância* ("solução da necessidade" – *Notstandslösung)*; (ii) a solução do *consentimento (Einwilligungslösung)* e (iii) a solução do *dissentimento (Widerspruchslösung)*. A solução do consentimento apenas permite a colheita de órgãos e de tecidos em caso de consentimento expresso do dador, a solução do dissentimento apenas a *proíbe* em caso de dissentimento expresso do não dador[45]. Quanto à vontade dos parentes próximos, deve distinguir-se (i) um princípio de *irrelevância*, (ii) um princípio da relevância *prevalecente* e (iii) um princípio da relevância *subsidiária* da vontade dos familiares ou dos sucessores. A "redução da complexidade" do problema decorre em todo o caso da aplicação do "filtro" constitucional: o "direito da pessoa a opor-se à utilização do seu próprio cadáver para efeitos de recolha de tecidos ou órgãos" exclui do elenco de opções do legislador o princípio de irrelevância da vontade do dador/não dador e o princípio da relevância prevalecente da vontade dos familiares ou sucessores[46]. O art. 10.º da Lei n.º 12/93 combina a solução do dissentimento com a irrelevância da vontade dos familiares da pessoa falecida[47].

Ora bem: os princípios por que se concretiza a solução do dissentimento devem ser "constituídos de tal forma que o resultado seja, com suficiente pro-

---

[45] Cf. José Francisco de Faria Costa, "O valor do silêncio do legislador penal e o problema das transplantações", in: *Transplantações – Colóquio interdisciplinar (25 de Março de 1993)*, Centro de Direito Biomédico da Faculdade de Direito da Universidade de Coimbra, Coimbra, 1993, págs. 87-134 (124 – 125): "a chamada 'solução do consentimento' tem como eixo central, sobre o qual gira toda a regulamentação, a ideia de que a recolha de órgão ou tecido só é legítima se a pessoa, em vida, tiver dado para tal o seu consentimento. Por seu turno, a 'solução do dissentimento' arranca do pressuposto de que a recolha de órgão ou tecido é unicamente ilegítima quando o dador, em vida, tiver manifestado a sua oposição".

[46] Cf., contudo, Sophie Wille, "Das Recht des Staates zur postmortalen Organentnahme. Zur verfassungskonformität des Notstandsmodells im Bereich der Leichenorgangewinnung", in: *Medizinrecht*, 2007, págs. 91-94 (criticando a tese da inconstitucionalidade do princípio da irrelevância da vontade privada ou da "solução da necessidade").

[47] Cf. Nuno Manuel Pinto Oliveira, *O direito geral de personalidade e a "solução do dissentimento" – Ensaio sobre um caso de "constitucionalização" do direito civil*, Coimbra Editora, Coimbra, 2002, esp. nas págs. 28-30 e 233-236].

babilidade e em suficiente medida, conforme aos direitos fundamentais". Os termos "resultado conforme aos direitos fundamentais" significam: "resultado fundado sobre uma autêntica liberdade de escolha" *(echte Entscheidungsfreiheit)*.

Ora uma autêntica liberdade de escolha exige (pelo menos) duas coisas: a informação dos interessados e a eficácia prática do dissentimento.

O acórdão do Tribunal Federal suíço de 16 de Abril de 1997 distingue – e bem – um dever de informação em sentido amplo ou lato e um dever de informação em sentido estrito. O *dever de informação em sentido amplo ou lato* dirige-se ao público em geral. O Tribunal Federal suíço afirma que a informação dos interessados é "um elemento essencial, sem o qual o sistema do consentimento presumido perde a sua legitimidade"; continua declarando que "o interessado pode, na verdade, na falta de uma informação contrária, partir legitimamente da ideia de que é totalmente senhor do seu corpo depois da morte e [de] que, por conseguinte, a utilização do seu cadáver não é possível sem o seu consentimento explícito"; e conclui dizendo que "a passagem [da solução] do consentimento expresso [à solução do] consentimento presumido [ou seja: do dissentimento] é apenas aceitável sob condição de ser acompanhada de medidas de informação específicas e adequadas, dirigidas à generalidade da população". O raciocínio do Tribunal está certo: as normas em que se institui a solução do dissentimento devem ser integradas por acções ou procedimentos adequados para garantir aos interessados (a *todos* os interessados) um conhecimento efectivo da solução do dissentimento; de outro modo, o indivíduo (dador ou não dador) "não seria realmente tomado a sério como uma pessoa com convicções éticas"[48].

Enquanto o *dever de informação em sentido amplo ou lato* se dirige ao público (em geral), o *dever de informação em sentido estrito* deve dirigir-se (específica e individualizadamente) ao dador/não dador: se, "em democracia, [...] não é admissível que para possibilitar a obtenção de tecidos e órgãos para transplante se assente no desconhecimento da lei por parte da generalidade dos cidadãos, e que estes, pelo facto de a ignorarem, não tomem posição sobre a possibilidade de os seus tecidos e órgãos serem usados após a sua morte"[49],

---

[48] Cf. Martin Koppernock, *Das Grundrecht auf bioethische Selbstbestimmung. Zur Rekonstruktion des allgemeinen Persönlichkeitsrechts*, Nomos, Baden-Baden, 1997, pág. 177.

[49] Cf. Exposição de Motivos do Projecto de Lei n.º 643/V (Extracção de órgãos e tecidos para transplantes), apresentado pelo Grupo Parlamentar do Partido Socialista para a substituição do Decreto-Lei n.º 553/76 [in: Comité Nacional de Ética para as Ciências da Vida, *Documentação*, vol. I (1991-1993), Presidência do Conselho de Ministros / Imprensa Nacional Casa da Moeda, Lisboa, 1993, págs. 39-47].

o legislador tem o dever de instituir procedimentos capazes de proporcionar, com razoável segurança, um esclarecimento ou informação ao dador/não dador de órgãos.

Os dados disponíveis sobre o sistema português dizem-nos que a única campanha de informação decorreu em 1994; que o número de não dadores é diminuto (entre 1994 e 2004, inscreveram-se no Registo Nacional de Não Dadores cerca de 37 000 pessoas – correspondendo a 0,4% da população); e que o número de não dadores é decrescente (em 1994, inscreveram-se no Registo Nacional de Não Dadores 23 778 pessoas; em 2004, apenas 65). Extraindo conclusões gerais dos dados expostos, há-de concluir-se que o direito de a pessoa viva dispor sobre o destino do seu corpo inanimado não é realizado na medida constitucionalmente exigida pelo dever de informação em sentido amplo (dever de informação do público). O único instrumento adequado para conseguir um resultado conforme aos direitos fundamentais está em consagrar um dever de informação em sentido estrito e em interpretá-lo como um dever de informação dirigido ao dador/não dador. Ora, se assim é, o direito de disposição do dador/não dador será exercido de acordo com os direitos fundamentais, *e só será exercido de acordo com os direitos fundamentais,* em dois casos ou duas situações: se for exercido de uma forma positiva (solução do consentimento) ou se for exercido de uma forma negativa, mas informada – i. e., se o dador/não dador for esclarecido acerca das consequências da sua inacção[50]. O art. 10.º da Lei n.º 12/93, de 22 de Abril, deve considerar-se inconstitucional – e deve considerar-se *materialmente* inconstitucional por não consagrar um dever *de informação em sentido estrito*[51-52].

---

[50] Cf. Nuno Manuel Pinto Oliveira, *O direito geral de personalidade e a "solução do dissentimento". Ensaio sobre um caso de "constitucionalização" do direito civil,* cit., págs. 226-229.

[51] Cf. Nuno Manuel Pinto Oliveira, *O direito geral de personalidade e a "solução do dissentimento". Ensaio sobre um caso de "constitucionalização" do direito civil,* cit., págs. 233-234 – concordando com a tese da inconstitucionalidade do art. 10.º da Lei n.º 12/93, de 22 de Abril, *vide,* por último, Diana Montenegro da Silveira, "O problema da constitucionalidade da solução do dissentimento. O regime jurídico da colheita de órgãos e tecidos em cadáveres para transplantação", in: *Lex Medicinae,* n.º 5, Janeiro-Junho de 2006, págs. 159-187 (182-185).

[52] Luísa Neto usa argumentos de alguma forma análogos para chegar a uma conclusão diferente – a uma conclusão oposta. A autora duvida de que "o cidadão em geral, neste processo que determina claramente o conteúdo de núcleo essencial dos seus direitos de personalidade e/ou fundamentais, est[eja] suficientemente informado da situação jurídica vigente e dos procedimentos a adoptar", reconhece que "não [é] curial trazer à colação a letra do art. 6.º do C[ódigo] C[ivil]" e sustenta que há-de exigir-se do Estado "uma posição activa que quase se deveria substituir ao princípio da irrelevância da *ignorantia juris*". E em que consistiria a "posição activa" do Estado? – Em "acções de informação adequadas e suficientes, que seriam até desejáveis num período anterior ao da vigência de normas tão polémicas" [Luísa Neto, *O direito*

DIREITOS DE PERSONALIDADE: CONTRIBUTO PARA A REVISÃO DAS DISPOSIÇÕES DO CÓDIGO CIVIL

Esclarecida a questão jurídica (ou jurídico-constitucional), deve resolver-se uma questão política: o legislador civil deve preferir o valor da autonomia, acolhendo a solução do consentimento, ou o valor da solidariedade, escolhendo a solução do dissentimento (e conformando-a de harmonia com os três critérios ou os três requisitos expostos)[53]? Entre a solução do consentimento e a solução do dissentimento há uma diferença essencial: na solução do consentimento, a decisão sobre a dádiva de órgãos é uma decisão do indivíduo, na solução do dissentimento, não o é, ou não o é necessariamente – o Estado arroga-se o direito de decidir sobre o uso do corpo inanimado dos (de cada um dos) indivíduos que não consentiram, nem dissentiram da colheita de órgãos e tecidos.

O legislador civil empenhando em respeitar a "liberdade ética do homem individual" deverá optar, sem hesitação, pelo primeiro termo da alternativa – ou seja, pela solução do consentimento –: "se a dádiva de órgãos e tecidos há-de constituir um acto de liberdade, se a decisão sobre a colheita de órgãos e de tecidos há-de constituir uma decisão pessoal, o *centro* do direito da colheita de órgãos e de tecidos em cadáver para transplantação deverá ser ocupado pela

---

fundamental à disposição sobre o próprio corpo (A relevância da vontade na configuração do seu regime), Faculdade de Direito da Universidade do Porto / Coimbra Editora, Porto / Coimbra, 2004, págs. 809-836 (esp. págs. 818-819 e 832-834)]. Luísa Neto abstém-se, contudo, de extrair todas as conclusões do seu raciocínio: Independentemente de concordarmos ou de não concordarmos com a tese de que "desejáveis melhoramentos a introduzir no sistema não poderão, de qualquer modo, afastar a solução encontrada para este conflito de interesses" – independentemente de concordarmos ou de não concordarmos com a tese de que a solução do dissentimento constitui o compromisso mais adequado entre os valores da justiça e da segurança jurídica –, a afirmação de que o dever de informação dos interessados sobre as consequências do seu silêncio é "a única solução eticamente consentânea com um geral princípio de boa fé que deve enformar as relações entre o Estado e os particulares" e, de que, por isso, o ónus de exprimir o dissentimento ou a oposição só não é "demasiado gravoso" se "o cidadão tiver conhecimento da sua existência" implica a inconstitucionalidade da concretização legislativa da solução do dissentimento do art. 5.º do Decreto-Lei n.º 533/76, de 13 de Julho, e do art. 10.º da Lei n.º 12/93, de 22 de Abril.

[53] Diana Montenegro da Silveira imputa-me a tese de que a única solução compatível com os princípios e regras constitucionais é a solução do consentimento ("O problema da constitucionalidade da solução do dissentimento. O regime jurídico da colheita de órgãos e tecidos em cadáveres para transplantação", cit., págs. 185-187). A afirmação da autora decorre, decerto, de uma interpretação incorrecta dos meus estudos [e, em particular, da minha dissertação de doutoramento – *vide*, em especial, o capítulo sobre o problema da constitucionalidade da solução do dissentimento, in: Nuno Manuel Pinto Oliveira, *O direito geral de personalidade e a "solução do dissentimento". Ensaio sobre um caso de "constitucionalização" do direito civil*, cit., págs. 137-213 (em especial, nas págs. 212-213)].

solução do consentimento; a *periferia*, e só ela, pelos instrumentos de promoção da solidariedade"[54].

VI. SEXTA PROPOSTA: ADITAMENTO DE UM NOVO ARTIGO AO CÓDIGO CIVIL (SOBRE A PROIBIÇÃO DE TRANSFORMAR O CORPO HUMANO E AS SUAS PARTES, ENQUANTO TAIS, NUMA FONTE DE LUCROS)

O art. 3.º da Carta dos Direitos Fundamentais da União Europeia e o art. 21.º da Convenção Europeia dos Direitos do Homem consagram o princípio de que "[o] corpo humano e as suas partes não devem ser, enquanto tal, fonte de quaisquer lucros"[55]. Embora contestável[56], o princípio da não-patrimonialidade do corpo humano é um princípio de direito civil, pelo que o Código Civil português deve enunciá-lo explicitamente. O Código Civil francês fá-lo em duas disposições distintas: o art. 16-1 diz que "[o] corpo humano, os seus elementos e os seus produtos não podem ser objecto de um direito patrimonial" *(Le corps humain, ses éléments et ses produits ne peuvent faire l'objet d'un droit patrimonial)*; o art. 16-5 diz que "as convenções cujo efeito seja o de conferir um valor patrimonial ao corpo humano, aos seus elementos e aos seus produtos são nulas" *(Les conventions ayant pour effet de conférer une valeur patrimoniale au corps humain, à ses éléments ou à ses produits sont nulles)*. O Código Civil português deveria conter um novo artigo, em que se acolhesse uma disposição equivalente à do art. 16-1 do Código Civil francês[57].

---

[54] Nuno Manuel Pinto Oliveira, "Considerações em torno do Protocolo Adicional à Convenção dos Direitos do Homem e da Biomedicina relativo à transplantação de órgãos e tecidos de origem humana", in: *Lex Medicinae*, n.º 2, 2004, págs. 15-23.

[55] Sobre o art. 3.º da Carta dos Direitos Fundamentais, *vide* Nuno Manuel Pinto Oliveira, "The Right to Bioethical Self-Determination in the Charter of Fundamental Rights of the European Union", in: *Boletim da Faculdade de Direito* [da Universidade de Coimbra], vol. LXXX (2004), págs. 631-639.

[56] Cf. Laura Bianchi, "Dentro o fuori il mercato? 'Commodification' e dignità humana", in: *Rivista critica del diritto privato*, 2006, págs. 489-521.

[57] Sobre a relação entre o conceito de dignidade e as regras de validade/invalidade do contrato, *vide* Maria Rosaria Marella, "The Old and the New Limits to Freedom of Contract in Europe", in: *European Review of Contract Law*, vol. 2 (2006), n.º 2, págs. 257-274 (advogando contudo uma inaceitável redução da dignidade à "dignidade social" da pessoa humana).

Conclusão

As minhas últimas palavras destinam-se a contar uma história – e, na verdade, a contar uma história cuja autenticidade não consegui confirmar.

No início do século XIX, Franz von Zeiller terá querido fazer uma constituição para a Áustria. Uma constituição liberal. Uma constituição progressista. E não terá podido fazê-lo. O seu projecto de constituição seria demasiado liberal para a Áustria, demasiado progressista para o início do século XIX. Franz von Zeiller fez então um Código Civil (aliás ainda em vigor). E fê-lo por achar que o Código Civil era a constituição civil da sociedade. Fê-lo por achar que o direito civil era o direito da liberdade, era a garantia jurídica da pessoa e da sua propriedade, era a garantia jurídica dos princípios e dos valores fundamentais de uma sociedade livre. Não sei se a história é ou não verdadeira. Sei, todavia, que a concepção do direito civil como direito da liberdade, como garantia jurídica da pessoa, ou como garantia jurídica de uma sociedade livre, está certa. Sei, todavia, que no início do século XXI, pode – e deve – percorrer-se o mesmo caminho[58].

---

[58] Sobre a concepção do direito civil como explicitação das condições constitutivas de uma ordem económico-social espontânea assente na liberdade de cada um e de todos os indivíduos, vide Friedrich A. Hayek, *Droit, législation et liberté* (título original: *Law, Legislation and Liberty*), vol. I, Quadrige/Presses Universitaires de France, Paris, 1995, pág. 126.

As pessoas colectivas no Código Civil – 30 anos depois

Pedro Pais de Vasconcelos*

1. Trinta anos depois da entrada em vigor do Código Civil, tem interesse visitar uma das suas partes que talvez se mostre mais desactualizada: a das pessoas colectivas.

Em muitos anos a ensinar Teoria Geral do Direito Civil e também Direito Comercial, incluindo o Direito das Sociedades Comerciais, há coisas que fui aprendendo sobre as pessoas colectivas: o modo como o Código Civil as trata, sobre o que seria bom actualizar. Vou deixar estas linhas para o debate, para que as critiquem, as refutem, as completem. É isto que tem de aliciante o labor académico.

2. Em primeiro lugar, não me parece que tenha interesse dissertar sobre o *nomen juris*. Pessoas morais, pessoas jurídicas ou pessoas colectivas, nenhum é satisfatório. Como nos *softwares* de texto, o melhor é aquele a que estamos habituados. Passe algum desconforto, por parte dos brasileiros – que as designam como pessoas jurídicas – a designação "pessoas colectivas" está fixada no nível mais profundo da mente jurídica dos portugueses. Não vale a pena mudar.

3. Mas já me parece útil enquadrar o fenómeno jurídico da personificação, para além dos quadros cansados do institucionalismo e do contratualismo com que o século XIX se entreteve e do qual o século XX não soube desprender-se. Vou-me limitar ao direito privado, mas não só ao Direito Civil; o Direito Comercial e, no seu âmbito, o Direito das Sociedades Comerciais não podem ser deixados de lado.

Como tenho ensinado[1], a personalidade colectiva é o pólo mais sofisticado de uma série de tipos de estruturas jurídicas que enquadram o agir humano plural e institucional. Estas estruturas são construídas com configurações diversas de três elementos: pessoas, bens e fins.

---

* Professor da Faculdade de Direito da Universidade de Lisboa.

[1] Pais de Vasconcelos, *Teoria Geral do Direito Civil*, Almedina, Coimbra, 2007, págs. 127 e segs.

Esta série de tipos do agir plural tem no seu pólo menos sofisticado o contrato. É uma estrutura simples, dominada pelo consenso e pela cooperação. No cerne deste tipo só há actuação por acordo. A deliberação maioritária pode ser estipulada, e surge nos contratos mais complexos, mas constitui um certo desvio em relação ao cerne do tipo. No contrato de sociedade sem personalidade jurídica, no consórcio, na associação em participação, até em acordos parassociais, por exemplo, é própria – é subtípica – a estipulação de mecanismos de decisão por deliberação maioritária, seja essa maioria de pessoas ou de valor. Trata-se de um desvio, suportado pela elasticidade do tipo, no sentido de estruturas mais sofisticadas como a comunhão e a personalidade colectiva. Os contratos, além das pessoas das partes, envolvem também bens e fins. Mas na estrutura contratual o acento tónico fixa-se nas pessoas, nas partes. No cerne deste tipo de estrutura jurídica, são elas que tudo determinam. Escolhem o bem e fixam o fim e podem alterá-los livremente. O contrato, tipicamente, é das partes. Bem e fins, no contrato, são acessórios.

O segundo tipo desta série de estruturas jurídicas do agir plural é a comunhão. Tal como o contrato, envolve uma pluralidade de pessoas, um ou mais bens e, pelo menos, um fim. Mas o centro de gravidade desloca-se das pessoas para o bem. A comunhão, como tipo de estrutura jurídica centra-se sobre o bem, que é aproveitado pelas pessoas com um certo fim. Mas o que é fixo é o bem: as pessoas podem variar – e variam – sem que deixe de haver comunhão daquele bem; é aquele bem que agrega aquelas pessoas. O fim, por sua vez, é determinado pelo bem: é aquele que a utilidade própria do bem permite ou determina. Não se deve esquecer que um bem é algo (que não seja pessoa) que tenha uma qualquer utilidade, que sirva para qualquer coisa, que seja hábil para permitir ou potenciar a prossecução de um fim. É esse fim que é determinado pelo bem. O modo da variação pessoal oscila nos dois principais subtipos de comunhão; compropriedade e mão-comum. Mas na compropriedade, que é um subtipo mais solto e menos denso de comunhão, qualquer das pessoas pode sair, alienando a sua parte. É mesmo obrigatório por lei que assim seja: a estipulação de indivisão é limitada a cinco anos, embora renováveis. É uma estrutura tipicamente precária. Ao contrário, a mão-comum não permite a divisão, ou dificulta-a muito. Depende dos casos. Na comunhão conjugal, a divisão é possível mas sob controlo judicial. Já os baldios são indivisíveis. E nos fundos comuns (de investimento, de poupança, etc.) também não é permitida. Nos baldios, as pessoas podem desinteressar-se e nos fundos podem alienar as suas partes, mas não dividir a coisa comum. Em ambos os subtipos de comunhão surge já a socialidade: são típicas as deliberações maioritárias. Na compropriedade, subtipo menos denso, há tipicamente deliberações maioritárias apenas quanto à administração da coisa comum, por maioria complexa de pessoas e de valor. Na comunhão conjugal, o carácter dual não permite maiorias. Nos baldios[2], é por deliberação maioritária da assembleia de compartes que se decide sobre o uso e fruição, a administração, embora a alienação exige unanimidade da assembleia (mas não de todos os compartes). Nos fundos de investimento[3], em geral, não é permitida a divisão, mas os participantes detêm unidades de participação que podem resgatar; nos fundos fechados, os participantes têm alguns poderes deliberativos limitados. Os fundos de pensões[4] (desconsiderando as diferenças de caso a caso) não podem ser divididos, são administrados por uma entidade gestora e a remissão é limitada. Os fundos, sendo patrimónios autónomos, recebem apoio da personalidade colectiva das respectivas entidades gestoras. A propriedade horizontal é um subtipo intermédio em que coexiste a propriedade das fracções autónomas, com a comunhão das zonas comuns; diversamente da compropriedade, não há direito de preferência na alienação das fracções autónomas; as zonas comuns são indivisíveis; há uma socialidade avançada com assembleia de condóminos que delibera por valor e administração, numa orgânica próxima da societária e da personalidade colectiva.

A personalidade colectiva é o terceiro tipo da série e constitui o seu pólo oposto ao do contrato. Também na personalidade colectiva se mantém a estrutura trina, composta de pessoas, bens e fins. Há variações importantes nos seus subtipos. As chamadas sociedades de pessoas nem sempre têm personalidade colectiva e não a têm necessariamente; mas algumas são personificadas. Quando o são, as pessoas dos sócios mantêm um importante peso relativo do qual constituem manifestações claras o voto por cabeça e a exigência de unanimidade nas deliberações mais importantes e na alienação de partes. Nos vários tipos societários é notória uma variação tipológica entre a sociedade civil ou em nome colectivo, ainda muito centrada sobre os sócios, e a sociedade anónima, principalmente a sociedade anónima aberta e cotada, em que o papel dos sócios, sem se apagar, cede importância em relação ao capital representado pelas acções[5]. Muito mais institucionalizadas são as fundações, em que o elemento pessoa se esgota no fundador e em que o acento tónico se coloca sobre o fim, a cuja prossecução é afecta uma massa patrimonial, embora as haja também em que o fim é dirigido a um bem patrimonial, por

---

[2] Lei n.º 68/93, de 4 de Dezembro.
[3] Decreto-Lei 60/2002, de 20 de Março, Decreto-Lei n.º 252/2003, de 17 de Outubro.
[4] Decreto-Lei n.º 12/2000, de 20 de Janeiro.
[5] Para uma explicitação mais completa da variação tipológica nos tipos de sociedades comerciais, PAIS DE VASCONCELOS, *A Participação Social nas Sociedades Comerciais*, 2ª ed., Almedina, Coimbra, 2007, págs. 38 e segs.

exemplo, um ou mais bens com valor histórico, cultural ou familiar em que o elemento patrimonial se aproxima mais do elemento teleológico (que mesmo assim não deixa de ser dominante, em nossa opinião). A fundação já não é uma estrutura de cooperação plural – não tem natureza associativa nem corporativa – e corresponde à institucionalização de um fim pessoal que se desliga do instituidor e ganha relevância própria.

Esta série de tipos não é rígida e dentro de cada tipo e subtipo, há sempre alguma elasticidade, umas vezes mais, outras menos. Mas nela se permite discernir uma gradação de complexidade e sofisticação que tem o seu mínimo no simples contrato obrigacional entre duas pessoas com cumprimento instantâneo e o seu máximo na fundação. A personalidade colectiva corresponde ao pólo mais complexo, mais denso e mais sofisticado do agir humano plural.

A principal diferença da personalidade colectiva em relação aos demais tipos da série reside na personificação. Esta consiste num regime jurídico do qual resulta um tratamento jurídico como centro de imputação de situações jurídicas ou, numa linguagem mais tradicional, de direitos e obrigações, como se de pessoas se tratasse. São sujeitos de direito.

4. A abordagem tipológica permite encarar numa outra perspectiva a *vexata quaestio* do institucionalismo *versus* contratualismo. Foi uma querela jurídico-ideológica que ocupou o século XIX e da qual o século XX se não libertou. O contratualismo mais ligado ao pensamento liberal-capitalista e nominalista e o institucionalismo às correntes de pensamento político antiliberais e realistas[6].

O método tipológico permite libertar o problema da natureza da personalidade colectiva do impasse onde o conduziu aquela alternativa. A série tipológica na qual a pessoa colectiva constitui um dos pólos (sendo o outro o contrato) e a série tipológica que se insere no seio da própria personalidade colectiva permitem discernir nos vários tipos (ou subtipos) de pessoas colectivas e até nos vários casos individuais que os integram, pessoas colectivas mais contratuais ou mais institucionais, numa saudável coexistência liberta de preconceitos ontológicos, ideológicos e (mesmo) políticos.

Introduzindo na série a dimensão da pessoa colectiva, torna-se notório que as pequenas pessoas colectivas, designadamente as pequenas sociedades são claramente mais contratuais do que as grandes fundações, as grandes sociedades anónimas cotadas, com milhares (milhões) de accionistas anónimos que são mais institucionais. Uma pessoa colectiva que assegura milhares de empregos

---

[6] É muito claro e interessante, a este propósito, o estudo de GASTONE COTTINO, *Contratualismo e istituzionalismo*, Rivista delle società, anno 50 (2005), fasc. 4.º, págs. 693 e segs.

ou que presta serviços essenciais assume uma dimensão social que excede, por vezes em muito, a dimensão contratual que a prende exclusivamente aos sócios. Uma sociedade *off-shore* mantida em carteira antes de ser comprada não tem qualquer relevância institucional, uma pequena sociedade por quotas entre marido e mulher onde são colocados os seus imóveis, para melhor regime fiscal, também não tem. Mas uma grande fundação científica, um grande Banco, um grande clube desportivo ou um grande partido político têm uma dimensão institucional que será cegueira ignorar.

Daqui se pode partir para uma outra ordem de considerações. O carácter mais ou menos institucional ou mais ou menos contratual não depende de uma natureza essencial (*próprio sensu*) da personalidade colectiva, que seja geral e atributo invariável de todas as pessoas colectivas, mas antes do seu tipo, subtipo, situação, actuação e inserção no mundo; decorre mais da sua existência do que da sua essência. Em vez da essência da personalidade colectiva, o que conta é a existência de cada uma delas de *per si*. A pergunta sobre uma natureza essencial da personalidade colectiva não pode, pois, em minha opinião, ter uma resposta única. E, quando se força uma resposta única, é inexorável que a resposta seja parcial, isto é, responda apenas a parte da pergunta e corresponda apenas a um pedaço da realidade, quer dizer, seja errada. Mais do que a resposta, o que está mal formulada é a pergunta: não há que perguntar sobre uma natureza única da personalidade colectiva.

Se, porém, a pergunta tiver de ser feita, e uma resposta única lhe tiver de ser dada poderei, numa perspectiva puramente jurídica, responder que a sua natureza é analógica. Analógica à personalidade jurídica individual. Analógica, no sentido *kaufmanniano* de semelhante. Semelhante, juridicamente, porque o seu regime tem algo de igual – ser sujeito de direito – e muito de diferente: falta-lhe a hominidade e a correspondente dignidade. Enquanto as pessoas singulares são prévias ao Direito e constituem o seu fundamento ontológico, as pessoas colectivas são constituídas pelo Direito. Sobretudo, não estão no mesmo plano: as pessoas colectivas são instrumentais das pessoas singulares, são estruturas jurídicas, com maior ou menor relevância social, conforme os casos e as circunstâncias, que servem as pessoas singulares e das quais as pessoas singulares se servem para realizar os seus fins. Em vez de natureza analógica, prefiro falar de carácter analógico do seu regime jurídico.

5. A partir daqui, tem sentido passar a um outro grande tema da personalidade colectiva no direito português: o da sua capacidade.

O carácter analógico do regime jurídico das pessoas colectivas ao das pessoas singulares manifesta-se logo no artigo 12.º, n.º 2 da Constituição da República, que reza: "*as pessoas colectivas gozam dos direitos e estão sujeitas aos deveres compatíveis com a sua natureza*". O processo analógico começa logo aqui. Há que comparar as pessoas colectivas com as pessoas singulares, aferir as diferenças e avaliar a relevância das diferenças perante a *ratio juris* e daí concluir, num processo de concretização – repete-se – analógico, quais os direitos e vinculações de que as pessoas colectivas, ou certas pessoas colectivas, podem ser titulares.

Deste modo se conclui que as pessoas colectivas não podem casar, divorciar, perfilhar, testar, etc., porque isso é privativo das pessoas singulares, da sua hominidade. A inversa também é verdadeira. Nunca aceitei uma ideia muito banalizada, segundo a qual, enquanto as pessoas singulares têm capacidade de gozo geral, as pessoas colectivas só têm capacidade especial. As pessoas singulares não podem também, atenta a sua natureza, ser titulares de algumas situações jurídicas ou praticar alguns actos próprios das pessoas colectivas, como, por exemplo, fundir-se, cindir-se, transformar-se, dissolver-se, aumentar e reduzir o capital, ser cotadas em Bolsa, etc.

O que as pessoas colectivas têm de mais parecido com as pessoas singulares é a componente patrimonial. Em princípio têm unidade e autonomia patrimonial, salvo as sociedades em nome colectivo, as comanditas simples e as sociedades civis que tenham personalidade (para quem aceitar que a tenham). Por isso as pessoas colectivas podem comprar e vender, arrendar, devem pagar impostos, etc. Tanto as pessoas singulares como as colectivas podem entrar em insolvência, com a diferença que daí resulta a extinção das pessoas colectivas, mas não a das pessoas singulares.

É da *natureza das coisas*[7].

Com isto, liga-se o artigo 160.º do Código Civil. Sob a epígrafe – *Capacidade* – tem o seguinte teor: "*(1) A capacidade das pessoas colectivas abrange todos os direitos e obrigações necessários ou convenientes à prossecução dos seus fins. (2) Exceptuam-se os direitos e obrigações vedados por lei ou que sejam inseparáveis da personalidade singular*".

Este artigo tem suscitado controvérsia. A Doutrina tradicional tem dele retirado a conclusão da nulidade de todos os actos praticados por pessoas colectivas fora do seu fim social em homenagem ao chamado *princípio da especialidade*[8]. Penso que sem razão.

---

[7] Sobre a *natureza das coisas* como operador jurídico, PAIS DE VASCONCELOS, *A Natureza das Coisas*, in Estudos em Homenagem ao Professor Doutor Manuel Gomes da Silva Coimbra Editora, 2001, págs. 707 e segs.

[8] PIRES DE LIMA / ANTUNES VARELA, *Código Civil Anotado*, I, 4ª ed., pág. 165 (anotação ao artigo 160.º), MOTA PINTO, *Teoria Geral do Direito Civil*, 4ª ed., Coimbra Editora, Coimbra, 2005, pág. 319, CARVALHO FERNANDES, *Teoria Geral do Direito Civil*, 3ª ed., I, Universidade Cató-

Que o artigo 160.º do Código Civil consagre as limitações que são inerentes à capacidade de gozo das pessoas colectivas, é incontestável; não faz mais do que o n.º 2 do artigo 12.º da Constituição da República. Mas daí não pode concluir-se que os actos praticados por pessoas colectivas, fora do seu fim ou do seu objecto social, sejam nulos por incapacidade de gozo.

É preciso distinguir e não confundir duas matérias diferentes: uma é a das limitações de capacidade induzidas pela natureza não humana das pessoas colectivas; outra a das limitações induzidas pela determinação do fim social. O facto de as pessoas colectivas não terem natureza humana, serem privadas de hominidade, determina certas limitações que são – essas sim – de capacidade de gozo: aquelas que as impedem de praticar actos e assumir situações jurídicas que estão inseparavelmente ligadas à hominidade, que são fundamentalmente as que têm a ver com o nascimento e a morte, como o casamento e a família e com a sucessão por morte no lado passivo. São nulos, incontestavelmente, o casamento ou o testamento da pessoa colectiva.

As limitações induzidas pelo fim social não determinam incapacidade de gozo, mas antes ilegitimidade. As pessoas colectivas só têm legitimidade para agir juridicamente na prossecução do seu fim social. É para isso que existem.

O fim social, tal como concretizado pelo objecto, constitui o critério de acção da pessoa colectiva e explicita os interesses que prossegue. É da conexão entre a pessoa colectiva e o fim social, tal como concretizado pelo objecto social, que decorre o critério de legitimidade da sua acção.

São legítimos os actos e actividades da pessoa colectiva que são dirigidos à prossecução do seu fim, no âmbito do seu objecto social. Estão viciados por ilegitimidade os actos e actividades das pessoas colectivas que sejam alheios ao seu fim ou que estejam fora do seu objecto. São actos e actividades *ultra vires*.

O modo como o artigo 160.º está redigido tem levado tradicionalmente a Doutrina a concluir que é a capacidade de gozo da pessoa colectiva que aí está a ser limitada ao que for necessário ou conveniente à prossecução do seu fim. Esta interpretação conduz à conclusão de que os actos praticados pelas pessoas colectivas fora deste âmbito são nulos por falta de capacidade de gozo, por aplicação conjunta dos artigos 160.º e 294.º.

Desta linha de pensamento veio afastar-se OLIVEIRA ASCENSÃO[9]. No seu entender, as pessoas colectivas têm, em princípio, capacidade de gozo gené-

---

lica Portuguesa, Lisboa, 2001, págs. 592 e segs e HÖRSTER, *A Parte Geral do Código Civil Português*, Almedina, Coimbra, 1992, págs. 390-391.

[9] OLIVEIRA ASCENSÃO, *Direito Civil – Teoria Geral*, I, 2ª ed., Coimbra Editora, Coimbra, 2000, pág. 257 e segs..

rica, limitada apenas pela sua natureza não humana, o que as priva, desde logo, dos direitos exclusivos da personalidade humana, como são os direitos familiares, a capacidade sucessória activa e direitos que se fundem na personalidade ontológica. É isso o que resulta do artigo 12.º, n.º 2 da Constituição da República, que reconhece às pessoas colectivas todos os direitos e deveres compatíveis com a sua natureza. O regime do artigo 160.º do Código Civil, segundo este Autor, "não tem praticamente nada que ver com a capacidade de direito". "A limitação pelo fim", prossegue, "não significa uma limitação da capacidade: ou só o significará em hipóteses extremas, quando a prossecução do fim for incompatível com a titularidade de certas situações jurídicas. A eventual anomalia residirá no desvio em relação ao fim, e não na incapacidade. Pois a pessoa colectiva pode praticar actos daquela categoria e ser titular dos direitos dela derivados. O que não pode é praticá-los de maneira a afastar-se dos seus fins". "Assim", conclui, "diremos que também a pessoa colectiva tem capacidade genérica, e não específica, não obstante a vastidão das limitações constantes do art. 160.º /2".

Já MARCELLO CAETANO[10], acerca das fundações, tinha escrito que "mais que uma limitação de capacidade, o princípio da especialidade é um condicionamento funcional do exercício dos direitos de que a pessoa colectiva é capaz. Deverão, assim, ser nulos os actos praticados com desvio dos fins estatutários?

Se tais actos interessaram outras pessoas, e estas estiverem de boa fé, não parece conveniente à segurança das relações jurídicas e ao próprio crédito das pessoas colectivas adoptar uma regra tão severa. Salvo o caso do conluio doloso das partes, em que a nulidade *pleno jure* se impõe, os negócios jurídicos em que intervenha uma pessoa colectiva com violação do princípio da especialidade, devem, por conseguinte, ser apenas anuláveis em acção judicial a requerimento do Ministério Público ou de qualquer das partes".

Também CABRAL DE MONCADA[11], no domínio do Código de Seabra, já se tinha apercebido de que a questão também podia ser encarada de outro modo que não o da restrição da capacidade de gozo. Admitiu que "tanto pode dizer-se que as pessoas colectivas têm uma capacidade geral e comum, mas somente para praticar todos os actos jurídicos que forem relativos aos interesses do seu instituto e só esses, como pode dizer-se que a sua capacidade é excepcional e especial, por não se estender aos actos que saiam para fora da esfera do fim e dos interesses do seu instituto". Mas acabou por considerar esta distinção como uma "questão bizantina".

---

[10] MARCELLO CAETANO, *Das Fundações*, Ática, Lisboa, 1961, págs. 99 e segs..
[11] CABRAL DE MONCADA, *Lições de Direito Civil*, 4ª ed., Almedina, Coimbra, 1965, pág. 362(3).

Com o devido respeito, não me parece que a questão seja bizantina. Da resposta que lhe for dada depende a validade ou invalidade dos actos praticados com desvio do fim, os interesses dos terceiros que contactam e contratam com a pessoa colectiva e a segurança no tráfego jurídico.

Repito que a questão, tal como a entendo, é de legitimidade. O critério de legitimidade está no artigo 160.º do Código Civil e no artigo 6.º do Código das Sociedades Comerciais: a pessoa colectiva ou a sociedade comercial têm legitimidade para a prática de todos os actos e o exercício de todas as actividades que sejam "necessários ou convenientes à prossecução dos seus fins".

Esta regra tem uma grande elasticidade. Não se restringe aos actos e actividades que sejam rigorosamente necessários à prossecução do fim social e alarga-se também aos que sejam simplesmente convenientes, quer dizer, que sejam coadjuvantes, auxiliares e ou que, para tal, possam contribuir numa maior ou menor medida. Na maior parte dos casos, não há razão para ser mais exigente. Na verdade, na grande maioria das pessoas colectivas privadas, hoje, o fim e o objecto social são determinados livremente pelos seus membros e podem por eles ser modificados também livremente. Constituem excepção praticamente apenas as fundações e outras pessoas colectivas sujeitas a regimes especiais de licenciamento, como, por exemplo, as instituições financeiras.

O artigo 160.º do Código Civil não contém qualquer regra explícita quanto às consequências jurídicas dos actos praticados ou das actividades exercidas pela pessoa colectiva fora do campo do que seja necessário ou conveniente à prossecução dos seus fins. Embora a doutrina tradicional opte, sem grande discussão, pela nulidade dos actos *ultra vires*, em rigor, tal solução não está consagrada no preceito.

Quase duas décadas após a entrada em vigor do Código Civil, o Código das Sociedades Comerciais veio estatuir, no n.º 4 do seu artigo 6.º, que "*as cláusulas contratuais e as deliberações sociais que fixem à sociedade determinado objecto ou proíbam a prática de certos actos não limitam a capacidade da sociedade, mas constituem os órgãos da sociedade no dever de não excederem esse objecto ou de não praticarem esses actos*". Esta orientação decorre da 1ª Directiva Comunitária sobre sociedades comerciais que, adoptando a orientação dominante na Alemanha[12] e na Itália[13], afastou a doutrina *ultra vires* e a doutrina da especialidade[14].

---

[12] Por todos, WERNER FLUME, *Allgemeiner Teil des Bürgerlichen Rechts, Die Juristische Person*, Springer, Berlin, 1983, § 10. II, pág. 374.

[13] SANTORO-PASSARELLI, *Dottrine Generali del Diritto Civile*, 9ª ed., Napoli, Eugenio Jovene, 1989, págs. 44-45.

[14] Directiva 68/151/CEE do Conselho, de 9 de Março de 1968, tendente a coordenar as

Vale a pena transcrever o artigo 9.º da 1ª Directiva sobre Sociedades:

1. A sociedade vincula-se perante terceiros pelos actos realizados pelos seus órgãos, mesmo se tais actos forem alheios ao seu objecto social, a não ser que esses actos excedam os poderes que a lei atribui ou permite atribuir a esses órgãos. Todavia, os Estados-Membros podem prever que a sociedade não fica vinculada, quando aqueles actos ultrapassem os limites do objecto social, se ela provar que o terceiro sabia, ou não o podia ignorar, tendo em conta as circunstâncias, que o acto ultrapassava esse objecto; a simples publicação dos estatutos não constitui, para este efeito, prova bastante.

2. As limitações aos poderes dos órgãos da sociedade que resultem dos estatutos ou de uma resolução dos órgãos competentes, são sempre inoponíveis a terceiros, mesmo que tenham sido publicadas.

3. Quando a legislação nacional preveja que o poder de representar a sociedade é atribuído por cláusula estatutária, derrogatória da norma legal sobre a matéria, a uma só pessoa ou a várias pessoas agindo conjuntamente, essa legislação pode prever a oponibilidade de tal cláusula a terceiros, desde que ela seja referente ao poder geral de representação; a oponibilidade a terceiros de uma tal disposição estatutária é regulada pelas disposições do artigo 3.º.

O artigo 6.º do Código das Sociedades Comerciais deve ser interpretado de acordo com o artigo 9.º da 1ª Directiva e deve ser concretizado sem desvios em relação ao seu sentido. Como está bem claro, na primeira parte do n.º 1 daquele artigo 9.º, que os actos "alheios ao objecto social" a vinculam perante terceiros, salvo apenas "quando esses actos excedam os poderes que a lei atribui ou permite atribuir a esses órgãos".

Esta regra está reflectida na redacção do n.º 4 do artigo 6.º do Código das Sociedades Comerciais, naquilo em que restringe a referência a "*cláusulas contratuais e deliberações sociais*", excluindo assim, os casos de contrariedade à lei. Daqui se retira a necessidade de distinguir os casos em que a fixação do fim e do objecto são exclusivamente tributários da autonomia privada e aqueles em que na sua fixação intervêm imposições heterónomas legais. Nos primeiros casos, as limitações funcionais emergentes do fim e do objecto social são disponíveis; no segundo são indisponíveis.

Quando o fim e o objecto são fixados por lei ou por órgão do Estado no exercício de poderes públicos de autoridade, não podem os membros da pes-

---

garantias que, para protecção dos interesses dos sócios e de terceiros, são exigidas nos Estados--Membros às sociedades, na acepção do segundo parágrafo do artigo 58.º do Tratado, a fim de tornar equivalentes essas garantias em toda a Comunidade.

soa colectiva ou os seus órgãos modificar unilateral nem livremente esses fim e objecto sociais. Assim sucede, entre outros, no caso das fundações, cujo fim e objecto social devem ser apreciados e aprovados pelo Estado (artigo 188.º do Código Civil) e nos de outras pessoas colectivas como as instituições de crédito e sociedades financeiras, cuja constituição está sujeita a autorização do Banco de Portugal e que são constituídas com aquele exclusivo fim e objecto, que não pode depois ser livremente modificado[15].

Mas, em regra, a fixação do fim e do objecto social das pessoas colectivas privadas é livre e está dentro da livre disponibilidade dos fundadores da pessoa colectiva e dos seus órgãos modificá-los mais tarde. Nestes casos, os limites à actuação e à titularidade de situações jurídicas decorrentes do fim e do objecto social da pessoa colectiva não são de ordem pública, são de ordem privada e estão ao alcance das forças da autonomia privada. Ora, se os órgãos das pessoas colectivas privadas podem, em regra, modificar livremente o seu fim e objecto, tal significa que não há, em princípio, questões de ordem pública que afectem o fim e o âmbito de actuação das pessoas colectivas. A actuação para além do fim e do objecto social terá então a ver exclusivamente com as relações internas da pessoa colectiva e com a tutela de terceiros que com ela contactem e contratem.

Hoje, a grande maioria das pessoas colectivas de direito privado são sociedades comerciais, às quais se aplica directamente o artigo 6.º do respectivo Código. Perguntar-se-á então se poderá justificar-se que vigorem, em simultâneo, dois regimes jurídicos tão acentuadamente diferentes, de um lado, para as pessoas colectivas previstas no Código Civil a que se aplica directamente o artigo 160.º (associações e fundações) e, do outro, para as que estão previstas no Código das Sociedades Comerciais.

No que respeita às pessoas colectivas a que se aplica o artigo 160.º do Código Civil, que são as associações, as fundações e as sociedades civis simples (quando tenham personalidade jurídica), não me parece que devam ter um regime jurídico diferente. Por um lado, porque a questão, no que ao artigo 160.º do Código Civil concerne, não é de capacidade de gozo, mas antes de legitimidade. Finalmente, porque não há, entre as pessoas colectivas a que se aplica o artigo 160.º do Código Civil e as sociedades comerciais, diferenças que justifiquem a vigência de regimes jurídicos tão diversos para a prática de actos *ultra vires*.

O regime do artigo 6.º do Código das Sociedades Comerciais é mais recente e mais moderno do que o artigo 160.º do Código Civil. É também mais

---

[15] Artigos 14.º e 16.º do Regime Geral das Instituições de Crédito e Sociedades Financeiras, aprovado pelo Decreto-Lei n.º 298/92, de 5 de Dezembro.

razoável e adequado às necessidades da vida de relação nos nossos dias. O artigo 9.º do Código Civil permite e impõe, mesmo, que se proceda a uma interpretação do n.º 1 do artigo 160.º de um modo integrado e actualista, tendo em conta a unidade do sistema jurídico e as condições de tempo em que é aplicado. O artigo 160.º do Código Civil deve ser influenciado pela modernização que no sistema foi introduzida pelo artigo 6.º do Código das Sociedades Comerciais e deve ser interpretado e aplicado de modo a evitar uma quebra sistemática injustificada.

Não há que distinguir, nesta questão, entre fim e objecto social. Como se disse já, tanto o fim como o objecto social são fixados pelos fundadores da pessoa colectiva, seja ela uma fundação, uma associação, uma sociedade comercial, ou outra, e é dos respectivos estatutos que ambos constam. Fim e objecto social não devem ser desintegrados: o objecto constitui uma precisão do fim social.

6. Deslocada a perspectiva da questão para o domínio das actividades, ela transporta-se para a problemática do desvio do fim.

O desvio do fim constitui fundamento para a dissolução e extinção das pessoas colectivas. É constante, na lei, a consequência jurídica do desvio do fim, não enquanto prática isolada deste ou daquele acto, mas como actividade consistente e prolongada. O fim é um dos elementos do substrato e a pessoa colectiva não pode sobreviver sem ele. Por isso, a pessoa colectiva extingue-se quando o seu fim não possa continuar a ser prosseguido, ou porque se esgotou, ou porque se tornou impossível. A mesma consequência jurídica é imposta pela lei quando o fim seja prosseguido sistematicamente por meios ilícitos ou imorais e quando o seu fim real não coincida com o fim estatutário.

Este regime está consagrado nos artigos 182.º, n.º 2, al. b) e 192.º, n.º 2, al. b) do Código Civil, relativamente às associações e às fundações, e no artigo 142.º, n.º 1, al. d) do Código das Sociedades Comerciais, quanto às sociedades comerciais.

Mas importa não confundir. O desvio do fim como causa de extinção das pessoas colectivas não está ligado à prática de actos isolados, mas antes à de actividades a que a pessoa colectiva se dedique com um mínimo de constância e duração.

7. Na interpretação da lei deve procurar-se um sentido que permita alcançar as soluções mais acertadas e razoáveis. É preciso ter em conta "a unidade do sistema jurídico, as circunstâncias em que a lei foi elaborada e as condições de tempo em que é aplicada". É este o mandamento do artigo 9.º do Código Civil.

O tempo e as coisas mudaram muito desde 1967. A adesão de Portugal à União Europeia, o artigo 9.º da Primeira Directiva Comunitária sobre sociedades, o artigo 6.º do Código das Sociedades Comerciais e, bem assim, a aceleração e massificação das relações interprivadas envolvem uma modificação profunda das condições históricas em que o artigo 160.º do Código Civil foi gerado. Para cumprir o preceito do artigo 9.º do Código Civil, é preciso reapreciar as condições de razoabilidade em que o artigo 160.º do Código Civil deve ser interpretado e aplicado.

Cominar, hoje, com a nulidade todos e cada um dos actos jurídicos que a pessoa colectiva pratique e que, em concreto, sejam tidos como não necessários ou não convenientes à prossecução do seu fim social seria totalmente inadequado à vida de relação e gerador de uma insustentável insegurança no tráfego jurídico.

A sanção da nulidade, com o seu regime jurídico característico de poder ser declarada oficiosamente e de poder ser invocada a todo o tempo por qualquer interessado, viria obrigar os terceiros, com quem a pessoa colectiva contacta e contrata no quotidiano, a ter de sindicar, em relação a cada acto da pessoa colectiva, se ele se encontra dentro ou fora do limite necessariamente impreciso da necessidade e, mais grave ainda, da conveniência à prossecução do fim.

Seria demasiado violento e gerador de excessiva insegurança considerar nulo, por exemplo, um contrato de trabalho celebrado por uma fundação com um seu trabalhador por vir a ser considerada a sua contratação desnecessária, inútil ou mesmo perniciosa à prossecução do fim social, ou o mesmo em relação ao seu despedimento, ou também a compra de material de escritório, ou a contracção de um financiamento, ou ainda a entrega de donativos a beneficiários por pessoas colectivas com fins assistenciais, ou a concessão de bolsas de estudo ou a compra de obras de arte por fundação com fins culturais, ou a contratação de um Professor por uma Universidade.

Onerar os terceiros que contactam e contratam com a pessoa colectiva no quotidiano – que podem até ser os beneficiários de uma fundação ou de uma pessoa colectiva com fins de assistência ou de beneficência – com o risco da eventual declaração de nulidade dos actos da pessoa colectiva, declaração esta que poderia ser proferida muitos anos após a prática do acto, com fundamento exclusivo na sua desnecessidade ou inconveniência à prossecução do interesse social, seria de uma injustiça violenta e juridicamente insuportável. Seria insustentavelmente desrazoável.

Melhor solução é aquela que resulta do n.º 4 do artigo 6.º do Código das Sociedades Comerciais, que consiste em considerar válido o acto e responsabilizar pela sua prática a pessoa que, em nome da pessoa colectiva, o praticou, ou os titulares do órgão que deliberou a sua prática, se dele resultarem danos para a pessoa colectiva.

A semelhança das questões, tal como se colocam nas sociedades comerciais, por um lado, e nas associações e fundações, por outro, é fortíssima. A esta fortíssima semelhança contrapõe-se a irrelevância que, para a questão, decorre das diferenças existentes entre aqueles tipos de pessoas colectivas. Sendo fortíssima a semelhança e irrelevantes, para esta questão, as diferenças, não se vislumbra razão para não concretizar o regime do artigo 160.º do Código Civil de modo análogo, isto é, com o sentido do n.º 4 do artigo 6.º do Código das Sociedades Comerciais, entendido como uma subsequente modernização do sistema. O sentido jurídico imanente ao n.º 4 do artigo 6.º do Código das Sociedades Comerciais deve comunicar-se ao artigo 160.º do Código Civil, de modo a manter a unidade do sistema jurídico.

A esta analogia não obsta o facto de a 1ª Directiva, no seu próprio texto, limitar a sua aplicação, quanto a Portugal, à sociedade anónima, à sociedade em comandita por acções e à sociedade por quotas, o que deixa formalmente de fora a sociedade em nome colectivo e a sociedade em comandita simples. Trata-se de uma deficiência formal, que vem da conhecida má qualidade das traduções, para português, dos textos comunitários. A exclusão das sociedades em nome colectivo, e das comanditas simples surge, nesta directiva, por mimetismo com outros Estados Membros em que estas sociedades não são consideradas pessoas colectivas, não têm personalidade jurídica. O regime aplica-se a sociedades com personalidade. Mas já o artigo 6.º do Código das Sociedades Comerciais corrigiu esta deficiência ao não incluir a limitação e dispor para todas as sociedades comerciais, incluindo a comandita simples e a sociedade em nome colectivo.

Para proceder à analogia, não é sequer necessário abrir uma lacuna oculta no artigo 160.º do Código Civil, porque o seu texto não contém qualquer regra quanto à validade ou invalidade dos actos praticados pela pessoa colectiva que excedam o que é necessário ou conveniente à prossecução do seu fim, no âmbito do seu objecto.

Deve, contudo, admitir-se que sejam cominados com a sanção da nulidade os actos praticados pelos órgãos da pessoa colectiva em seu nome, quando se conclua que a sua prática é contrária à Ordem Pública. Assim sucederá quando o objecto da pessoa colectiva esteja fora da sua disponibilidade, seja fixado por lei ou autorizado ou aprovado pelo Estado, com sentido de Ordem Pública, de tal modo que a prática do acto *ultra vires* se traduza numa ofensa à Ordem Pública subjacente à fixação (ou à aprovação ou autorização) do objecto social. Também a sanção da nulidade será de admitir quando a prática do acto seja especialmente vedada por lei. Nestes casos, porém, a nulidade não é consequente de falta de capacidade de gozo da pessoa colectiva, mas antes de contrariedade a lei injuntiva ou à ordem pública, do acto praticado (artigo 280.º do Código Civil).

8. Com este enquadramento, a questão acaba por se transformar: deixa de ter a ver com a capacidade das pessoas colectivas, *maxime* com a sua capacidade de gozo ou capacidade de direito, e passa a ter a ver com a respectiva *vinculação*.

Os actos praticados pelos titulares dos órgãos e representantes das pessoas colectivas que estejam fora do seu objecto social e não possam ser considerados nem sequer convenientes, ainda que indirecta e remotamente, à sua prossecução, vinculam a pessoa colectiva e podem ser tidos como da sua autoria?

O Código Civil não contém regras específicas sobre a vinculação das pessoas colectivas. A mais recente e mais completa regulamentação sobre essa matéria é a que consta do Código das Sociedades Comerciais sobre a vinculação das sociedades anónimas, no artigo 409.º, e das sociedades por quotas, no artigo 260.º. Estes artigos enquadram-se com o artigo 6.º do Código das Sociedades Comerciais, que tem um conteúdo análogo ao do artigo 160.º do Código Civil.

O regime da vinculação das sociedades em nome colectivo merece um pouco de atenção. O artigo 192.º, quanto às sociedades em nome colectivo, contém um regime que, pelo menos na sua letra, tem algo de diferente. Em primeiro lugar o próprio preceito, na sua letra, refere a questão como de *competência* dos gerentes e não como de capacidade ou legitimidade da sociedade. Mas parece referir o problema da vinculação da sociedade perante a prática de actos *ultra vires*, ao estatuir, no seu n.º 2, que "*a competência dos gerentes tanto para administrar como para representar a sociedade, deve ser sempre exercida dentro dos limites do objecto social e, pelo contrato, pode ficar sujeita a outras limitações ou condicionamentos*". Daqui se poderia concluir que a questão, tal como equacionada quanto às sociedades em nome colectivo, seria de incompetência dos gerentes que praticam o acto, e não de incapacidade de gozo da própria pessoa colectiva. Nos n.ºs 3 e 4, contém uma regra complexa: se os gerentes praticarem actos *ultra vires* em nome da sociedade, excedendo ou violando os limites da sua competência, a própria sociedade não pode impugnar esses actos quando os tenha confirmado por deliberação unânime dos seus sócios e, quando não confirmados por esta deliberação, os terceiros não os podem impugnar se tinham conhecimento "*da infracção*", sendo que o registo ou a publicação do contrato da sociedade não fazem presumir tal conhecimento. Este desvio de regime decorre do carácter de sociedades de pessoas que é próprio das sociedades em nome colectivo, cuja autonomia em relação aos sócios é mais ténue do que nas sociedades de capitais, de tal modo que não há unanimidade, nos vários sistemas nacionais, acerca da sua personalidade jurídica. Nos direitos alemão e inglês, por exemplo, não são consideradas pessoas colectivas. Mas no sistema português (como também no francês, cfr. Artigos L. 210-1 e 210-6 do *Code des Sociétés*), são pessoas colectivas. A permissão da sanação dos actos *ultra vires* dos gerentes por deliberação unânime dos sócios revela que a questão não é de capacidade de gozo, mas de representação (*agency*); se fosse de capacidade de gozo, a nulidade não poderia ser sanada desse modo. Por outro lado, o preceito rege sobre o caso em que o acto seja ratificado por deliberação unânime dos sócios e, no caso de não o ser, apenas determina que não pode ser impugnado pelos terceiros que conheçam a "*infracção*". O artigo 192.º do Código das Sociedades Comerciais nada estatui quanto à impugnação do acto *ultra vires* pela própria sociedade quando o não tenha ratificado por unanimidade. Desta omissão não pode concluir-se acriticamente "*a contrario*" que a sociedade nesse caso o possa livremente pôr em causa. Na falta da regra especial, vale a regra geral dos n.ºs 4 e 5 do artigo 6.º do Código das Sociedades Comerciais: não há incapacidade por parte da sociedade, esta fica vinculada pelo acto, e os gerentes que o praticaram são civilmente responsáveis perante a sociedade pelos danos que o acto eventualmente cause à sociedade. O regime do artigo 192.º do Código das Sociedades Comerciais deveria, em minha opinião, ser retocado de modo a não permitir dúvidas emergentes de leituras mais apressadas, mas em nada prejudica a conclusão de que os limites impostos pelo fim e pelo objecto social, quando este seja livremente fixado em autonomia privada, não afectam a capacidade das pessoas colectivas. Quando estes limites sejam impostos por lei injuntiva ou pela ordem pública, os actos que os excedam serão nulos, não por incapacidade de gozo, mas por contrariedade à lei (injuntiva) ou à Ordem Pública.

Fechado este parêntesis, reafirmo o que venho ensinando: as pessoas colectivas ficam vinculadas, perante terceiros, pelos actos em seu nome praticados pelos seus administradores e gerentes, dentro dos poderes que a lei lhes confere, não obstante as limitações constantes do contrato de sociedade ou resultantes de deliberações dos seus sócios.

Só podem ser opostas a terceiros as limitações resultantes do seu objecto social, provando-se que esses terceiros tinham conhecimento (ou, nas circunstâncias do caso, não podiam razoavelmente deixar de o ter) de que os actos praticados não respeitavam o objecto social. Em todos os casos, o conhecimento tem que ser concreto e real, e não pode ser simplesmente inferido da publicidade que legalmente deve ser dada ao contrato da sociedade. Quando se prove que os terceiros sabiam que os actos foram praticados para além do objecto social, ainda assim esses mesmos actos são válidos e vinculam a pessoa colectiva se, entretanto, esta os tiver assumido por deliberação dos seus órgãos competentes.

Tanto na questão da vinculação das pessoas colectivas pelos actos praticados para além do objecto social, como na da respectiva validade, esta solução é a que melhor respeita o princípio da confiança e da aparência e que permite mais segurança e celeridade no tráfego jurídico. Se alguém tem de assumir o risco de desvio do fim pelos dirigentes de uma pessoa colectiva, nos actos praticados em seu nome, é justo que seja a própria pessoa colectiva a assumir esse risco em vez dos terceiros que com ela contactam e contratam. É a pessoa colectiva que escolhe os titulares dos seus órgãos e que os deve controlar. Se o não fizer eficientemente, de modo a evitar que pratiquem actos *ultra vires, sibi imputet*.

9. Desde a entrada em vigor do Código, este sofreu importantes modificações, na chamada Reforma de 1977.

O Decreto-Lei 494/74, de 7 de Novembro tinha já consagrado a liberdade de associação. Com vista à sua adaptação à nova ordem constitucional, o artigo 158.º passou a ter a actual redacção[16]. A liberdade de associação, removeu também a intervenção governamental no demais regime jurídico das associações, o que determinou alterações condizentes também nos artigos 166.º (destino dos bens em caso de extinção), 168.º (forma e publicidade), 182.º (causas de extinção), 183.º (declaração de extinção), e ainda na substituição da referência a associações não reconhecidas pela de associações sem personalidade jurídica, no artigo 195.º.

Foram revogados o artigo 161.º que sujeitava a autorização governamental a aquisição de imóveis a título oneroso e a sua alienação ou oneração a qualquer título[17]. Este regime, remanescência das leis de desamortização do século XIX, em reacção contra os bens de mão morta, está hoje desactualizado. Pas-

---

[16] Sua redacção original era a seguinte:

Artigo 158.º (Aquisição da personalidade)

1. As associações e fundações adquirem personalidade jurídica pelo reconhecimento, salvo disposição especial da lei.

2. O reconhecimento é individual e da competência do Governo, ou do seu representante no distrito quando a actividade da associação ou da fundação deva confinar-se na área dessa circunscrição territorial.

[17] Sua redacção original era a seguinte:

Artigo 161.º (Aquisição e alienação de imóveis)

1. As pessoas colectivas podem adquirir livremente bens imóveis a título gratuito.

2. Carece, porém, de autorização do Governo, sob pena de nulidade, a aquisição de imóveis a título oneroso, bem como a sua alienação ou oneração a qualquer título.

sados todos estes anos, não se justificam já as intervenções legislativas antifeudais características da instalação e consolidação do regime liberal.

A instituição de fundações continuou a carecer de autorização governamental e a exigência, para esse reconhecimento, de o respectivo fim ser considerado de interesse social (pela autoridade governamental)[18].

A autorização governamental prévia para a constituição de fundações é um anacronismo. Vem da história o reconhecimento prévio governamental da personalidade colectiva. Este reconhecimento, além de verificação do substrato, significava um acto de soberania pelo qual o Estado soberano conferia existência a um ente jurídico com autonomia patrimonial própria e que passava a agir na comunidade e no mundo do direito como se de uma pessoa se tratasse[19]. Na actualidade, não vejo razão para manter este regime. O filtro do artigo 280.º do Código Civil permite controlar o respeito pela lei (injuntiva), pelos bons costumes e pela ordem pública na constituição das fundações. Salvo casos muito especiais em que seja conveniente proceder a um controlo prévio da sua instituição, o reconhecimento governamental é hoje mais um caso de burocracia[20]. A aquisição da personalidade deveria ocorrer com o registo, o que controlaria a verificação do substrato.

Outra matéria em que o Código Civil clama por actualização é o da exigência de que a fundação prossiga um fim de interesse social (artigo 181.º, n.º 1 do Código Civil). Este regime só se mantém em aproximadamente metade dos Países europeus[21]. Em vários Estados europeus a fundação pode constituir-se com qualquer fim, desde que lícito[22].

---

[18] Pelo Decreto-Lei n.º 284/07, de 17 de Agosto, a competência para o reconhecimento das fundações é, em princípio, do Ministro da Presidência. Anteriormente, o Decreto-Lei 215/87, de 29 de Maio, conferia esta competência ao Ministro da Administração Interna. O reconhecimento das fundações de solidariedade social é da competência do Ministro da tutela (Decreto-Lei 152/96, de 30 de Agosto).

[19] FIGUEIREDO MARCOS, *As Companhias Pombalinas*, Almedina, Coimbra, 1977, *passim*. ilustra bem o papel do acto de soberania na constituição das sociedades anónimas. Só em 1867 passou a ser permitida a livre constituição de sociedades anónimas sem um prévio acto do poder.

[20] O projecto de Fundação Europeia dispensa, no seu artigo 7.º a aprovação governamental prévia para a sua constituição. Cfr. KLAUS J. HOPT, W RAINER WALZ, THOMAS VON HIPPEL, VOLKER THEN, *The European Foundation – A new legal approach*, Cambridge University Press, Cambridge, 2006, págs. 8 e 162 e segs.

[21] Reino Unido, Croácia, República Checa, Eslovénia, Espanha, França, Hungria, Lituânia, Luxemburgo, Portugal e Roménia. Na Finlândia, Itália e Polónia, o fim prosseguido tem de ser útil (fonte: KLAUS J. HOPT, W RAINER WALZ, THOMAS VON HIPPEL, VOLKER THEN, *The European Foundation – A new legal approach*, cit., págs. 38-39).

[22] Alemanha, Áustria (fundações privadas), Dinamarca, Estónia, Grécia, Holanda, Noruega, Suécia e Suíça (fonte: KLAUS J. HOPT, W RAINER WALZ, THOMAS VON HIPPEL, VOLKER THEN, *The European Foundation – A new legal approach*, cit., págs. 39-40).

Os bens com que a fundação é dotada pelo instituidor entram no património da fundação. Há aqui uma atribuição patrimonial gratuita vinculada. Os bens ficam vinculados ao fim da fundação. Há uma forte semelhança entre a dotação de bens a uma fundação no acto da sua instituição e a doação modal[23]. Em ambos os casos há uma atribuição patrimonial gratuita funcionalmente vinculada a certo fim. A fundação constitui um tipo jurídico estrutural mais denso e mais sofisticado. É possível combiná-los. Como foi recentemente reconhecido pelo Supremo Tribunal de Justiça[24], a dotação feita à fundação pode ser modal. Quando assim for, os bens em questão ficam vinculados a um outro fim, que não o da fundação, que é prevalecente. A oneração modal dos bens com que a fundação é dotada tem o limite do artigo 190.º do Código Civil: se o ónus modal impossibilitar ou dificultar gravemente a prossecução do fim da fundação, o encargo pode ser reduzido ou comutado, pela entidade competente para o reconhecimento, sob proposta da administração e ouvido o instituidor. Se tiver constituído "motivo essencial da instituição", este encargo pode ser incluído no fim da fundação.

Sem terem sócios nem assembleia geral, as fundações precisam de mecanismos de controlo do seu funcionamento. Nos estatutos, é frequente ser estipulada a constituição de um órgão interno, para além do conselho de administração e do conselho fiscal que, um pouco ao modo da assembleia geral, controle a actuação da administração. Por vezes chama-se "conselho de curadores" ou outra designação semelhante. Os curadores são, em princípio pessoas de confiança do instituidor (podem incluí-lo, se e enquanto for vivo) cujas vagas podem ser preenchidas por cooptação ou outro modo. Além de um órgão interno, as fundações podem também ser controladas externamente. No sistema em que a própria constituição da fundação careça de autorização governamental, como o português, o controlo externo deve ser exercido pela entidade. É isso o que resulta do articulado do Código Civil. Se vier a ser permitida a constituição de fundações sem prévia autorização governa-

---

[23] E ainda também o *trust*, que, no regime que o admitem tem servido para alcançar fins análogos.
[24] STJ 24.X.96, RLJ N.º 3872, ano 130, págs. 111-119 e 141-143, anotado concordantemente por HENRIQUE MESQUITA. No caso foi considerada válida a seguinte cláusula: "Os bens que vierem a ser afectos pelo fundador ficarão sujeitos ao encargo expresso da beneficiária prover à habitação, sustento, educação, saúde e demais despesas, encargos e alimentos do fundador, seu cônjuge e descendentes". O acórdão considerou, porém, nula a cláusula segundo a qual "O fundador reserva para si o direito de dispor por morte ou por acto entre vivos, dos bens que afectar à fundação", com o argumento, que me parece secundário, de que tal teria como consequência "retirar ao órgão próprio da fundação, de natureza colegial e de composição ímpar, parcela importante da sua competência para a entregar ao fundador".

mental e sem fim de interesse social, deverá então ser estipulado nos respectivos estatutos um sistema de controlo interno que, na versão mais simples, deverá ser assegurado pelo conselho fiscal, mas pode assumir modalidades mais pesadas, com conselhos de curadores ou outros órgãos internos semelhantes. Se o fim for de interesse particular, não se justifica um controlo público, para além do que existe, em geral, para todas as pessoas colectivas.

10. Ainda umas palavras para uma questão que o Código Civil deixou por resolver, não obstante ser já discutida antes da sua entrada em vigor: a da personalidade das sociedades civis.

Nesta matéria não me ocorre inovar em relação ao que costumo ensinar[25]. Continuo a pensar que as sociedades civis tanto podem ter como não ter personalidade jurídica e que a sua qualificação como pessoas colectivas não tem uma grande relevância, uma vez que o que conta é o seu regime jurídico, muito mais do que a sua qualificação.

Penso, todavia, que numa futura revisão, se deveria deixar claro no texto do Código, se sim ou se não ou se ambas as coisas. Não tem sentido manter esta incerteza.

Pessoalmente, tenho evoluído desde uma inicial opinião de personificação de todas as sociedades civis, porque se não distinguem relevantemente das sociedades em nome colectivo, para uma cada vez maior abertura em direcção à sua não personificação. Há um hábito jurídico-dogmático em Portugal de não compreender sociedades sem personalidade jurídica. Esse hábito vem do regime jurídico das sociedades comerciais que têm, todas, personalidade jurídica. Mas outros Países vivem bem com sociedades sem personalidade jurídica. O acento tónico da sua qualificação varia entre a mão comum, na Alemanha (*Gesamthandgesellschaft*), a *agency*, na Inglaterra, e o contrato, em Itália. As sociedades sem personalidade são um pouco de tudo isso e não me custaria, hoje admitir a falta de personalidade colectiva nas sociedades em nome colectivo, se a lei as não personificasse expressamente. Mas, como disse já, a questão não tem grande importância, nem teórica nem prática.

11. Finalmente as *associações sem personalidade e as comissões especiais*. Originalmente, a sua designação era "*Associações não reconhecidas e comissões especiais*". A abolição do sistema de reconhecimento governamental das associações conduziu à modificação. Continuarei a chamar-lhes associações não reconhecidas. Penso que a modificação da designação não foi correcta porque

---

[25] PAIS DE VASCONCELOS, *Teoria Geral do Direito Civil*, cit., págs. 204 e segs.

o reconhecimento das associações não deixou de existir, passou apenas a ser um reconhecimento normativo, quando antes o era por concessão, como ainda é nas fundações.

As associações não reconhecidas têm maior densidade social e autonomia em relação aos seus membros do que as comissões especiais. Esta é a principal diferença. Trata-se de associações informais e pouco estruturadas que as pessoas constituem espontaneamente para a prossecução de fins, na maior parte das vezes, pouco duradouros ou relevantes. A sua maior densidade social em relação às comissões especiais nota-se bem na existência de um *fundo comum* que de todo falta nas comissões especiais.

Foi avisado o legislador originário quando as previu no Código Civil. O actual legislador, menos sábio e menos prudente, tratou já de as complicar, com a introdução de um artigo 201.º-A que as obriga a dar publicidade à sua constituição, sede e programa "*nos termos legalmente previstos para os actos das sociedades comerciais*". Este preceito viria a juncar de burocracia as comissões das festas, das viagens de curso, das romarias, se viesse a ser respeitado. Creio que não virá a sê-lo, e ainda bem. Está completamente fora das realidades da vida, é desrazoável, incomodativo e não é necessário. É uma típica manifestação de *Kemalismo* ingénuo. Espero que seja revogado brevemente.

12. Das minhas palavras depreende-se com facilidade um desejo de reforma legislativa do Código Civil no que respeita às pessoas colectivas. É verdade. O regime do Código Civil não nasceu muito avançado e não se actualizou desde então. Mas essa reforma deve ser feita pelas Faculdades e não pelo gabinete de um Ministro. É importante que seja feita com sabedoria técnico-jurídica, com razoabilidade e experiência. É preciso que seja pensada profundamente antes de ser legislada. Este texto é um meu primeiro e modesto contributo para um trabalho comum dos civilistas em que as nossas Escolas são ricas.

O Direito da Família[*]

Jorge Duarte Pinheiro[**]

Introdução

O Direito da Família caracteriza-se pela particular permeabilidade à realidade social. A especial influência dos fenómenos sociais neste ramo do Direito deve-se ao próprio objecto da regulamentação jusfamiliar. As normas de Direito da Família visam disciplinar comportamentos que, embora mais ou menos íntimos, são tidos como fundamentais no âmbito da ordem social. Por conseguinte, o Direito da Família de 1967 está longe de ser igual ao Direito da Família de 2007. As mudanças que se produziram no território português ao longo de quatro décadas não podiam ser ignoradas pelo legislador e aplicador deste ramo do Direito.

Há, é certo, um aspecto comum a todo o período de vigência do actual Código Civil português, que é o constante reconhecimento da relevância estrutural do Direito da Família. No entanto, a par de divergências de entendimento relativamente a aspectos centrais da disciplina jusfamiliar, observam-se divergências até quanto ao modo de se manifestar a mencionada relevância do sector jurídico em apreço.

Em 1967, ao contrário do que acontece hoje, a comunicação social não se ocupava constantemente de casos concretos de Direito da Família, mais precisamente de Direito da Filiação. Na época, a *importância pública* não se traduzia em *publicitação* tendencialmente exaustiva e repetida de aparentes disfuncionalidades. Cada família era então vista como um *mundo à parte*[1], como um *santuário* que, salvo razões muito ponderosas, não devia ser devassado pelo olhar nem pela interferência de terceiros.

Posto isto, é tempo de saber de que forma evoluiu a regulamentação jusfamiliar, entre 1967 e 2007.

---

[*] Texto que serviu de base à comunicação apresentada no Colóquio "Código Civil Português – 40 anos de vigência", que se realizou na Faculdade de Direito da Universidade Nova de Lisboa.

[**] Professor da Faculdade de Direito da Universidade de Lisboa.

[1] Cfr. Duarte Pinheiro, *O núcleo intangível da comunhão conjugal (Os deveres conjugais sexuais)*, Coimbra, Almedina, 2004, pp. 529 segs.

O Direito da Família na versão originária do Código Civil de 1966

O texto do Código Civil que foi aprovado em 1966 manifestava clara preferência por um modelo único rígido de família: o modelo da família fundada no casamento, dirigida pelo marido e destinada a subsistir até à morte de um dos cônjuges. Deste modo, não se previa qualquer efeito patrimonial favorável para aqueles que vivessem em união de facto; os filhos nascidos do casamento eram discriminados perante os demais (designadamente, na esfera sucessória); as decisões do marido prevaleciam sobre as da mulher casada tanto no domínio estritamente conjugal, como no que respeitava aos filhos menores comuns; o divórcio era vedado aos que tinham contraído casamento católico e, no caso de ter sido celebrado casamento civil, só podia ser obtido em situações de grave violação dos deveres conjugais.

A versão originária do Código reflectia as concepções do poder político e de boa parte da população portuguesa, que vivia numa sociedade fechada ao exterior e marcada pelos ensinamentos tradicionais da Igreja Católica. Apesar de tudo, houve fortes críticas ao *edifício familiar* do projecto, que foram desprezadas pelo legislador[2]. E, assim, viria a ser aprovado um Livro IV do Código Civil, que continha soluções já muito contestadas, pelo seu conservadorismo, no mundo ocidental.

Na verdade, o Direito da Família que começou a vigorar, entre nós, em 1967, constitui um exemplo de isolamento, de resistência à evolução, como é demonstrado pelas reformas que pouco depois ocorreram no estrangeiro. Em 1969, a Califórnia aboliu o divórcio com fundamento em violação culposa de deveres conjugais; a Inglaterra rejeitou o sistema de divórcio quase exclusivamente dependente da vontade das partes; a Alemanha aproximou o estatuto dos filhos não matrimoniais do dos filhos nascidos do casamento. E, em 1970, a França atribuiu aos dois cônjuges a direcção da família.

O Direito da Família após a Revolução de 25 de Abril de 1974; a Reforma do Código Civil

Após a Revolução de 25 de Abril de 1974, o alargamento da liberdade de expressão e informação tornou patente a menor adequação do texto primitivo do Código Civil português.

---

[2] Cfr. Ministro da Justiça, "Do projecto ao Código Civil" (comunicação feita na Assembleia Nacional, no dia 26 de Novembro de 1966), *Boletim do Ministério da Justiça* 161 (1966), pp. 44-45.

Logo no ano seguinte, foram introduzidas alterações legislativas em matéria de divórcio. O Decreto-Lei n.º 261/75, de 27 de Maio, concedeu a faculdade de divórcio a todos os que tivessem celebrado o casamento católico (revogação do artigo 1790.º do Código Civil), criou a figura do divórcio por mútuo consentimento e acrescentou novas alíneas ao elenco de causas de divórcio e de separação judicial de pessoas e bens (que figurava no artigo 1778.º do Código Civil).

Em 2 de Abril de 1976, é aprovada a Constituição da República Portuguesa, cujo artigo 36.º consagra os princípios da igualdade dos cônjuges e da não discriminação dos filhos nascidos fora do casamento (n.os 3 e 4, respectivamente). O momento da sua entrada em vigor assinala o fim do Direito da Família do Estado Novo: foi nesse momento que caducaram todas as disposições do Código Civil que eram incompatíveis com o referido artigo 36.º.

Para adaptar a disciplina de Direito Privado às inovações constitucionais, viria a ser publicado o Decreto-Lei n.º 496/77, de 25 de Novembro, que aprovou a chamada Reforma do Código Civil. Efectivamente, a Reforma estabeleceu um regime jusfamiliar norteado pelos princípios da igualdade entre cônjuges e entre filhos nascidos dentro e fora do casamento: no campo dos efeitos do casamento, o artigo 1671.º do Código Civil, na redacção de 1977, depois de proclamar a igualdade de direitos e deveres dos cônjuges, determinou que a direcção da família pertence a ambos; todas (ou quase todas[3]) as designações discriminatórias relativas à filiação foram eliminadas do texto do Código; e, no plano da sucessão legal, o Código deixou de prever uma posição distinta para os descendentes nascidos fora do casamento.

Todavia, a Reforma de 1977 não se limitou a tornar o direito ordinário conforme às disposições do artigo 36.º, n.os 3 e 4, da Constituição da República Portuguesa. As modificações do Código Civil foram mais vastas: pela primeira vez, foi reconhecido um efeito civil favorável à união de facto, resultante da nova redacção do artigo 2020.º, cujo n.º 1 atribuiu ao membro sobrevivo da união de facto o direito de exigir alimentos à herança do companheiro falecido, dentro de certos condicionalismos; a dimensão autoritária do poder paternal foi atenuada, graças a uma nova versão do artigo 1878.º, cujo n.º 2 determinou que os pais devem ter em conta a opinião dos filhos menores nos assuntos familiares importantes e reconhecer-lhes autonomia na organização da própria vida; e foi conferido um estatuto sucessório privilegiado ao cônjuge, que obteve a qualidade de sucessível legitimário e passou a ocupar a pri-

---

[3] O art. 1703.º, n.º 2, continua a usar a expressão "legítimos" para os descendentes nascidos do casamento.

meira posição no chamamento à sucessão legal (artigos 2033.º, n.º 1, alíneas a) e b), e 2157.º).

Em geral, a população manifestou-se favorável às principais inovações da Reforma, nomeadamente às que se relacionavam com a igualdade dos direitos e deveres dos cônjuges e o fim da discriminação dos filhos nascidos fora do casamento[4].

No entanto, a Reforma também foi alvo de críticas: críticas de partidários do regime jurídico anterior, que consideravam as novas soluções incompatíveis com a defesa da família portuguesa; críticas daqueles que denunciavam a persistência de um pendor conservador no Direito da Família, lamentando a timidez das alterações (designadamente, na área do divórcio); e críticas dos adversários da posição sucessória reforçada do cônjuge, tida como paradoxal numa época de crescente precariedade do vínculo matrimonial ou conotada com uma atitude paternalista para com a viúva (atitude que seria pouco compreensível num contexto de igualdade entre os cônjuges).

De qualquer modo, é indubitável o significado da Reforma de 1977. Ela marca o início do pluralismo jusfamiliar em Portugal, representando o abandono da pretensão de impor um modelo único de família. O legislador deixa de apontar como ideal de família o grupo formado pelos cônjuges e respectivos filhos menores, no qual a direcção incumbe ao marido. Agora, a diferença merece respeito: o membro sobrevivo da união de facto pode gozar de protecção alimentar; e não é admitida a discriminação da mulher casada ou do filho nascido fora do matrimónio. E, além do respeito pela diferença, que exprime um dos dois grandes traços do pluralismo no Direito da Família, observa-se outro, que é a diversidade de fontes do direito[5]. A lei ordinária perdeu o monopólio da vinculação normativa. As disposições constitucionais assumem o papel de inspiradoras das grandes transformações legislativas e de elementos essenciais na interpretação daquela lei.

---

[4] Cfr. Isabel Magalhães Collaço, "A Reforma de 1977 do Código Civil. Um olhar vinte e cinco anos depois", em *Comemorações dos 35 anos do Código Civil e dos 25 anos da Reforma de 1977*, vol. I, *Direito da Família e das Sucessões*, Coimbra, Coimbra Editora, 2004, pp. 39-40.

[5] Na opinião de Erik Jayme ("Pós-modernismo e Direito da Família", *Boletim da Faculdade de Direito da Universidade de Coimbra* 2002, pp. 209-213), são esses dois aspectos que traduzem o pluralismo jusfamiliar.

O Direito da Família posterior à Reforma de 1977

O Decreto-Lei n.º 496/77, de 25/11, não encerrou o período de alterações. Depois da Reforma, houve múltiplas modificações que, no essencial, reforçaram a linha de pluralismo jusfamiliar.

Enunciemos as principais, começando por aquelas que se produziram no texto do Código Civil.

No campo da adopção, ocorreram modificações em 1993, 1998 e 2003, com o propósito de dignificar e incrementar a adopção.

Na área do divórcio, contam-se as intervenções de 1995, 1998 e 2001, destinadas a facilitar o divórcio, por mútuo consentimento e litigioso.

No âmbito do exercício do poder paternal em caso de divórcio e outras situações de ruptura, consagrou-se a possibilidade de exercício conjunto, por acordo das partes, mediante a modificação do artigo 1906.º do Código Civil, primeiro em 1995 e depois em 1999.

Em matéria de estabelecimento da paternidade, de assinalar a alteração de 1998 ao artigo 1871.º, n.º 1, do Código Civil que aditou novo facto-base de presunção da paternidade para efeitos de acção de investigação (alínea e)).

E o artigo 19.º da Lei da Liberdade Religosa (Lei n.º 16/2001, de 22 de Junho) alargou as formas de casamento de duas para três, ao reconhecer efeitos civis aos casamentos religiosos não católicos celebrados perante o ministro do culto de uma igreja ou comunidade religiosa radicada no país.

A este conjunto de modificações somam-se outras, que, não obstante a sua conexão com o Direito Privado comum, foram realizadas à margem do Código Civil.

No campo da protecção dos menores, há que aludir à Organização Tutelar de Menores, aprovada em 1978[6]; e, sobretudo, à Lei de Protecção de Crianças e Jovens em Perigo, de 1999[7], aprovada sob a influência da Convenção sobre os Direitos da Criança, de 1990.

A propósito da união de facto, é de destacar a Lei n.º 135/99, de 28 de Agosto, que aumenta a tutela civil da união de facto heterossexual (com particular impacto no que toca à casa de morada), culminando tendências de protecção que se tinham manifestado em 1985 (consagração legislativa da transmissão do arrendamento habitacional por morte em benefício do membro sobrevivo da união de facto) e em 1991 (altura em que o Tribunal Constitucional admitiu a constituição forçada do arrendamento no caso de separa-

---

[6] Decreto-Lei n.º 314/78, de 27 de Outubro.
[7] Lei n.º 147/99, de 1 de Setembro.

ção dos membros da união de facto); bem como a Lei n.º 6/2001, de 11 de Maio, que estendeu a tutela da união de facto heterossexual à união de facto composta por pessoas do mesmo sexo.

A Lei n.º 7/2001, de 11 de Maio, adoptou medidas de protecção das pessoas que vivam em economia comum (*v.g.*, quanto à residência), procedendo à "institucionalização" de mais uma relação parafamiliar – a convivência em economia comum.

O artigo 20.º da Lei sobre Procriação Medicamente Assistida (Lei n.º 32//2006, de 26 de Julho) ampliou as hipóteses de constituição do vínculo de filiação, independentemente de ligação biológica.

Contudo, apesar do número e da variedade de mudanças legislativas que foram tendo lugar, reina a insatisfação.

Protesta-se contra o facto de serem decretadas poucas adopções.

Reivindica-se um regime que facilite mais a obtenção do divórcio por parte daqueles que não querem continuar casados.

A questão do exercício do poder paternal em caso de divórcio e outras situações de ruptura é fonte de grande litigiosidade.

Apontam-se ineficiências à Lei de Protecção de Crianças e Jovens em Perigo e contesta-se o modo como esta tem sido, ou não tem sido, aplicada.

Sente-se a necessidade de uma maior regulamentação da união de facto, nomeadamente, para atribuir o direito a alimentos e definir a liquidação dos interesses patrimoniais comuns, havendo separação dos companheiros. E sente-se igualmente a falta de uma visão unitária no tratamento legislativo da união de facto, falta que cria dificuldades de articulação entre o diploma que devia conter o regime geral da união de facto e outras disposições, como, por exemplo, o artigo 1106.º, n.º 1, alínea a), do Código Civil, na redacção da Lei n.º 6/2006, de 27 de Fevereiro[8].

Aliás, até novas intervenções legislativas que visam pôr fim à existência de lacunas suscitam dificuldades de articulação. Veja-se o artigo 20.º da Lei sobre Procriação Medicamente Assistida, que, aparentemente, cria um terceiro modo de constituição do vínculo de filiação fora do casamento[9], exclusivamente aplicável às situações de procriação medicamente assistida: demarcando-se do sistema instituído no Código Civil para o estabelecimento da

---

[8] O art. 1106.º, n.º 1, al. a), estabelece que é beneficiário da transmissão por morte do arrendamento habitacional a pessoa que com o arrendatário vivesse no locado em união de facto e há mais de um ano. O art. 1.º, n.º 1, da Lei n.º 7/2001, de 11 de Maio, impõe a duração mínima de dois anos como condição de protecção da união de facto.

[9] Cfr. DUARTE PINHEIRO, *Direito da Família e das Sucessões*, vol. II, *Direito da Filiação. Protecção de crianças, jovens e idosos*, 2ª ed., Lisboa, AAFDL, 2006, pp. 145-146.

filiação, o artigo acaba por discriminar os filhos nascidos de união de facto por acto sexual.

A problemática da heterossexualidade do casamento origina um intenso debate, impulsionado pela alteração do artigo 13.°, n.° 2, da Constituição da República Portuguesa (na sequência da Lei Constitucional n.° 1/2004, de 24/7, proibiu expressamente a discriminação em razão da orientação sexual); e pelo exemplo espanhol (em Espanha, a Lei 13/2005, de 1/7, permitiu a celebração do casamento entre pessoas do mesmo sexo).

Por fim, o relevo que é conferido às crianças e jovens, enquanto partes mais fracas, contrasta com a situação de idoso, que comparativamente goza de uma protecção que é escassa, senão nula.

O novo modelo de um Direito da Família que se uniformiza

A insatisfação não é, porém, especificamente portuguesa. O nosso Direito da Família está cada vez mais parecido com outros Direitos da Família. No espaço europeu e americano, vão-se reduzindo os aspectos que separam os Estados.

A Reforma portuguesa de 1977, inspirando-se nas reformas de outros países da Europa Ocidental (França, Itália e Alemanha), é já um sinal de perda de singularidade cultural, ou territorial, do Direito da Família.

No espaço europeu e americano, é nítido o afastamento entre o Direito da Família actual e o Direito da Família da década de 60 do séc. XX. Em contrapartida, é patente a maior proximidade entre os direitos dos vários Estados da Europa e da América, que respeitam a diferença no seio de cada ordenamento, que se movem segundo os mesmos princípios e que se debatem com questões semelhantes.

A uniformização em curso é fruto de duas realidades díspares: um movimento espontâneo, não concertado, em que um legislador "imita" o legislador de outro Estado; e um movimento deliberado de vinculação a idênticas fontes extra-estatais (por exemplo, convenções que visam o reconhecimento de decisões sobre alimentos e exercício do poder paternal, que se destinam a regular a adopção ou a prever direitos das crianças).

No países da União Europeia, a uniformização chega a ser mais intensa. Por um lado, há actos da União Europeia directamente aplicáveis na área dos alimentos e do reconhecimento de decisões sobre casamento, divórcio e exercício das responsabilidades parentais (por exemplo, o Regulamento (CE) n.° 2201/2003, conhecido como Bruxelas II *bis*)). Por outro lado, a Comissão sobre o Direito Família Europeu tem desenvolvido um trabalho de persuasão no domínio dos princípios sobre o divórcio e os alimentos entre ex-cônjuges, e dos princípios sobre as responsabilidades parentais.

Mas qual é o modelo de Direito da Família que anima esta crescente identificação entre os Estados da Europa e da América? Trata-se de um modelo que reconhece a diversidade, que tutela o indivíduo e que quer proteger aqueles que entende serem mais fracos. Ora, o magno problema do Direito da Família contemporâneo está justamente à vista: como conciliar autonomia individual e protecção dos mais fracos?

Sexta Sessão

*Perspectivas de Reforma
do Código Civil Português*

O Direito Internacional Privado no Código Civil*

Maria Helena Brito**

1. O sistema de Direito Internacional Privado no Código Civil

I. Anteriormente ao Código Civil de 1966, não existia na lei portuguesa um conjunto organizado de normas relativas às matérias de Direito Internacional Privado.

Foi, por isso, a partir de preceitos dispersos, incluídos em diplomas legislativos de fonte interna – sobretudo o Código Civil de Seabra, de 1867, e o Código Comercial de 1888 – e em alguns textos de fonte internacional, que a doutrina portuguesa construiu um sistema de normas de conflitos. Nesse esforço de elaboração, os Autores consideravam os preceitos existentes, procuravam identificar os princípios que lhes estavam subjacentes e, com o auxílio da (reduzida) jurisprudência neste domínio e sob a inspiração colhida em direitos estrangeiros próximos do nosso, formularam regras de conflitos aplicáveis às matérias não reguladas na lei.

Lembro aqui as construções de complexos sistematizados de normas de conflitos propostas nas obras dos Professores Álvaro Machado Villela (*Tratado elementar (teórico e prático) de direito internacional privado*, Livro II – *Aplicações*, Coimbra, 1922) e Isabel Magalhães Collaço (*Direito internacional privado*, vol. III, Lisboa, 1963), bem como nos estudos preparatórios do Código Civil, da responsabilidade do Professor António Ferrer Correia ("Direito internacional privado. Direitos dos estrangeiros", BMJ, n.º 24, Maio de 1951), mais tarde com a colaboração do Professor João Baptista Machado ("Aplicação das leis no espaço. Direitos dos estrangeiros e conflitos de leis", BMJ, n.º 136, Maio de 1964).

---

* O presente texto corresponde, no essencial, à conferência proferida no Colóquio sobre "Código Civil Português – 40 anos de vigência", organizado pela Faculdade de Direito da Universidade Nova de Lisboa, que decorreu em Lisboa em 17, 18 e 19 de Maio de 2007. Em Agosto de 2007 foram feitas algumas actualizações. Uma versão mais desenvolvida será publicada nos *Estudos em Comemoração dos 10 anos da Faculdade de Direito da Universidade Nova de Lisboa*.

** *Professora da Faculdade de Direito da Universidade Nova de Lisboa.*

II. O Código Civil de 1966 veio alterar este panorama. Na verdade, o Código passou a incluir um complexo organizado de normas de Direito Internacional Privado. Tal não significa porém que as soluções concretas se tenham modificado substancialmente, uma vez que o Código consagrou, em grande medida, o entendimento que dominava na doutrina.

No Livro I ("Parte Geral"), Título I ("Das leis, sua interpretação e aplicação"), o Código dedica um Capítulo III ao "Direito dos estrangeiros e conflitos de leis".

Este capítulo divide-se em duas secções: a primeira contém as "Disposições gerais" e a segunda inclui as "Normas de conflitos".

A Secção I, depois de uma regra relativa à condição jurídica dos estrangeiros quanto ao gozo de direitos civis (artigo 14.º), trata de problemas da teoria geral do direito de conflitos, que importa ter em conta na aplicação das diversas normas de conflitos constantes da secção seguinte. Assim, e por esta ordem: a qualificação (artigo 15.º), a devolução ou reenvio (artigos 16.º a 19.º), a remissão para ordenamentos jurídicos complexos (artigo 20.º), a fraude à lei (artigo 21.º), a reserva de ordem pública internacional (artigo 22.º).

É na Secção II que se encontram as normas de conflitos. Gostaria de começar por pôr em evidência que a ordenação seguida nesta Secção (artigos 25.º a 65.º) acompanha de perto a sistematização utilizada na disciplina material do Código:

– Subsecção I – "Âmbito e determinação da lei pessoal";
– Subsecção II – "Lei reguladora dos negócios jurídicos";
– Subsecção III – "Lei reguladora das obrigações";
– Subsecção IV – "Lei reguladora das coisas";
– Subsecção V – "Lei reguladora das relações de família";
– Subsecção VI – "Lei reguladora das sucessões".

Esta verificação não é, em minha opinião, indiferente para a interpretação e aplicação das normas de conflitos: na determinação do sentido do conceito-quadro das diversas normas de conflitos, o intérprete não pode deixar de tomar como ponto de partida o conteúdo dos conceitos homólogos usados no Código, atenta a regulação material nele contida – sem prejuízo, naturalmente, da metodologia a seguir quanto ao problema da qualificação, por força da orientação geral consagrada no artigo 15.º. Na verdade, os conceitos utilizados para delimitar o objecto e o âmbito da conexão das normas de conflitos hão-de interpretar-se com *autonomia* em relação ao direito material do ordenamento jurídico em que as mesmas se inserem: tais conceitos são abertos e por isso neles podem caber institutos jurídicos estrangeiros não exactamente coincidentes com os conceitos do foro. O que se exige é que esses institutos, pelo seu conteúdo e pela função que desempenham na ordem jurídica a que pertencem, possam integrar o regime do instituto visado nas normas de conflitos do foro.

III. A reforma do Código Civil operada em 1977 atingiu também as normas de Direito Internacional Privado. Foram nessa altura introduzidas importantes alterações nas normas de conflitos incluídas na subsecção relativa à lei reguladora das relações de família, de modo a torná-las compatíveis com a Constituição de 1976, designadamente com o princípio da igualdade entre os cônjuges e com a proibição da discriminação entre os filhos nascidos do casamento e os filhos nascidos fora do casamento.

Esta opção, seguida pela Comissão de Revisão do Código Civil, também não é desprovida de significado. Ela revela, com efeito, que o Direito Internacional Privado não é mais um espaço de neutralidade axiológica – um "espaço livre de constitucionalidade" – e se mostra hoje permeável e aberto a valores e princípios constitucionais, tal como, a partir de certo momento, passou a ser admitido em vários países e veio a ser aceite pela doutrina portuguesa.

2. Situação actual. Concorrência de outras fontes

I. Não cabe no âmbito desta comunicação fazer uma análise pormenorizada das normas de conflitos que integram o sistema português de Direito Internacional Privado.

Importa todavia sublinhar que, não sendo exaustivo o sistema do Código Civil, as normas nele contidas convivem hoje com uma pluralidade de normas de conflitos inseridas em outros Códigos (designadamente, Código Comercial, artigo 4.º, § 2.º; Código das Sociedades Comerciais, artigos 3.º e 4.º; Código dos Valores Mobiliários, artigos 3.º, 39.º a 42.º, 321.º, n.º 5; Código do Trabalho, artigos 6.º a 9.º, 282.º, 283.º; Código da Insolvência e da Recuperação de Empresas, artigos 275.º a 296.º; Código do Direito de Autor e dos Direitos Conexos, artigos 37.º, 63.º a 66.º; Código da Propriedade Industrial, artigo 3.º) e ainda com normas de conflitos incluídas na Lei da Arbitragem Voluntária (especialmente, artigos 32.º a 35.º) e em numerosos diplomas dispersos, muitos deles adoptados na sequência ou em execução de directivas comunitárias (por exemplo, em matéria de contrato de agência; contratos de crédito ao consumo; contrato de compra e venda de bens de consumo; contratos relativos a direitos reais de habitação periódica e a direitos de habitação turística em empreendimentos turísticos, por períodos de tempo limitados em cada ano; contratos de seguro).

Por outro lado, vigoram em Portugal diversas convenções internacionais que regulam matérias de Direito Internacional Privado.

A vinculação do Estado Português a essas convenções internacionais e a verificação dos requisitos exigidos para a respectiva entrada em vigor – nos termos fixados pelo direito constitucional português e pelas próprias convenções – têm como efeito a vigência na ordem jurídica portuguesa das normas constantes de tais convenções, como normas de direito internacional (cfr. artigo 8.º, n.º 2, da Constituição).

Na ordem jurídica portuguesa, as normas de direito internacional convencional têm valor infraconstitucional, mas prevalecem sobre as leis ordinárias de fonte interna.

Consequentemente, as normas de conflitos das convenções substituem as normas de conflitos de fonte interna, anteriormente em vigor em Portugal, quanto às matérias nelas tratadas.

A mais importante dessas convenções é sem dúvida a Convenção de Roma de 19 de Junho de 1980 sobre a lei aplicável às obrigações contratuais, celebrada no âmbito da União Europeia, a que Portugal aderiu através da Convenção do Funchal de 18 de Maio de 1992[1], e que entrou em vigor no nosso país em 1 de Setembro de 1994[2].

Tendo em conta a delimitação do âmbito de aplicação da lei do contrato, constante dos artigos 10.º e 8.º da Convenção de Roma, e considerando ainda as matérias reguladas em outras disposições da Convenção, como os artigos 9.º e 11.º, são afectadas no seu âmbito de aplicabilidade, designadamente, as regras de conflitos do Código Civil que têm como objecto a substância e efeitos das obrigações (artigos 41.º e 42.º), e bem assim as que têm como objecto a prescrição e caducidade (artigo 40.º), alguns aspectos da declaração negocial (artigos 35.º e 36.º) e certos desvios quanto às consequências da incapacidade (artigo 28.º), na parte em que se reportem a obrigações contratuais ou a contratos obrigacionais.

Mas Portugal encontra-se também vinculado a numerosas convenções concluídas sob a égide de outras organizações internacionais[3].

---

[1] A Convenção do Funchal, de 18 de Maio de 1992, foi aprovada para ratificação pela Resolução da Assembleia da República n.º 3/94 (*Diário da República*, I Série-A, n.º 28, de 3 de Fevereiro de 1994, p. 520 ss) e ratificada pelo Decreto do Presidente da República n.º 1/94 (no mesmo *Diário da República*, p. 520).

[2] Cfr. Aviso n.º 240/94, *Diário da República*, I Série-A, n.º 217, de 19 de Setembro de 1994, p. 5610.

[3] Para uma visão de conjunto, consulte-se A. MARQUES DOS SANTOS, *Direito internacional privado. Colectânea de textos legislativos de fonte interna e internacional*, 2ª ed., Coimbra, 2002, p. 957 ss; L. LIMA PINHEIRO, *Lista da principal legislação de Direito Internacional Privado*, cit., p. 3 ss.

As mais relevantes foram celebradas no âmbito da Conferência da Haia de Direito Internacional Privado.

1.º Em matéria contratual:
– a Convenção de 14 de Março de 1978 sobre a lei aplicável aos contratos de intermediação e à representação[4], em vigor em Portugal desde 1 de Maio de 1992[5];

2.º Em matéria de direito da família[6]:
– a Convenção de 12 de Junho de 1902 para regular os conflitos de leis em matéria de casamento, que entrou em vigor em Portugal em 30 de Abril de 1907;
– a Convenção de 12 de Junho de 1902 para regular os conflitos de leis e de jurisdições em matéria de divórcio e de separação de pessoas, que entrou em vigor em Portugal em 30 de Abril de 1907;
– a Convenção de 12 de Junho de 1902 para regular a tutela de menores, que entrou em vigor em Portugal em 30 de Abril de 1907;
– a Convenção de 17 de Julho de 1905 concernente aos conflitos de leis relativos aos efeitos do casamento sobre os direitos e deveres dos cônjuges nas suas relações pessoais e sobre os bens dos cônjuges, que entrou em vigor em Portugal em 22 de Agosto de 1912;
– a Convenção de 24 de Outubro de 1956 relativa à lei aplicável em matéria de prestação de alimentos, que entrou em vigor em Portugal em 3 de Fevereiro de 1969;
– a Convenção de 5 de Outubro de 1961 relativa à competência das autoridades e à lei aplicável em matéria de protecção de menores, que entrou em vigor em Portugal em 4 de Fevereiro de 1969;
– a Convenção de 2 de Outubro de 1973 sobre a lei aplicável às obrigações alimentares, que entrou em vigor em Portugal em 1 de Outubro de 1977;
– a Convenção de 25 de Outubro de 1980 sobre os aspectos civis do rapto internacional de crianças, que entrou em vigor em Portugal em 1 de Dezembro de 1983;

---

[4] Aprovada para ratificação pelo Decreto n.º 101/79, de 18 de Setembro, *Diário da República*, I Série, n.º 216, de 18 de Setembro de 1979, p. 2381 ss.

[5] Cfr. Aviso n.º 37/92, *Diário da República*, I Série-A, n.º 77, de 1 de Abril de 1992, p. 1588; Aviso n.º 136/92, *Diário da República*, I Série-A, n.º 203, de 3 de Setembro de 1992, p. 4202; Aviso n.º 239/97, *Diário da República*, I Série-A, n.º 173, de 29 de Julho de 1997, p. 3867 s.

[6] As informações sobre as convenções a seguir referidas constam de A. MARQUES DOS SANTOS, *Direito internacional privado. Colectânea...*, cit., p. 1047 ss. Apenas se acrescentam alguns dados mais recentes.

– a Convenção de 29 de Maio de 1993 relativa à protecção das crianças e à cooperação em matéria de adopção internacional[7], que entrou em vigor em Portugal em 1 de Julho de 2004[8].

3.º Em matéria de direito das sucessões:
– a Convenção de 2 de Outubro de 1973 sobre a administração internacional de heranças, que entrou em vigor em Portugal em 1 de Julho de 1993.

É assim, em princípio, muito amplo o elenco de normas de conflitos do Código Civil cujo âmbito de aplicação se encontra afectado em consequência da vigência destas Convenções da Haia no ordenamento jurídico português. Reconheço porém que algumas delas assumem escassa importância prática, tendo em conta, nuns casos, o reduzido número de países em que vigoram e considerando, em geral, a limitada referência que lhes é feita pelos nossos tribunais.

II. Até aqui considerei apenas o Direito Internacional Privado em sentido estrito, entendido como o conjunto de normas que designam o direito aplicável às situações da vida internacional a que se reportam.

Se pensarmos porém no Direito Internacional Privado compreendido em toda a sua complexidade – integrado não apenas pelo conjunto de normas de conflitos, mas ainda pelas normas relativas à competência internacional dos tribunais e pelas normas que regulam o reconhecimento de decisões e actos proferidos no estrangeiro – encontraremos também, nesses domínios, a coexistência de uma pluralidade de fontes. De todo o modo, vou deixar de lado as regras de direito material uniforme (sobretudo, convenções internacionais) que, em diversos sectores, foram já aprovadas, com o objectivo de regular situações da vida privada internacional.

As normas gerais do Código de Processo Civil sobre competência internacional dos tribunais (os artigos 65.º e 65.º-A) e sobre reconhecimento de decisões estrangeiras (*maxime*, os artigos 49.º e 1094.º a 1102.º) têm de coordenar-se igualmente com outras regras, quer as incluídas em outros diplomas de

---

[7] Aprovada para ratificação pela Resolução da Assembleia da República n.º 8/2003 (*Diário da República*, I Série-A, n.º 47, de 25 de Fevereiro de 2003, p. 1252 ss) e ratificada pelo Decreto do Presidente da República n.º 6/2003 (no mesmo *Diário da República*, p. 1252).

[8] Cfr. Aviso n.º 110/2004, *Diário da República*, I Série-A, n.º 130, de 3 de Junho de 2003, p. 3485.

fonte interna[9], quer as provenientes de convenções internacionais de que Portugal é parte.

Interessa uma vez mais lembrar as convenções celebradas no âmbito da Conferência da Haia – sendo certo que já antes mencionei algumas convenções que simultaneamente regulam problemas de conflitos de leis e de conflitos de jurisdições.

Assim:

- a Convenção de 15 de Abril de 1958 relativa ao reconhecimento e execução de decisões em matéria de prestação de alimentos a menores, que entrou em vigor em Portugal em 25 de Fevereiro de 1974;
- a Convenção de 15 de Novembro de 1965 relativa à citação e à notificação no estrangeiro dos actos judiciais e extrajudiciais em matérias civil e comercial, que entrou em vigor em Portugal em 25 de Fevereiro de 1974;
- a Convenção de 18 de Março de 1970 sobre a obtenção de provas no estrangeiro em matéria civil ou comercial, que entrou em vigor em Portugal em 11 de Maio de 1975;
- a Convenção de 1 de Junho de 1970 sobre o reconhecimento dos divórcios e separações de pessoas, que entrou em vigor em Portugal em 9 de Julho de 1985;
- a Convenção de 1 de Fevereiro de 1971 sobre o reconhecimento e a execução de sentenças estrangeiras em matéria civil ou comercial, que entrou em vigor em Portugal em 20 de Agosto de 1983 (bem como o respectivo Protocolo Adicional, da mesma data);
- a Convenção de 2 de Outubro de 1973 sobre o reconhecimento e a execução de decisões relativas a obrigações alimentares, que entrou em vigor em Portugal em 1 de Agosto de 1976.

A par destas Convenções, mencionam-se ainda, na medida em que se mantêm aplicáveis:

- a Convenção de Bruxelas sobre a competência judiciária e a execução de decisões em matéria civil e comercial[10], celebrada em 27 de Setembro de

---

[9] Por exemplo, normas sobre competência internacional, contidas no Código de Processo do Trabalho (artigos 10.º e 11.º) ou no Código da Insolvência e da Recuperação de Empresas (artigos 271.º e seguintes), e normas sobre reconhecimento de decisões proferidas no estrangeiro, contidas no Código da Insolvência e da Recuperação de Empresas (artigos 288.º e seguintes).

[10] Nesta designação abrangem-se as convenções de adesão dos diversos Estados membros à Convenção de Bruxelas, bem como o Protocolo do Luxemburgo de 3 de Junho de 1971 relativo à interpretação pelo Tribunal de Justiça da Convenção de 27 de Setembro de 1968, e os

1968 entre os Estados membros da então Comunidade Europeia, a que Portugal aderiu através da Convenção de Donostia (San Sebastián), de 26 de Maio de 1989[11], e que entrou em vigor em Portugal em 1 de Julho de 1992[12];
– a Convenção de Lugano sobre a competência judiciária e a execução de decisões em matéria civil e comercial[13], celebrada em 16 de Setembro de 1988 entre os Estados membros da Comunidade Europeia e outros Estados europeus (então membros da EFTA), que entrou em vigor em Portugal em 1 de Julho de 1992[14].

Embora se encontre hoje restringido o âmbito espacial de aplicação da Convenção de Bruxelas, ela não pode deixar de ser mencionada neste contexto, designadamente pela importância da jurisprudência produzida pelo Tribunal de Justiça a propósito de muitas das suas disposições. Essa jurisprudência é imprescindível para a interpretação dos diversos actos comunitários que têm vindo a ser adoptados na sequência da Convenção de Bruxelas.

Na verdade, depois do Tratado de Amesterdão, de 2 de Outubro de 1997, verificou-se um incremento da legislação comunitária no domínio do Direito Internacional Privado, que conduziu à aprovação de múltiplos Regulamentos com relevância para o tema que nos ocupa.

Indico apenas, de modo breve, os mais significativos:
– o Regulamento (CE) n.º 1346/2000 do Conselho, de 29 de Maio de 2000, relativo aos processos de insolvência[15], em vigor desde 31 de Maio de 2002;

Protocolos celebrados na sequência das novas adesões à Comunidade Europeia. Consulte-se a versão consolidada desses textos no JO C 27, de 26 de Janeiro de 1998, p. 1 ss.

[11] A Convenção de Donostia (San Sebastián), de 26 de Maio de 1989, foi aprovada para ratificação pela Resolução da Assembleia da República n.º 34/91 (*Diário da República*, I Série-A, n.º 250, supl., de 30 de Outubro de 1991, p. 5588(23) ss) e ratificada pelo Decreto do Presidente da República n.º 52/91 (no mesmo *Diário da República*, p. 5588(2)).

[12] Cfr. Aviso n.º 95/92, *Diário da República*, I Série-A, n.º 157, de 10 de Julho de 1992, p. 3269 s.

[13] A Convenção de Lugano, de 16 de Setembro de 1988, foi aprovada para ratificação pela Resolução da Assembleia da República n.º 33/91 (*Diário da República*, I Série-A, n.º 250, supl., de 30 de Outubro de 1991, p. 5588(2) ss) e ratificada pelo Decreto do Presidente da República n.º 51/91 (no mesmo *Diário da República*, p. 5588(2)).

[14] Cfr. Aviso n.º 94/92, *Diário da República*, I Série-A, n.º 157, de 10 de Julho de 1992, p. 3269.

[15] Publicado no JO L 160, de 30 de Junho de 2000, p. 1 ss.

- o Regulamento (CE) n.º 1347/2000 do Conselho, de 29 de Maio de 2000, sobre a competência, o reconhecimento e a execução de decisões em matéria matrimonial e de regulação do poder paternal em relação a filhos comuns do casal (Regulamento Bruxelas II)[16], em vigor desde 1 de Março de 2001, mais tarde substituído pelo Regulamento (CE) n.º 2201//2003 do Conselho, de 22 de Novembro de 2003, sobre a competência, o reconhecimento e a execução de decisões em matéria matrimonial e em matéria de responsabilidade parental (Regulamento Bruxelas II-A)[17], em vigor desde 1 de Agosto de 2004 (mas aplicável, quanto à generalidade das suas disposições, apenas a partir de 1 de Março de 2005);
- o Regulamento (CE) n.º 1348/2000 do Conselho, de 29 de Maio de 2000, relativo à citação e à notificação de actos judiciais e extrajudiciais em matéria civil e comercial nos Estados-Membros[18], em vigor desde 31 de Maio de 2001;
- o Regulamento (CE) n.º 44/2001 do Conselho, de 22 de Dezembro de 2000, relativo à competência judiciária, ao reconhecimento e à execução de decisões em matéria civil e comercial (que veio substituir a Convenção de Bruxelas de 27 de Setembro de 1968 sobre a competência judiciária e a execução de decisões em matéria civil e comercial e por isso é designado Regulamento Bruxelas I)[19], em vigor desde 1 de Março de 2002;
- o Regulamento (CE) n.º 1206/2001 do Conselho, de 28 de Maio de 2001, relativo à cooperação entre os tribunais dos Estados membros no domínio da obtenção de provas em matéria civil ou comercial[20], em vigor desde 1 de Julho de 2001 (mas aplicável, quanto à generalidade das suas disposições, apenas a partir de 1 de Janeiro de 2004);
- o Regulamento (CE) n.º 743/2002 do Conselho, de 25 de Abril de 2002, que cria um quadro geral comunitário de actividades para facilitar a cooperação judiciária em matéria civil[21], em vigor desde 1 de Maio de 2002;
- o Regulamento (CE) n.º 805/2004 do Parlamento Europeu e do Conselho, de 21 de Abril de 2004, que cria o título executivo europeu para créditos não contestados[22], em vigor desde 21 de Janeiro de 2005 (mas apli-

---

[16] Publicado no JO L 160, de 30 de Junho de 2000, p. 19 ss.
[17] Publicado no JO L 338, de 23 de Dezembro de 2003, p. 1 ss.
[18] Publicado no JO L 160, de 30 de Junho de 2000, p. 37 ss.
[19] Publicado no JO L 12, de 16 de Janeiro de 2001, p. 1 ss.
[20] Publicado no JO L 174, de 27 de Junho de 2001, p. 1 ss.
[21] Publicado no JO L 115, de 1 de Maio de 2002, p. 1 ss.
[22] Publicado no JO L 143, de 30 de Abril de 2004, p. 15 ss.

cável, quanto à generalidade das suas disposições, apenas a partir de 21 de Outubro de 2005), mais tarde substituído pelo Regulamento (CE) n.º 1869/2005 da Comissão, de 16 de Novembro de 2005[23], em vigor desde 7 de Dezembro de 2005;
- o Regulamento (CE) n.º 1896/2006 do Parlamento Europeu e do Conselho, de 12 de Dezembro de 2006, que cria um procedimento europeu de injunção de pagamento[24], em vigor desde 30 de Dezembro de 2006 (mas aplicável, quanto à generalidade das suas disposições, apenas a partir de 12 de Dezembro de 2008);
- o Regulamento (CE) n.º 861/2007 do Parlamento Europeu e do Conselho, de 11 de Julho de 2007, que estabelece um processo europeu para as acções de pequeno montante[25], que entrou em vigor em 1 de Agosto de 2007 e será aplicável, quanto à generalidade das suas disposições, a partir de 1 de Janeiro de 2009;
- o Regulamento (CE) n.º 864/2007 do Parlamento Europeu e do Conselho, de 11 de Julho de 2007, sobre a lei aplicável às obrigações extracontratuais (Roma II)[26], que entrará em vigor, quanto à generalidade das suas disposições, em 11 de Janeiro de 2009.

Ora, tendo em conta o disposto no artigo 249.º, segundo parágrafo, do Tratado CE, os Regulamentos comunitários são actos normativos de carácter geral, obrigatórios em todos os seus elementos e directamente aplicáveis em todos os Estados membros[27]. Por isso os Regulamentos dispensam qualquer acto de "transposição" para a ordem jurídica interna dos Estados membros. Tal significa que os actos mencionados se aplicam na ordem jurídica interna portuguesa sem a necessidade de mediação de um qualquer acto normativo de fonte interna. A Constituição Portuguesa reconhece esta eficácia no artigo 8.º, n.º 3.

III. A situação actual do Direito Internacional Privado em vigor em Portugal caracteriza-se assim pela pluralidade de fontes e pela diversa natureza

---

[23] Publicado no JO L 300, de 17 de Novembro de 2005, p. 6 ss.
[24] Publicado no JO L 399, de 30 de Dezembro de 2006, p. 1 ss.
[25] Publicado no JO L 199, de 31 de Julho de 2007, p. 1 ss.
[26] Publicado no JO L 199, de 31 de Julho de 2007, p. 40 ss.
[27] Excepto na Dinamarca, no âmbito do Título IV da Parte III do Tratado CE. Como se sabe, enquanto o Reino Unido e a Irlanda, nos termos do artigo 3.º do "Protocolo relativo à posição do Reino Unido e da Irlanda" anexo ao Tratado da União Europeia e ao Tratado que institui a Comunidade Europeia, manifestaram o desejo de participar na aprovação e aplicação destes Regulamentos, a Dinamarca, nos termos dos artigos 1.º e 2.º do "Protocolo relativo à posição da Dinamarca" anexo àqueles Tratados, não participou na aprovação de tais actos.

das normas aplicáveis na resolução dos problemas que se suscitam a propósito das situações dotadas de elementos de estraneidade.

Esta multiplicidade origina por certo dificuldades de coordenação aos órgãos de aplicação do direito.

Aliás, não pode omitir-se que existem já pontos do regime em que se detecta uma certa incoerência ou, pelos menos, alguma incerteza.

Em primeiro lugar, sublinha-se a diversidade de soluções quanto à determinação da natureza da referência a uma ordem jurídica estrangeira, operada por normas de conflitos contidas no sistema português: de um lado, a possibilidade de *aceitação da devolução*, nos termos do complexo sistema contido nos artigos 16.º a 19.º (bem como nos artigos 36.º, n.º 2, e 65.º, n.º 1, parte final) do Código Civil; de outro lado, a imposição da *referência material*, no âmbito da generalidade das convenções internacionais em vigor em Portugal, e também por força de norma expressa contida, por exemplo, no artigo 42.º do Código dos Valores Mobiliários.

Assinala-se ainda a diferença quanto ao sentido da relevância atribuída a *normas internacionalmente imperativas* – designadamente nos casos em que tais normas pertencem a uma ordem jurídica estrangeira –, considerando a estatuição de várias disposições aplicáveis em Portugal: o artigo 7.º da Convenção de Roma (ponderada também a reserva que Portugal formulou, relativamente ao n.º 1 desse preceito, ao abrigo do artigo 22.º da mesma Convenção); o artigo 16.º da Convenção da Haia sobre representação; o artigo 3.º do Código dos Valores Mobiliários; o artigo 6.º, n.ºs 5 e 6, do Código do Trabalho.

3. Próximos desenvolvimentos

I. A situação pode tornar-se ainda mais complexa num futuro próximo.

Como se sabe, decorrem actualmente na União Europeia os trabalhos tendentes à aprovação de importantes Regulamentos em matéria de conflitos de leis e de conflitos de jurisdições.

Lembro apenas os seguintes:
– a "Proposta de Regulamento do Parlamento Europeu e do Conselho sobre a lei aplicável às obrigações contratuais (Roma I)"[28];
– a "Proposta de Regulamento do Conselho relativo à competência, à lei aplicável, ao reconhecimento, à execução das decisões e à cooperação em matéria de obrigações alimentares"[29];

---

[28] COM(2005) 650 final.
[29] COM(2005) 649 final.

– a "Proposta de Regulamento do Conselho que altera o Regulamento (CE) n.º 2201/2003 no que diz respeito à competência e introduz regras relativas à lei aplicável em matéria matrimonial", isto é, no que diz respeito à lei aplicável em matéria de divórcio e separação de pessoas e bens[30].

Acresce que, sob o impulso do Conselho Europeu da Haia de Novembro de 2004, a publicação de alguns "livros verdes" prenuncia a adopção de novos Regulamentos, nos domínios em que tal ainda não ocorreu. Assim, por exemplo:
– em matéria de direito sucessório, a Comissão apresentou, em 1 de Março de 2005, o "Livro verde – Sucessões e testamentos"[31];
– em matéria de regimes de bens do casamento, a Comissão apresentou, em 17 de Julho de 2006, o "Livro verde relativo à resolução dos conflitos de leis em matéria de regime matrimonial, incluindo a questão da competência judiciária e do reconhecimento mútuo"[32];
– em matéria de penhora de contas bancárias, a Comissão apresentou, em 24 de Outubro de 2006, o "Livro verde sobre uma maior eficácia na execução das decisões judiciais na União Europeia: penhora de contas bancárias"[33].

II. Por outro lado, no âmbito da Conferência da Haia de Direito Internacional Privado celebraram-se novas Convenções e, mesmo a propósito de algumas das mais antigas, renova-se a discussão sobre a necessidade ou a conveniência da adesão por parte de Portugal.

O problema pode suscitar-se, por exemplo, quanto às seguintes Convenções:
– a Convenção celebrada em 30 de Junho de 2005 sobre os acordos de escolha de foro[34];
– a Convenção de 5 de Julho de 2006 sobre a lei aplicável a certos direitos respeitantes a valores mobiliários depositados num intermediário[35];
– a Convenção celebrada em 13 de Janeiro de 2000 sobre a protecção internacional dos adultos[36];

---

[30] COM(2006) 399 final.
[31] COM(2005) 65 final.
[32] COM(2006) 400 final.
[33] COM(2006) 618 final.
[34] A Convenção ainda não foi assinada por qualquer país.
[35] A Convenção foi assinada em 5 de Julho de 2006 por Estados Unidos e Suíça.
[36] A Convenção foi assinada por Alemanha, França, Países Baixos e Reino Unido da Grã-

– a Convenção de 19 de Outubro de 1996 relativa à jurisdição, à lei aplicável, ao reconhecimento, à execução e à cooperação em matéria de responsabilidade parental e de medidas de protecção de menores[37];
– a Convenção de 1 de Agosto de 1989 sobre a lei aplicável às sucessões por morte[38];
– a Convenção de 22 de Dezembro de 1986 sobre a lei aplicável aos contratos de compra e venda internacional de mercadorias[39];
– a Convenção de 1 de Julho de 1985 sobre a lei aplicável ao *trust* e ao seu reconhecimento[40].

4. CONSIDERAÇÕES FINAIS

I. É de prever que pelo menos algumas das mudanças anunciadas venham a ocorrer, quer pela aprovação de novos actos comunitários, quer pela adesão a convenções internacionais já existentes.

Se tal acontecer, o sistema de Direito Internacional Privado contido no Código Civil irá sendo progressivamente substituído pelas correspondentes normas de fonte internacional ou por Regulamentos comunitários e revelar-se-á de modo cada vez mais nítido o desajustamento de algumas das normas de conflitos do Código em relação às novas realidades.

Admite-se, por exemplo, que, em matéria de estatuto pessoal, o princípio da nacionalidade possa perder parte da sua predominância actual, em favor da lei da residência habitual, não apenas por influência da solução adoptada em convenções celebradas no âmbito da Conferência da Haia, mas sobretudo em

---

-Bretanha e da Irlanda do Norte; tendo sido ratificada apenas por Reino Unido e Alemanha, não entrou ainda em vigor.

[37] A Convenção entrou em vigor, a nível internacional, em 1 de Janeiro de 2002; vigora actualmente em treze países: doze Estados membros da Conferência (Mónaco, República Checa, Eslováquia, Marrocos, Letónia, Estónia, Austrália, Lituânia, Eslovénia, Hungria, Bulgária, Albânia) e um Estado não membro (Equador).

[38] A Convenção foi assinada por Suíça, Argentina, Países Baixos e Luxemburgo; tendo sido ratificada apenas pelos Países Baixos, não entrou ainda em vigor.

[39] A Convenção foi assinada por República Checa, Eslováquia, Países Baixos e Argentina; tendo obtido apenas a ratificação da Argentina e a adesão da República Moldova, não entrou ainda em vigor.

[40] A Convenção entrou em vigor no plano internacional em 1 de Janeiro de 1992. Vigora actualmente em nove Estados membros da Conferência (Reino Unido, Itália, Austrália, República Popular da China (Hong Kong), Canadá, Países Baixos, Malta, Luxemburgo e Suíça) e em dois Estados não membros (Liechtenstein e São Marino). Entrará em vigor para o Mónaco em 1 de Setembro de 2008.

consequência da aprovação das propostas da Comissão no domínio da lei aplicável ao divórcio e à separação de pessoas e bens e no domínio da lei aplicável às sucessões e aos testamentos.

Acresce que estas mesmas propostas da Comissão reflectem uma posição mais favorável à autonomia privada, geralmente ignorada no direito conflitual português no domínio do estatuto pessoal.

Aliás, não é de excluir que, com a aprovação de algumas das propostas actualmente em discussão, venham a ser consagradas no Direito Internacional Privado da família soluções inspiradas por uma ideia de flexibilidade e pela prevalência de critérios de natureza material.

Ao mesmo tempo, embora não se antevejam especiais dificuldades, vão certamente revestir-se de significativa importância as alterações decorrentes da aprovação dos Regulamentos comunitários relativos à determinação da lei aplicável às obrigações extracontratuais (Roma II) e às obrigações contratuais (Roma I).

II. A eventualidade de uma revisão geral do Código Civil não parece estar, de momento, no horizonte.

A exposição que antecede revela todavia que se justifica uma ponderação sobre a necessidade de remodelar o direito internacional privado, em sentido amplo, abrangendo o direito de conflitos, o direito da competência internacional e o direito do reconhecimento de decisões e actos proferidos no estrangeiro.

Poderia eventualmente encarar-se a hipótese de aprovar uma lei especial de direito internacional privado, à semelhança do que vem acontecendo em outros países europeus[41]. Isto mesmo foi sugerido ao Ministro da Justiça, no início do ano de 2007, pelo Conselho Português de Direito Internacional Privado – entidade constituída ainda sob a presidência da Professora Isabel de Magalhães Collaço, de que actualmente fazem parte os professores da disciplina de Direito Internacional Privado, que exercem funções nas Faculdades de Direito das Universidades de Coimbra e de Lisboa e da Universidade Nova de Lisboa.

---

[41] Por exemplo: na Eslováquia (Lei relativa ao direito internacional privado e processual, de 1963); na Áustria (Lei sobre o direito internacional privado, de 1978); na Suíça (Lei federal suíça sobre direito internacional privado, de 1987); na Roménia (Lei sobre a regulamentação das relações de direito internacional privado, de 1992); em Itália (Lei de reforma do sistema italiano de direito internacional privado, de 1995); na Eslovénia (Lei relativa ao direito internacional privado e processual, de 1999); na Estónia (Lei de direito internacional privado, de 2002); na Bélgica (Código de direito internacional privado, de 2004).

No caso de a proposta vir a ser acolhida, haverá então oportunidade de construir um sistema que tenha em conta a pluralidade de soluções existentes, procedendo, ao mesmo tempo, a algumas alterações no domínio da teoria geral do direito de conflitos, por exemplo, através da simplificação do sistema da devolução contido no Código Civil ou da clarificação da posição portuguesa sobre o reconhecimento e a aplicação de normas internacionalmente imperativas contidas num ordenamento estrangeiro.

Direito ao Cumprimento Contratual: que Conteúdo?[*]

Assunção Cristas[**]

1. Introdução, âmbito da intervenção

A ideia deste último painel do Colóquio Comemorativo dos 40 anos do Código Civil Português foi a de explorar alguns aspectos em que o direito civil carece particularmente de ser avaliado e discutido. Dessas reflexões é natural que resulte a constatação da necessidade de modernizar alguns institutos ou aspectos do seu regime. As intervenções terão seguramente um nível de certeza diferente. Algumas defenderão alterações da lei em determinado sentido, outras optarão por levantar questões, perplexidades, a que importará dar resposta, implicando no futuro, possivelmente, intervenções legislativas.

A minha participação enquadra-se nestas últimas. Tenho em desenvolvimento um projecto de investigação que visa a avaliação legislativa do modelo português do incumprimento contratual. Esse projecto parte da convicção de que o nosso modelo do incumprimento contratual é complexo[1] e de difícil aplicação. Parte da ideia de que, a bem da segurança jurídica, é bom que o desenho legal promova o cumprimento dos contratos em detrimento do seu

---

[*] O presente texto corresponde à intervenção oral "Direito do Incumprimento Contratual" realizada no Colóquio Comemorativo dos 40 anos do Código Civil Português "Código Civil Português – 40 anos de vigência", organizado pela Faculdade de Direito da Universidade Nova de Lisboa, em Maio de 2007, no âmbito das comemorações dos 10 anos da FDUNL.

[**] Professora da Faculdade de Direito da Universidade Nova de Lisboa.

[1] Creio que é possível apontar três razões essenciais explicativas da complexidade do sistema português: a não adopção de um modelo unitário de incumprimento contratual (ao invés, exploração das dicotomias impossibilidade/incumprimento; mora/incumprimento definitivo; incumprimento total/parcial e defeituoso); o elevado nível de abstracção decorrente do tratamento da matéria do cumprimento e do incumprimento por referência às obrigações em geral, independentemente da sua fonte, a que acrescem algumas regras destinadas às obrigações com fonte contratual; a unidade da responsabilidade contratual sob a égide da responsabilidade por facto ilícito [apesar de o próprio texto legal por não poucas vezes trair esta leitura, referindo-se a responsabilidade por facto ilícito em geral quando se quer referir à responsabilidade delitual. Veja-se, por exemplo, os arts. 499.º e 805.º/2/b) e 3] e o tratamento conjunto da obrigação de indemnizar.

incumprimento[2]. Mas parte também da ideia de que um bom sistema de incumprimento contratual é aquele que favorece o cumprimento dos contratos eficientes e permite a desvinculação dos contratos cujo cumprimento é ineficiente[3].

A primeira fase do projecto passa por listar um conjunto de questões pertinentes neste domínio e ver qual a resposta que a jurisprudência lhes tem dado, com o objectivo de fixar o direito efectivamente aplicado. Alicerçado num questionário base, procura-se identificar respostas unívocas ou correntes jurisprudências sobre certa matéria[4]. Depois de fixado o direito efectivamente aplicado, identificam-se as questões que merecem uma avaliação do ponto de vista da análise económica do direito e, mediante os resultados alcançados, pensam-se soluções alternativas. O objectivo final é a proposta de um modelo simples e eficiente de desenho legislativo para o incumprimento contratual.

As questões que trago hoje inscrevem-se, pois, num trabalho em progresso. São mais dúvidas que certezas. Em Novembro do ano passado tive a oportunidade de, na Universidade de Braga, num colóquio dedicado ao direito contratual, tratar o problema da mora e da necessidade de interpelação admonitória para a conversão da mora em incumprimento definitivo. Agora pensei em abordar alguns aspectos do direito do incumprimento contratual que, no fundo, se resumem à resposta sobre se existe ou não entre nós um direito ao cumprimento do credor, entendido como execução específica do contrato. Utilizo esta expressão no sentido que lhe é dado pelo Código Civil na sub-secção II, ou seja, da possibilidade de o credor obter, através da intervenção do

---

[2] O princípio do cumprimento dos contratos não pode deixar de ser estruturante do ordenamento jusprivatista. Sem ele a autonomia privada deixaria, porventura, de fazer sentido. São eles que justificam a intervenção do Estado em caso de incumprimento.

[3] Veja-se nomeadamente R. Posner, *Economic Analysis of Law*, 6.ª ed., Nova Iorque, Aspen, 2003, pp. 118 e ss.; R. Cooter e T. Ulen, *Law and Economics*, 2.ª edição, 1997, Massachusetts, Addison Wesley, 1997, pp. 167 e ss.; S. Shavell, *Foundations of Economic Analysis of* Law, Harvard University Press, Cambridge, 2004, pp. 305 e ss., 242 e ss. e 375 e ss. Entre nós, F. Araújo, *Teoria Económica do Contrato*, Coimbra, Almedina, 2007, pp. 735 e ss., em particular, pp. 756 e ss. e, sucintamente, V. Rodrigues, *Análise Económica do Direito. Uma* Introdução, Coimbra, Almedina, 2007, pp. 139 e ss.. Sem prejuízo de, pelas razões referidas na nota anterior, fazer todo o sentido a manutenção da ilicitude, com as consequências que daí advêm, como desvalor para o incumprimento contratual.

[4] Veja-se o relatório dirigido por mim e elaborado por Tânia Pereira, aluna finalista da FDUNL e bolseira do CEDIS (Centro de Investigação e Desenvolvimento sobre Direito e Sociedade da FDUNL), *Avaliação do Regime Português de Incumprimento dos Contratos: Análise de Jurisprudência (Relatório)*, Fevereiro de 2007, pp. 6 e ss.. A informação jurisprudencial contida neste texto resulta, essencialmente, do trabalho desenvolvido por Tânia Pereira e, depois, por Diogo Pereira, enquanto bolseiros de iniciação à investigação no âmbito do CEDIS.

tribunal, a satisfação do seu crédito de uma forma originária (ou muito próxima da originária). Dito de outra maneira, até que ponto o devedor tem ou não tem a possibilidade de não cumprir, desvinculando-se do contrato e pagando, para isso, o respectivo preço. As posições do credor e do devedor serão, naturalmente, simétricas.

Responder a estas questões passa por questionar a aplicação do princípio da primazia da reconstituição natural à responsabilidade civil contratual, quando o credor resolve, licitamente, um contrato. Passa também por questionar se é possível obrigar judicialmente à manutenção de um contrato ainda que o devedor se desinteresse, definitivamente, dele. Responder a estas questões implica, no limite, traçar a fronteira entre a responsabilidade civil delitual e a responsabilidade civil contratual e encontrar o fundamento último para um regime comum ou diferenciado. Implica ainda porventura reponderar o papel da cláusula penal[5].

Naturalmente que o objectivo da minha intervenção não é responder a estes problemas, seja pelos escassos vinte minutos programados para ela, seja pela fase ainda pouco avançada da investigação. Pretendo, pois, deixar somente algumas pistas de reflexão.

2. Direito ao cumprimento

2.1. O que diz a doutrina

A explicação do nosso modelo do incumprimento contratual não é sistematicamente clara, o que resulta, em boa parte, de as regras sobre o incumprimento estarem redigidas para serem aplicadas ao incumprimento de todas as obrigações, independentemente da sua fonte, mas, ao mesmo tempo, haver regras específicas relativas à resolução dos contratos bilaterais, como uma consequência possível do incumprimento de obrigações contratuais[6].

---

[5] No sentido de que a sua inserção no contrato não preclude os direitos que a lei concede ao credor para reagir ao incumprimento, nomeadamente a condenação do devedor no cumprimento, A. Pinto Monteiro, *Cláusula Penal e Indemnização*, Coimbra, Almedina, 1990, pp. 696 e ss.. Concordando, A. Prata, *O Contrato-Promessa e o seu Regime*, Coimbra, Almedina, 1994 (reimpressão 1999), p. 942.

[6] Por exemplo, I. Galvão Telles, *Direito das Obrigações*, 7.ª edição, Coimbra, Coimbra Editora, 1997, trata do incumprimento contratual em geral no capítulo sobre "Não cumprimento das obrigações" (pp. 299 e ss.), que abrange a matéria da responsabilidade obrigacional, e, na última secção deste capítulo, intitulada "Especialidades dos contratos bilaterais" (pp. 450 e ss.),

Procurarei sistematizar o regime legal, partindo do incumprimento de obrigações contratuais.

Uma vez verificado o incumprimento definitivo da obrigação por perda objectiva do interesse, o credor pode resolver o contrato e exigir uma indemnização pelos danos sofridos. Se o incumprimento se deve à conversão da mora em incumprimento definitivo através de interpelação admonitória, ou, para alguns, a uma declaração peremptória de não cumprimento por parte do devedor inadimplente, caminhos alternativos são oferecidos ao credor. Ele pode optar por resolver o contrato, por exigir o cumprimento coercivo da obrigação, por não exigir o cumprimento coercivo, mas uma "grande" indemnização, realizando a sua prestação. Em qualquer dos dois primeiros casos, terá também direito a uma indemnização pelos danos sofridos, divergindo a doutrina apenas quanto ao critério para apurar o *quantum* indemnizatório no caso de resolução: interesse contratual negativo ou interesse contratual positivo[7-8]. No caso dos contratos sinalagmáticos terá ainda, no entretanto, direito a fazer uso da excepção de não cumprimento do contrato.

À partida, estes dois caminhos serão alternativos, cabendo a escolha ao credor. Este optará pela via que, no caso concreto, se lhe afigura mais conve-

---

trata da resolução do contrato por inexecução como aplicação do princípio da interdependência das obrigações. J.Antunes Varela estuda o incumprimento das obrigações, onde vai enxertando o regime dos contratos bilaterais, bem como aspectos da responsabilidade civil no volume II *Das Obrigações em Geral*, sendo certo que a responsabilidade civil em geral bem como a obrigação de indemnizar situam-se no volume I. L. Menezes Leitão segue ordem idêntica nos volumes I e II do seu *Direito das Obrigações*.

[7] As decisões judiciais citadas sem indicação específica de local de publicação podem ser encontradas em www.dgsi.pt.

[8] A maioria da doutrina e da jurisprudência defendem a indemnização pelo interesse contratual negativo: Antunes Varela, *Das Obrigações em Geral*, Vol. II, 7.ª ed., 1997, p. 109; Galvão Telles, *Direito das Obrigações*, 7.ª ed., 1997, pp. 463 e 464; Almeida Costa, *Direito das Obrigações*, 10.ª ed., 2006, p. 976; Menezes Leitão, *Direito das Obrigações*, Vol. II, 4.ª ed., 2006, pp. 267 e 268; sem preocupação de exaustividade, Ac. TRL de 23/02/95 (Santos Bernardino), CJ XX, I, 143; Ac. STJ de 21/11/1996 (Fernandes Magalhães); Ac. STJ de 26/03/1998, Lopes Pinto; Ac. TRP de 15/12/1998 (Américo Soares); Ac. da TRC de 08/02/2000, CJ, Tomo I, p. 8; Ac. TRP de 22/10/2001 (Narciso Machado); Ac. TRP de 15/10/2002 (Antas de Barros); Ac. STJ de 05/12/2002 (Ferreira de Almeida); Ac. TRL de 05/05/2005, (Fátima Galante); Ac. TRP de 12/05/2005 (Urbano Dias); Ac. TRP de 07/07/2005 (João Bernardo); Ac. STJ de 03/10/2006 (Urbano Dias), proc. 06A2719; STJ de 07/11/2006 (Urbano Dias), proc. n.º 06A3623. São conhecidas, no entanto, vozes discordantes – Vaz Serra, *Anotação ao Ac. 30/61 1970*, RLJ 104 (1971), pp. 204 e ss; Baptista Machado, *A resolução por não cumprimento e indemnização*, in Obra Dispersa I (1991), 195, pp. 175 e ss., A. Prata, *Cláusulas de Exclusão...*, cit., 1985, pp. 479 e ss. – com algum eco na jurisprudência – veja-se os Ac. TRP de 07/07/2005, Proc. N.º 0533690, (João Bernardo): Ac. TRP de 17/11/2005, Proc. N.º 053487, (Ataíde das Neves); Ac. STJ de 4/11/2004 (Noronha do Nascimento).

niente: exigência de cumprimento e manutenção do contrato ou aceitação (no sentido de resignação) do não cumprimento e resolução do contrato. No caso de subsistirem danos, e independentemente do meio adoptado, haverá lugar a uma indemnização residual.

A doutrina não é unívoca quando se refere ao direito do credor a exigir o cumprimento[9]. É frequente referir-se à execução por equivalente ou sucedâneo[10], ou seja, normalmente uma indemnização em dinheiro, mas também à acção de cumprimento que no limite poderá levar a um cumprimento, embora forçado e tardio, da obrigação original, o mesmo acontecendo, funcionalmente, com a "execução específica", embora nesta seja o tribunal a substituir-se ao devedor[11]. Nestes casos a prestação originária mantém-se, no primeiro é substituída pelo direito à indemnização.

Também não é unânime entre os autores se esta "execução específica" pode ser accionada num quadro de incumprimento definitivo ou se é viável apenas no âmbito da mora[12].

Seguramente parece ser entendimento que o credor tem um direito ao cumprimento que pode ser exercido contra o devedor mesmo que, peremptoriamente, este se tenha recusado a cumprir. Se o conteúdo desse direito ao cumprimento for a execução coerciva da obrigação devida, tal quererá dizer que o devedor não poderá oferecer, em alternativa, uma indemnização em dinheiro, pagando o preço da desvinculação (embora, claro, o credor possa optar por ela). Já se o conteúdo desse direito ao cumprimento for entendido como uma indemnização por equivalente, então o mesmo vale por dizer que o devedor pode incumprir arriscando-se, no limite, a pagar o preço do incumprimento.

2.2. O que diz a jurisprudência. O Acórdão do STJ de 4.11.2004 em particular

Esta nebulosidade que existe na doutrina também passa para a jurisprudência.

---

[9] A. Prata, *Cláusulas de Exclusão e de Limitação da Responsabilidade Contratual*, 1985, p. 505, chama atenção para o equívoco possível sugerido pela expressão direito ao cumprimento: direito a obter a condenação do devedor no cumprimento e direito à execução específica do direito creditório.

[10] Por exemplo, Galvão Telles, *Direito das Obrigações*, cit., p. 464.

[11] Antunes Varela, *Das Obrigações em Geral*, Vol. II, cit., pp. 150 e 152.

[12] No sentido de apenas ser viável num quadro de mora, Menezes Leitão, *Direito das Obrigações*, Vol. II, cit., p. 282.

Num Acórdão do STJ de 4.11.2004, sobre compra e venda de coisa defeituosa, o relator, Noronha do Nascimento, escreve "Pode o comprador seguir, ainda, uma terceira via [as outras duas eram a anulação com base em erro e a resolução com base em incumprimento]: exigir o cumprimento do contrato tal como foi acordado (art. 817.º). O cumprimento em espécie não existe como regra no nosso ordenamento jurídico. Exceptuando casos limitados de execução específica (arts. 827.º e segs.), o mais frequente dos quais se reporta a contratos-promessa (art. 830.º), o devedor faltoso não é obrigado depois a cumpri-lo em espécie, mas – sim – em sucedâneo.

A execução específica do contrato-promessa corresponde a um verdadeiro cumprimento em espécie já que é a própria prestação prometida que vai ser outorgada nos precisos termos acordados por quem se substitui ao devedor, seguindo-se neste ponto uma solução próxima daquela que a lei consagra como regra para a responsabilidade extra-contratual (a reconstituição natural prevista no n.º 1 do art. 566.º).

Mas, à parte destes casos, o cumprimento contratual peticionado pelo credor reconduz-se à fixação indemnizatória sucedânea quantificada em função do interesse contratual positivo. Porque o devedor não pode ser forçado a cumprir em espécie o contrato que outorgou, o seu sucedâneo reconduz-se à indemnização que vai abranger os danos causados pelo incumprimento e os lucros cessantes que o credor extrairia do contrato caso este fosse cumprido."

Importa fazer vários reparos a respeito desta longa citação.

O acórdão:
– entende o direito ao cumprimento, tal como previsto no artigo 817.º, como um direito não ao cumprimento em espécie, mas um direito ao cumprimento em sucedâneo, ou seja, a uma indemnização, quantificada no seu entender de acordo com o interesse contratual positivo;
– estabelece um paralelismo entre os casos de verdadeira execução específica, como é a execução específica do contrato-promessa, e o primado da reconstituição natural, previsto no n.º 1 do artigo 566.º do CC;
– indica expressamente que o primado da reconstituição natural é aplicável como regra para a responsabilidade civil extra-contratual, resultando, *a contrario sensu*, que não será aplicável à responsabilidade civil contratual;
– não qualifica o destino do contrato: é dado adquirido que se extingue, mas não se compreende se está implícita a resolução (porque o seu objecto se esgotou, por exemplo) ou, por hipótese, a cessação por impossibilidade, o que suscita a questão da cumulação da indemnização com outros meios de defesa invocáveis pelo credor.

De todas estas questões há três pontos que interessa, neste momento, realçar.

O primeiro, é que se confrontarmos a fundamentação do acórdão com o que acabei de referir serem os ensinamentos dos autores, percebemos que o modelo de incumprimento está longe de ser entendido com clareza e consenso. E note-se que a decisão neste acórdão foi proferida por unanimidade. Não se trata pois de uma posição do relator que tenha merecido concordância de apenas parte do tribunal.

O segundo, é que parece existir alguma confusão quanto ao conteúdo do direito ao cumprimento. Qual é o pedido numa acção condenatória de cumprimento de uma obrigação contratual? Parece ser, em primeira linha, a condenação do réu-devedor na realização da prestação em falta. Se, ainda assim, condenado pelo tribunal, o devedor não cumprir, então, em sede executiva será possível insistir no cumprimento nos moldes que abaixo explicarei ou convolar o pedido num pedido indemnizatório. Nada obsta a que este pedido indemnizatório conste da acção declarativa de condenação como pedido subsidiário ou mesmo alternativo (caso em que as opções seriam a condenação no cumprimento ou o reconhecimento da resolução e, em qualquer dos casos, uma indemnização residual). Tudo isto sem prejuízo de, caso o credor disponha de um título executivo, passar directamente à fase da execução.

O terceiro, é que o acórdão aponta para um tratamento diferenciado do incumprimento de uma obrigação contratual e de uma obrigação extra-contratual, assumindo para esta um direito do credor ao cumprimento (específico) e para aquela (fora dos casos particularmente previstos na lei) um mero direito à indemnização por não cumprimento. Ou seja, o conteúdo do direito ao cumprimento do credor será diferente consoante esteja em causa uma obrigação contratual ou extra-contratual. No primeiro caso, por regra, apenas tem direito a uma indemnização em dinheiro, no segundo, também por regra, tem direito ao "cumprimento em espécie", no quadro do primado da reconstituição natural.

3. Primado legal do direito ao cumprimento?

Como pano de fundo importa frisar que o regime legal do cumprimento e do incumprimento se aplica a todas as obrigações, tenham ou não fonte contratual. Se em muitos casos se percebe que o paradigma é a obrigação contratual, noutros tal não será tão visível. A consequência é que algumas regras poderão não fazer totalmente sentido no âmbito de incumprimento de uma obrigação contratual. Depois, a lei não esclarece muitas vezes plenamente a que tipo de obrigações se reporta. Ora esse elemento é fundamental para compreendermos o regime aplicável.

Em primeiro lugar, há que distinguir as obrigações em causa.

Se estivermos perante obrigações pecuniárias, dir-se-á que é sempre possível exigir o cumprimento através da execução para pagamento de quantia certa (art. 45.º/2 CPC). Não deixando de ser verdade, esta constatação representa, a meu ver, um falso problema. Se a prestação é a entrega de um montante em dinheiro e se é possível cumular com a exigência do cumprimento uma indemnização por danos sofridos, então, economicamente, isto não será diferente de uma indemnização por incumprimento em sede de responsabilidade contratual associada à resolução do contrato. O credor receberá sempre um determinado montante em dinheiro: esse montante será maior ou menor consoante opte por realizar ou manter a sua prestação ou resolver o contrato, não realizando a sua prestação ou pedindo a devolução da mesma. A maneira de obter o pagamento dos montantes devidos em caso de recusa do devedor será a execução para pagamento de quantia certa. Pouco importa se essa execução se destina a satisfazer a prestação originária do credor ou a prestação sucedânea no quadro de responsabilidade contratual (ou ambas).

Já se as obrigações forem não pecuniárias há que distinguir.

Se estiverem em causa prestações fungíveis, o direito ao cumprimento do credor tem conteúdo variável em função do objecto dessa mesma prestação. Se a prestação consistir na entrega de coisa determinada, então, em processo executivo, o credor pode exigir a entrega forçada da dita coisa (art. 827.º); se a prestação consistir na prestação de um facto fungível, também em execução o credor pode exigir que o facto seja prestado por outrem à custa do devedor (art. 828.º); se a prestação consistir num dever de omissão de prática de certo acto, o credor tem o direito de exigir, em execução, que o acto seja desfeito (art. 829.º); se a prestação consistir na celebração de um contrato definitivo na decorrência de um contrato-promessa, o credor pode requerer execução específica do mesmo (art. 830.º), funcionando a decisão judicial como substituta da declaração negocial da parte faltosa.

Por fim, se estiverem em causa prestações de facto infungível ainda haverá que distinguir: se exigirem especiais qualidades científicas ou artísticas do devedor, restará a via indemnizatória, não sendo possível exigir o cumprimento; caso contrário, é possível pressionar o cumprimento através do pedido de uma sanção pecuniária compulsória (art. 829.º-A).

Olhando para estas cinco situações em que o Código Civil concretiza particularmente o direito do credor ao cumprimento importa fazer algumas observações preliminares.

Os casos previstos nos artigos 827.º e 830.º, respectivamente, entrega de coisa determinada e execução específica de contrato-promessa, correspondem, verdadeiramente, ao exercício de um direito ao cumprimento por parte do credor, que, mesmo sem a colaboração do devedor, conseguirá obter a realização da prestação originária[13].

Os casos previstos nos artigos 828.º e 829.º, a saber, prestação de facto fungível por terceiro à custa do devedor e destruição de obra à custa do devedor do facto omissivo, são, a meu ver, falsas questões. Falsas questões porque em sede de incumprimento de obrigações contratuais o exercício destes direitos, do ponto de visa económico, não é substancialmente diferente da opção pela resolução do contrato e indemnização dos danos. No caso de o credor optar pelo cumprimento, o devedor até pode ser condenado ao cumprimento, mas, se não o fizer, o credor apenas poderá, no limite, exigir que a prestação seja realizada por terceiro a expensas deste. Tal significa que, através da execução, o credor obterá o montante necessário para pagar ao terceiro que realizará a prestação. Ora é indiferente para o credor que o devedor seja condenado numa indemnização que cubra o custo suportado pelo credor com a satisfação da prestação por terceiro ou que o devedor seja executado no montante necessário para pagar ao terceiro no quadro de um cumprimento sucedâneo por parte desse terceiro. Seguramente, o terceiro só realizará a prestação quando for pago. De acordo com o seu interesse e, nomeadamente, a urgência que tenha na prestação, o credor optará por pagar ao terceiro e imputar esse montante no cálculo da indemnização devida ou obter judicialmente a execução prévia do montante necessário à realização da prestação por terceiro.

Mais uma vez, interessa fazer o paralelismo com o primado da reconstituição natural: se esta for vista como uma faculdade exclusiva do credor, importa perguntar se ele pode prescindir dela e pedir uma indemnização que cubra, por exemplo, o preço pago ao terceiro que veio a prestar o facto ou a demolir a obra na sequência do incumprimento[14]. Se não for uma faculdade exclusiva do credor, mas também do devedor, este poderá impor-lhe a reconstituição através de facto por si praticado.

---

[13] Note-se que nestas situações a posição do credor apenas será preterida se esbarrar com uma posição jurídica de um terceiro que sobre a dele prevaleça. Será o caso de, entretanto, o devedor faltoso ter vendido a coisa que deveria entregar a um terceiro. Até esse ponto limite, a obrigação, enquanto direito a uma prestação, a uma conduta do devedor, legitima intervenções coercivas que se destinam a obter o cumprimento da obrigação mesmo sem a colaboração devida pelo obrigado. Quem realiza a prestação não é o devedor, mas essa é a única diferença em relação ao programa da obrigação originária: o conteúdo desta mantém-se inalterado e os efeitos do "cumprimento" forçado são idênticos. O que poderá acontecer, e provavelmente acontecerá, é a produção de efeitos adicionais decorrentes do atraso na realização da prestação.

[14] Sendo certo que, para alguma jurisprudência, também aqui estamos perante uma reconstituição natural. Veja-se o Acórdão do STJ de 11/01/2007 (Custódio Montes).

Por fim, a sanção pecuniária compulsória, prevista no artigo 829.º-A, é, no meu entender, o expoente máximo da importância do direito do credor ao cumprimento *in natura* no Código Civil[15]. Nos casos em que é imprescindível a colaboração do devedor a lei faculta ao credor a possibilidade de pedir a condenação deste num montante pecuniário por cada dia de atraso, de forma a que, pressionado ao extremo, o devedor opte por cumprir. Neste campo situamo-nos bem para lá de uma mera reparação de danos; aliás, o direito à indemnização residual em nada fica prejudicado pela sanção pecuniária compulsória[16]. Se é certo que a função de tal cláusula é essencialmente coerciva, não deixa de desempenhar em simultâneo uma importante função punitiva, particularmente visível na regra que manda distribuir o montante da sanção em partes iguais entre o Estado e o credor.

Se analisarmos a questão das diferentes opções em caso de incumprimento de obrigação contratual pelo prisma inverso, ou seja, na óptica do devedor, pergunta-se se este pode oferecer o cumprimento, se tem um direito a cumprir, e não apenas um dever a cumprir[17], quando o credor não está subjectivamente interessado no cumprimento e reclama indemnização pelo dano sofrido[18]. A resposta a esta questão está directamente ligada a outra, que se prende com os interesses protegidos pelo princípio do primado da reconstituição natural.

4. Primado da reconstituição natural?

Para além do aparente primado do direito ao cumprimento por parte do credor (não no sentido em que ele está obrigado a esgotar primeiro a via do

---

[15] J. Calvão da Silva, *Cumprimento e sanção pecuniária compulsória*, separata BFDC, 2.ª ed., Coimbra, 1997, p. 355, considera um "reforço da tutela específica do direito daquele [credor] à realização *in natura* da prestação que por este [devedor] lhe é devida".

[16] Veja-se Calvão da Silva, *Cumprimento...*, cit., pp. 412 e ss..

[17] Sobre um aspecto muito específico, Margarida Lima Rego, *No right do perform a contract?*, Thémis, 2006, pp. 42 e ss., defende a possibilidade de o credor recusar a prestação e, ainda assim, manter ou realizar a sua contraprestação, o que equivalerá a negar um direito do devedor a cumprir.

[18] Se nos situarmos no âmbito do direito do consumo, em concreto se atendermos ao diploma relativo à compra e venda de bens de consumo, é sustentável que o vendedor (devedor) tem o direito a reparar e substituir a coisa em causa antes do consumidor avançar para a resolução ou a redução do preço. Neste caso, o credor (consumidor) não terá liberdade total na escolha dos meios de reacção. O cumprimento conforme é um dever, mas também um direito do devedor. Sobre a interpretação não unívoca da "hierarquia" de remédios, veja-se mais abaixo, nota 34.

cumprimento e só se não for possível a aceitar a via indemnizatória, mas no sentido em que o devedor não poderá furtar-se a esse cumprimento em espécie), o Código Civil prevê, no artigo 566.º/1, o primado da reconstituição natural.

Note-se que já estamos em sede de obrigação de indemnização, ou seja, supostamente estamos fora do domínio do cumprimento e dentro do domínio da reparação do dano, da satisfação sucedânea do interesse do credor. Note-se ainda que este preceito está enquadrado na parte do livro das obrigações que se dedica às modalidades das obrigações: trata por isso da obrigação de indemnizar independentemente da fonte que determinou essa obrigação.

Se é certo que o preceito aplica-se, aparentemente, à indemnização decorrente de responsabilidade civil contratual ou delitual, se pensarmos que a indemnização decorrente de incumprimento contratual é um remédio cumulativo ou com a resolução ou com a exigência de cumprimento do contrato, é possível que cheguemos a conclusões diversas. Dito por outras palavras, que conteúdo tem o primado da reconstituição natural quando aplicado a uma indemnização residual, nomeadamente em articulação com a resolução do contrato? Poderá ainda assim o credor exigir, por esta via, o cumprimento? Possivelmente não fará sentido que o credor tenha optado pela resolução e indemnização e depois queira, em sede indemnizatória, obter uma reconstituição natural, o que até poderia ser entendido como *venire contra factum proprium*. Mas, porventura mais importante, poderá o devedor, ao abrigo desta regra, impor a reconstituição natural?

Para responder a essa questão temos de perguntar que interesses estão subjacentes ao princípio do primado da reconstituição natural. O quê e quem visa este princípio proteger.

À primeira vista, parece que está inerente a esta regra a ideia de que, em princípio, o credor verá o seu interesse melhor satisfeito se obtiver a indemnização em espécie (seja sob a forma de restauração natural através, por exemplo, da reparação do objecto danificado, seja sob a forma de indemnização específica através, por exemplo, da entrega de objecto equivalente), em vez de uma indemnização em dinheiro[19]. Mas estará verdadeiramente em causa apenas – ou em primeira linha – a protecção do credor?

Poderá o credor prescindir desse benefício legal e preferir a indemnização em dinheiro? E poderá o devedor, quando o credor peça indemnização em dinheiro em vez de reconstituição natural, excepcionar, oferecendo-se para

---

[19] Antunes Varela, *Das Obrigações em Geral*, Vol. I, 10.ª edição, Coimbra, Almedina, 2000, p. 904; Almeida Costa, *Direito das Obrigações*, cit., p. 771; Calvão da Silva, Cumprimento..., cit., pp. 141 e ss., Menezes Leitão, *Direito das Obrigações* I, cit., p. 496.

reconstituir naturalmente? Ou podem as partes, em conjunto, prescindir, antecipadamente da reconstituição natural?

Responder a estas questões implica perceber:

Primeiro, se o princípio do primado da reconstituição natural visa proteger o credor, o devedor, ou ambos;

Segundo, se é um princípio meramente supletivo, podendo por isso ser antecipadamente afastado pelas partes, ou se comporta em si razões de ordem pública que impeçam a sua derrogação[20].

As respostas a estas questões não resultam de forma unívoca e clara da doutrina portuguesa. Se há vozes que apontam para o estabelecimento do princípio em benefício de ambas as partes[21], outras parecem assentar a opção legislativa na óptica de protecção do credor[22] ou pendem mesmo para a tutela de em interesses mais gerais, de ordem pública[23].

A jurisprudência relativa ao incumprimento do contrato de empreitada aponta, embora não unanimemente, para o estabelecimento do princípio da reconstituição natural em benefício não apenas do credor, mas também do devedor. Acontece muitas vezes que o dono da obra, depois de instar o empreiteiro a reparar os defeitos da obra, contrata com outro empreiteiro a reparação dos mesmos e vem depois, alicerçado em responsabilidade contratual, pedir o ressarcimento do montante dispendido. Com frequência o tribunal

---

[20] Antunes Varela, *Das Obrigações*...I, cit., p. 904, parece apontar para o segundo sentido ao afirmar que vale o primado da reconstituição natural "apesar de o lesado preferir possivelmente em muitos casos a indemnização em dinheiro". Contudo, nada refere acerca da possibilidade de acordo. Almeida Costa, *Direito das Obrigações*, cit., p. 716, defende que o princípio pode ser afastado pelo acordo dos interessados. Não explicita porém se o acordo pode ser prévio. Na verdade, este é, a meu ver, um dos efeitos mais importantes da inserção de uma cláusula penal. Vaz Serra, *Resolução do Contrato*, BMJ 68, 1957, 153, pp. 258 e ss., aponta implicitamente nesse sentido, ao admitir a possibilidade de, através de cláusula penal, ser estabelecido um "preço" para o direito de arrependimento (veja-se, na p. 288, proposta de articulado condizente).

[21] Almeida Costa, *Direito das Obrigações*, p. 772, afirma com clareza que o modelo português (contrariamente ao italiano) estabelece a restauração natural como modo normal de indemnização no interesse de ambas as partes e não apenas do credor.

[22] Embora não de forma expressa, Menezes Leitão, *Direito das Obrigações* I, cit., p. 396, nota 835, parece implicitamente apontar neste sentido ao defender uma interpretação restritiva da excepção da excessiva onerosidade para o lesado.

[23] Antunes Varela, *Das Obrigações*...I, cit., p. 904, quando afirma que "[o] fim precípuo da lei nesta matéria é, por conseguinte, o de prover à directa remoção do *dano real* à custa do responsável, visto ser esse o meio mais eficaz de garantir o interesse capital da *integridade* das pessoas, dos bens ou dos direitos sobre estes.", apesar de, no mesmo local, também enfatizar a bondade da opção do código nas situações de escassez de géneros, com o sentido claro de protecção do credor.

julga a acção improcedente, por entender que o empreiteiro tinha o direito de reconstituir naturalmente em detrimento do pagamento da indemnização em dinheiro[24]. De acordo com a jurisprudência maioritária[25] – embora com algumas vozes críticas, que pugnam pela flexibilização do regime[26] –, a indemnização prevista no artigo 1223.º é entendida como complementar e não como alternativa, devendo seguir o princípio do primado da reconstituição natural.

Fora do contrato de empreitada, os casos não são tantos nem a aplicação é tão clara. Há algumas referências ao princípio do primado da reconstituição natural, mas nem delas resulta qualquer esclarecimento quanto à protecção subjectiva do princípio nem, nos casos analisados, ele é aplicado. Por uma razão ou por outra o tribunal acaba por condenar em indemnizações em dinheiro[27]. Para além dos casos de reintegração do trabalhador no seguimento de despedimento injustificado, que estão naturalmente fora do objecto de análise neste texto, há decisões, no campo da compra e venda de coisa defeituosa, em que os tribunais sustentaram a primazia da reparação ou substituição sobre a indemnização em dinheiro[28], da prestação de serviços no caso de o incumprimento provir da parte que presta o serviço e não da que paga[29], e em sede de contrato de arrendamento, a propósito da reparação das deteriorações causadas no locado pelo arrendatário[30].

---

[24] Veja-se, por exemplo, Acórdãos do STJ 12/01/99 (Ferreira de Almeida), 25/03/2003 (Afonso Correia), do TRL 23/02/95 e 22/09/2005 (Manuel Gonçalves), do TRG 29/10/2003 (Rosa Tching). Vários acórdãos admitem, no entanto, a intervenção directa do dono da obra em casos de manifesta urgência: STJ 8/06/2006 (Fernando Magalhães), 28/05/2004 (Ferreira Girão), TRP 18/11/2004 (João Bernardo), também o referido TRG de 29/10/2003 (Rosa Tching).

[25] Nomeadamente, Ac. STJ 8/06/2006 (Fernando Magalhães), TRE 29/04/2004 (Bernardo Domingos), TRG 29/10/2003 (Rosa Tching).

[26] Ac. STJ 28/05/2004 (Ferreira Girão), TRP 18/11/2004 (João Bernardo).

[27] Referindo-se às três situações em que o código civil admite a indemnização em dinheiro em detrimento da reconstituição natural, Antunes Varela, *Das Obrigações...*I, cit., p. 906, explicita que "cobrem aliás a maior parte dos casos da vida real". No mesmo sentido, Pinto Monteiro, *Cláusulas Limitativas e de Exclusão da Responsabilidade Civil*, Coimbra, Almedina, 1985 (reimpressão 2003), pp. 89 e 90.

[28] Acórdãos do TRC de 16/05/2006 (Silva Freitas) e de 24/10/2006 (Cardoso Albuquerque).

[29] Veja-se os Acórdãos TRL de 04/05/2006 (Carlos Valverde), de 14/09/2006 (Salazar Casanova) e de 30/11/2006 (Fátima Galante), que, embora invoquem o princípio do primado da reconstituição natural, acabam por, com fundamentos vários, condenar numa indemnização em dinheiro.

[30] Veja-se o Acórdão do STJ de 09/01/2003 (Oliveira Barros), embora no caso concreto o tribunal tenha entendido que, em virtude do decurso do tempo, a reconstituição natural não conseguia reparar integralmente os danos.

Esta escassez de aplicação do princípio do primado da reconstituição natural no quadro da responsabilidade civil contratual leva-nos a crer que, neste âmbito, a regra é a da indemnização em dinheiro e a excepção a da reconstituição natural, se é que se pode falar em reconstituição natural no âmbito dos contratos. Aqui, parece mais compreensivo falar-se em direito ao cumprimento conforme, cujo conteúdo será preenchido, no caso concreto, mediante as opções do credor.

Se olharmos para modelos, senão melhores, seguramente mais "arrumados", como o dos *Principles of European Contract Law*, alicerce do *Common Frame of Reference* do direito europeu dos contratos, actualmente em preparação, vemos que, aparentemente, têm os mesmos fundamentos que o direito português, no sentido de assumirem um direito ao cumprimento (*right to performance*) e um direito a indemnização (*damages*). Na verdade, porém, a previsão dos casos em que o credor pode exigir o cumprimento são bastante mais limitados. Tratando-se de obrigações pecuniárias, em princípio, haverá sempre direito do credor a executar o montante em falta, podendo efectuar a sua contraprestação. Contudo, se o devedor não estiver mais interessado na contraprestação, o credor deixa de a poder realizar se puder fazer uma transacção substitutiva sem esforço ou custos significativos ou se o cumprimento for considerado irrazoável naquelas circunstâncias, o que é particularmente relevante em casos de contratos de longa duração ou contratos de empreitada[31].

No que respeita às obrigações não pecuniárias poderá haver cumprimento coercivo ou execução específica (*specific performance*) a menos que – e refiro apenas algumas excepções – o cumprimento implique um esforço ou custo desrazoável ao devedor ou a parte adimplente possa obter razoavelmente cumprimento por outra via, através de uma "*cover transaction*" (art. 9:102 PECL). Nas notas lê-se que normalmente é o caso de resolução e indemnização[32].

6. Onde reside a confusão

Penso que uma parte do equívoco destas matérias no direito português prende-se, precisamente, com a necessidade de se compreender a responsabi-

---

[31] Artigo 9:101 PECL. Veja-se em particular o comentário relativo à *cover transaction* (The Commission of European Contract Law, *Principles of European Contract Law* Parts I and II, The Hague, London, Boston, Kluwer Law International, 2000, p. 392).
[32] *Idem*, p. 398.

lidade contratual articulada com as opções que o credor fará relativamente ao destino do contrato. Prende-se também com a necessidade de distinguir prestação em falta, enquanto conteúdo da obrigação contratual, e contrato fonte dessa obrigação. O credor tem direito ao cumprimento da prestação, mas é questionável se terá ou não direito à manutenção do contrato *qua tale*. Ou seja, é preciso densificar o conteúdo do direito ao cumprimento, precisando que se trata do direito ao cumprimento de uma prestação contratual que pode não coincidir com a manutenção do contrato violado.

Para tal será necessário compreender o tipo de contrato em causa, nomeadamente o seu carácter sinalagmático, e a maneira como o incumprimento de dada obrigação contratual o afecta. Pode acontecer que o contrato se esgote numa única obrigação contratual (ou em obrigações recíprocas) ou, pelo contrário, comporte várias obrigações, ou uma mesma obrigação continuamente repetida, como é o caso dos contratos duradouros. Por regra, não fará sentido falar em indemnização como um remédio isolado no caso de incumprimento de obrigação contratual. Ou o contrato se mantém, não obstante o incumprimento da obrigação, ou não se mantém.

A primeira escolha do credor será, pois, quanto à manutenção ou não do contrato, a segunda quando à indemnização a que terá direito, que deverá ser arbitrada tendo em conta os danos em ambos os cenários e a realização ou não de contraprestação caso tenha lugar. Estes diferentes meios à disposição do credor são genericamente entendidos como cumuláveis. O credor adimplente é chamado a fazer três opções diferentes, caso, naturalmente, tenham cabimento perante o contrato em causa: manter ou resolver o contrato; exigir o cumprimento ou não da prestação em falta (mantendo ou realizando a sua contraprestação, caso exista, ou excepcionando com o não cumprimento ou pedindo redução de preço); pedir ou não indemnização caso sofra danos.

Na verdade as três soluções alternativas normalmente apontadas – resolução, cumprimento coercivo, indemnização –, são melhor compreendidas, do ponto de vista do destino a dar ao contrato, se forem arrumadas em duas: resolução + indemnização ou cumprimento coercivo + indemnização, sendo certo que este cumprimento coercivo pode transformar-se, ele próprio, numa indemnização. Por regra, a indemnização é cumulável com outros meios de reacção, destinados ou não à manutenção da relação contratual, precisamente porque o seu escopo é diferente. O objectivo da indemnização é eliminar um dano e para ter lugar pressupõe o preenchimento de requisitos estritos. A indemnização apenas será um remédio isolado quando a prestação incumprida não tiver relevância na manutenção do contrato (o que acontecerá mais provavelmente em contratos de execução continuada ou em contratos duradouros) e o credor optar por mantê-lo, exigindo apenas o ressarcimento dos danos sofridos[33].

Isto significa que, se a indemnização é cumulada com a resolução do contrato, não há espaço para aplicação do princípio do primado da reconstituição natural, por manifesta contradição nos termos[34]. A indemnização será necessariamente em dinheiro[35]. Se há cumprimento coercivo, através de acção condenatória e posterior execução ou directamente através de execução para entrega de coisa certa ou execução específica de contrato-promessa, a indemnização será residual e, naturalmente, em dinheiro. Também aqui não tem lugar a reconstituição natural como primeira modalidade da obrigação de indemnizar, precisamente porque essa reconstituição natural corresponderá ao próprio cumprimento coercivo.

De toda a maneira, não se pode dizer que haja prevalência do direito ao cumprimento coercivo sobre a resolução ou a indemnização em dinheiro. O credor escolherá, livremente[36], o caminho que melhor lhe aprouver.

---

[33] Este caso não é de confundir com os casos de incumprimento parcial ou defeituoso, em que, pela escassa relevância do incumprimento, a lei proíba a resolução do contrato (veja-se o art. 801.º, cuja aplicação a doutrina estende a estes casos). Nesta situação o credor não poderá resolver o contrato, mas para além da indemnização poderá ainda exigir o cumprimento da prestação faltosa.

[34] A reconstituição natural, no limite, obrigaria à manutenção do contrato, ao renascimento do mesmo, com efeitos opostos aos da resolução... É matéria que carece de aprofundamento.

[35] Aliás, melhor seria, *de jure condendo*, para evitar confusões, cingir a palavra indemnização à indemnização em dinheiro e optar por falar em "reconstituição" quando estivesse em causa a reconstituição natural ou por equivalente. Assim, a "obrigação de reparar" o dano poderia dar lugar a uma "reconstituição" da situação existente ou a uma "indemnização". Posição tradicional, oposta, é bem visível na claríssima frase de Pinto Monteiro, *Cláusulas Limitativas...*, cit., p. 82: "Indemnizar é, assim, *reparar* um dano, mediante *reconstituição natural* (que é prioritária), ou por *equivalente*, em dinheiro.".

Dando conta da dificuldade em encontrar uma terminologia constante não equívoca, M. Fontaine, *Les Sanctions de L'Inexécution des Obligations Contractuelles – Rapport de Synthèse*, 2001, pp. 1032 e 1033, opta, na esteira de G. Viney, por referir-se a *exécution forcée en nature et ses "succédanes"* para designar a nossa reconstituição natural e por equivalente e *exécution forcée sous la forme de domages-intérêts* para denominar a indemnização em dinheiro.

[36] Admitindo que estão reunidos os pressupostos da resolução, o que dependerá da própria qualificação do incumprimento e do tipo de relações em causa. Sem prejuízo de todo o problema da mora, pense-se na hierarquia de remédios previstos na Directiva 1999/44/CE, relativa à compra e venda de bens de consumo, que baliza fortemente a opção do credor (consumidor), numa clara preocupação de limitar os custos para o devedor (veja-se Stefan Grundmann, *Regulating Breach of Contract – The Right to Reject Performance by the Party in Breach*, ERCL vol. 3 (2007) N.º 2, 121, em particular pp. 127 e ss.). No sentido de ser necessário integrar esse modelo, antes da transposição da directiva, P. Mota Pinto, *A Directiva 1999/44/CE e o direito português*,

Questão diferente é a de saber se, analisado o problema do prisma inverso, existe ou não um direito a bloquear a resolução de um contrato. Pode discutir-se a licitude do fundamento da resolução para efeitos de indemnização, mas não para obrigar à manutenção do contrato? Repare-se que se uma parte declara a outra a resolução do contrato com base em incumprimento da outra e esta outra contesta, com sucesso, que tenha incumprido, a declaração de resolução que emitiu valerá, provavelmente, como declaração de não cumprimento[37]. O contrato estará irremediavelmente perdido restando a via indemnizatória ou, através da execução coerciva das obrigações em falta, é possível mantê-lo[38]?

É matéria que precisa de ser aprofundada, mas liminarmente diria que uma coisa é o credor adimplente conseguir obter o cumprimento coercivo de certa obrigação contratual e coisa diversa é conseguir a manutenção do contrato, sob pena de a própria liberdade contratual poder ser posta em causa[39].

Estudos de Direito do Consumo, n.º 2, Coimbra, 2000, 197, pp. 258 e ss. e C. Ferreira de Almeida, *Orientações de Política Legislativa adoptadas pela Directiva 1999/44/CE sobre venda de bens de consumo. Comparação com o direito português* vigente, Themis, n.º 4, 2001, 109, p. 113. O Decreto-Lei n.º 63/2003, de 8 de Abril, que procede à transposição da directiva, não foi rigoroso na manutenção dessa hierarquia. C. Ferreira de Almeida, *Direito do Consumo*, Coimbra, Almedina, 2005, p. 164, aponta implicitamente para uma interpretação conforme à directiva. Já J. Calvão da Silva, *Compra e venda de coisas defeituosas. Conformidade e Segurança*, 4.ª edição, Coimbra, Almedina. 2006, p. 165, sustenta que a escolha do consumidor está apenas limitada ao abuso de direito. No entanto, quando assume que a directiva foi correctamente transposta (C. Calvão da Silva, *Venda de bens de consumo. Comentário. Decreto-Lei n.º 67/2003, de 8 de Abril. Directiva n.º 1999/44/CE*, 3.ª edição, Coimbra, Almedina, 2006, p. 87) acaba por considerar que o resultado da aplicação do abuso de direito não andará longe da hierarquia de remédios do texto comunitário. Mais difícil é descortinar a posição de A. Pinto Monteiro, *Garantias na venda de bens de consumo. A transposição da directiva 1999/44/CE para o direito português*, Estudos de Direito do Consumo, n.º 5, Coimbra, 2003, 122, p. 135, embora pareça assumir que a lei portuguesa contém a mesma solução da directiva ao não focar a disparidade dos dois textos, quando faz precisamente esse exercício de comparação.

[37] Sem prejuízo de, reunidas as circunstâncias, poder valer como denúncia, como refere P. Romano Martinez, *Da Cessação do Contrato*, Coimbra, 2005, p. 220.

[38] Em sentido positivo, Romano Martinez, *Da Cessação do Contrato*, cit., p. 219, considera que a obrigação de reconstituir a situação no caso de resolução ilícita implica a manutenção do contrato "que, afinal, não cessou", podendo ser exigida judicialmente a realização coactiva da prestação. A "extinção irreversível" será, pois, circunscrita. Embora não claramente, Brandão Proença, *A Resolução do Contrato no Direito Civil*, cit., pp. 152 e 153, por aparentemente se referir a uma específica situação de erro.

[39] Lembro J. Baptista Machado, *Pressupostos da resolução por incumprimento*, in Obra Dispersa I, Braga, 1991, 125, pp. 138 e ss., particularmente a propósito da "justa causa" como fundamento de resolução de contratos de execução continuada. Em seu entender, pequenas faltas em relações contratuais estáveis, faltas que, isoladamente, não passariam o crivo do artigo 802.º,

Em contratos de execução instantânea, paradigma do modelo do incumprimento (típica compra e venda de coisa determinada, que se esgota com a entrega da coisa e o pagamento do preço), a distinção não terá grande interesse, já em contratos de execução continuada e em contratos duradouros poderá ter grande importância[40-41].

---

poderão justificar a resolução do contrato por quebra de confiança na contraparte. O autor não diz, mas fica sub-entendido, parece-me, que resolvido o contrato não poderá a outra parte opor a manutenção do mesmo.

[40] Romano Martinez, *Da Cessação do Contrato*, cit., p. 220, aplicando os critérios do n.º 1 do art. 566.º, considera que a manutenção do contrato pode ser entendida como excessivamente onerosa no caso de a relação pessoal entre as partes ter ficado degradada e a subsistência do vínculo implicar uma solução inaceitável para aquele que agiu ilicitamente. Refere-se em particular a relações contratuais de execução continuada, especialmente no âmbito da prestação de serviços, não deixando perceber se, em seu entender, o critério valerá exclusivamente para estes casos.

[41] Isto, naturalmente, sempre dentro do direito civil, enquanto direito privado comum. Já noutros campos, como no direito do trabalho, o direito do trabalhador à manutenção do contrato de trabalho em caso de despedimento ilegal, sem deixar de colocar questões relevantes à autonomia privada, encontra no sistema axiológico que rege esta área do direito a sua explicação particular.

Perspectivas de Reforma do Código Civil Português de 1966: o caso especial do regime das garantias do cumprimento de obrigações

Vítor Pereira Neves*

I. Entendi o convite que me foi dirigido para falar sobre o regime das garantias do cumprimento no contexto de um conjunto de intervenções subordinadas à análise das perspectivas de reforma do Código Civil português como um convite que, ao menos implicitamente, era dirigido à discussão sobre a eventual necessidade de, no actual contexto e uma vez decorridos 40 anos sobre a entrada em vigor do Código Civil, proceder a uma revisão, mais ou menos profunda, daquele regime. O presente texto é, assim, marcado pela preocupação de dar uma resposta afirmativa também a este convite implícito, razão pela qual o essencial do seu conteúdo é ocupado pela análise da questão genérica de saber se hoje se justifica que se dispense algum do nosso tempo na análise da eventual conveniência, ou mesmo necessidade, de revisão do regime das garantias do cumprimento de obrigações.

Entendo, de todo o modo, que a análise não ficaria completa se, a uma resposta afirmativa àquela questão central, que desde já antecipo, não se seguisse o apontamento dos elementos que, em minha opinião, deverão ser considerados na análise concreta das soluções de revisão que venham a ser adoptadas.

É por essa razão que, ao longo do presente texto, se considerarão também duas questões adicionais. Assim, e por um lado, caberá decidir em que sentido ou por que princípios gerais se deve reger uma eventual reforma neste domínio. Por outro, haverá que decidir, com especial relevo para o objecto deste Colóquio, se, em função das conclusões a que conduza a análise anteriormente referenciada, a citada reforma deverá atingir uma tal profundidade que passe, (ao menos) também, por uma revisão do Código Civil ou se, ao invés, se deverá bastar com meras alterações ou novidades legislativas pontuais ou extravagantes, fora do âmbito de uma reforma profunda do regime geral das garantias tal como actualmente consagrado naquele diploma.

Ora, não sendo esta a sede nem o momento adequados para a definição última das opções finais a tomar quanto àquelas duas questões, que em larga

---

* Professor da Faculdade de Direito da Universidade Nova de Lisboa.

medida – como se verá – excedem os limites estritos da análise jurídica, importará, pelo menos, enunciar alguns dos elementos que, em qualquer caso e qualquer que seja o tratamento que a final se lhes dê, não deverão deixar de ser devidamente equacionados.

II. Começo, como referido, pela questão relativa à eventual conveniência, ou necessidade, de reforma do nosso actual regime legal das garantias do cumprimento.

E nesse contexto, porque não se deve estar constantemente a fazer tábua rasa do trabalho já feito, o ponto de partida da nossa análise não pode deixar de ser a resposta que, há poucos anos atrás, as mais prestigiadas Faculdades de Direito portuguesas deram ao inquérito que lhes foi submetido pelo Ministério da Justiça, através do Gabinete de Política Legislativa e Planeamento, sobre a revisão do Código Civil português[1]. Ora, o que estas respostas revelaram foi a existência de um relativo consenso no sentido de que, não obstante a sugestão de alguns ajustamentos na solução de um conjunto limitado de questões relativamente circunscritas, o diagnóstico feito não seria de molde a justificar ou a aconselhar a revisão profunda do Código Civil no que às garantias do cumprimento diz respeito.

De outra forma, o que mais se destaca na análise das respostas dadas é a circunstância de, da parte de nenhuma das Faculdades de Direito questionadas, se assistir à assunção de uma posição clara no sentido de que se tornava urgente, pelo menos, reflectir sobre a conveniência de empreender uma reforma mais profunda do direito português das garantias. E este destaque é justificado pela natural surpresa provocada por esta tendencialmente uniforme tomada de posição.

Na verdade, o referido resultado da análise empreendida há alguns anos atrás sobre o tema, tomando por referência o direito português vigente, é surpreendente, desde logo, quando confrontado com aquela que é a experiência do direito comparado e dos processos de reflexão internacional, desencadeados essencialmente a partir do início da segunda metade do século XX e, em especial, a partir do momento em que se tornaram conhecidas as primeiras influências exercidas pela crescente adopção, pelos diversos Estados dos Estados Unidos da América, do Artigo 9 do *Uniform Commercial Code*. Na ver-

---

[1] Sobre este inquérito, e respostas dadas ao mesmo, veja-se *Reforma do Direito Civil: Relatórios preliminares elaborados ao abrigo do Protocolo celebrado entre o Gabinete de Política Legislativa e Planeamento do Ministério da Justiça e as Faculdades de Direito da Universidade de Coimbra, da Universidade de Lisboa, da Universidade Católica Portuguesa e da Universidade Nova de Lisboa*, Almedina, Coimbra, 2005.

dade, após 1950, primeiro nos ordenamentos de *common law* – e naqueles em que estes maior influência exercem – e depois na generalidade dos demais ordenamentos, incluindo os de tradição romanística mais acentuada[2], e ainda nos trabalhos desenvolvidos por diversas organizações internacionais – com destaque para a UNCITRAL[3] –, assiste-se a um reconhecimento generalizado, embora nem sempre inteiramente consequente, de que o sistema tradicional das garantias do cumprimento se encontra esgotado, é causa de enormes problemas e, portanto, carece de ser profundamente revisto em linha com fundamentos explicitamente assumidos como de *ruptura* em relação aos que servem de base aos regimes tradicionais.

Ora, se este é o panorama no direito comparado e na experiência internacional, porquê um resultado diferente à face do direito português? Terá o direito português soluções substancialmente melhores, no sentido de mais adequadas às exigências da vida económica moderna, do que aquelas que vigoram nos demais ordenamentos? Ou serão as circunstâncias portuguesas que são tão radicalmente diferentes das que caracterizam os demais ordenamentos em termos que justifiquem que, em Portugal, sirva um regime que, para os outros, há muito não serve?

Creio que nenhuma destas duas questões merece uma resposta afirmativa.

As diferentes conclusões, expressas ou implícitas, a que se chegou em Portugal e a que chegam as reflexões empreendidas em outras paragens justificam-se, tão só, pela diferente perspectiva adoptada. E já que estamos a falar de perspectivas de reforma, esta afigura-se precisamente como uma das questões essenciais que não pode deixar de ser enfrentada.

É que o inquérito a que as Faculdades de Direito foram chamadas a responder, apesar de fazer um apelo genérico à reflexão e ao apontamento de outras questões ou matérias carecidas de reanálise, aparecia, na sua configuração básica, como tendente a uma revisão do Código Civil que, correndo o risco de ser excessivo na qualificação, se pode apelidar de *minimalista*. Com efeito, ele assentava na colocação de um conjunto de questões específicas sobre problemas concretos e, consequentemente, dirigido à contemplação interna das insuficiências do regime das garantias no Código Civil, não potenciando aquelas questões, e (portanto) as respostas dadas às mesmas, que fosse dado azo a uma reflexão que pudesse fazer questionar a própria *lógica* última do regime em apreço.

---

[2] Entre os quais, a França – e a sua reforma transversal do direito das garantias no início do ano de 2007 – será o mais recente e paradigmático exemplo.

[3] E, em especial, do seu VI Grupo de Trabalho e do trabalho que vem sendo desenvolvido pelo mesmo no domínio específico das garantias, principalmente desde a primeira das suas doze sessões já realizadas sobre a matéria, desde o ano 2002.

De outra forma, tratava-se puramente de uma reforma, ou de uma revisão, no sentido mais restrito do termo. E, sendo esta a perspectiva então adoptada, a única leitura que me parece dever ser feita das respostas dadas a tal inquérito é a de que, caso se pretenda manter a *lógica* subjacente ao regime consagrado no Código Civil, para recuperar a expressão há pouco utilizada, e olhando exclusivamente para este, como se de um *ente* isolado da vida económica prática se tratasse, a necessidade de mudança não será, efectivamente, de grande dimensão.

No entanto, adoptar tal perspectiva corresponde a passar ao lado do essencial. Com efeito, não se deverá perder de vista que, mais relevante do que este consenso de alcance limitado, é que não nos deixemos inebriar por aquela aparente satisfação e, portanto, não prescindamos de promover a reflexão que, efectivamente, está por fazer. Na verdade, a questão que verdadeiramente releva é, e não pode deixar de ser, a de saber se não devemos hoje atrever-nos a questionar, no sentido de pôr em causa, a própria *lógica* fundamental em que assenta o regime geral das garantias no Código Civil português.

Ou seja, e voltando às perspectivas de reforma que se entende que devem ser adoptadas, o que se deve agora começar por discutir não é se o regime das garantias do cumprimento no direito português deve ser melhorado ou optimizado em alguns aspectos pontuais. A discussão que vale a pena, e é essa que tem vindo a ser feita por esse mundo fora, é a de saber se não se deve refundar, com uma *lógica* diferente da actual, aquele regime. Ou seja, se quisermos alinhar a reflexão a empreender com a reflexão que há mais de meio século vem sendo recorrentemente reclamada noutras sedes, não devemos começar por colocar a questão de saber se o regime das garantias tal como vigente necessita de uma reforma ou revisão, subordinadas à perspectiva *minimalista* acima descrita, mas antes a de saber se o mesmo regime não carece de uma verdadeira *refundação*.

Deste modo, quanto à perspectiva a seguir na abordagem à eventual necessidade de reforma do regime jurídico das garantias no ordenamento jurídico português, o caminho há-de ser o de começar por questionar os fundamentos que actualmente servem de alicerces fundamentais daquele regime e se, após essa reflexão, mas apenas após essa reflexão, se concluir que esses fundamentos permanecem válidos e adequados, é que se deve partir para a ponderação de eventuais ajustes pontualmente focalizados ao regime actualmente vigente.

Percorrer o caminho inverso, começando pela abordagem desta segunda questão, como de alguma forma se procurou fazer há uns anos atrás, significa passar ao lado do essencial, prescindindo do tratamento de um conjunto alargado de questões prévias, bem mais relevantes, que não podem deixar de ser especificamente ponderadas e antecipadamente resolvidas. Deste modo, o que se mostra cada vez mais indispensável é que a análise da eventual conveniência ou necessidade de reforma do direito português das garantias parta precisamente da reflexão e da discussão sobre as opções fundamentais com base nas quais tal regime deve ser estruturado, de modo a confirmar se aqueles que são tradicionalmente apresentados como os princípios estruturantes nesta sede ainda merecem continuar a beneficiar de tais créditos.

E, note-se, as razões pelas quais se aconselha tal caminho estão longe de se reduzir a um qualquer deslumbramento com a experiência internacional e comparada antes sumariamente descrita. Com efeito, e bem ao invés, aquelas razões são variadas, e de outra mais valiosa natureza, entre as quais se destacam algumas de natureza interna ao ordenamento jurídico português e outras de cariz eminentemente externo, essencialmente relacionadas com a integração deste mesmo ordenamento no quadro internacional que lhe é mais próximo.

III. Desde logo, quanto às razões ditas internas, bastará notar que a percepção do regime legal das garantias pelos agentes económicos em Portugal, à semelhança do que se verificou, e ainda se verifica, em muitos outros ordenamentos, tende a contribuir decisivamente para a conclusão de acentuado desajustamento daquele mesmo regime.

Em termos simplistas, mas sintomáticos, podemos afirmar que o sistema actual é um sistema caracterizado pela *restrição*. Na verdade, ele é restritivo a propósito dos problemas fundamentais que as garantias suscitam, especialmente no domínio das garantias reais, desde a sua constituição, a sua máxima extensão e a sua eventual execução. E porque é que este carácter restritivo é um factor negativo? Não serão legítimas as opções que sejam, ou tenham sido tomadas, pelo legislador, em tal sentido? Obviamente que sim. O problema não está, então, naquelas restrições, mas antes na circunstância que se têm por evidente de estas restrições contrariarem frontalmente o *sentir* da generalidade dos seus destinatários, com a consequência perversa de conduzir à produção de efeitos contraditórios com aqueles que seriam os móbeis que as justificariam.

Com efeito, entre os agentes económicos, regista-se um sentimento generalizado no sentido de que as restrições antes referidas derivam hoje de circunstâncias relativamente aleatórias, correspondendo ao resultado de um conjunto de resquícios históricos com que temos de conviver mas que estão longe de assentar numa qualquer opção consciente e devidamente ponderada sobre o regime que melhor responde às actuais necessidades e aos actuais problemas que a vida económica suscita. Dá-se assim por adquirido que o sistema, tal como vigente, não é adequado em face da realidade actual, sem que nenhuma razão ponderosa justifique essa desadequação ou, por outro modo, sem que se percepcione exactamente qual a razão pela qual o mesmo sistema é restritivo quando a realidade actual reclamaria precisamente um sistema de sinal tendencialmente inverso, assente em soluções de base expansionista ou permissiva.

O resultado final a que tal situação conduz é unanimemente conhecido: constroem-se soluções que têm em vista circunscrever as restrições e proibições legais, soluções essas que, na generalidade dos casos, são caracterizadas por elevados níveis de complexidade e por custos de implementação excessivamente onerosos para os devedores que recorrem ao crédito garantido, com a agravante de penalizarem fortemente a disponibilidade sobre o património dos mesmos devedores. E pior que tudo, sem que a tais complexidade e excessiva onerosidade corresponda, na maioria dos casos, uma efectiva segurança ou garantia dos credores.

De outra forma ainda, o saldo final que facilmente se observa na prática pode resumir-se em poucas palavras: o sistema de garantias actual é, pura e simplesmente, e em termos absolutos, um sistema que potencia a perda ou inutilização de valor. Tanto bastará para justificar a necessidade de reflectir seriamente na sua reformulação.

Mas é também evidente que este resultado se verifica, essencialmente, no domínio das transacções comerciais e é por isso que discutir a necessidade de revisão do regime geral das garantias não é necessariamente o mesmo que discutir o regime das garantias tal como consagrado no Código Civil. Se o problema se coloca essencialmente àquele nível, e não ao nível do Código Civil, não será lá, e não aqui, que a questão deverá ser colocada e decidida? Sim e não. Admite-se que seja àquele nível que a questão deva ser colocada e especificamente resolvida quanto aos problemas concretos do comércio enquanto tal, pelo menos enquanto se mantiver a actual autonomia legislativa entre Código Civil e Código Comercial no direito português. Mas, independentemente da extensão das alterações que a tal nível se justifiquem, e da manutenção desta autonomia, importará assentar no pressuposto fundamental de que não é possível *refundar* o regime das garantias, mesmo que para o domínio específico das transacções comerciais, onde elas são aliás mais relevantes, sem que o Código Civil se mostre apto a constituir a base de tal *refundação*.

A dignidade do Código Civil e a unidade do sistema jurídico, assente na centralidade daquele, impõem que seja possível continuar a encontrar neste diploma as bases ou os fundamentos essenciais de todo o direito privado.

IV. Como já se referiu, a necessidade de empreender uma reflexão sobre a eventual *refundação* do direito das garantias no ordenamento português justifica-se ainda pela necessidade de estar atento ao, e preparado para o, influxo que, de fontes externas, muito provavelmente, a curto ou médio prazo, será exercido sobre este mesmo ordenamento. Já acima se fez referência aos ensinamentos do direito comparado e aos esforços que vêm sendo empreendidos no sentido da harmonização internacional de regimes, onde merecem especial destaque os trabalhos da UNCITRAL e, ainda com maior relevo para nós, o processo de integração europeia e a construção das bases para a existência e funcionamento de um efectivo mercado único. Com efeito, a experiência demonstra que onde se pretendeu criar um mercado interno sem barreiras houve, mais cedo ou mais tarde, que enfrentar o problema da harmonização do regime das garantias vigente nos diferentes espaços a que esse mercado se estenda.

Vejam-se, por exemplo, os resultados das reacções ao plano de acção da Comissão Europeia para a harmonização do direito privado. Falando-se muito do direito dos contratos, lá está, com grande destaque, a posição assumida por grande parte dos participantes no sentido de que as divergências no espaço europeu relativamente ao regime das garantias, pelos riscos que envolve, constitui um entrave sério à criação das melhores condições para o desenvolvimento do mercado interno[4]. Veja-se ainda, na sequência do incremento das transacções transfronteiriças associadas à prestação de garantias, o denominado Novo Acordo de Capital (Basileia II)[5] na parte relativa ao reconhecimento das garantias reais como forma de mitigação dos riscos de crédito dos bancos. A propósito do mesmo se tem salientado a primeira condição para aquela mitigação: clara indisputabilidade da garantia em face de todos os ordenamentos com os quais esta possa eventualmente ser confrontada. Ora, mais uma vez, tal só é possível num contexto de harmonização dos regimes materiais potencialmente relevantes.

Assim, será avisado ter como relativamente certo que, mais cedo ou mais tarde, seremos constrangidos a participar de um processo mais alargado em que os sistemas de garantias nacionais dos diversos Estados que integram a União Europeia serão questionados em nome da referida harmonização. Compete-nos estar preparados para, no momento relevante, participar activamente de tal processo, principalmente na defesa daquelas que sejam as nossas especificidades e os nossos interesses individuais.

Ou seja, também por estas razões de ordem externa, existe a conveniência, se não a verdadeira necessidade, de reequacionar o nosso regime das garantias.

---

[4] Assim, e a título meramente exemplificativo, veja-se a *Comunicação da Comissão ao Parlamento Europeu e ao Conselho: Maior Coerência no Direito Europeu dos Contratos – Plano de Acção*, de 12 de Fevereiro de 2003.

[5] Tal como concluído em Junho de 2004 pelo Comité de Basileia de Supervisão Bancária.

É aliás bom que tenhamos a consciência de que se nós não reflectirmos atempadamente sobre tal regime, e não tomarmos atempadamente as opções que se impõem, alguém virá e decidirá por nós. Bem poderemos, então, cruzar os braços e dizer, como se vem tornando hábito em face das crescentes intervenções comunitárias no domínio do direito privado, que nada poderemos fazer para evitar a descaracterização do direito nacional[6].

Quero crer que sempre existirá uma alternativa, que evite os resultados intoleráveis daquela descaracterização. Mas essa alternativa, que sempre redundará numa definição de um regime harmonizado ou mesmo uniformizado capaz de se integrar coerentemente com o sistema de direito privado nacional, exige – para que seja viável – uma constante atenção, uma capacidade de antecipação e uma preparação atempada, conforme aqui se propõe que seja urgentemente feito a propósito do regime das garantias do cumprimento de obrigações.

V. E, com o objectivo de auxiliar nesta reflexão, aponto de seguida algumas das questões que, na perspectiva acima referenciada de disponibilidade para reflectir sobre os fundamentos do regime que se pretende que vigore, numa lógica de não recusa liminar da eventual necessidade de profunda *refundação* deste, não deverão deixar de ser especificamente consideradas.

Em primeiro lugar, está na hora de definir que queremos do nosso sistema de garantias. Com efeito, conforme há muito se percebeu, o sistema de garantias vigente num determinado ordenamento não é um elemento neutral quanto às opções de natureza política e económica que se pretendam implementar[7]. Assim, entende-se ou não como favorável a hipótese de recurso facilitado e pouco oneroso ao crédito? E, em caso afirmativo, tal corresponde a um valor absoluto, nos termos do qual todo o crédito é por definição bom, ou apenas algum dele o é? Sabendo que a configuração das garantias não pode deixar de andar associada às especiais características dos bens sobre que recaem e do destino que lhes deva ser dado na pendência das mesmas garantias, que actividades se pretendem impulsionar com um regime de garantias mais favorável? Que crédito se pretende potenciar? Que credores, se alguns, se pre-

---

[6] De que o Decreto-Lei n.º 105/2004, de 8 de Maio, que transpõe para o direito português a Directiva n.º 2002/47/CE, do Parlamento Europeu e do Conselho, de 6 de Junho, constitui um descuidado e sintomático exemplo.

[7] A título exemplificativo, retome-se o exemplo francês, onde a revisão do regime das garantias foi antecedida da aprovação de uma *lei de habilitação* onde a generalidade das opções políticas e económicas relevantes foram antecipadamente consolidadas.

tendem favorecer[8]? Deve o nosso sistema de crédito ser assente numa prevalência do recurso ao crédito pelo consumidor ou do crédito pelo fornecedor[9]?

Em segundo lugar, assentes as referidas opções de natureza meta-jurídica, que posição de fundo tomar quanto à estruturação básica do regime das garantias? Deverá continuar-se a apostar num sistema eminentemente *formalista*, com consequente previsão de diferentes modalidades de garantia estruturalmente dissociadas umas das outras e com um regime próprio reciprocamente distinto? Ou, ao invés, deve enveredar-se, na senda das mais recentes tendências, por um regime fundado em opções *funcionalistas* básicas, de que o exemplo mais perfeito continua a ser o Artigo 9 do *Uniform Commercial Code*, com tendencial recondução à unidade das diversas modalidades de garantias, assente na consideração global da função unitária para a qual todas elas se predispõem? Ou será que, como acontece por exemplo no Código Civil do Quebeque, devemos procurar a compatibilização dos dois modelos descritos, respeitando as nossas tradições, que nos empurram para o primeiro, mas não deixando de acautelar as vantagens que o segundo propicia, em especial no que se refere à maior flexibilidade e à sua maior adequação para a prevenção da evasão ou fraude relativamente às soluções a que se pretenda apor a chancela de imperatividade?

Em terceiro lugar, devemos hoje assumir que as garantias constituem uma matéria devida e coerentemente subordinada aos princípios gerais do direito privado ou, ao invés, deve continuar a ser-lhe reservado um regime de excepção, onde – em vez de um princípio geral de autonomia – abundam as soluções imperativas e restritivas da liberdade negocial das partes? Será que existem *garantias perigosas*, só para alguns, como acontece na recente revisão do direito francês, ou todas as garantias deverão estar ao alcance de todos? Relativamente aos instrumentos de garantia admitidos, não estará na altura de alinhar o nosso regime com a crescente adesão ao princípio de *permit, but regulate* que se vem sucessivamente impondo nos demais ordenamentos e na experiência do direito internacional? E será que os interesses dos garantes e dos terceiros credores não garantidos dos mesmos garantes que alegadamente estão na base das soluções restritivas actualmente acolhidas no direito portu-

---

[8] Questão cuja solução se mostra essencial para a posterior racionalização dos actualmente denominados *privilégios creditórios*.

[9] A opção que se tome a este nível deverá projectar-se, por exemplo, na conformação do instituto da *propriedade reservada* como instrumento de garantia, quer no que se reporta à eventual prioridade da mesma em relação a outras formas de garantia quer, principalmente, no que se refere à admissibilidade e à eficácia das formas de extensão *horizontal* ou *vertical* da mesma *propriedade reservada*.

guês continuam a manter-se, na actualidade, como os interesses fundamentais a proteger por um regime moderno das garantias do cumprimento?

E, admitindo que os interesses são os mesmos, mantêm-se adequadas as formas eleitas para a respectiva protecção?

Por exemplo, quanto ao princípio de publicidade das garantias reais mobiliárias geralmente afirmado a propósito do direito português, deverá continuar a apostar-se neste princípio, mantendo o regime aplicável àquelas garantias de *costas voltadas* para o regime geral dos factos transmissivos de direitos reais sobre móveis, avesso, precisamente, à atribuição de relevância àquela mesma publicidade? Devemos manter este divórcio ou, ao invés, deve apostar-se na reconciliação? E, caso a escolha venha a recair nesta segunda opção, em que sentido deve a harmonização ser feita? Admitindo que a opção vai, coerente e conscientemente, no sentido da necessária publicidade, pode o direito português, depois de fazer tal opção, continuar a admitir no seu seio as *garantias ocultas*, como a clandestina propriedade reservada ou o assumido penhor sem desapossamento a favor dos bancos, só porque são bancos[10]? É, admitindo mais uma vez que a opção vai no sentido da publicidade, que publicidade é relevante? Há condições para a institucionalização de um sistema novo de publicidade, como a que deriva da adopção de um qualquer sistema de registo, ou, ao invés, devemos ater-nos à ultrapassada fórmula da posse como *indício* de oneração de um bem[11]? E se a solução for no sentido do aligeiramento das exigências alegadamente impostas para efeitos de publicidade, não deverá ponderar-se adequadamente num sistema de reforço da segurança jurídica num contexto de garantias ocultas, por exemplo através da exigência genérica de documento escrito com data de formalização devidamente certificada por terceiro independente e insuspeito?

E, por outro lado, que opções fundamentais tomar quanto à execução das garantias? De uma vez por todas, quem são os verdadeiros protegidos pelas restrições em que o actual regime foi erigido: o garante, os seus demais credores quirografários ou ambos, e em que medida ou a que propósitos? Quanto ao garante, continua a fazer sentido uma indiscriminada protecção do garante

---

[10] Para não referir já as garantias de crescente relevância prática constituídas sobre créditos, tipicamente ocultas em qualquer das suas configurações: cessão em garantia ou penhor.

[11] Mesmo sabendo que tal fórmula é contraditória com o sentir geral da comunidade (que há muito se habituou à generalização de soluções negociais que assentam precisamente na dissociação entre posse e propriedade e a outras formas de análise da situação económico-financeira dos seus devedores, como a análise dos respectivos documentos de prestação de contas) e que o *desapossamento* constitui um preço incomportável para muitos dos devedores que pretendam constituir garantias sobre muitos dos bens de que dispõem e de cuja disponibilidade material carecem para o exercício da sua actividade.

da sua própria *sombra*, impedindo-o genericamente de dispor da protecção que a lei genericamente lhe confere? E, mais relevante ainda, sabendo que subjacente ao regime geral das garantias do cumprimento deve estar o princípio de neutralidade patrimonial, nos termos do qual o devedor não se deve ver empobrecido para além do estritamente necessário à satisfação da obrigação garantida, não será o actual regime um regime fundamentalmente assente na proibição do potencial enriquecimento do credor, através de soluções que, afinal, acabam por ter o efeito pernicioso de causar a perda de valor às custas do alegadamente protegido devedor?

Finalmente, quanto à extensão dos activos que podem ser afectos em garantia: deve o sistema de garantias no ordenamento português, como agora se defende quase uniformemente, ser de molde a permitir a exploração da totalidade do valor garantístico reunido no património de uma determinada pessoa, incluindo o respectivo valor futuro ou meramente imanente[12]? E, em caso afirmativo, como lidar com os variados problemas novos que esta opção determinará, como, por exemplo, o que se relaciona com a questão de saber como lidar com os possíveis abusos e as situações de possível dependência de um devedor em relação a um credor ao qual tenha *confiado*, ainda que apenas em garantia, todo o seu património? Como ajudar os devedores a, neste caso, protegerem-se de si próprios? E devem proteger-se todos, em todos os casos, ou só alguns devedores, em algumas situações limitadas[13]?

Estas são apenas algumas das questões que, em minha opinião, não podem deixar de ser atempada e adequadamente ponderadas. É certo que, se mais tempo tivesse, outras colocaria. No entanto, o simples elenco antes referido serve o propósito de demonstrar o grau de profundidade a que deve descer a reflexão proposta sobre a eventual necessidade de *refundação* do direito português das garantias que, é minha firme convicção, desencadeará um processo transversal de reanálise do regime legal vigente em Portugal, com reflexos óbvios no Código Civil, enquanto diploma basilar do nosso direito privado comum, mas que também implicará o complementar ajustamento de outras soluções legais, fora das tradicionais fronteiras daquele, nos âmbitos particulares do direito comercial, do direito consumo e, naturalmente, do instrumental direito processual civil.

---

[12] Tomando assim posição, por exemplo, sobre as vulgarmente denominadas garantias flutuantes, derivadas das *floating charges* oriundas dos ordenamentos de *common law*.

[13] Como acontece, por exemplo, com as propostas feitas a propósito das garantias manifestamente excessivas e desproporcionadas, em modos absolutamente inovadores para o direito português, com o regime das cláusulas contratuais gerais no Projecto de Código do Consumidor.

Responsabilidade Civil

Ana Prata[*]

Como frequentemente me acontece, não venho dizer tanto do que sei mas mais do que ignoro. Conhecer os limites do conhecimento próprio é, talvez, uma virtude, mas não é uma vantagem socialmente reconhecida. Vivemos tempos em que é mais apreciado ter certezas do que dúvidas. Nada a fazer comigo. O regime da responsabilidade civil – e limitar-me-ei à extraobrigacional – causa-me as maiores dúvidas e dificuldades. Mais não farei do que partilhá-las neste momento, que tempo haverá, espero, para estudar o tema e adquirir mais conhecimentos e, talvez, convicções.

O direito da responsabilidade civil surgiu na dependência da responsabilidade penal, o que, tendo-o marcado essencialmente, é aspecto que não se encontra ultrapassado em ordens jurídicas, como a nossa, em que dela não se autonomizou completamente, o que não tem merecido a atenção que justificaria. E não se trata de questão nova: é de 1916 o estudo de Bindig, *Die Normen und ihre Trettung*, em que este afirma a necessidade de abandonar a ideia da responsabilidade como um género único, de que a penal e a civil constituiriam espécies. O que a muitos – falo de muitíssimo poucos em Portugal e estou a ser ignorante ou benevolente – aparece como uma recente revelação do trabalho desenvolvido no quadro da análise económica do direito, em especial nos EUA, já Mekel, em texto publicado na *Juristische Encyclopädie* em 1885, anunciava, escrevendo que "cada um deve suportar os custos necessários para fazer valer os seus interesses" e que o Estado não pode proibir todas as actividades criadoras de riscos, mas tem de prever quem suporta os custos da concretização destes últimos.

É incontroverso – quer do ponto de vista social quer do económico – que não pode pedir-se ao regime da responsabilidade civil solução para todos os problemas de prejuízos sofridos por alguém em razão de comportamentos alheios, numerosíssimos havendo de ser os casos em que o próprio lesado tem de absorver o dano, outros sendo aqueles em que cabe ao sistema de segurança social providenciar a reparação – ignoro deliberadamente (neste momento e contexto) o recurso ao seguro, já que este, no seu custo, sempre suporá que o agente tenha ele próprio responsabilidade ou que o lesado suporte o dano da

---

[*] Professora da Faculdade de Direito da Universidade Nova de Lisboa.

remuneração do contrato. Está, contudo, longe de ser certo, mesmo *de lege condita*, que o princípio do carácter excepcional da responsabilidade sem culpa, enunciado no n.º 2 do artigo 483.º, do Código Civil, se justifique. São inúmeras as previsões de situações de responsabilidade objectiva dispersas por legislação extravagante, em muitos casos sendo o regime da responsabilidade objectiva a regra. Não que este facto, em si mesmo, contrarie necessariamente aquele princípio; não, também, que partilhe a devoção pela inclusão no Código Civil de todos os regimes que aí poderiam encontrar-se sediados. É, porém, em meu entender, indiscutível que aquela disposição teve em vista – numa perspectiva histórica – a restrição da responsabilidade objectiva aos poucos (muitíssimo poucos, se deles se excluírem, como penso que claramente resulta das normas em causa, os previstos no artigo 509.º, C. C.) que estão consagrados nos artigos 500.º a 503.º do Código Civil. Foi irrecusável a consagração legal de responsabilidade objectiva em muitas outras situações: e isso foi feito em diplomas avulsos. Se o *numerus clausus* da responsabilidade objectiva implica o seu carácter excepcional, este comporta, creio, algumas consequências normativas, desde logo em sede legal de tais regimes: eles devem apresentar-se de modo a que possam ser facilmente conhecidos, e não apenas, nem talvez sobretudo, pelos lesados, mas pelos potenciais responsáveis; devem, por outro lado, ser claros e inequívocos de um ponto de vista interpretativo, tendo, mais uma vez e sempre, em consideração a sua cognoscibilidade, a fim de que os devedores de indemnizações possam, contando com eles, prevenir actos e actividades susceptíveis de os fazer incorrer na obrigação indemnizatória; ou, dito de outro modo e mais claramente, a fim de que o efeito dissuasor de actividades realizadas sem os necessários mecanismos de acautelamento de valores individuais e sociais possa funcionar. A inclusão de alguns daqueles no Código Civil – bem sabendo a erosão de que este tem sido objecto – implicaria, em abstracto pelo menos, um maior cuidado na redacção dos preceitos pertinentes, maior consolidação e mais fácil cognoscibilidade. Por outro lado, o carácter excepcional das normas que os consagram é questionável, já em razão da sua multiplicação, já porque a insusceptibilidade de aplicação analógica não se afigura a solução mais compatível com os numerosíssimos casos – como o aumento de diplomas em que é admitido demonstra – de riscos sociais e individuais criados pelas actividades economicamente lucrativas que o mercado tem vindo a desenvolver. Julgo, em conclusão, que, não advogando a inserção no Código Civil de todos esses regimes – que alguns deles não podem desde logo considerar-se de direito civil –, seria de considerar a deslocação para o Código daqueles que, sendo civis, se podem considerar suficientemente consolidados para que – na medida do possível, em tempos de desvario legislativo – não seja de esperar, com os critérios de ponderação e razoabilidade que devemos presumir no legislador, alterações próximas; e, por outro lado, que a excepcionalidade deveria ser eliminada.

Como diz Castronovo, " a questão da responsabilidade objectiva é hoje o verdadeiro problema da responsabilidade civil nos ordenamentos da área ocidental com civilização industrial desenvolvida".

Subjacente à concepção consagrada no Código parece-me estar não a convicção de que a responsabilidade sem culpa é indesejável social e economicamente, mas antes a ideia de que a culpa é um mal carecido de sanção, uma espécie de pecado civil. Se esta ideia tem que ver com a ligação ao direito penal, não pode ignorar-se que, num como no outro sistema de responsabilidade, ela decorre do paradigma, dos alvores de oitocentos, do sujeito, livre e senhor da sua vida e destino, cujo livre arbítrio constituiu o ponto de partida de quase todo o direito. A revolução industrial – e ainda apenas estou aqui – distanciou o produto do indivíduo, a actividade da pessoa, *dessubjectivou* a responsabilidade. Não me alongarei em citações – e muitos são os autores, franceses, alemães e italianos, dos que conheço, que omitirei –, mas seria imperdoável não referir Victor Mataja, autor de fins do século XIX, a quem se deve a primeira colocação sistemática da questão da responsabilidade civil numa perspectiva de ruptura cultural com a matriz liberal e que pode considerar-se, em muitos aspectos, pertinentemente contemporânea.

E aquela concepção, se perpassa todo o regime da responsabilidade civil, transcende-a, implicando a própria noção de ilicitude como pressuposto inalienável do regime-regra daquela; porém, o tempo e o saber de que disponho não chegam para mais por ora.

A culpa é caracterizada como a omissão de um dever jurídico: o dever de diligência cuja caracterização todos sabem como é feita. Pareceria, pois, que, com o n.º 2 do artigo 487.º do Código Civil, pouco espaço haveria para uma concepção moral – ou, mesmo, ética – da culpa. Não é assim, como todos sabemos também. A quase totalidade da doutrina continua – apesar da tímida, mas meritória, e já remota tentativa de Pessoa Jorge – a caracterizar a culpa como um juízo de censura. Trata-se de entendimento que coincide com a dos leigos, mas que não tem, nem deve ter, acolhimento no quadro da responsabilidade civil. A culpa é, como a lei diz, a mera omissão de um dever jurídico: que, de particular tem alguns aspectos, é certo: o primeiro deles, o de que o dever corresponde a um conceito indeterminado; o segundo, o de que os destinatários desse dever (à primeira vista, pelo menos) não são todos os sujeitos, mas apenas aqueles que disponham de discernimento e liberdade de acção suficientes para decidirem dos seus comportamentos. Julgo que o requisito da imputabilidade para a formulação do juízo de culpabilidade pode não ter tanto que ver com este directamente – e, mais uma vez, estamos perante um decalque do Direito Penal –, mas com o critério de identificação dos destinatários do dever jurídico primário (digamos assim) violado. Isto é, ser imputável civilmente supõe ser física, intelectual e psicologicamente capaz de conhecer as imposições e proibições normativas e de se conduzir livremente em função desse conhecimento. Adoptar, no cumprimento de tais deveres, a diligência exigível mais não é do que cumprir um dever de protecção do dever primário. Quanto a este aspecto, a lei é, aliás, omissa, já que se limita a dizer que é não imputável quem "estava [...] incapacitado de entender ou querer", sem precisar o que não foi entendido ou querido: o ilícito? o dano? a negligência?

Partir do dogma de que a culpa é censura leva a consequências normativas contraditórias com alguns dos traços de regime da responsabilidade civil. Assim e para começar com o exemplo mais vistoso, o artigo 494.º permite a restrição do direito indemnizatório, consideradas certas circunstâncias e tendo como necessário pressuposto o de que a conduta do agente foi meramente culposa. Está-se, à primeira vista, perante um preceito excepcional relativamente ao do artigo 562.º. Admitir tal excepção em função da apreciação da gravidade da culpa do agente requer duas vertentes de análise crítica:

a) Por um lado, entender que a responsabilidade civil tem (melhor se diria mantém, já que se trata de uma concepção pré-liberal, como o demonstram as Ordenações) uma função, ainda que secundária, sancionatória e não meramente reparatória. O que é, no mínimo, extremamente discutível quando se analise a teleologia do instituto *de iure condendo* (já que, *de iure constituto*, quer por força deste artigo, quer, por maioria de razão, pelo que consagra a indemnização pelo dano da morte, quer por outros, ela é irrecusável).

b) Consagrar como pressuposto da redução da indemnização a verificação de mera culpa, por contraposição ao dolo, quando tão difícil é estabelecer a fronteira entre ambos, nomeadamente entre a chamada culpa consciente e o chamado dolo eventual, é opção que, na sua aplicabilidade, mais parece ter sido imponderada, por condenada ao fracasso ou à ligeireza do julgador.

Mas, se disse que o regime do artigo 494.º tem carácter excepcional, não quero dizer que tal me pareça certo. Porque, à uma, o artigo 562.º, aplicável a toda a obrigação de indemnizar, seja qual for a sua fonte, é-o inquestionavelmente também aos casos em que ela provenha de responsabilidade sem culpa ou por acto lícito. Ora, admitir que a indemnização tenha um diverso regime, no quadro da responsabilidade delitual fundada em mera culpa, é incongruente com isto. Por que razão admitirá a lei a redução da indemnização na responsabilidade extra-obrigacional subjectiva, com o pressuposto da mera culpa, não a admitindo – e, muitas vezes claramente, em tantos casos de responsabilidade, obrigacional e não só, de que a culpa está ausente? A excepcionalidade de um regime supõe mais do que a mera contradição de regras: uma *ratio* que a explique e justifique; que aqui não descortino.

A culpa surge como elemento primordial em outros preceitos: assim, por exemplo, no n.º 2 do artigo 497.º, para definir o critério da distribuição da obrigação de indemnizar entre vários co-responsáveis solidários; e a sua importância é tal que a norma, esquecendo a questão da causalidade, diz que esta se estabelece entre as culpas e os prejuízos, o que é, no mínimo, bizarro.

Também no artigo 570.º que se ocupa da chamada culpa do lesado, o n.º 2 contém uma regra que causa perplexidade: aí se dispõe que, "se a responsabilidade se basear numa simples presunção de culpa, a culpa do lesado, na falta de disposição em contrário, exclui o dever de indemnizar". Sendo a disposição aparentemente apenas explicável – mau grado a formulação literal do n.º 1, com culpas e suas consequências – por nela se tratar de um problema de causalidade, não é facilmente compreensível por que há-de uma contribuição causal de acto do lesado, independentemente da sua medida, excluir a obrigação de indemnizar. Isto é tanto mais – se mais fora necessário – estranho quanto o acto do lesado pode apenas ter agravado os danos, de acordo com o n.º 1, e nem sequer ter contribuído para a sua causação. E que dizer das consequências desta norma quando a responsabilidade não tem como pressuposto a culpa?

O Código Civil português não pôde ignorar a responsabilidade objectiva: para alem das aquisições, originárias do direito francês, dos danos causados por animais e da que impôs a patrões e comitentes, admitiu a, ao tempo, irrecusável situação dos danos provocados por acidentes ferroviários e rodoviários.

Fê-lo no quadro da chamada responsabilidade pelo risco, objecto de críticas, na medida em que implica uma valoração negativa da criação de perigos, de algum modo paralela à da culpa; não negando que tal entendimento tem implícito o da desejabilidade de uma sociedade da qual todo o risco seja banido, o que, além do mais, não tem adesão à realidade, não acompanho incondicionalmente a opinião de que tal paradigma deva ser totalmente abandonado, reconduzindo a responsabilidade civil à mera causalidade. O efeito dissuasor da sanção – e sanção é, reconheço-o – da criação e prossecução de actividades económicas criadoras de perigos afigura-se-me, ao invés, positivo, na medida em que possa desempenhar – embora de forma *gauche* e deficiente – o papel que os *punitive damages* têm em ordens jurídicas como a norte-americana.

Tendo terminado o tempo desta intervenção – que não aquela que tinha pensado fazer – limitar-me-ei a dizer que, embora dubitativamente, creio que uma revisão profunda do regime da responsabilidade civil é necessária e oportuna, do actual se eliminando o carácter excepcional da responsabilidade objectiva, deslocando para o Código Civil os regimes avulsos existentes que possam sê-lo e reponderando a função do instituto, com supressão (ou, pelo menos, atenuação) da punitiva.

O REGIME DAS INCAPACIDADES E DO RESPECTIVO SUPRIMENTO: PERSPECTIVAS DE REFORMA

CLÁUDIA TRABUCO*

I. JUSTIFICAÇÃO DA ESCOLHA E ENQUADRAMENTO DO TEMA

1. O presente texto versa sobre o regime das incapacidades e o suprimento das mesmas previsto no Código Civil português, numa perspectiva crítica e assinalando uma necessidade de reforma que me parece, e tem parecido a vários juristas, uma evidência.

A questão aqui tratada pode facilmente inscrever-se entre as matérias que integram o Direito das Pessoas e da Família ou, se quisermos, pode ser entendida como inserida no que alguns dizem ser o novo Direito da Família enquanto Direito das pessoas mais fracas, querendo referir-se às questões relativas à protecção dos menores, mas também dos maiores e ainda da protecção especial a conceder aos idosos[1], ou de um Direito da Família "fragmentário", que "abandona o panjurismo ilumunista que lhe impunha a regulação de todos os aspectos da vida familiar, para se resumir aos aspectos seleccionados como mais importantes, ou de interesse público, que sobram de uma privatização crescente da vida familiar"[2].

A ligação entre o Direito das Pessoas e o Direito da Família faz-se, neste tema, por diversas vias. Em primeiro lugar, por intermédio das modalidades de suprimento das incapacidades de exercício: quer do ponto de vista da sua inserção sistemática, pois que estas aparecem enunciadas na parte geral do Código Civil mas são reguladas por disposições integradas no livro IV daquele Código, relativo ao Direito da Família, quer de um ponto de vista funcional,

---

* Professora da Faculdade de Direito da Universidade Nova de Lisboa.

[1] Assim, Jorge Duarte Pinheiro, *Direito da Família e das Sucessões*, Vol. I, 2.ª ed., Lisboa, AAFDL, 2005, p. 24.

[2] Guilherme de Oliveira, *Transformações do Direito da Família*", *in* Faculdade de Direito da Universidade de Coimbra, "Comemorações dos 35 anos do Código Civil e dos 25 anos da reforma de 1977", Vol. I – Direito da Família e das Sucessões, Coimbra, Coimbra Editora, 2004, p. 779.

na medida em que os institutos da representação e da assistência integram um conjunto de poderes cometidos frequentemente a pessoas que se encontram ligadas ao interdito ou inabilitado por via de uma relação familiar. É o que sucede com o exercício do poder paternal relativo aos menores (artigos 1877.º e seguintes) bem como com a regulação do instituto da tutela aplicável aos menores que, nos termos do artigo 1921.º, a este se encontrem sujeitos e igualmente aos maiores cuja tutela seja deferida aos pais em caso de interdição por via do art. 144.º (artigo 1927.º e seguintes.).

Em segundo lugar, se se pensar nas incapacidades de gozo a que se encontram sujeitos quer os menores quer os interditos e os inabilitados, verifica-se que algumas dessas incapacidades respeitam precisamente ao estabelecimento de relações jurídicas familiares.

Finalmente, sendo uma das principais críticas dirigidas à regulação das incapacidades o facto de se encontrar nesta regulação um espaço adequado à protecção jurídica das pessoas idosas, é razoável pensar que a diminuição ou perda de capacidades resultantes do envelhecimento deverá ser pensada à luz de uma articulação entre o Estado e a Família, numa lógica de complementaridade recíproca.

2. Ao atentar-se nas questões relativas às chamadas incapacidades jurídicas das pessoas singulares, para além de algumas críticas que poderiam ser apontadas aos contornos da regulação da capacidade jurídica dos menores, que passam por exemplo pela utilidade de reponderar a adequação das excepções à incapacidade geral de exercício prevista pela lei no artigo 127.º do Código Civil, parece-me sobretudo relevante e oportuno rever o regime jurídico da interdição e da inabilitação e dos respectivos suprimentos tal como constam do Código. É, pois, sobre a condição jurídica dos maiores sujeitos a medidas de protecção que versam as seguintes linhas.

Impõe-se também – face à evolução demográfica e face à evolução que se verificou no que respeita ao modo de encarar o estatuto social de um grupo etário cuja protecção é constitucionalmente imposta, como são os idosos –, tão breve quanto possível, criar fórmulas adequadas ao enquadramento jurídico-civil destas pessoas, designadamente sob o ponto de vista da prática de actos jurídicos que lhes sejam imputáveis.

3. O regime jurídico vigente está, como se verá em seguida, sujeito a crítica fácil e, com efeito, tem vindo a ser objecto de vários reparos.

O regime em causa é considerado pouco maleável e consequentemente pouco eficaz na resposta exigida por situações da vida complexas, evolutivas e muito diversas. O recurso aos mecanismos formais da interdição e da inabilitação, considerados estigmatizantes e padecendo também da habitual reserva em relação à intervenção dos órgãos do sistema judicial, é muito escasso[3].

Acresce que os dados estatísticos disponíveis demonstram que a duração média dos processos de interdição e inabilitação – cerca de 18 meses em 2004 para os processos de interdição e cerca de 28 meses no mesmo ano para os processos de inabilitação, de acordo com os últimos dados estatísticos publicitados – é excessiva face as problemas humanos e às exigências de celeridade que muitas vezes estão na base destas acções.

Não surpreende, assim, que, quando consultados, vários sejam os juristas a admitir ou a propugnar uma alteração do quadro legal vigente[4].

No ano 2000 foi inclusivamente apresentado ao Governo um relatório elaborado por uma comissão de juristas, pertencentes a diversas instituições – incluindo representantes do Centro de Estudos Judiciários, da Ordem dos Advogados, da Provedoria de Justiça, da União das Mutualidades e representantes dos ministérios com responsabilidade nas áreas da justiça e do trabalho e da solidariedade social –, contendo um levantamento de diversas matérias nesta área que deveriam merecer uma imediata atenção do legislador, com especial ênfase para as questões relacionadas com a protecção dos idosos.

O relatório em causa foi o resultado de um trabalho que se iniciou em 1999 por uma comissão coordenada pelo Ministério da Justiça que tinha como incumbência "inventariar algumas das necessidades sentidas ao nível jurídico, quer pelas pessoas idosas em situação de dependência, quer pelas suas famílias e pelos profissionais que actuam neste domínio" e "propor medidas que contribuam para uma melhor integração e valorização social dos cidadãos mais idosos"[5].

---

[3] Comprovando esta conclusão, refira-se o aumento pouco significativo de processos findos de declaração de interdição ou inabilitação entre os anos de 1999 (738) e 2003 (1019), com um ligeiro decréscimo em 2004 (886), em contraste com aquela que seria uma evolução expectável face ao número de cidadãos com mais de 65 anos que residiam em Portugal no ano de 2001 (1 693 493) e ao aumento que se presume ter existido do número de pessoas em situação de dependência ou incapacidade. Cfr, os dados relativos à evolução da população entre 1991 e 2001 disponíveis no sítio do Instituto Nacional de Estatística (www.ine.pt) e as estatísticas da justiça disponíveis no sítio da Direcção-Geral da Política de Justiça (www.dgpj.mj.pt).

[4] Veja-se o que sucedeu em 2004 quando o Ministério da Justiça lançou um inquérito dirigido a diversas Faculdades de Direito, cujos resultados (ainda que apenas ao nível do termo da fase preliminar da análise prevista pelo caderno de encargos) indiciavam já a necessidade de alteração do regime constante do Código Civil. Com efeito, três das quatro faculdades inquiridas responderam positivamente no que respeita à oportunidade de rever o regime das incapacidades previsto pelo Código Civil. Cfr. Gabinete de Política Legislativa e Planeamento, Ministério da Justiça, *Reforma do Direito Civil*, Coimbra, Almedina, 2005, pp. 27, 40 e 76.

[5] Cfr. *Relatório da Comissão de Juristas sobre medidas de protecção dos direitos das pessoas em situação de incapacidade e direito de alimentos de maiores em situação de carência económica*,

Contudo, de então para cá, e ainda que em tal documento tenha sido proposto um projecto concreto de alterações legislativas, não se verificou a introdução de qualquer alteração ao regime das "incapacidades" e parece ter ficado suspenso o labor reformativo neste domínio específico.

II. Breve enquadramento histórico e sistemático dos regimes

1. A elaboração dos projectos legislativos correspondentes às questões das "incapacidades" por menoridade, por um lado, e da interdição e inabilitação, por outro, têm diferentes histórias.

A delimitação da capacidade dos menores foi, numa primeira fase, tratada por Manuel Gomes da Silva no âmbito do Direito da Família, para só mais tarde vir a ser integrada na Parte Geral do Código, regulada sob o título "condição jurídica dos menores" como elemento do subtítulo relativo às pessoas singulares. A regulação das matérias da interdição e inabilitação resultam, por seu turno, de um projecto de Américo de Campos Costa, que colheu a sua inspiração sobretudo no Código Civil italiano de 1942, embora tomando em diversos aspectos também como referência os Códigos Civis grego e venezuelano e, bem assim, o anteprojecto de revisão do Código Civil francês que se encontrava então em debate e de que veio a resultar a Lei de 2 de Fevereiro de 1968.

O Código Civil vigente afasta-se do Código Civil de Seabra na arrumação das matérias das "incapacidades" dos maiores e fundamenta-as numa ideia de uma maior intensidade de determinadas afecções físicas ou mentais em relação a outras (e inclusivamente em relação a certos hábitos de vida, como acontece com a prodigalidade), estabelecendo, pois, duas modalidades de "incapacidades" – a interdição e a inabilitação – de diferentes graus, a que correspondem formas distintas de suprimento.

Estabeleceu-se ainda, num e noutro caso, atendendo à necessidade de limitação formal da capacidade, um regime especial para os casos em que a acção de interdição ou inabilitação seja proposta ainda durante o último ano de menoridade da pessoa e que visa assegurar uma transição para a maioridade sem aquisição de capacidade de actuação livre ou autónoma. Trata-se do regime fixado pelo artigo 131.º.

Lisboa, Maio de 2000, p. 8 (não publicado mas acessível ao público através da Biblioteca da Procuradoria-Geral da República).

No que diz respeito às situações de incapacidade acidental, o Código procede ao seu tratamento no âmbito do regime jurídico que intitula de "falta ou vícios da vontade", submetendo a anulação da declaração negocial à notoriedade do facto ou conhecimento pelo declaratário da situação de incapacidade. O artigo 150.º remete, assim, para os termos do artigo 257.º o tratamento dos negócios celebrados pelo incapaz antes de anunciada a proposição da acção.

2. Quer no caso da "incapacidade" por menoridade quer nos casos das "incapacidades" das pessoas maiores, salvas as pontuais alterações introduzidas pela reforma do Código Civil em 1977, é de salientar alguma *impermeabilidade* destes grupos de normas tanto à evolução entretanto verificada na forma como o estatuto social dos menores e dos idosos passou a ser encarado, como à evolução das ciências médicas (designadamente na área da psiquiatria) relevantes para efeitos da determinação da incapacidade, ou seja, do conceito jurídico de que depende a declaração de interdição ou inabilitação.

No que diz respeito aos menores, considera-se estar ainda por realizar a construção de um verdadeiro Direito dos Menores, no âmbito do qual as questões relativas à sua condição civil, com relevo para as "incapacidades" com fundamento na menoridade, possam ser ponderadas em articulação com os demais aspectos relativos à protecção jurídica destes indivíduos[6].

Quanto à interdição e à inabilitação, estes institutos são hoje considerados inadequados para a protecção dos maiores em situação de incapacidade, particularmente por assentarem em regimes rígidos e pouco sensíveis à existência de graus de autonomia muito diversos e que necessitam de ser ponderados casuisticamente e, bem assim, ao carácter temporário de muitas das situações ditas de "incapacidade".

No que concerne especificamente aos idosos, o fenómeno do progressivo envelhecimento da população torna, na maioria dos países europeus, muito delicado o problema de, não correspondendo automaticamente a uma perda de autonomia ou a uma situação de incapacidade, e não sendo, por isso, facilmente compaginável com os institutos tradicionais da interdição e da inabilitação, não existir no quadro normativo actual um conjunto de normas que

---

[6] Cfr. António Menezes Cordeiro, *Tratado de Direito Civil português*, I – Parte Geral, T. III – Pessoas, Coimbra, Almedina, 2004, p. 390 e seguintes. De acordo com o autor, matérias como a das "incapacidades", das regras da filiação, do registo civil atinentes a menores, as regras para protecção dos menores (em especial, a Organização Tutelar de Menores, aprovada pelo Decreto-Lei n.º 314/78, 27 de Outubro, e a Lei de protecção de crianças e jovens em perigo, aprovada pela Lei n.º 147/99, de 1 de Setembro), entre outras que contemplam a situação dos menores, deveriam ser sistematizadas e ordenadas "em função de pontos de vista unitários" de forma a que se pudesse verdadeiramente falar de um Direito dos Menores.

tome os idosos como sujeitos jurídicos cuja condição carece de um tratamento jurídico específico e adequado à realidade social contemporânea.

III. Ideias fundamentais do sistema de direito constituído

1. Da análise dos preceitos que regulam a interdição e a inabilitação, resulta uma ideia geral bastante nítida relativamente aos princípios que enformam estes institutos.

A interdição foi concebida como "medida judiciária aplicável aos portadores de deficiências fisiopsíquicas tão graves que eliminem a vontade ou o entendimento e em que, por isso mesmo, a incapacidade só poderá ser suprida por meio de *representação*, cabendo a um *tutor* agir em nome do incapaz"[7].

Nos termos propostos pelo anteprojecto de Américo Campos Costa, estariam em causa situações que aniquilam "a capacidade natural de querer ou entender", pelo que o interdito não pode pessoal e livremente praticar outros actos negociais, ficando sujeito ao suprimento de tal incapacidade mediante o exercício de poderes de tutela por uma das pessoas previstas no artigo 143.º[8].

Por esse motivo, a medida de interdição subtrai a capacidade de exercício ao indivíduo maior que, por anomalia psíquica, surdez-mudez, cegueira, ou segundo julgamos, outra causa[9], se mostre incapaz de, no dizer do artigo 138.º, governar a sua pessoa e os seus bens. Contudo, e na medida em que o âmbito da incapacidade de exercício do interdito é moldado sobre a do menor (artigo 139.º), tem-se considerado aplicável o artigo 127.º, de modo adaptado, que permitirá ao interdito a celebração de negócios da vida corrente, desde que estejam ao seu alcance.

2. Apesar da afirmação do artigo 145.º, segundo a qual cabe ao tutor cuidar especialmente da saúde do interdito, o instituto da tutela foi criado para fazer face a situações de carácter essencialmente patrimonial[10]. Aliás, o pró-

---

[7] Américo de Campos Costa, *Anteprojecto do Código Civil – Incapacidades e formas do seu suprimento*, in BMJ, n.º 111 (separata), Lisboa, 1992, p. 7.

[8] Citando Messineo, considerava o autor do anteprojecto que tal incapacidade de entender ou de querer "é sempre geral". *Idem*, p. 8.

[9] Sobre o carácter não taxativo dos motivos expostos pelo artigo 138.º, leia-se António Menezes Cordeiro, *Tratado...*, cit., p. 149.

[10] Sobre o alcance do dever previsto no artigo 145.º, leia-se João de Castro Mendes, *Direito Civil – Teoria Geral*, coligido por Armindo Ribeiro Mendes, Vol. I, Lisboa, 1978, p. 159.

prio artigo 145.º parece ser prova deste carácter na medida em que é feita referência apenas à possibilidade de alienação de bens do interdito para prover à prestação dos cuidados de saúde de que o mesmo careça.

Contudo, e dependendo da causa justificativa da interdição, este instituto tem também consequências significativas sobre a capacidade de gozo dos interditos, tornando-se um obstáculo no que respeita à celebração de actos jurídicos pessoais muito relevantes. É o que sucede com o interdito por anomalia psíquica, que não pode casar, perfilhar, testar nem exercer de forma plena o poder paternal (artigos 1601.º, alínea b), 1850.º, n.º 1, 2189.º, alínea b) e 1913.º, alínea b)). Nenhum interdito pode, porém, ser nomeado tutor, vogal do conselho de família ou administrador de bens (artigos 1933.º, n.º 1, alínea a), 1953.º, n.º 1 e 1970.º).

3. O instituto da inabilitação diz respeito a um tipo de providência "que atinge os indivíduos cujo estado de saúde física ou mental não seja tão grave que aniquile a capacidade natural de querer ou de entender e ainda os portadores de certos defeitos de vontade". Cotejando os pressupostos de aplicação destes institutos, torna-se evidente a diferença de grau que entre os mesmos existe, diferença essa que, ao tempo em que a lei foi elaborada, era descrita dizendo-se que nos casos de inabilitação existiria "uma simples debilidade das faculdades intelectuais e volitivas"[11]. Assim, embora existam pressupostos comuns – que os fundamentos sejam permanentes e duradouros – e ainda que as próprias causas possam coincidir[12], a "incapacidade" que funda a interdição é mais grave do que a que funda a inabilitação.

Assim, no que respeita ao âmbito da capacidade de exercício, a inabilitação traça um círculo de capacidade mais flexível porque sujeito ao que for fixado na sentença que a decreta. A incapacidade não é geral, devendo o inabilitado ser assistido por um curador a cuja autorização estão sujeitos os actos que, nos termos do artigo 153.º, aquele está impedido de praticar livremente sob pena de anulabilidade dos mesmos.

É fixado um conteúdo mínimo à sentença de inabilitação, na medida em que a inabilitação implica necessariamente incapacidade em relação aos actos de disposição *inter vivos*, mas não é pacífico que as restrições se devam circunscrever a actos de cariz exclusivamente patrimonial. Para Castro Mendes e

---

[11] Anúncio de Campos Costa, Anteprojecto..., p. 7.
[12] Sobre a possibilidade de mesmo as causas específicas de inabilitação – como a prodigalidade e o abuso de bebidas alcoólicas – poderem fundamentar a interdição de um indivíduo nos casos mais graves, em que serão reconduzidas a um conceito amplo de anomalia psíquica, Pedro Pais de Vasconcelos, Teoria Geral do Direito Civil, 2.ª ed., Lisboa, Almedina, 2003, p. 120.

Carvalho Fernandes, por exemplo, a inabilitação poderia abranger direitos não patrimoniais[13]. Contudo, considerando os termos do artigo 153.º e, sobretudo, do artigo 152.º, que relaciona a necessidade de inabilitação com a incapacidade de o indivíduo "reger convenientemente o seu património", julgo que o pressuposto de que se deve partir é de que o inabilitado "não precisa de auxílio para cuidar da sua pessoa"[14].

4. O essencial do regime da interdição no que respeita às incapacidades de gozo é aplicável também aos maiores sujeitos a inabilitação. Se é certo que, no que respeita à capacidade de exercício, a inabilitação traça um âmbito de capacidade mais flexível porque sujeito ao que for fixado na sentença que a decretar, a verdade é que os inabilitados por anomalia psíquica não podem também casar nem exercer de forma plena o poder paternal e os inabilitados por outras causas estão sujeitos a uma inibição parcial do poder paternal. É estabelecido um regime especial para os inabilitados por prodigalidade que, contrariamente ao que sucede com os demais, podem ser nomeados tutores, sendo-lhes apenas subtraída a administração dos bens do pupilo, e podem também ser protutores desde que não pratiquem actos relacionados com a administração de bens.

A aparente flexibilidade da inabilitação, que permite que, de acordo com as circunstâncias do caso concreto, a administração do património do inabilitado seja entregue, no todo ou apenas em parte, ao curador, contrasta, no entanto, e a meu ver incompreensivelmente, com as incapacidades de gozo a que me referi (em especial, a incapacidade para contrair casamento, em caso de anomalia psíquica e qualquer que seja a diminuição de capacidade que efectivamente se verifique) que não obedecem a qualquer graduação ou a considerações casuísticas[15].

---

[13] João de Castro Mendes, *Direito Civil...*, cit., p. 164, Luís Carvalho Fernandes, *Teoria Geral do Direito Civil*, Vol. I, T. I, Lisboa, AAFDL, 1983, p. 331.

[14] Neste sentido, Pedro Pais de Vasconcelos, *Teoria Geral...*, cit. p. 120.

[15] Sobre a capacidade para contrair casamento, evidencia o autor do anteprojecto nas suas notas o facto de ter sido ponderada a possibilidade de seguimento de uma solução que estava à época a ser ponderada pela Comissão da Reforma do Código Civil francês – isto é, a de conferir aos maiores sob curatela toda a liberdade para contraírem casamento. Ter-se-á julgado, porém, preferível seguir a tese proposta pelo autor do anteprojecto no sentido de submeter a vontade de contrair casamento do inabilitado a aprovação do curador. Américo de Campos Costa, *Anteprojecto...*, p. 36.

IV. ELENCO DAS PRINCIPAIS CRÍTICAS SOBRE OS REGIMES DE INTERDIÇÃO E INABILITAÇÃO

1. Analisando-se alguns direitos estrangeiros sobre esta matéria, parece ser legítimo concluir que o esquema tradicional da interdição, que assenta na equiparação do maior a um menor incapaz e na sua colocação sob tutela, tem vindo a ser alterado ou, em alguns casos, mesmo a desaparecer.

Revela-se uma tendência para o aparecimento de mecanismos mais flexíveis, adaptáveis às circunstâncias do caso concreto e em especial à capacidade do maior que seja sujeito a medidas de protecção. Ou seja, mais adaptados tanto à realidade social, como aos avanços das ciências médicas, em especial da ciência psiquiátrica[16].

Um dos exemplos que mais pode impressionar é o direito francês, em que se procedeu à abolição do instituto da interdição em Janeiro de 1968, isto é, apenas 6 meses após a entrada em vigor do nosso Código Civil, e se substituiu o mesmo por mecanismos que integram a categoria dos "maiores protegidos por lei"[17].

2. Podem ser apontadas várias críticas ao regime vigente em Portugal no que respeita aos institutos da interdição e da inabilitação. Enunciando aqui algumas dessas críticas, pretendo também deixar exposto um elenco de aspectos que, na minha perspectiva, deveriam merecer atenção por parte do legislador.

i) Em primeiro lugar, no que respeita à *capacidade para contrair casamento*, não se encontra em vários outros direitos a restrição que se verifica entre nós, e isso é verdade mesmo em relação às pessoas sujeitas a uma relação de tutela.

É o caso do direito francês, em que o maior sujeito a tutela, que é a medida mais rigorosa de protecção de pessoas em situação de perda de autonomia, pode contrair casamento, ainda que para tanto se encontre sujeito ou ao con-

---

[16] Analisando criticamente o conceito de "anomalia psíquica" utilizado pelo Código Civil português, leia-se Paula Távora Vítor, *Pessoas com capacidade diminuída: promoção e/ou protecção*, in Faculdade de Direito da Universidade de Coimbra (Centro de Direito da Família), "Direito da infância, da juventude e do envelhecimento, Coimbra, Coimbra Editora, 2005, pp. 193-197.

[17] Leia-se, a respeito, a crítica de Menezes Cordeiro ao facto de o legislador português, embora tendo tomado por referência, entre outros, o anteprojecto francês de revisão do *Code Civil*, não ter sido sensível à problemática social já então discutida noutros países da mesma forma que se discute hoje em Portugal. António Menezes Cordeiro, *Tratado...*, cit., p. 414.

sentimento de um conselho de família (que é especialmente convocado para esta deliberação e que deve, em todo o caso, ouvir previamente os futuros cônjuges bem como o médico que acompanha a pessoa) ou ao consentimento dado pelos pais do maior protegido (artigo 506). Por seu turno, o maior sujeito a curatela pode casar com autorização do curador ou mediante pedido feito ao tribunal (artigo 514).

ii) Em segundo lugar, é notório o facto de estes institutos terem sido construídos numa *perspectiva essencialmente patrimonial*, mais dirigida à protecção de interesses de terceiros ou de familiares, do que à salvaguarda da dignidade e dos direitos de natureza pessoal da pessoa que se encontre em situação de incapacidade.[18]

Este ponto de partida contrasta com aquela que deveria ser a tónica das normas de protecção dos maiores, isto é, o interesse dos próprios maiores e a protecção tanto do património destes como da sua pessoa. Interessante é a afirmação que a este respeito é feita no Código Civil do Québec, afirmando um tal princípio geral a respeito de todos os regimes de protecção que integra e regula (artigo 256). E, no direito alemão, a afirmação de que a pessoa ou instituição que assiste o maior deve fazer todos os esforços possíveis para procurar sanar ou melhorar a sua doença ou incapacidade (§1901 (4) do *Bürgerlichesgesetzbuch*[19]), o mesmo sucedendo no exercício da tutela no direito espanhol (artigo 269 (3) do Código Civil).

iii) Relacionada com esta segunda crítica, uma terceira que respeita à clara *desconsideração da autonomia pessoal* da pessoa sujeita a estas medidas. Um dos sintomas desta falta de autonomia encontra-se no facto de não ser conferida legitimidade à própria pessoa que tenha percepção da actualidade ou da iminência da diminuição das suas capacidades para requerer medidas de protecção, o que é sobretudo grave nas situações de inabilitação, a que é associada uma menor gravidade da situação de dependência ou incapacidade da pessoa.

No Código Civil do Québec encontramos um outro princípio interessante a respeito da questão da autonomia dos maiores protegidos. Inscreve-se no artigo 257, onde se afirma que "toda a decisão relativa à abertura de um regime de protecção ou que respeite ao maior protegido deve ser tomada com respeito pelo seu interesse, pelos seus direitos e salvaguardando a sua autonomia".

---

[18] Fazendo crítica idêntica no contexto do direito francês, Jean Hauser, *La protection par l'incapacité des personnes âgées dépendantes*, in Revue de droit sanitaire et social, n.º 3 – "La dépendance des personnes âgées", 1992, pp. 479-480.

[19] Doravante BGB.

Essa mesma autonomia é depois delimitada em função do regime aplicável ao indivíduo variando em atenção ao grau de capacidade do mesmo, o que se encontra dependente, no caso da tutela, de uma avaliação médica e psicossocial dessa capacidade. Ou seja, estamos perante um regime em que para além do mecanismo da *curatela* (em que a administração dos bens é atribuída por completo ao curador) e do chamado *aconselhamento* do maior (no extremo oposto, em que ainda que habitual e geralmente o maior reja de modo autónomo a sua pessoa e bens, tem necessidade, para certos actos ou temporariamente, de ser assistido ou aconselhado na administração dos bens), existe um terceiro mecanismo, intermédio, o da *tutela*, no seio do qual o juiz pode, em atenção às circunstâncias concretas, determinar a tutela apenas da pessoa, apenas dos bens ou da pessoa e dos bens do maior, que aparece assim representado no exercício dos seus direitos civis.

Um outro factor a ter em consideração é que nos mais diversos sistemas a vontade da própria pessoa é tida em consideração desde logo, sendo-lhe atribuída *legitimidade para requerer ao tribunal ser sujeito a uma das medidas de protecção jurídica* previstas na lei. No direito alemão, cabe ao próprio maior sugerir a pessoa que deve ser nomeada para o assistir (ou rejeitar que determinada pessoa seja nomeada), devendo essa sugestão ser seguida a não ser que seja considerada pelo tribunal incompatível com o bem-estar da pessoa protegida (§1897 (4) do BGB).

Para mais, prevê-se em diversos direitos a possibilidade de o maior, tendo previsto a possibilidade de diminuição das suas capacidades, ter tomado providências para o momento em que essa diminuição se verificasse, devendo as declarações que haja feito com um tal fito ser respeitadas. Assim, por exemplo, no direito francês, nos casos em que o maior constituiu *mandatário* (antes ou depois de lhe ser aplicável o instituto da chamada *sauvegarde de justice*), atribuindo a este poderes para a administração dos seus bens, esse mandato será executado[20]. Este instituto tem um alcance mais geral no Código Civil do Québec, onde o chamado *mandat en prévision de l'inaptitude* (art. 273) consagra a possibilidade de o maior ter encarregado uma pessoa da administração dos seus bens, o qual continuará a produzir os seus efeitos mesmo em caso de abertura de um processo de protecção desse maior e salvo os casos em que o tribunal, com fundamento num motivo sério, proceda à revogação do acto.

---

[20] Aliás, nos casos em que a procuração mencione expressamente que foi atribuída para vigorar em caso de *sauvegarde de justice*, não pode a mesma, durante tal período, ser revogada pelo representado salvo autorização para esse efeito pelo tribunal nos casos em que entenda ser essa a melhor solução para garantir os interesses do maior (artigo 491-3).

Prova da importância deste mecanismo é o facto de o mesmo se encontrar já reconhecido pela Conferência da Haia, que, no artigo 15.º da sua Convenção sobre a protecção internacional dos adultos de 2000 (que ainda não vigora) concede destaque à autonomia do maior mediante a consagração do instituto da representação concedida, por acto unilateral ou bilateral, para vigorar nos casos em que se verifique uma perda de capacidades que impossibilite o maior de velar adequadamente pelos próprios interesses.

iv) Em quarto lugar, e ainda no que respeita à consideração devida à dignidade das pessoas com capacidade diminuída, a *desadequação da terminologia* utilizada pela lei.

Com efeito, não apenas os mecanismos são estigmatizantes, como a terminologia utilizada (interdito e inabilitado) não favorece a sua utilização na medida em que associa imediatamente a qualquer uma destas pessoas uma imagem de menoridade e de privação total de autonomia. Acresce que o regime de invalidade dos actos praticados no decurso da acção assenta, nos termos do artigo 149.º (aplicável tanto às acções de interdição quanto de inabilitação), na publicidade do processo, feita (nos termos do artigo 945.º do Código do Processo Civil) através da afixação de editais no tribunal e na sede da junta de freguesia da residência do requerido e na publicação de um anúncio num dos jornais mais lidos dessa circunscrição judicial, o que naturalmente acentua o carácter humilhante das medidas.

Para contrariar este carácter estigmatizante e apelar ao funcionamento dos sistemas de protecção de maiores, é necessário construir mecanismos que possam, pela sua flexibilidade, abranger todas as situações de diminuição de capacidade possíveis e centrar-se na preservação da dignidade das pessoas a eles sujeitas. Talvez um dos regimes mais demonstrativos desta tendência seja o regime jurídico alemão existente desde 1990 e em vigor desde 1 de Janeiro de 1992, em que se substituiu o habitual catálogo de medidas de protecção por um único instituto com grande flexibilidade e adaptabilidade aos casos concretos denominado *Rechtliche Betreuung* (ou seja uma espécie de "assistência jurídica")[21].

Interessante é constatar, neste sistema, que qualquer decisão tomada pela pessoa ou instituição que se ocupa da assistência em relação à sua vida ou bens deve, na medida do possível e desde que não seja lesiva do seu bem-estar, tomar em conta os desejos e ideias do maior protegido (§ 1901, (2) do BGB), o que me parece um princípio inspirador para uma eventual reforma legislativa desta matéria no ordenamento jurídico português.

---

[21] *Gesetz zur Reform des Rechts der Vormundschaft und Pflegschaft für Volljährige*, 12. September 1990 (BGBl. I S. 2002).

v) Em quinto lugar, do ponto de vista processual, não contribui também favoravelmente para a utilização destes institutos o facto de os mesmos ficarem entregues a *tribunais comuns* e não, como sucede aliás em vários outros ordenamentos (em França com o *juge des tutelles*[22] ou na Alemanha com o *Vormundschaftsgericht*), a um tribunal de competência especializada, tal como sucede com as questões relativas aos menores. Isto tem aparentemente consequências negativas do ponto de vista da duração média dos processos (que é de 18 meses para a decretação das medidas e, mais grave ainda, de cerca de 20 meses para o seu levantamento nos casos em que tal se torne possível)[23];

vi) Em sexto lugar, refira-se a necessidade fixada pela lei de que as causas de decretação destas medidas respeitem a *situações de carácter permanente ou duradouro*, não havendo normas que especificamente permitam uma adaptação a situações meramente temporárias.

O nosso direito parece pautar-se por uma opção entre o tudo e o nada. Por exemplo, em sede de interdição, não existe um dever legalmente imposto de se proceder a uma reavaliação periódica da situação, que permita que a medida de protecção não apenas sirva, nos casos de doença, para promover a recuperação da pessoa, como possa suceder que o maior, mesmo mantendo-se sujeito à aplicação de uma medida de protecção, consiga ir adquirindo uma maior amplitude de capacidade jurídica que acompanhe efectivamente a sua capacidade em sentido médico. Isso contrasta, por exemplo, com o estabelecido no Código Civil do Québec, onde se exige uma reavaliação da situação ao fim de 3 anos no caso da tutela ou aconselhamento e de 5 anos nos casos mais graves de curatela, podendo inclusivamente o tribunal no momento da sentença, e face às circunstâncias, proceder à fixação de um prazo de reavaliação mais curto – artigo 278).

vii) Finalmente, o facto de as diminuições de capacidade provocadas pelas *doenças degenerativas associadas à idade* não aparecerem especialmente contempladas no regime de protecção vigente.

Este é porventura o aspecto mais urgente necessitado de revisão no regime vigente, na medida em que, verificadas que sejam as normas do ordenamento jurídico português, salvo uma ou outra regra específica (designadamente a que consagra o direito a alimentos dos ascendentes), não encontramos um verdadeiro sistema de protecção jurídica da situação dos idosos, sendo certo

---

[22] Sobre a justificação para a atribuição desta competência a uma jurisdição especializada, cfr. François Terré, Dominique Fenouillet, *Droit civil – Les personnes, la famille, les incapacites*, 6.ª ed., Paris, Dalloz, 1996, p. 1065.

[23] Cfr. dados disponíveis (até 2004) em www.dgpj.mj.pt. Em 2006 (último ano com informação disponível), um processo de interdição durava em média 17 meses e um de inabilitação 18 meses.

que, mesmo em relação à questão da capacidade civil, não nos parece possível assentar uma tutela consistente e adequada nas actuais normas relativas às incapacidades previstas no Código.

V. O problema da protecção dos idosos

1. O envelhecimento nas sociedades desenvolvidas, com uma diminuição da importância dos jovens e um aumento da importância relativa dos idosos, é um fenómeno relativamente novo mas que tem merecido atenção por parte de diversas organizações internacionais. É o caso da Organização das Nações Unidas, cuja Assembleia Geral adoptou um conjunto de princípios relativos à protecção das pessoas idosas (Resolução 46/91, de 16 de Dezembro de 1991), mas também do Conselho da Europa, que atendendo às alterações demográficas verificadas, que aumentaram significativamente o número de pessoas que, ainda que maiores, são incapazes de protegerem os seus interesses devido a uma alteração ou insuficiência das suas faculdades pessoais, emitiu uma recomendação aos Estados Membros identificando um conjunto de princípios relativos à protecção jurídica dos maiores incapazes (Recomendação n.º R(99)4).

Em Portugal, de acordo com os últimos censos disponíveis, realizados em 2001, num espaço de 10 anos (isto é, entre 1991 e 2001), o número de residentes com mais de 65 anos aumentou 26,1%, enquanto o número de residentes entre os 0 e os 14 anos diminuiu, no mesmo período, 16,1%[24].

Ora, se é verdade que o envelhecimento não determina, por si só, a perda automática de autonomia ou a incapacidade, é crescente o número de cidadãos idosos e muito idosos em situação de dependência, quer física quer económica, e mesmo em situação de incapacidade[25].

---

[24] Dados relativos à evolução da população entre 1991 e 2001 disponíveis no sítio do Instituto Nacional de Estatística (www.ine.pt). Como recorda Joana Sousa Ribeiro, *Processos de envelhecimento: a construção de um direito emancipatório*, in Faculdade de Direito da Universidade de Coimbra (Centro de Direito da Família), "Direito da infância, da juventude e do envelhecimento, Coimbra, Coimbra Editora, 2005, p. 207, uma "crescente representatividade dos idosos na sociedade portuguesa ameaça seriamente substituir os jovens como principal grupo etário dependente".

[25] Sobre o conceito de dependência, isto é, um "estado em que se encontram as pessoas que, por razões ligadas à falta ou perda de autonomia física, psíquica ou intelectual, têm necessidade de uma assistência e/ou ajudas importantes a fim de realizar os actos correntes da vida", veja-se a Recomendação n.º R(98)9 da Comissão dos Ministros aos Estados Membros do Conselho da Europa relativa à dependência. Para uma crítica da definição social do conceito de dependência com razão na idade, demonstrando à saciedade os riscos associados à escolha da

2. Actualmente, não se recorre, por regra, aos mecanismos jurídicos da interdição e da inabilitação. Não existe também uma lei geral de protecção às pessoas idosas como existe para os menores. Significa isto que o cidadão idoso é visto, em princípio, como um adulto com plena capacidade de exercício.

A existência de uma relação jurídica de parentesco ou de afinidade não legitima os familiares a assumirem decisões que se prendam com a pessoa e os bens do seu parente. Da mesma forma, os profissionais das instituições prestadoras de cuidados de saúde devem restringir a sua actuação à prestação de cuidados.

No entanto, quando confrontados com uma gradual ou repentina diminuição de capacidade, quer uns quer outros, assumem a gestão da vida das pessoas, tomando decisões relativas à sua vida, saúde e património, muitas vezes sem legitimidade para tal e sem supervisão, que permita designadamente verificar se o interesse da pessoa idosa foi efectivamente acautelado[26].

Assim sucede com a decisão de internamento numa instituição social, muitas vezes tomada pela família com o acordo da instituição em causa sem o consentimento expresso do idoso; com as decisões para a realização de pequenas intervenções de saúde (pequenas intervenções oftalmológicas, utilização de sedativos, tratamentos de fisioterapia,...) que aparecem frequentemente autorizadas pelo responsável da instituição ou por um familiar; com o recebimento e gestão das pensões e demais rendimentos, caso em que se recorre à abertura de uma conta solidária, entre outras.

3. Esta situação não encontra paralelo nos ordenamentos jurídicos que escolhi como exemplos, em que a protecção jurídica do cidadão idoso, no que respeita ao exercício dos seus direitos civis, foi já objecto de atenção justamente por via da regulação dos sistemas de protecção dos maiores.

Assim sucede em França (artigo 490) e no direito civil canadiano no Québec (artigo 258), em que se identifica expressamente o envelhecimento como uma das causas de diminuição de capacidades que podem justificar a aplica-

---

terminologia, cfr. Claudine Attias-Donfut, *La construction sociale de la dépendance*, in Revue de droit sanitaire et social, n.º 3 – "La dépendance des personnes âgées", 1992, pp. 420-423.

[26] Como afirmam François Terré e Dominique Fenouillet, *Droit civil...*, cit., p. 1052, ainda que a família seja "omnipresente" no contexto do funcionamento dos mecanismos de protecção das pessoas maiores, é justificável que o Direito seja aqui menos confiante em relação à conduta dos familiares do que é no que respeita à protecção dos menores. Com efeito, *"les perspectives patrimoniales, notamment successorales, peuvent susciter des interventions familiales intéressées; la vocation de protection de la famille paraît moins naturelle à l'égard d'un mineur; enfin le rôle souvent joué par les proches dans la maladie même du majeur explique la réticence du droit"*.

ção de medidas de protecção. Na Alemanha, a referência não é expressa mas a agilidade do modelo estabelecido não causa obstáculos à sua aplicação a estes casos.

4. Faz sentido, no direito português, caminhar para o estabelecimento de um sistema jurídico-civil de protecção dos idosos que aparece encimado por três princípios, os quais se encontram, aliás, consagrados na Recomendação do Conselho da Europa a que me referi anteriormente: (1) o princípio da preservação máxima da capacidade, (2) o princípio da necessidade e (3) o princípio da proporcionalidade.

Estes princípios implicam que a aplicação de uma medida de protecção não conduza automaticamente à perda total de capacidade jurídica, devendo a mesma ser aplicada apenas quando seja necessária face às circunstâncias presentes e à protecção dos interesses do maior. Exige-se igualmente que as medidas em causa se revelem adequadas e proporcionais ao grau de capacidade da pessoa e às necessidades desta última[27].

No que respeita aos idosos, a proporcionalidade deve traduzir-se na preservação de uma certa autonomia, na medida em que esta não comprometa os interesses da própria pessoa. Aliás, esta autonomia é aqui considerada de extrema importância na medida em que a manutenção dessa liberdade de escolha e de alguma capacidade para reger a sua pessoa e os seus bens contribui para a preservação da saúde mental e do bem-estar dos indivíduos[28].

5. A introdução destes mecanismos no Código Civil deve ser precedida de estudos sociológicos e estatísticos cuidados, que estão por realizar, e deve aparecer enquadrada por orientações sólidas que se traduzam em políticas geronto-sociais coerentes, que ultrapassam, naturalmente, a mera questão da

---

[27] É preciso não esquecer que estamos perante restrições a um direito fundamental que é o direito à capacidade civil, pelo que se aplica em pleno o princípio da proibição do excesso ou da proporcionalidade em sentido amplo (cfr. o n.º 2 do artigo 18.º da Constituição). Estas exigências correspondem, afinal, àquilo que na jurisprudência estadunidense ficou conhecido como "doutrina da alternativa menos restritiva". Traçando este paralelo, leia-se Paula Távora Vítor, *Pessoas com capacidade diminuída...*, cit., pp. 185-189.

[28] No mesmo sentido, cfr. o *Relatório da Comissão de Juristas...*, cit., p. 7, em que se afirma a necessidade de evitar uma perspectiva idadista que considere automaticamente as pessoas idosas como "cidadãos vulneráveis ou menos capazes em razão da idade", sendo importante, pois, "analisar as situações de dependência e incapacidade, enquanto conceitos distintos e independentemente de um critério etário". Alertando também para a necessidade de preservação da autonomia das pessoas idosas, contribuindo para *"une nouvelle socialisation de la personne âgée"*, Albert Memmi, *La vieillesse ou la dissolution des pourvoyances, in* Revue de droit sanitaire et social, n.º 3 – "La dépendance des personnes âgées", 1992, p. 411.

capacidade civil[29]. No entanto, e mesmo sem enunciar propostas concretas, parecem-me em qualquer caso de considerar as seguintes direcções para futuras medidas:

i) A afirmação expressa de que os mecanismos instituídos, qualquer que seja a modalidade adoptada, devem procurar a protecção tanto dos interesses pessoais como dos interesses económicos do protegido.

No que respeita aos idosos há, entre outros factores, a reter que existe uma diminuição das capacidades de adaptação que os torna mais sensíveis ao meio ambiente que os rodeia, pelo que a institucionalização destas pessoas, que está muitas vezes relacionada ou com uma perda de independência física ou com o isolamento, deve ser acompanhada de perto pela pessoa a quem tenha sido entregue a representação ou assistência[30]. Ao representante legal ou assistente deve competir assegurar-se tanto do bem-estar físico do idoso como da salvaguarda dos seus direitos de personalidade num meio que lhe é limitativo e em que se verifica o abandono do seu espaço conhecido e vivido.

ii) O aumento das modalidades de protecção de adultos previstas na lei e a revisão dos contornos daquelas que já vigoram.

É necessária a flexibilização nos moldes já expostos da interdição e da inabilitação e dos respectivos modos de suprimento, conferindo-se ao juiz uma margem ampla para definir a extensão e os limites da incapacidade, mas também creio ser útil instituir uma terceira via de protecção menos intensa para os casos das pessoas que apenas necessitem de ser representadas ou assistidas para a prática de actos ocasionais[31].

---

[29] Cfr., por exemplo, as propostas no sentido de se apostar na formação e, bem assim, "estimular e recompensar o envolvimento dos agentes informais na prestação de cuidados". Joana Sousa Ribeiro, *Processos de envelhecimento...*, cit., pp. 215-216.

[30] Aquando do último Recenseamento Geral da População e Habitação, já referido, em 2001 96,4% da população idosa vivia em "famílias clássicas" e apenas 3,6% em "famílias institucionais", sendo certo que, à medida que aumenta a idade, a proporção de idosos a viver nestas últimas cresce significativamente. Parece-me correcto que as medidas a adoptar no sentido da protecção dos idosos devem propender, tanto quanto possível, para o retardamento da situação de institucionalização. Dos trabalhos da Comissão de Juristas constituída em 2000 para o propósito já referido, chegou a resultar uma proposta, com algumas reservas, com vista a viabilizar esta solução, lida à luz do princípio da "justa repartição de responsabilidades entre o Estado e os agregados familiares", através da criação de um fundo de garantia para efectivação do direito a alimentos reconhecido a maiores no artigo 2009.º do Código Civil. Cfr. *Relatório da Comissão de Juristas...*, cit., p. 10 e 61-68.

[31] Esta terceira poderia porventura colher inspiração no instituto de direito francês da *sauvegarde de justice* – regime de protecção e não de incapacitação – que fornece uma resposta célere e simples à maioria dos problemas colocados pelas situações de necessidade de protecção das pessoas idosas dependentes. Cfr. a análise feita da utilização daquele instituto por Jean Hauser, *La protection par l'incapacité...*, cit., pp. 471-473.

iii) A atribuição de legitimidade ao maior para requerer a aplicação de medidas de protecção, para propor no momento em que a medida de protecção se encontre em apreciação, uma determinada pessoa para o representar ou assistir (proposta essa que deverá ser aceite pelo tribunal, salvo nos casos em que se conclua que poderá existir prejuízo grave para os seus interesses) e ainda o reconhecimento da possibilidade de, através de mandato, o maior poder constituir previamente representante ou assistente para a possibilidade de verificação de perda ou diminuição de capacidades, reconhecidas mais tarde por via judicial.

iv) Finalmente, a instituição de medidas de suprimento de incapacidades que não sejam rígidas mas ajustáveis à situação de cada indivíduo e passíveis de contribuir para materializar o seu direito ao livre desenvolvimento da sua personalidade e não atentar contra o núcleo essencial do seu direito à capacidade civil, ambos tutelados constitucionalmente.

Torna-se indispensável, pois, um alargamento das situações da vida que sejam alvo de protecção, a par com uma avaliação do estado de capacidade das pessoas protegidas, para que o funcionamento de um regime de protecção não resulte directamente da reunião de um conjunto de pressupostos legais fixos mas de um exame cuidado da situação concreta. E isto quer no que respeita ao seu diagnóstico clínico, com vista à determinação, se tal for o caso, de uma situação de incapacidade, apreciação do grau de gravidade e respectivos efeitos ao nível da gestão da pessoa e dos seus bens, e diagnóstico social, quer no concerne ao seu diagnóstico social, de forma a conhecer-se a situação da pessoa a proteger e habilitar uma decisão relativa às medidas de protecção a estabelecer e escolha da pessoa que melhor desempenhará as funções de representante legal ou assistente.

A Prova

Mariana França Gouveia[*]

0. O Código Civil dedica 55 artigos à prova, disciplinando três áreas: ónus da prova, admissibilidade dos meios de prova e força probatória de cada um deles.

Desta regulamentação vou analisar dois aspectos gerais e outros tantos especiais: actualidade do sistema de direito probatório positivo e separação entre direito probatório material e formal; ónus da prova e presunções judiciais. Vou essencialmente chamar a atenção para opões de regime que podem ou não justificar-se 40 anos depois. O propósito essencial do texto é colocar questões, mais do que apresentar propostas concretas de alteração. Tenho nesta matéria, como em muitas aliás, mais dúvidas do que certezas.

1. A primeira questão geral, e que deixarei somente enunciada, tem a ver com a adequação do modelo do direito probatório material vigente ao actual estádio social. Estes 55 artigos não sofreram qualquer alteração nos 40 anos de vigência do Código Civil. Como é evidente, porém, a sociedade portuguesa mudou muito em 40 anos. Ora, sendo a prova um domínio essencial do direito – de todo o direito – é importante analisar se o sistema de direito probatório material se adequa ou não aos tempos actuais. E o que mais interessante parece não é tanto averiguar se surgiram nestes últimos 40 anos novos meios de prova que fujam às categorias do Código Civil (como a prova digital ou electrónica[1]), mas ao invés perceber se o sistema, se os traços essenciais do regime, se justificam ainda.

Numa caracterização global do regime, diria que ele é marcado pela rigidez. Rigidez no elenco dos meios de prova (na medida em que há restrições à ampliação e exclusão dos meios de prova), rigidez na definição dos meios de prova (é extremamente conceptual), rigidez no valor probatório dos meios de prova (embora com algumas contradições difíceis de explicar) e, por último, rigidez na admissibilidade de alguns – os mais relevantes do

---

[*] Professora da Faculdade de Direito da Universidade Nova de Lisboa.

[1] Regulada pelo Decreto-Lei n.º 290-D/99, alterado pelo Decreto-Lei n.º 62/2003, de 3 de Abril.

ponto de vista prático – meios de prova: a prova por presunções judiciais e a prova testemunhal.

Este sistema material rígido – e até regulamentador de alguns pormenores com complexidade escusada – teria como antagónico um sistema flexível ou livre. Um sistema em que todas as provas teriam igual valor, em que não haveria distinção entre meios de prova, em que as partes poderiam lançar mão de tudo e qualquer coisa com vista à prova do seu direito.

Um regime flexível do ponto de vista material pressupõe uma ampla liberdade do juiz. Isto é, a decisão sobre a matéria de facto fica dependente, exclusivamente dependente, das percepções do juiz, sem quaisquer restrições legais. Ora, esta ampla liberdade tem de ter um contrapeso – a sua sindicabilidade. Não se pode admitir um sistema de prova totalmente livre se se não consolidar um regime de efectivo duplo grau de jurisdição em matéria de facto.

Estas considerações levam-nos já para fora do direito probatório material. Qualquer alteração ao direito probatório material não pode deixar de tomar em consideração o direito probatório formal, isto é, as regras processuais de apresentação e produção de prova e, como se disse, o regime processual da decisão da matéria de facto e da sua sindicabilidade.

Ora a prática actual de controle da decisão da matéria de facto (baseada no artigo 712.º CPC) não nos permite ter esta segurança. São conhecidas as deficiências dessas normas e as resistências que lhes têm sido oferecidas.

Também é verdade que, ao tempo da entrada em vigor do Código Civil, vigorava ainda (e até 1995) o chamado regime de oralidade pura, de acordo com o qual o juízo de prova baseado em meios de prova de produção em audiência não poderia ser reanalisado. O princípio da oralidade em matéria probatória foi introduzido entre nós por um Decreto de 1932, cujo regime entrou inalterado no Código de Processo Civil de 1939. O sistema aqui gizado implicou a consagração de uma oralidade pura, de acordo com a qual não havia possibilidade de controle e revisão do juízo de prova proferido pelo juiz.[2] Este regime, que para alguns se tratou de um erro dogmático[3] e para outros se justifica pelo pensamento ideológico vigente na altura[4], só foi alte-

---

[2] Luís Correia de Mendonça, *80 anos de Autoritarismo Uma Leitura Política do Processo*, in Proceso Civil e Ideologia, Valencia, Tirant lo Blanch, 2006, p. 410.

[3] Pessoa Vaz, *O Tríplice Ideal da Justiça Célere, Económica e Segura ao alcance do Legislador Processual Moderno*, in Revista da Ordem dos Advogados, Lisboa, 1973 (Ano 33), p. 182 e seguintes.

[4] Luís Correia de Mendonça, *80 anos de Autoritarismo Uma Leitura Política do Processo*, in Proceso Civil e Ideologia, Valencia, Tirant lo Blanch, 2006, p. 413.

rado em 1995[5] quando finalmente se permitiu a gravação da prova a pedido das partes. Tal mudança permitiu finalmente a materialização do duplo grau de jurisdição em matéria de prova[6]. É verdade que esta gravação se generalizou, isto é, que é comum, que muito é frequente que a produção da prova seja gravada. Há, porém, muitas críticas no que diz respeito à reapreciação do julgamento de facto. Considera-se que o sistema é mau, que raras vezes as cassetes são ouvidas ou, na versão contrária, que é impossível em tempo ouvir todas essas gravações ou que tal audição não permite um juízo de facto idêntico ao presencial, na medida em que falta a imediação.

Isto para dizer que o regime probatório instituído em 1967 foi o de direito material rígido e direito formal livre – restrição na admissibilidade e valoração das provas (designadamente forte restrição na testemunhal) e, em simultâneo, ampla margem de decisão judicial incontrolável (assumidamente incontrolável).

Logo, como agora vigora um regime de controlo da decisão da matéria de facto, se o pudermos aperfeiçoar, talvez possamos avançar para um regime de maior liberdade probatória material.

2. O Código Civil contém, a propósito da prova, as regras que são usualmente integradas no conceito de direito probatório material. É comum distinguir-se direito probatório material de direito probatório formal, integrando o primeiro no direito civil material e o segundo no direito processual.

Esta separação não é pacífica na doutrina e só desde 1967, precisamente com o Código Civil, passou a estar consagrada no direito português. A partir de então, o direito probatório material passou a constar do Código Civil e o formal do Código de Processo Civil. A opção, sob influência de Vaz Serra, fundou-se na ideia de que as provas não têm apenas relevância no processo, em tribunal, mas têm importância na própria constituição e certeza dos direitos. Argumenta também Vaz Serra que a dispersão normativa do direito probatório material – entre antigo Código Civil, Código de Processo Civil e Código do Notariado – não era boa técnica legislativa.[7]

Por outro lado, tendo em conta o critério de distribuição do ónus da prova no direito positivo, faz sentido dizer que as regras de repartição específicas

---

[5] Não pela reforma de 95/96, mas pelo Decreto-Lei n.º 39/95, de 15 de Fevereiro.
[6] Sobre a génese deste diploma, cfr. Abrantes Geraldes, *Temas da Reforma do Processo Civil – II Volume*, 3ª Edição, Coimbra, Almedina, 2000, p. 178 eseguintes.
[7] Vaz Serra, *Provas (direito probatório material)*, in BMJ n.º 110, 1961, p. 64-6.

do ónus da prova pertencem ao ramo de direito a que pertence a norma em aplicação.[8-9]

É uma questão interessante, embora com reflexos essencialmente teóricos. Talvez seja a primeira questão a ter em conta numa reelaboração do Código.

3. Entrando agora nas questões especiais, começarei por falar do ónus da prova.

O nosso Código Civil consagra a teoria das normas de Rosenberg enquanto modelo de distribuição de ónus da prova. Esta doutrina é relativamente simples de expor: parte do princípio que há normas que favorecem uma parte – o autor – e outras que beneficiam outra parte – o réu. Só formando-se a convicção do juiz quanto a todos os factos que constituem a factispécie da norma que favorece o autor, pode o direito atribuído ser reconhecido. Importa então distinguir cuidadosamente as normas que aproveitam a cada uma das partes e essa distinção faz-se tendo em conta a redacção das normas, distinguindo ou separando normas e contra normas.[10]

Mas como se faz esta distinção? A separação entre a norma de base e a contra norma é feita pela lei muitas vezes através do uso de expressões como "a não ser que", "salvo que", "excepto se", "isto não vale se", "este preceito não se aplica quando". Pelo contrário, há apenas uma norma fazendo ainda parte dos seus pressupostos quando a lei utiliza expressões do género "se", "quando", "desde que", "na medida em que". Na concepção de Rosenberg a redacção legal é decisiva. E daí que a sua tese possa também ser chamada de teoria das frases.[11]

Como se sabe, a dificuldade maior da distribuição do ónus da prova está na identificação do que é facto impeditivo e do que é constitutivo. A oposição entre norma constitutiva e impeditiva segue a contraposição regra/excepção pensada logo numa perspectiva de distribuição do ónus da prova. No entanto, o legislador substantivo muito dificilmente tem esta preocupação.[12] Encontra-

---

[8] Pedro Ferreira Múrias, *Por uma distribuição fundamentada do ónus da prova*, Lisboa, Lex, 2000, p. 159.

[9] No regime anterior ao actual Código, a divisão do ónus da prova fazia-se em função dos factos (negativos ou positivos) que serviam de fundamento à acção – cujo ónus cabia ao Autor – ou à defesa – cujo ónus cabia ao réu. Estava prevista no artigo 519.º e 510.º do Código de Processo Civil.

[10] Pedro Ferreira Múrias, *Por uma distribuição fundamentada do ónus da prova*, Lisboa, Lex, 2000, p. 43.

[11] Pedro Ferreira Múrias, *Por uma distribuição fundamentada do ónus da prova*, Lisboa, Lex, 2000, p. 45.

[12] Pedro Ferreira Múrias, *Por uma distribuição fundamentada do ónus da prova*, Lisboa, Lex, 2000, p. 132.

mos aqui, então, uma primeira crítica à teoria das normas – deixar ao critério de quem se não preocupou com o problema a distribuição do ónus da prova.

Pelo que a distinção entre factos constitutivos e factos impeditivos não é possível através da pura análise das normas, sendo necessário recorrer a outros critérios. Por exemplo, Lebre de Freitas defende que se deve procurar a norma e a excepção, sendo a primeira correspondente ao facto constitutivo e a segunda correspondente ao impeditivo. Para encontrar esta separação – determinante em termos de ónus de prova – postula uma análise das normas de direito substantivo, mediante os elementos normais de interpretação, designadamente o literal e o sistemático. Em último recurso, pode apelar-se às máximas de experiência que *permitarm determinar se estamos perante uma ocorrência normal (de que caberá fazer a alegação a quem do efeito da norma se quer prevalecer) ou perante uma ocorrência excepcional (de que a contraparte terá o ónus da prova)*.[13]

Mas, se assim é, o critério da normalidade esvazia de sentido o artigo 342.º: constitutivo ou impeditivo deixa de ser um critério de distinção para ser uma conclusão. *Já não se trataria de interpretar o artigo 342.º, mas sim de ultrapassá-lo.*[14]

É importante perceber que parece impossível não ter dúvidas na aplicação do artigo 342.º, isto é, que as categorias de facto constitutivo, impeditivo, extintivo e modificativo necessitam de critérios de consubstanciação para além do texto das normas. Aliás, a dificuldade de aplicação do critério geral foi assumida pelo próprio legislador.[15] O difícil está em encontrar critérios objectivos e de simples aplicação. Talvez fizesse sentido, prever diversos critérios cumulativos, aplicáveis em simultâneo. Se da sua aplicação surgisse sempre um mesmo resultado – ónus do réu ou do autor – seria nesse sentido distribuído o ónus. Se houvesse divergências, teríamos de estabelecer ou uma clausula geral ou deixar ao arbítrio do julgador[16] ou "carregar" o lado activo. Não é uma matéria fácil e tem, como sabemos, imensa importância prática.

---

[13] José Lebre de Freitas, *A acção declarativa comum*, Coimbra, Coimbra Editora, 2000, p. 103.

[14] Pedro Ferreira Múrias, *Por uma distribuição fundamentada do ónus da prova*, Lisboa, Lex, 2000, p. 134.

[15] Vaz Serra, *Provas (direito probatório material)*, in BMJ n.º 110, 1961, p. 119.

[16] Vaz Serra, *Provas (direito probatório material)*, in BMJ n.º 110, 1961, p. 119, defendeu que caberia ao julgador o preenchimento de lacunas dos princípios gerais. Mas não se vê como é que pode haver lacunas em princípios gerais, se se não fizer um juízo de rejeição do resultado da aplicação desse princípio geral. Teríamos, antes, uma interpretação correctiva e não uma integração de lacunas.

4. Passemos agora a outro ponto no âmbito da matéria de facto que é também deveras interessante e importante na prática judicial: a matéria das presunções judiciais. O artigo 351.º não define presunções judiciais, limitando-se a equiparar o seu regime de admissibilidade ao da prova testemunhal. No Código de Processo Civil não há também qualquer norma sobre este meio de prova. Este desinteresse legal é acompanhado por algum desinteresse doutrinário. E, no entanto, a prova por presunções judiciais assume uma extraordinária relevância prática.

Antes de entrarmos nas questões mais práticas, convém salientar que para alguma doutrina as presunções não são meio de prova, mas uma etapa no *iter* probatório, isto é um passo que medeia um outro meio de prova e o resultado probatório.[17] Já para outra são-no, tendo apenas como particularidade o instrumento probatório que nelas se utiliza.[18]

Diz-se prova por presunção a que, partindo de determinado facto, chega por mera dedução lógica à demonstração da realidade de um ou outro facto. Continuando com as definições de Antunes Varela, *as presunções naturais, judiciais ou de facto são aquelas que se fundam nas regras práticas de experiência, nos ensinamentos hauridos através da observação empírica dos factos. É nesse saber de experiência feito que mergulham as suas raízes as presunções continuamente usadas pelo juiz na apreciação de muitas situações de facto.*[19] As presunções judiciais constituem um método intelectual para atingir a prova.[20]

Esta natureza empírica tem sido, assim, a razão para o não tratamento jurídico desta matéria. Mas é evidente (parece-me) que esse tratamento é necessário, na medida em que o silêncio das fontes dá origem a duas atitudes distintas, mas igualmente condenáveis: a não pronúncia de resultados probatórios evidentes, aqueles que "saltam aos olhos" ou, então, o mascarar da utilização destas presunções através de outros meios de prova.

Como salienta Rita Lynce de Faria, o funcionamento das presunções judiciais é dificilmente controlável, sendo possível, através delas, manipular quer os resultados probatórios, quer a distribuição do ónus da prova.[21]

---

[17] José Lebre de Freitas, *A acção declarativa comum*, Coimbra, Coimbra Editora, 2000, p. 198.

[18] Rui Manuel de Freitas Rangel, *O ónus da prova no processo civil*, Coimbra, Almedina, 2000, p. 233.

[19] Antunes Varela, Miguel Bezerra e Sampaio e Nora, *Manual de Processo Civil*, 2ª Edição, Coimbra, Coimbra Editora, 1985, p. 500 e 502.

[20] Enrico Redenti, *Direitto Processuale Civile – Vol. II*, 3ª Edição, Milano, Giuffrè, 1985, p. 61 *apud* Rita Lynce de Faria, *A inversão do ónus da prova na direito civil português*, Lisboa, Lex, 2001, p. 69.

[21] Rita Lynce de Faria, *A inversão do ónus da prova na direito civil português*, Lisboa, Lex, 2001, p. 70.

Associada a estas *atitudes* há ainda uma outra questão importante a considerar: a possibilidade ou não de a Relação, em recurso em que haja impugnação da matéria de facto, alterar prova produzida através de presunções. Esta é já uma questão tipicamente processual, mas não é de menor importância.

Perante este panorama poderíamos pensar em desistir de consagrar as presunções judiciais como meio de prova. Julgo, porém, que esta não é a boa solução. As presunções judiciais fazem parte dos juízos probatórios e não assumi-las como uma realidade[22] consiste numa hipocrisia cujos efeitos poderão ser bem piores que sua consagração.

O que é importante é definir ou estabelecer limites, consagrar meios de controle.

Discordamos, pois, de Rita Lynce de Faria ao defender uma postura restrita quanto às presunções judiciais; embora concordamos com a Autora quando postula a necessidade de uma crítica constante e rigorosa e a procura doutrinária de critérios racionais, objectivos e controláveis.[23-24] A utilização das presunções judiciais é essencial, mas deve ser condicionada à prudência e à sensatez.[25]

Começando pelo tratamento material da presunção judicial, prestemos atenção à chamada prova prima *facie* ou de primeira aparência. Adoptando agora as palavras de Vaz Serra, definimos esta prova como *a que não produz a plena convicção do juiz, mas apenas um grau de probabilidade bastante para forçar a outra parte à contraprova*. Tomando como referência a informação do Autor, a prova prima *facie* tem sido considerada inadmissível e, no entanto, como refere Vaz Serra, *a teoria da prova de primeira aparência é afinal, sobretudo, a teoria das presunções naturais ou simples*. Sempre que não é possível fazer uma prova segura, certa, matemática dos factos, a lei admite a prova por ilação, por presunção. Está pois admitida a prova de primeira aparência.[26]

---

[22] Como refere Abrantes Geraldes, *Temas da Reforma do Processo Civil – II Volume*, 3ª Edição, Coimbra, Almedina, 2000, p. 237, só quem nunca foi confrontado com a necessidade de decidir acerca do local do embate entre duas viaturas ou da velocidade a que seguiam na ocasião do acidente, de apurar a existência de factos de que depende a simulação ou de concluir se houve ou não incumprimento dos deveres conjugais, é que terá dúvidas quanto à necessidade de recurso, racionalmente demonstrado, às presunções judiciais.

[23] Rita Lynce de Faria, *A inversão do ónus da prova na direito civil português*, Lisboa, Lex, 2001, p. 72.

[24] O artigo 2729 do Código Civil italiano apenas admite a utilização de presunções judiciais – *presunzioni simplice* – quando elas sejam graves, precisas e concordantes.

[25] Abrantes Geraldes, *Temas da Reforma do Processo Civil – II Volume*, 3ª Edição, Coimbra, Almedina, 2000, p. 238.

[26] Vaz Serra, *Provas (direito probatório material)*, in BMJ n.º 110, 1961, p. 78-80.

A prova de primeira aparência tem origem inglesa, sendo recebida na doutrina portuguesa por via alemã. Começou por ser aplicada ao nexo de causalidade, alargando-se depois à culpa.[27]

No meu entendimento, do que falamos aqui é de graus de probabilidade. Se pudéssemos quantificar esses graus na convicção do julgador, diríamos que uma prova de primeira aparência convenceria o julgador em cerca de 60-70% (sendo portanto 40-30 de dúvida), enquanto uma prova "de última aparência" convenceria o juiz em 80-90%. Será difícil que não subsista qualquer dúvida. Bem sabemos como são raros os casos em que tal dúvida inexiste numa reconstituição judicial dos factos. Será que foi mesmo assim? Isto parece tão evidente, mas terá sido mesmo assim?

Nas palavras de Calvão da Silva, uma prova de primeira aparência *não proporciona um juízo de certeza absoluta e de plena convicção no espírito do julgador, mas apenas um juízo de probabilidade bastante, assente nas lições práticas da vida e na experiência do que acontece normalmente."*[28]

A primeira questão é a da admissão desta prova *prima facie*, ou seja, com um grau de probabilidade médio ou não elevado. O Código Civil nada diz. E provavelmente devia fazê-lo. Mas dizer o quê? Talvez fosse importante trabalhar, ao nível da jurisprudência, as motivações probatórias. Isto é, tentar perceber que tipo de juízos probatórios fazem os nossos julgadores. Com base nesse trabalho, poderíamos seriamente traçar um regime geral de prova.

Mas, à falta de tal trabalho (ou de quem o faça), podemos pensar em alguns elementos de substanciação destas normas, utilizados já em outros países. Por exemplo, o critério da probabilidade estatística conhecido na Grã-Bretanha. No leading case citado por Manuel Rosário Nunes, *Wilsher v. Essex Área Health Authority*, o nexo de causalidade foi analisado não do ponto de vista da certeza científica, mas através de juízos de probabilidade.[29]

Também em Portugal se defenderam já mecanismos que permitem admitir com amplo espectro o resultado probatório fundado unicamente na prova *prima facie*. Por exemplo, para Miguel Teixeira de Sousa pode ler-se na regra de convicção do tribunal – o artigo 655.º do Código de Processo Civil – que

---

[27] Rui Manuel de Freitas Rangel, *O ónus da prova no processo civil*, Coimbra, Almedina, 2000, p. 245.

[28] Calvão da Silva, *Responsabilidade civil do produtor*, Coimbra, Coimbra Editora, 1990, p. 388.

[29] Manuel Rosário Nunes, *O ónus da prova nas acções de responsabilidade civil por actos médicos*, 2ª Edição, Coimbra, Almedina, 2007, p. 38.

este pode considerar, na própria avaliação da prova, as naturais dificuldades da sua realização e, nessas situações, julgar suficiente uma prova que não seria bastante para a prova do facto.[30]

Este argumento permite que o autor admita o seguinte raciocínio probatório a propósito das acções de responsabilidade civil por actos médicos: *quanto maior for a probabilidade de verificação acidental do dano sofrido pelo paciente, menor será a probabilidade de o médico ter agido com descuido, imprudência ou imperícia.*[31]

Ainda noutras áreas a doutrina tem defendido a prova *prima facie* – é o caso de Calvão da Silva nos casos de responsabilidade civil do produtor.[32] Admite este tipo de prova em relação aos defeitos de concepção e fabrico.

Tentando alcançar, quanto a este último aspecto, uma conclusão, poderíamos dizer que a utilização das presunções judiciais deveria ser objecto de regulamentação, criando-se níveis dentro dessas presunções judiciais, que pudessem ser utilizados em diferentes tipo de factos. Não é fácil, mas era importante. Em segundo lugar, julgo que se pode também concluir que é melhor e mais seguro chegar à adequação dos graus de probabilidade através dos regimes substantivos. Isto é, é melhor analisar o grau de probabilidade em concreto quanto à responsabilidade civil médica ou do produtor, aos acidentes de viação[33], à impugnação pauliana, etc., etc..

Esta é, pois, uma matéria de cariz essencialmente substantivo – tem a ver com a atribuição específica do direito, com maior ou menor dificuldade. Será, pois, melhor resolvida pelo legislador substantivo.

O último ponto que gostaria de tratar relaciona-se com a possibilidade de, em recurso de impugnação da matéria de facto, o Tribunal da Relação poder alterar a decisão que foi tomada com base em presunções judiciais.

---

[30] Miguel Teixeira de Sousa, *Sobre o ónus da prova nas acções de responsabilidade civil médica*, in Direito da Saúde e Bioética, Lisboa, 1996, p. 141.

[31] Miguel Teixeira de Sousa, *Sobre o ónus da prova nas acções de responsabilidade civil médica*, in Direito da Saúde e Bioética, Lisboa, 1996, p.143. Defende ainda a consagração da prova *prima facie* Jorge Ribeiro de Faria, *Da prova na responsabilidade civil médica – reflexões em torno do direito alemão*, in Revista da Faculdade de Direito da Universidade do Porto, 2004 (I), p. 190.

[32] Calvão da Silva, *Responsabilidade civil do produtor*, Coimbra, Coimbra Editora, 1990, p. 391.

[33] Abrantes Geraldes, *Temas da Reforma do Processo Civil – II Volume*, 3ª Edição, Coimbra, Almedina, 2000, p. 235, nota 369, defende que em casos de acidente de viação em que esteja provada a ilicitude do comportamento, por violação das normas do direito rodoviário, se deve presumir a culpa.

Muito sucintamente, pode dizer-se que a jurisprudência não é unânime na resposta a esta questão, mas que se nota uma tendência no sentido de não admitir tal revisão. Assim, pode ler-se no Acórdão do Tribunal da Relação de Coimbra de 14 de Fevereiro de 2006[34], que a revisão de prova com base em presunções judiciais não consta do elenco do artigo 712.º do Código de Processo Civil, pelo que não é admissível.[35]

Não posso concordar com esta corrente jurisprudencial. Em primeiro lugar, penso que mesmo uma interpretação literal do artigo 712.º permite conclusão diversa da referida. Em segundo lugar, parece-me que do elemento teleológico se deve retirar solução precisamente oposta. Isto é, numa perspectiva de sistema, faz todo o sentido admitir a revisão do juízo probatório quando ele se funda em presunções judiciais.

Analisando o artigo 712.º, diremos que da alínea a) se retira esta possibilidade – falamos de meios de prova que constam necessariamente do processo. Das duas uma: ou o juiz decidiu com base na verificação ou na não verificação dessas presunções judiciais e teve de justificar tal juízo – expressa ou implicitamente; ou o juiz nem sequer as considerou/pensou, mas a possibilidade da sua utilização resulta dos meios de prova constantes dos autos. Em qualquer destes casos o juízo da Relação, fundado nestes mesmos meios de prova e presunções é possível. Não só é possível como é essencial.

5. Finalizando esta curta reflexão, diria que as conclusões a apresentar são as seguintes:

1.º O modelo material rígido actualmente consagrado no Código Civil pode evoluir para uma maior flexibilidade se devidamente acompanhado pelas devidas cautelas no direito probatório formal (sindicabilidade da decisão da matéria de facto).

2.º A distinção entre direito probatório formal e material e a consequente divisão de sede legislativa deve ser repensada.

3.º A divisão do ónus da prova com base na distinção entre factos constitutivos e impeditivos é insuficiente, devendo ser substituída por critérios sucedâneos ou alternativos. Esses critérios são essencialmente substantivos, pelo que devem ser trabalhados a propósito dos diversos regimes materiais.

---

[34] Proc. n.º 3650/05, disponível em www.dgsi.pt.
[35] Também neste sentido, cfr. Acórdão do Tribunal da Relação do Porto de 28 de Fevereiro de 2005 no Processo n.º 0457215, disponível em www.dgsi.pt.

4.º A prova por presunções judiciais, designadamente a chamada prova *prima facie*, deve ser admitida sem restrições. Os juízos de probabilidade devem, porém, ser estabelecidos em função, mais uma vez, da norma substantiva que está a ser aplicada. O juízo probatório fundado em presunções judiciais é passível de sindicabilidade pelo Tribunal superior, em impugnação de matéria de facto.

Nota de encerramento

NOTA DE ENCERRAMENTO
CÓDIGO CIVIL: ATEAR A CHAMA DA REFORMA

CARLOS FERREIRA DE ALMEIDA*

O título do colóquio – "Código Civil Português – 40 anos de vigência" – denota uma marca comemorativa, mas o conteúdo das conferências sugere um subtítulo sob a forma de pergunta: Reforma do Código Civil, sim ou não?
Daí a escolha dos oradores estrangeiros e dos temas que abordaram: Maria Sinyavskaya e Judith Martins-Costa falaram sobre dois códigos civis recentes, o russo, de 1994, e o brasileiro, de 2002; Stephan Geibel, Rémy Cabrillac e Matthias Storme sobre a reforma do direito das obrigações, já executada na Alemanha, em 2001, em perspectiva na França, com o ante-projecto Catala de 2005, e embrionária na União Europeia, segundo o esquema designado como *common frame of reference*. Os códigos civis dos países lusófonos que se tornaram independentes de Portugal no século XX (apresentados por Helena Leitão) representam, a um tempo, a sobrevigência do Código Civil português noutros Estados e a necessidade da sua revisão parcial.
A questão global da reforma do Código Civil Português só foi directamente abordada por Paulo Mota Pinto, que se mostrou favorável a manter a discussão, dando a palavra à doutrina, mas considerou prematura a decisão de revisão. Noutras intervenções a recusa de reforma foi mais clara, fundada na juventude do Código e na subsistência de outros códigos bem mais antigos, como o francês, o alemão e até o italiano. Para demonstrar a adaptabilidade do Código a novas situações invocaram-se, designadamente, o instituto do abuso de direito (Judith Martins-Costa) e a possibilidade de inferir do sistema a cobertura do dano existencial (Carneiro da Frada).
Debruçando-se sobre aspectos particulares, vários participantes evidenciaram a excessiva proliferação legislativa (Jorge Pinheiro, quanto ao Direito da Família) e os escolhos na aplicação de alguns preceitos (Pires da Rosa) ou institutos vigentes (Mariana Gouveia, com referência à prova; Assunção Cristas, a propósito da execução específica da obrigação incumprida). Outros propuseram alterações tópicas no regime dos direitos de personalidade (Pinto de Oliveira) e das sucessões (José João Abrantes).

---

* *Professor Catedrático da Faculdade de Direito da Universidade Nova de Lisboa.*

Outros ainda foram críticos (Ana Prata, em relação à responsabilidade civil) ou propuseram mesmo a revisão total de certos preceitos (Bacelar Gouveia, quanto às normas sobre fontes de direito) ou instituições (Cláudia Trabuco, quanto à incapacidade de pessoas singulares e à omissão de um regime específico para os idosos; Pais de Vasconcelos, quanto ao regime das fundações; Vítor Neves, quanto ao sistema de garantias das obrigações).

A recodificação parcial foi admitida por Maria Helena Brito para as normas de Direito Internacional Privado e sustentada por Pinto Monteiro para o Direito do Consumidor (contra a opinião de Oliveira Ascensão, favorável à introdução sistematizada desta matéria no Código Civil).

A necessidade de uma revisão global do Código só foi abertamente defendida por Celeste Cardona, por sinal a Ministra da Justiça ao tempo (2003) em que o Ministério tomou a iniciativa de inquirir as Faculdades de Direito sobre a necessidade de reforma do Código Civil[1].

Não se poderá portanto dizer que, por parte dos académicos portugueses, haja um sentimento generalizado favorável à reforma do Código Civil. A minha opinião pessoal é um pouco diferente.

Saliento, em primeiro lugar, que alguns dos argumentos contra a reforma são falaciosos. A subsistência do Código Civil francês resulta precisamente das medidas reformadoras que, há muito, vêm renovando a sua modernidade e sustentando a sua vigência. E, em relação tanto a este código como ao BGB, a necessidade de renovação do Direito das Obrigações tornou-se bem evidente no século XXI, com a reforma já empreendida na Alemanha e em curso em França. A potencialidade de adaptação doutrinária e jurisprudencial das cláusulas gerais nem sempre compensa a desactualização dos regimes particulares. Não se pode escapar ao dilema da preferência entre a correcção de regimes velhos e a adopção de regime novos concebidos em consonância com a modernidade.

O Código Civil português de 1966 foi construído sob inspiração de outras codificações muito mais antigas e num ambiente social, com fortes marcas de ruralidade e de isolamento económico. A mudança da sociedade portuguesa dos últimos 40 anos foi impressionante. Portugal é hoje um país desenvolvido, ainda que na cauda do pelotão. O Direito resolve relativamente pouco, mas tem um importante papel contextual no desenvolvimento. Há três áreas, pelo menos, em que é urgente reformar o Código Civil: o Direito das Obrigações, o Direito da Família, o Direito das Pessoas.

---

[1] Cfr. *Reforma do Direito Civil. Relatórios preliminares elaborados ao abrigo do protocolo celebrado entre o Gabinete de Política Legislativa e Planeamento do Ministério da Justiça e as Faculdades de Direito da Universidade de Coimbra, da Universidade de Lisboa, da Universidade Católica Portuguesa e da Universidade Nova de Lisboa*, Coimbra, 2005.

Nota de encerramento

Em relação ao Direito das Obrigações, julgo indispensável, antes de mais, contrariar a ideia de que, sendo o Direito Civil direito do cidadão comum, não exerce influência directa no mundo dos negócios e do investimento. Ao inverso, o Direito (civil) das Obrigações forma o quadro básico em que tais relações se inserem. O actual direito português protege em excesso os devedores e não fornece incentivos fortes ao cumprimento. As regras sobre incumprimento devem ser simples e eficazes. É urgente reformular o Direito das Obrigações vigente, tomando como inspiração a máxima "quem não cumpre paga", subjacente aos direitos anglo-saxónicos.

O Direito da Família deve ser adaptado às circunstâncias actuais em que a família passou a ter duas fontes concorrentes de constituição: o casamento e a união de facto. Sem demasiada igualização, porque a opção é livre, é urgente esclarecer quais são os aspectos comuns e quais são os aspectos diferentes destes dois modelos de família, em especial no que respeita ao regime patrimonial.

O Direito das Pessoas deve ser, na minha opinião, actualizado com prioridade nos seguintes pontos: dignificação e eficiência das regras aplicáveis a situações de menoridade, de deficiência e de velhice; admissibilidade de fundações de interesse privado, através da recepção da figura do *trust*; modernização do regime das associações; actualização do elenco dos direitos de personalidade.

Não proponho a execução conjunta destas reformas e menos ainda a revogação do Código em vigor. Sugiro antes uma solução à holandesa, faseada por áreas de intervenção.

Entretanto, para vencer resistências, é preciso atear a chama da reforma. A nossa Faculdade reúne boas condições para tal: porque é "nova" e porque na sua comunidade se inserem muitos dos que mostram um intuito reformista das instituições do Direito Civil.

Índice

ÍNDICE

Nota de abertura

José Lebre de Freitas 7

Comunicações

Primeira Sessão. *O Código Civil Português: de uma possível tendência para o esvaziamento a uma também possível necessidade de reforma*

João Pires da Rosa, *Mudam-se os tempos, mudem-se as vontades!* 15

Paulo Mota Pinto, *O Código Civil Português: "de uma possível tendência para o esvaziamento a uma também possível necessidade de reforma"? Algumas reflexões* 25

Manuel Carneiro da Frada, *Nos 40 anos do Código Civil Português. Tutela da personalidade e dano existencial* 47

Segunda Sessão. *Os Novos Códigos Civis e os movimentos reformistas*

Maria Sinyavskaya, *Russian Civil Code: general characteristics of one of the recent codifications* 71

Stephan J. Geibel, *La réforme du droit des obligations en Allemagne* 81

Rémy Cabrillac, *La réforme du Droit Français des obligations* 95

Terceira Sessão. *O impacte do Código Civil Português no mundo lusófono e as tendências de reforma*

Judith Martins-Costa, *A Contribuição do Código Civil Português ao Código Civil Brasileiro e o abuso do direito: um caso exemplar de transversalidade cultural* 107

Helena Leitão, *O Código Civil Português de 1966 nos PALOP e as tendências de reforma.* 129

Quarta Sessão. ***O Código Civil na encruzilhada dos 3 "c"s: cidadão, comerciante, consumidor***

José de Oliveira Ascensão, *Direito Civil e Direito do Consumidor* 165

António Pinto Monteiro, *Harmonização legislativa e protecção do consumidor (a propósito do anteprojecto do Código do Consumidor português)* 183

Quinta Sessão. ***O Direito das Pessoas, Família e Sucessões***

Nuno Pinto Oliveira, *Direitos de Personalidade: contributo para a revisão das disposições do Código Civil Português* 209

Pedro Pais de Vasconcelos, *As pessoas colectivas no Código Civil – 30 anos depois* 229

Jorge Duarte Pinheiro, *O Direito da Família* 251

Sexta Sessão. ***Perspectivas de Reforma do Código Civil Português***

Maria Helena Brito, *O Direito Internacional Privado no Código Civil* 261

Assunção Cristas, *Direito ao Cumprimento Contratual: que conteúdo?* 277

Vítor Pereira Neves, *Perspectivas de reforma do Código Civil Português de 1966: o caso especial do regime das garantias do cumprimento de obrigações* 295

Ana Prata, *Responsabilidade Civil* 307

Cláudia Trabuco, *O regime das incapacidades e do respectivo suprimento: perspectivas de reforma* 313

Mariana França Gouveia, *A prova* 331

Nota de encerramento

Carlos Ferreira de Almeida, *Código Civil: atear a chama da reforma* 345

Índice 351